《电动汽车工程手册》卷目

总主编 孙逢春（北京理工大学，中国工程院院士）

第一卷 纯电动汽车整车设计

主编 北京理工大学 林 程

主审 北京汽车集团有限公司 林 逸

第二卷 混合动力电动汽车整车设计

主编 北京理工大学 何洪文

主审 清华大学 张俊智

第三卷 燃料电池电动汽车设计

主编 同济大学 章 桐

主审 清华大学 李 骏（中国工程院院士）

第四卷 动力蓄电池

主编 中国电子科技集团公司第十八研究所 肖成伟

主审 中国科学院上海微系统与信息技术研究所 夏保佳

第五卷 驱动电机与电力电子

主编 上海电驱动股份有限公司 贡 俊

主审 中国科学院电工研究所 温旭辉

第六卷 智能网联

主编 清华大学 李克强

主审 清华大学 李 骏（中国工程院院士）

第七卷 基础设施

主编 北京交通大学 张维戈

主审 中国科学院电工研究所 王丽芳

第八卷 测试评价

主编 中国汽车工程研究院股份有限公司 周 舟

主审 湖南大学 刘敬平

第九卷 运用与管理

主编 北京理工大学 王震坡

主审 北京航空航天大学 王云鹏

第十卷 标准与法规

主编 中国汽车技术研究中心有限公司 吴志新

主审 比亚迪汽车工业有限公司 廉玉波

谨以此书献给

为中国电动汽车事业
砥砺奋进的电动汽车人！

HANDBOOK OF ELECTRIC VEHICLE

总主编 孙逢春 **主编** 张维戈 **副主编** 黄 彧 **主审** 王丽芳

Volume 7

第七卷

电动汽车工程手册

基础设施

电动汽车充换电基础设施是新能源汽车产业链的重要组成部分，作为连接车辆、消费者的中间环节，充换电基础设施的商业化、规模化发展是整个电动汽车产业规模化发展的先决条件。作为一种新型的城市基础设施，充换电基础设施的安全性、便捷性显著影响着消费者对新能源汽车的接受程度。因此，充换电基础设施建设是事关新能源汽车未来可持续发展的重要环节之一。本卷梳理总结了新能源汽车能量供给系统的主要建设模式和基本构成，着重介绍了充换电基础设施的布局规划、供配电、传导式充电、无线充电、电池更换、监控、计量以及加氢等各系统的设计方法与关键技术。

本手册旨在梳理电动汽车现有技术成果、推进电动汽车产业链全面发展，不仅可以为高等院校、汽车研究机构和企业工程技术人才培养提供非常有价值的教材和参考资料，而且可以直接服务于电动汽车产业的自主创新。希望能够对深入推进供给侧结构性改革，提高我国电动汽车产业研发自主创新能力、提升自主品牌零部件和整车企业的竞争力、培育新动能做出贡献。

图书在版编目（CIP）数据

电动汽车工程手册 . 第七卷，基础设施 / 张维戈主编 . —北京：机械工业出版社，2019.11

ISBN 978-7-111-63772-1

Ⅰ . ①电… Ⅱ . ①张… Ⅲ . ①电动汽车—汽车工程—技术手册 Ⅳ . ① U469.72-62

中国版本图书馆 CIP 数据核字（2019）第 217196 号

机械工业出版社（北京市百万庄大街 22 号 邮政编码 100037）
策划编辑：何士娟 责任编辑：何士娟 陈文龙 王 荣
责任校对：刘雅娜 责任印制：张 博
北京铭成印刷有限公司印刷
2019 年 12 月第 1 版第 1 次印刷
184mm × 260mm · 18.5 印张 · 3 插页 · 425 千字
0 001—3 000 册
标准书号：ISBN 978-7-111-63772-1
定价：198.00 元

电话服务
客服电话：010-88361066
010-88379833
010-68326294

网络服务
机 工 官 网：www.cmpbook.com
机 工 官 博：weibo.com/cmp1952
金 书 网：www.golden-book.com
机工教育服务网：www.cmpedu.com

《电动汽车工程手册》指导委员会

主　任： 付于武　　中国汽车工程学会

委　员：（按姓氏笔画排序）

王传福　　比亚迪汽车工业有限公司

朱华荣　　重庆长安汽车股份有限公司

衣宝廉　　中国工程院院士，中国科学院大连化学物理研究所

安　进　　安徽江淮汽车集团股份有限公司

李　骏　　中国工程院院士，中国汽车工程学会

李开国　　中国汽车工程研究院股份有限公司

林忠钦　　中国工程院院士，上海交通大学

欧阳明高　中国科学院院士，清华大学

钟志华　　中国工程院院士，中国工程院

徐和谊　　北京汽车集团有限公司

徐留平　　中国第一汽车集团有限公司

曾庆洪　　广州汽车集团股份有限公司

曾毓群　　宁德时代新能源科技股份有限公司

魏建军　　长城汽车股份有限公司

《电动汽车工程手册》编撰委员会

序

《电动汽车工程手册》正式和广大读者见面了。这是对我国新能源科技与工程领域的一个贡献，也是我国新能源汽车产业的一项重大基础性建设。

从顶层上看，中国汽车产业发展战略一定要与国家的能源战略相契合。国家的能源战略很明确，就是立足国情，多元替代。2009 年，我国将新能源汽车上升为国家战略，在全球率先启动了产业化进程。2014 年，发展新能源汽车被认为是迈向汽车强国的必由之路，这更进一步坚定了相关企业的信心，汽车产业总体由燃油汽车的跟踪追赶转向电动汽车的“换道先行”。

近几年来，我国新能源汽车技术快速发展，整体素质和实力有所增强，产品的质量和水平有较大提高，产品的门类和品种有了较快的发展，为我国社会主义现代化建设做出了应有的贡献。但是也应当看到，与国民经济蓬勃发展的需要和国际先进水平相比，我国电动汽车技术还存在着一定差距。在我国社会主义市场经济体制逐渐建立和完善的进程中，在世界范围新技术革命步伐加快的过程中，我国电动汽车工业既有机遇，又有挑战。为此，电动汽车工业发展必须真正调整到依靠科技进步和提高劳动者素质的轨道上来，要下大力气掌握和追踪新技术，开发和应用新技术，改造传统工艺，发展新兴产业，不断增强电动汽车工业在国内外两个市场的竞争能力。只有这样，才能更好地完成党和人民赋予我们的发展民族汽车工业的历史重任。

《电动汽车工程手册》正是为完成这个历史任务而诞生的。它梳理了电动汽车产业多年发展的知识积累，凝结了我国电动汽车产业近 20 年来自主研究的重要成果，对于总结电动汽车现有技术成果、强化关键共性技术、引领技术发展方向有重要意义；另外，它涉及的内容全面，对于推进电动汽车产业链全面发展、加快国家基础体系建设具有重要意义，对于发展新能源汽车的国家战略、加快新能源汽车的推广应用、有效缓解能源和环境压力、促进汽车产业转型升级也将起到重要的参考作用，具有非常重要的出版价值。

这部手册的编写与审稿队伍，由国内千余名有专长、有经验的学者、专家所组成。手册扼要地总结了电动汽车各个关键细分领域的科学技术成就，同时也吸收了国外的成熟经验。聚沙成塔，集腋成裘。名为手册，实为巨著。

读书不易，写书颇难，写工具书更难。为了编好这部“立足全局，勾画全貌，反映共性，突出重点”的手册，从技术全面性、知识完整性、分卷协调性的角度出发，编者们做了很大努力，从无到有，诸事草创，困难重重，艰辛备尝。值此手册出版之际，我谨向各参编单位、各审稿单位和出版印刷单位，向数以千计的全体编写、审稿人员，向遍及全国的为手册提供资料和其他便利条件的单位和同志们，表示衷心的感谢。

“大道行于百年，权宜利于一时”。《电动汽车工程手册》是积累、扩充和传播知识的工具，是新能源汽车科技领域的一项宏远工程。唯有以渊博的科学技术知识作为基础，才能不断创新。它既可供从事技术工作的各类人员在工程实践中查阅使用，也可供企事业单位从事相关管理工作的人员参考使用。读者可以从中了解相关专业领域的国内领先科技和国际先进科技，了解和把握技术动向，以便能科学、准确地做出决策和规划，使我们的工作更具系统性、预见性和创造性，更好地为汽车工业的持续、快速、健康发展服务。

实践是检验真理的唯一标准。在我国，这类工具书刚刚开始，现在是从无到有，将来是精益求精。我们将严肃认真地听取广大读者的意见和建议，以作为评价和改进这部手册的主要依据。在新的长征途中，希望我们全体的中国电动汽车人勠力同心，再接再厉，去完成时代赋予我们的光荣使命。

付于武

前　言

2014 年 5 月 24 日，习近平总书记在上海汽车集团考察时指出：“发展新能源汽车是我国从汽车大国迈向汽车强国的必由之路。”他的重要讲话为我国汽车工业的发展指明了前进和发展方向。2010 年，国家把新能源汽车列入七大战略性新兴产业之一；2015 年，节能与新能源汽车列入《中国制造 2025》十大重点支持领域之一。

保障我国能源安全、实现节能和环保、促进汽车产业技术革命及产业转型升级，是发展新能源汽车的国家战略和大势所趋。以新能源汽车为基础的智能网联汽车，将会在生产环节以及整个消费环节、服务环节取得全面发展。

经过国家四个“五年计划”的科技攻关，特别是通过 2008 年北京奥运会、2010 年上海世博会，我国新能源汽车行业取得了四大标志性成果：一是新能源汽车产业规模和产销量全球第一，并占有全球 50% 以上市场份额，技术水平处于国际先进行列；二是充电基础设施规模全球第一；三是动力蓄电池、电机、电控等核心关键技术产品产销量全球第一；四是构建了全球领先的新能源汽车安全运行监管平台技术和标准体系。

目前，我国新能源汽车产业基本掌握了整车技术和关键零部件技术，有了一定的技术积累，进入了成长期。

成长中的中国新能源汽车，对知识的需求极度渴望。在完全开放的全球市场中，技术竞争压力越来越大，中国汽车企业亟须解决电动汽车核心关键技术。加快新能源汽车持续创新，推进中国汽车产业技术转型升级，是中国科技发展的重大战略需求。

我国新能源汽车发展了 20 多年，是到了一个该总结、该展望的时刻了。

《电动汽车工程手册》是一部系统概括电动汽车各专业主要技术内容的大型工具书，总结了三种电驱动车辆——纯电动汽车、混合动力电动汽车和燃料电池电动汽车相关的技术成果和知识链。

《电动汽车工程手册》的编写初衷，是响应国家建设制造强国的发展战略目标要求，系统地、完整地梳理我国电动汽车这 20 多年来的知识体系，对电动汽车各个关键细分领域专题技术路线进行深入剖析，总结电动汽车现有技术成果，强化关键共性技术，引领技术发展方向，希望能够从供给侧的角度推进电动汽车产业链全面发展。

根据国家电动汽车重大专项部署，依据我国科技开发和产业化“三纵三横”布局，《电动汽车工程手册》规划了 10 卷：《纯电动汽车整车设计》《混合动力电动汽车整车设计》《燃料电池电动汽车设计》《动力蓄电池》《驱动电机与电力电子》《智能网联》《基础设施》《测试评价》《运用与管理》和《标准与法规》。其中，前三卷为整车卷，第四卷和第五卷为关键技术卷，第六卷到第十卷涉及三种整车共同的基础建设和相关产业链。手册内容广泛，卷帙浩繁，各卷的内容又相互渗透，互为补充，构成了一个纵横交错的知识体系。

从 2016 年开始，《电动汽车工程手册》编撰委员会盛情邀请在智能网联新能源汽车研究开发和产业化领域积极进取、攻坚克难和卓有建树的相关单位和专家，积极参与《电动汽车工程手册》的编撰工作。这套手册的编撰是一个从无到有的大工程，三年来，在千余位专家学者的共同努力下，书稿终成。

本手册集成产、学、研各方力量和智慧，实属来之不易。在这里，衷心地感谢《纯电动汽车整车设计》林程主编 / 林逸主审、《混合动力电动汽车整车设计》何洪文主编 / 张俊智主审、《燃料电池电动汽车设计》章桐主编 / 李骏主审、《动力蓄电池》肖成伟主编 / 夏保佳主审、《驱动电机与电力电子》贡俊主编 / 温旭辉主审、《智能网联》李克强主编 / 李骏主审、《基础设施》张维戈主编 / 王丽芳主审、《测试评价》周舟主编 / 刘敬平主审、《运用与管理》王震坡主编 / 王云鹏主审、《标准与法规》吴志新主编 / 廉玉波主审；感谢北汽新能源、宁德时代、福田汽车、广汽新能源、宇通客车、比亚迪汽车、中国一汽、东风汽车、上汽集团、长安新能源、奇瑞新能源等知名企业的技术总监和技术专家；感谢清华大学、北京理工大学、北京航空航天大学、北京交通大学、同济大学、吉林大学、南开大学、天津大学、重庆大学、湖南大学等院校的教授和老师；感谢中国电子科技集团公司第十八研究所、中国科学院电工研究所、中国科学院理化技术研究所、中国汽车技术研究中心有限公司、中国汽车工程研究院股份有限公司等研发机构的工程师。

《电动汽车工程手册》还是一个新生儿，希望大家能够不断地对之修正补充完善，使之始终伴随并助力中国电动汽车产业的健康成长。

手册终于和大家见面了，但在总体编排和一些具体问题的处理上仍有许多不尽人意之处，欢迎广大读者批评指正，并请将意见和建议发到邮箱 evhandbook@163.com。感谢大家的支持！

本卷编写与审稿人员

主编：张维戈　副主编：黄彧　主审：王丽芳

章号	章名	编写人员	审稿人员
第 1 章	电动汽车充电基础设施概述	北京交通大学：张维戈，牛利勇，鲍谚，黄彧； 北京伯肯节能科技股份有限公司：张伟	中国科学院电工研究所：王丽芳； 北京华电瑞通电力工程技术有限公司：陈强； 国网冀北电力有限公司：袁瑞铭； 北京科佳同创新能源科技有限公司：李威
第 2 章	电动汽车充电设施布局规划	北京交通大学：张维戈，鲍谚，黄彧	中国科学院电工研究所：王丽芳； 北京华电瑞通电力工程技术有限公司：陈强； 国网冀北电力有限公司：袁瑞铭； 北京科佳同创新能源科技有限公司：李威
第 3 章	电动汽车充电设施供电系统	北京交通大学：张维戈，苏粟	中国科学院电工研究所：王丽芳； 北京华电瑞通电力工程技术有限公司：陈强； 国网冀北电力有限公司：袁瑞铭； 北京科佳同创新能源科技有限公司：李威
第 4 章	电动汽车传导式充电系统	北京交通大学：张维戈，唐芬，张言茹，张琳静	中国科学院电工研究所：王丽芳； 北京华电瑞通电力工程技术有限公司：陈强； 国网冀北电力有限公司：袁瑞铭； 北京科佳同创新能源科技有限公司：李威
第 5 章	电动汽车无线充电系统	中惠创智无线供电技术有限公司：李雪刚，李晓伟，焦来磊，马邦华，沙锦明	中国科学院电工研究所：王丽芳； 国网冀北电力有限公司：袁瑞铭； 中惠创智无线供电技术有限公司：张福元
第 6 章	电动汽车充电设施电池更换系统	北京交通大学：张维戈，黄彧； 国网北京市电力公司电力科学研究院：李香浓，刘秀兰，陈熙，陈海洋，张宝群，金渊，梁飞宇； 上海电巴新能源科技有限公司：张建平，杨烨	中国科学院电工研究所：王丽芳； 北京华电瑞通电力工程技术有限公司：陈强； 国网北京市电力公司电力科学研究院：朱洁，李海涛，陈平，及洪泉； 上海电巴新能源科技有限公司：兰志波
第 7 章	电动汽车充电设施监控系统	北京交通大学：张维戈，李景新，牛利勇，黄彧	中国科学院电工研究所：王丽芳； 北京华电瑞通电力工程技术有限公司：陈强； 国网冀北电力有限公司：袁瑞铭； 北京科佳同创新能源科技有限公司：李威
第 8 章	电动汽车充电设施计量系统	北京市计量检测科学研究院：谷扬，张磊； 国网冀北电力有限公司：袁瑞铭，姜振宇，赵思翔，李文文	北京市计量检测科学研究院：黄艳； 中国科学院电工研究所：王丽芳； 北京华电瑞通电力工程技术有限公司：陈强； 北京科佳同创新能源科技有限公司：李威
第 9 章	燃料电池汽车加氢站	北京伯肯节能科技股份有限公司：张伟，王海江，张璇	北京伯肯节能科技股份有限公司：田立庆、徐焕恩； 北京兰天达汽车清洁燃料技术有限公司：高石

本卷前言

新能源汽车是适应第三次工业革命五大支柱趋势的新技术产物。它直接体现了传统运输工具的变革，由必须使用化石能源转向可以使用多种能源，尤其是可再生能源。它能够适应电力的分散式生产，并成为能源互联网中的重要角色，帮助存储和使用间歇式能源。因此，发展新能源汽车已成为全球共识。

电动汽车充换电基础设施是新能源汽车产业链的重要组成部分之一，作为连接车辆、消费者、电网的中间环节，充换电基础设施的商业化、规模化发展是整个电动汽车产业规模化发展的先决条件。目前，新能源汽车开始进入规模普及期，发展的矛盾焦点已经从造车成本转向基础设施建设。电动汽车充换电基础设施已经成为一种新型的城市基础设施，承接着消费者的民生需求，也在规划、管理等方面反映着政府部门的执政和服务能力。它不仅是一种新型的能源服务经济形态，为电力企业和其他众多企业提供新的发展机会，而且还是一种新型的技术应用推广平台，既可以为电力电子等传统技术拓展出新的应用场景并促进其创新发展，也可以为物联网、移动互联网、能源互联网等新技术的应用提供平台，更可以为无线充电、氢能源应用等未来技术提供畅想的空间。

《电动汽车工程手册 第七卷 基础设施》在结合丰富工程经验的同时，覆盖电动汽车充换电和加氢、有线和无线、快充和慢充等多种能量补给方式，系统梳理了基础设施从建设模式、布局规划、优化配置、系统设计方法的建设流程与关键技术。内容兼顾理论性与实用性，旨在为电动汽车打造布局合理、科学高效的能量补给基础设施保障体系。

本卷手册总结了电动汽车能量供给系统的主要建设模式、基本构成以及布局规划理论，着重介绍了充换电基础设施供电、充电、更换、监控、计量各系统的设计方法和关键技术，最后对燃料电池的加氢系统进行了系统分析。全书分为 9 章，第 1 章剖析了充换电基础设施的产业链，介绍了充电设施类型、建设需求、功能需求以及系统构成，并着重分析了影响充换电基础设施建设的标准体系、充电负荷及其对电网的影响、充电电价政策等关键问题。第 2 章从布局规划现状出发，总结布局规划的总体原则、关键因素和基本流程，系统阐述了充换电基础设施布局规划理论以及设计基础。第 3~8 章深入论述了供电系统、传导式充电系统、无线充电系统、电池更换系统、监控系统和计量系统的工作原理、基本要求以及关键设备。第 9 章系统介绍了燃料电池加氢站的寻址、储运、站内主要设备、安全设计以及运营管理等核心问题。

本卷手册由北京交通大学张维戈教授团队结合多年在充换电基础设施方面的研究经验，吸收该领域最新的研究进展，联合该行业的优秀团队，力求为从事电动汽车基础设施相关行业技术研发、战略研究的专业人员提供全面系统的技术参考资料。本卷手册由北京交通大学、中惠创智无线供电技术有限公司、国网北京市电力公司电力科学研究院、北京市计量检测科学研究院、国网冀北电力有限公司和北京伯肯节能科技股份有限公司共同编写，在此对各单位的支持表示衷心的感谢。

限于编者的水平，书中难免存在一些错误或者不足之处，并且书中内容涉及广泛，部分引用内容出处可能有所遗漏，敬请广大读者批评指正。

编　者

2019 年 7 月

目　录

第7章 电动汽车充电设施监控系统

第8章 电动汽车充电设施计量系统

第9章 燃料电池汽车加氢站

第1章 电动汽车充电基础设施概述

1.1 充电基础设施定义及产业链全景

电动汽车充电基础设施（以下简称为充电设施）是电动汽车产业链的重要组成部分，作为连接车辆、消费者的中间环节，充电设施的商业化、规模化发展是整个电动汽车产业规模化发展的先决条件。充电设施是新能源汽车产业的重要支撑，是一种新型的城市基础设施，也是新能源汽车产业衍生的、具有重大商机的全新产业。同时，充电设施的安全性、便捷性显著影响着消费者对新能源汽车的接受程度。因此，充电设施建设是事关新能源汽车未来可持续发展的重要环节之一。

充电设施主要指电动汽车充换电设施，根据 GB/T 29317—2012《电动汽车充换电设施术语》标准定义，充换电设施指为电动汽车提供电能的相关设施的总称，一般包括充电站、电池更换站、电池配送中心、集中或分散布置的交流充电桩等。由此可见，充电设施主要指为电动汽车提供电能补给的各类充换电设施。

我国目前已经形成了完整的充电设施产业链，所有利益相关者均在其中发挥着各自的功能。充电设施产业链各利益相关者之间的网络关系如图 1-1 所示。

除去政府管理部门和标准制定团体，其他利益相关者分处于充电设施产业链的上中下游。充电设施产业链的全景图如图 1-2 所示[1]。

充电设施产业链上游是充电设施制造商，主要包括充电设备制造商和配电设备制造商。其产品主要包括充电设备和配电设备两类。充电设施制造商是为中游运营商以及下游用户提供充电桩设备及其他配套设施的制造企业，主要是为充电站 / 桩运营商提供充电设备以及后期运营过程中的维护服务。

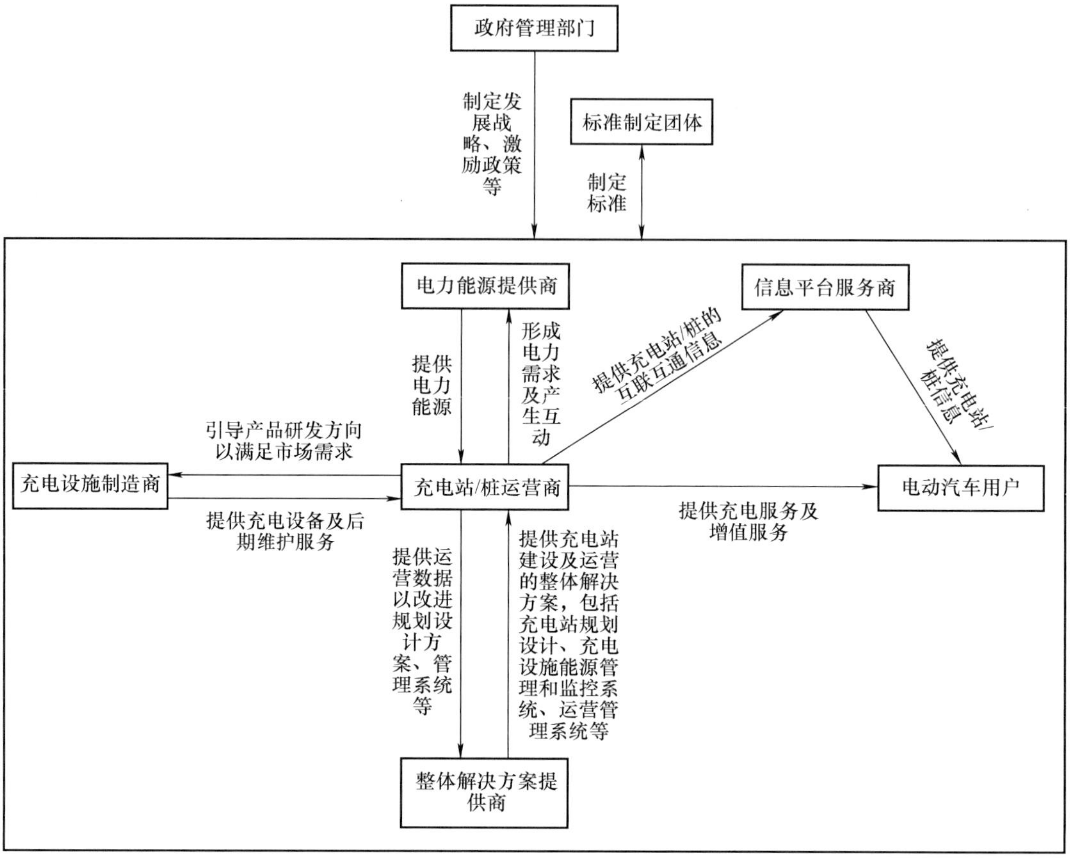

政府管理部门
制定发展战略、激励政策等
标准制定团体
制定标准
电力能源提供商
信息平台服务商
提供电力能源
形成电力需求及产生互动
提供充电站/桩的互联互通信息
提供充电站/桩信息
引导产品研发方向以满足市场需求
充电设施制造商
充电站/桩运营商
电动汽车用户
提供充电设备及后期维护服务
提供充电服务及增值服务
提供运营数据以改进规划设计方案、管理系统等
提供充电站建设及运营的整体解决方案，包括充电站规划设计、充电设施能源管理和监控系统、运营管理系统等
整体解决方案提供商

图 1-1　充电设施产业链各利益相关者之间的网络关系

电动汽车充电设施产业链
上游
中游
下游
充电设施制造商
充电站/桩运营商
整体解决方案提供商
电动汽车用户
充电设备
充电桩
滤波装置
监控设备
充电插头/座
电缆
通信模块
配电设备
变压器
高低压保护设备
低压开关配电设备
充电站/桩运营商
电力企业
石化企业
充电设施制造企业
整体解决方案提供商
互联网科技企业
充电设施制造企业
信息平台服务商
电力能源提供商
公务车和私人乘用车用户
公交、出租、环卫与物流等公共服务领域用户
电动汽车分时租赁用户

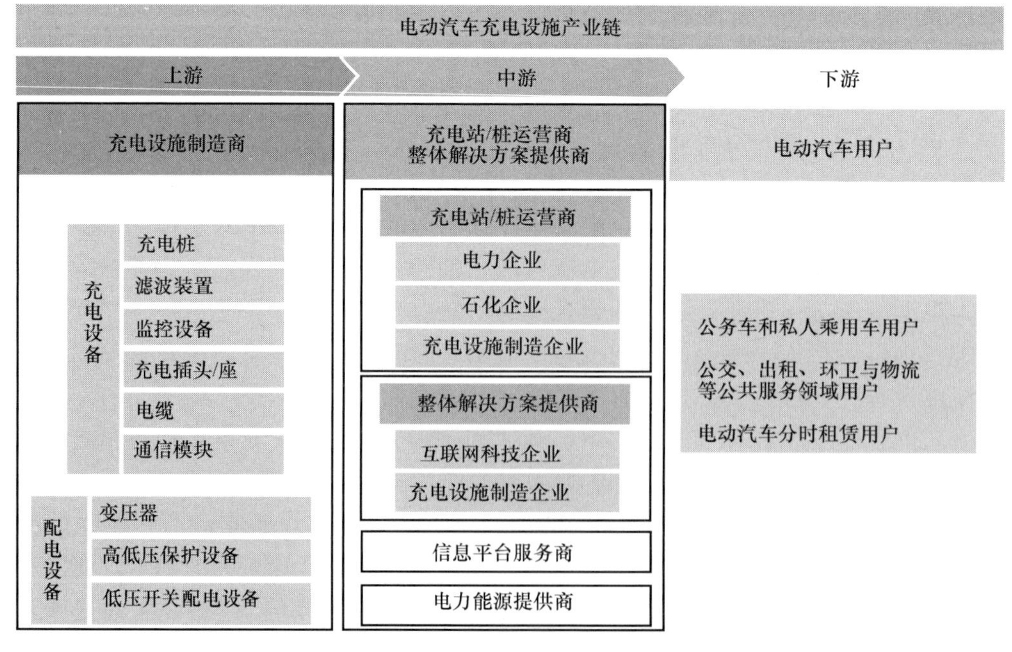

图 1-2　充电设施产业链的全景图

充电设施产业链中游以充电站 / 桩运营商和整体解决方案提供商为主。充电站 / 桩运营商投资建设充电站，安装充电桩并负责运营和后期维护，通过向下游的电动汽车用户提供充电服务获取利润（主要由电费和服务费等构成）。整体解决方案提供商则为不同规模充电站或者商业地产、汽车厂商、地方政府等不同场景的充电站 / 桩提供从前期设计、施工到后期配电设计等的解决方案，为运营商提供充电设施监控和运营管理系统。另外，电力能源提供商则为充电站 / 桩运营商提供电力服务并获取相应利润。

充电设施产业链下游的电动汽车用户包括公务车和私人乘用车用户，公交、出租、环卫与物流等公共服务领域用户和电动汽车分时租赁用户。信息平台服务商为了促进运营商的互联互通，通过搭建充电服务平台，为下游用户提供整合的充电站 / 桩信息。用户可以直接获得充电站 / 桩运营商的充电服务，也可以通过信息平台服务商提供的充电服务平台，查询充电站 / 桩的信息并获得充电服务。

有关研究表明，充电设施产业链正在不断扩张，利益相关者也在不断增多。同时，产业链中不断出现新的产业角色，上游、中游逐渐融合，新利益相关者的进入也给产业链带来了新的商业模式。

1.2 充电设施类型

电动汽车可以采用多种电能补给模式。根据站点规模和布局特点、功能和服务对象的不同，充电设施可以分为不同的类型[2]。

1.2.1 以能量补给方式划分

根据能量补给方式的不同，电动汽车充电设施可以分为充电站和换电站两种类型。

1. 充电站

充电站（图 1-3）采取快充、慢充等多种方式为电动汽车提供电能，并能够对充电机、动力蓄电池（后文简称动力电池）进行状态监控。充电站由多台充电机和充电桩组成，其中直流充电机（桩）采用电力变换设备为电动汽车的动力电池充电，功率较大，输出电流、电压变化范围较宽，可满足不同类型电动汽车的需求；交流充电桩则直接采用交流充电方式对电动汽车充电。

图 1-3 电动汽车充电站

根据充电方式的不同，充电站又可以分为传导式充电（有线充电）充电站和无线充电充电站。传导式充电充电站通过连接电缆为电动汽车电池提供电能，属于导线接触方式；无线充电充电站采用无线电能传输技术为电动汽车电池提供电能，属于非导线接触方式。无线电能传输（WPT）技术是一种主要借助电磁波、微波（电动汽车较少使用）等物理空间能量载体实现电能由电源侧传输至负载侧的技术，具有随时充电、无须插拔、无电气接触、安全可靠、支持多设备同时充电的特点，使得摆脱电缆的束缚成为可能，极大地增加了为电动汽车充电的便利性与灵活性。目前由于传输功率与传输效率等问题，电动汽车无线充电充电站尚处于工程示范阶段[3]。

2. 换电站

换电站（图 1-4 和图 1-5）为用户提供更换电池、电池地面充电和维护服务。换电站的主要设备是电池拆卸、安装设备。换电站具有操作专业性较强、更换电池时间短等特点。

图 1-4　商务车换电站

图 1-5　乘用车换电站

1.2.2　以设施规模和布局划分

根据充电设施规模和布局特点的不同，充电设施可以分为集中式充换电站和分散式充电桩两种类型。

1. 集中式充换电站

集中式充换电站（图 1-6）是指规模较大、充换电装置较多、能提供专业化充换电服务的设施。一般集中式充换电站需要配备专业的工作人员，配置较高标准的供电、监控、保护等设备，部分站点还需要划拨专门的用地。集中式充换电站一般包括公交车、出租车、物流车、环卫车等专用车充换电站，公共充电站以及高速公路充换电站。根据配电容量、充换电设备数量以及服务车辆类型的不同，集中式充换电站又可以分为大型充换电站、中型充换电站和小型充换电站。

2. 分散式充电桩

分散式充电桩（图 1-7）是指分散布置在各个居民小区、办公园区、商业楼宇、停车场等区域的充电设施，主要为普通私人用户、公务车用户等提供充电服务，也可以为出租车、环卫车、物流车等用户提供辅助充电服务。分散式充电桩一般规模较小，由几个至十几个充电桩组成，并且结合已有停车场进行建设，无需专门用地；采用远程监控方式，现场无需专业服务人员值守。

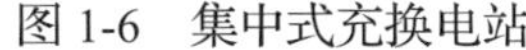
图 1-6　集中式充换电站

图 1-7　分散式充电桩

1.2.3　以服务对象划分

1. 专用充电设施

专用充电设施是指为单一用户专门建设的充电设施，一般只为业主等特定用户提供充电服务。专用充电设施包括集中式公交车、出租车专用充换电站，为公务车以及私人用户等配置的专用充电桩。除了部分集中式专用充换电站为专业化公司经营之外，大多数专用充电设施为用户自有设施。

2. 公共充电设施

公共充电设施是指在公共场所为用户充电的设施，即面向普通公众进行服务。公共充电设施包括集中式充电设施和分散式充电设施。城市中公共充电站和高速公路服务区快充站都是集中式充电设施，城市中公共场所设置的分散式充电桩等属于分散式充电设施。除了少数城市公共充电站是为客户免费设置的之外，大多数公共充电设施为专业化运营公司建设，以盈利为目的开展充电服务。

1.3　充电设施建设需求

电动汽车根据运行特点可分为电动公交车、电动出租车、特殊用途电动汽车（邮政车、环卫车、公务用车、园区用车等）和电动私家车几种类型。不同类型的车辆具有不同的用途，在行驶线路、行驶里程、行驶时间上会有所不同。电动汽车充电设施建设必须满足不同类型电动汽车对能源补给的要求。

1. 电动公交车

电动公交车是城市交通网络中的重要一环，主要是为了满足居民乘车出行的需求。电动公交车具有固定的运营时间、行驶线路和停车场所。电动公交车由于每天运营时间较长，用电量大，电池容量一般较大。部分公交线路由于距离较长，电池很难满足一天的用电需求。

为了保障电动公交车能够正常运营，必须进行快速充电，部分公交线路需进行电池换电。因此，电动公交车可选择在公交场站建设充电站或者换电站，依据具体公交线路的运营特点选择不同的充电设施类型。

2. 电动出租车

电动出租车行驶线路具有随机性，普通电动出租车每天的运营时间一般在 12h 以上，双班倒的电动出租车为 24h 不间断运营。电动出租车每日行驶里程很长，一次充电难以保证每日用电需求，同时电动出租车停运时间较短，必须进行快速的电能补充。

每个城市的电动出租车车型相对统一，电动出租车车内电池安装位置和电池型号也便于统一，因此可建设换电站或者快速充电站，以满足电动出租车快速补充电能的需求。对于白天运营的电动出租车，需配套建设交流充电桩，在停驶的时候给电动出租车进行充电。

3. 特殊用途电动汽车

邮政车、环卫车、公务用车、园区用车等特殊用途电动汽车，因为其运营时间和运营路线相对固定，所以可在单位停车场内建设交流充电桩，利用晚上停运的时间来对电动汽车进行充电，同时为了满足白天应急充电需求，也需配套建设快速充电设施。

4. 电动私家车

作为电动汽车中占有比例最高的电动私家车，日常在市区内行驶时，多数汽车电池充满电可满足每日行驶需求。虽然电动私家车的出行时间具有一定的随机性，但一般情况下总是白天出行，晚上停放在停车场，且白天很多时间也是停驶状态。因此，可在小区停车场或者单位停车场建设交流充电桩，在电动私家车停驶时对车辆进行充电。同时为了满足电动私家车的应急充电需求，需建设公用的快速充电站。

1.4 充电设施功能与构成

在各种不同的电动汽车充电设施中，充换电站的功能最为全面，服务能力最强。基于不同的充电技术、换电技术、充电系统结构和不同的服务对象、服务需求，结合其他支撑性技术和系统，就可以构成一个完整的电动汽车充换电站，为电动汽车提供充换电服务。

充换电站的结构按功能不同可划分为若干个子系统模块，包括充换电站供电系统、能源调度与管理系统、整车充电系统、更换式充电系统、充电监控系统、电池维护与检测系统、车辆运营管理系统等，各子系统间的关系如图 1-8 所示。

1. 充换电站供电系统

为充换电站的运行提供电源，它不仅提供充电所需电能，而且还要满足照明、控制设备的用电需要，包括变配电所有设备用电和配电监控系统用电等。

2. 充换电站充 / 换电系统

充 / 换电系统是整个充换电站的核心部分，根据电能补给方式的不同，配置也不同。

3. 充换电站监控系统

充换电站监控系统是充换电站高效安全运行的保证，实现对整个充换电站的充 / 换电监控、安防监视、配电监控和视频监控等。其中，最为重要的是充 / 换电监控系统，可对所有的电池和充电设备进行实时监控和管理，具备电池存储、电池更换、电池重新配组、电池组均衡、电池组实际容量测试、电池故障的应急处理等功能。

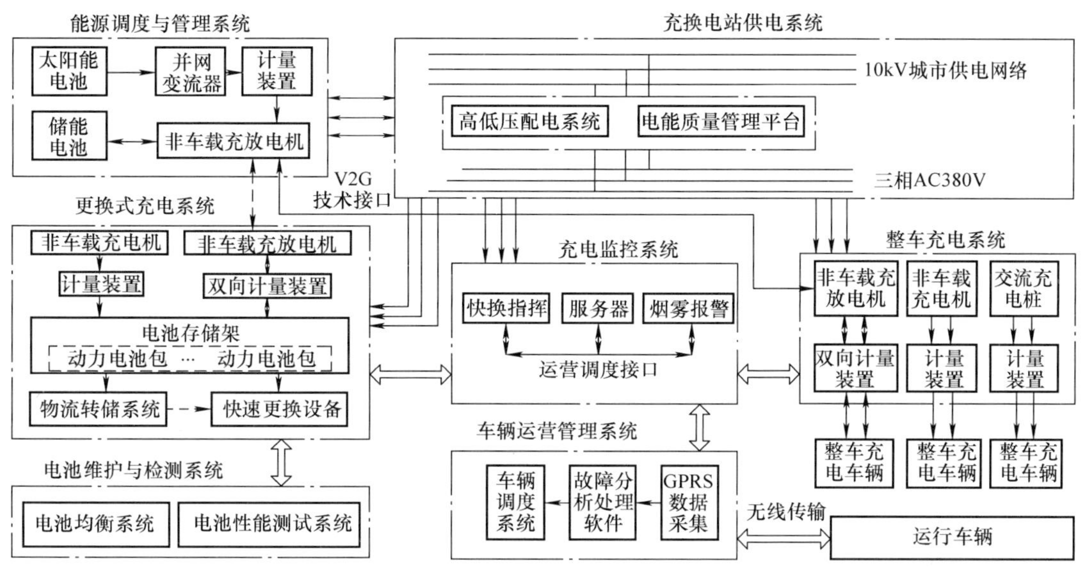

图 1-8 充换电站各子系统间的关系

1.5 充电设施标准体系

电动汽车充换电设施的规划、设计、建设和运营，是确保电动汽车用户出行的可靠保障，也是满足电动汽车能源补给需求的基础条件。电动汽车充换电设施标准化、规范化，是其实现普及的必要前提。

1.5.1 充电设施标准

电动汽车充电设施建设应贯彻执行国家有关法律、法规、技术标准和节能环保政策。我国电动汽车充电设施标准体系经过多年不断完善，现已基本成型，主要划分为基础综合、充电系统及设备、接口及协议、建设与运行和计量五大类。

1. 基础综合

2012 年发布的 GB/T 29317—2012《电动汽车充换电设施术语》对于最早发布的 GB/T 19596—2004 的《电动汽车术语》标准起到了重要的补充作用，首次明确了电动汽车充电设施的整车充电和电池更换两种建设模式，并规定了充电设施的分类和系统构成，统一了标准体系内各个标准之间的术语定义。

GB/T 31525—2015《图形标志 电动汽车充换电设施标志》标准明确了电动汽车充换电设施符号、标志及标志设置要求，有效避免了充换电设施标识、标语的重复投资建设和设施识别混乱的问题。电动汽车充电设施基础综合标准见表 1-1。

表 1-1　电动汽车充电设施基础综合标准

标准号	标准名称
GB/T 29317—2012	电动汽车充换电设施术语
GB/T 31525—2015	图形标志 电动汽车充换电设施标志

2. 充电系统及设备

（1）充电系统

充电系统的主要国标为 GB/T 18487 系列标准和无线充电系列标准报批稿，分别规定了传导式和无线式两种充电系统的通用要求（表 1-2）。

表 1-2　电动汽车充电设施充电系统标准

标准号	标准名称
GB/T 18487.1—2015	电动汽车传导充电系统 第 1 部分：通用要求
GB/T 18487.2—2017	电动汽车传导充电系统 第 2 部分：非车载传导供电设备电磁兼容要求
GB/T XXXXX—20XX	电动汽车无线充电系统 通用要求（已经形成报批稿）
GB/T XXXXX—20XX	电动汽车无线充电系统 特殊要求（已经形成报批稿）

GB/T 18487.1—2015 标准首先明确了电动汽车的四种充电模式，并详细规定了电动汽车与供电设备之间的物理传导电气接口的要求，以及接口分断能力、防护等级、插拔力、锁紧装置等要求。另外，标准还对电动汽车供电设备结构要求、性能要求、安全防护要求做出了具体规定；还在附录中着重对交流充电和直流充电的控制导引电路的具体结构、元件参数、控制过程和控制时序进行了详细说明。

我国无线充电标准的制定以成熟国际标准为基础，充分结合我国电动汽车发展实际情况，如无线充电系统的输入部分（即电网状况）、输出部分（即电动汽车状况），在部分条款上做出了相应的符合我国现状、应用和未来发展的差异化处理。另外，无线充电系统作为电动汽车的一类充电方式，标准中在与有线充电系统具有共性技术方面做兼容化处理。在无线充电系统技术路线及实现方面，尽量与国际标准保持一致。其中，《电动汽车无线充电系统 通用要求》标准框架主要参考 IEC 61980-1，其规定了电动汽车无线充电系统的测量原则、互操作性要求、电气安全等级要求、基本通信要求、基本对位要求、安装连接要求、电气连接与绝缘特性等；《电动汽车无线充电系统 特殊要求》标准框架主要参考 IEC 61980-1 和 SAE J2954，规定了电动汽车静态磁耦合系统的系统效率、功率因数、输入谐波电流、电击防护、绝缘强度特性等关键技术指标要求与测试方法。此外，为了保证无线充电系统使用过程中的安全性，消除公众对电动汽车无线充电电磁环境影响的疑虑，我国还将对涉及电动汽车无线充电系统电磁安全方面的电磁环境限值和测试方法设置专门标准。

（2）充换电设备

为了适应电动汽车迅速发展的需要，急需配套电动汽车充换电设备标准以指导生产和

建设。广义来说，充换电设备主要包括电动汽车车载充电机、非车载充电机、交流充电桩以及电池更换设备等。目前国外发布的电动汽车充换电设备方面的专用标准较少，而国内已经发布了非车载充电机、交流充电桩、电池箱更换设备的行业标准（主要包括技术要求和检验规范两方面），分别对各种充换电设备的具体性能要求以及测试方法进行了详细的规定（表 1-3）。

表 1-3　电动汽车充电设施充换电设备标准

标准号	标准名称
NB/T 33008.1—2018	电动汽车充电设备检验试验规范 第 1 部分：非车载充电机
NB/T 33008.2—2018	电动汽车充电设备检验试验规范 第 2 部分：交流充电桩
NB/T 33006—2013	电动汽车电池箱更换设备通用技术要求
NB/T 33001—2018	电动汽车非车载传导式充电机技术条件
NB/T 33002—2018	电动汽车交流充电桩技术条件

3. 接口及协议

电动汽车接口及协议标准是保证电动汽车和充电设施之间互联互通的基础性标准。中国、美国、日本和欧洲等国家和地区纷纷开始研究电动汽车充电接口相关技术，并努力促进充电接口标准在各自国家和地区乃至全世界的统一。目前，国外电动汽车的充电接口标准主要分为四大体系：国际电工委员会（IEC）、国际自动机工程师学会（SAE）、日本电动汽车协会（JEVA）、日本电动汽车充电协会（CHAdeMO）。

我国主要的充电接口及通信协议标准为 GB/T 20234—2015 系列标准和 GB/T 27930—2015。充电接口标准基本与 IEC 标准体系一致，分为通用要求、交流充电接口和直流充电接口 3 个部分。GB/T 20234.1—2015《电动汽车传导充电用连接装置　第 1 部分：通用要求》标准中明确指出，电动汽车充电时，连接电动汽车和电动汽车供电设备的组件，除电缆外，还可能包括供电接口、车辆接口、缆上控制保护装置和帽盖等部件。标准对于充电连接装置的结构、锁止装置以及环境要求都进行了统一规定。GB/T 20234.2—2015《电动汽车传导充电用连接装置　第 2 部分：交流充电接口》和 GB/T 20234.3—2015《电动汽车传导充电用连接装置　第 3 部分：直流充电接口》分别对交流充电接口和直流充电接口的物理结构尺寸、控制引导电路和安全保护措施进行了详细规定。通信协议方面最为重要的标准为 GB/T 27930—2015《电动汽车非车载传导式充电机与电池管理系统之间的通信协议》，主要规定了电动汽车非车载传导式充电机与电池管理系统之间基于 CAN（Controller Area Network）的通信物理层、数据链路层及应用层的定义。

目前，充电接口及协议标准已成为汽车企业、充电设备制造商、充电设施建设与运营商的重要依据，为了保障大规模建设的充电设施与运行车辆的充电互通性，2017 年我国又发布了 GB/T 34657.1—2017《电动汽车传导充电互操作性测试规范　第 1 部分：供电设备》、GB/T 34657.2—2017《电动汽车传导充电互操作性测试规范　第 2 部分：车辆》和 GB/T 34658—2017《电动汽车非车载传导式充电机与电池管理系统之间的通信协议一致性测试》，详细地规定了充电设施充电时序和通信协议的测试流程、测试项目。电动汽车充电设施接口及协议标准见表 1-4。

表 1-4　电动汽车充电设施接口及协议标准

标准号	标准名称
GB/T 20234.1—2015	电动汽车传导充电用连接装置 第 1 部分：通用要求
GB/T 20234.2—2015	电动汽车传导充电用连接装置 第 2 部分：交流充电接口
GB/T 20234.3—2015	电动汽车传导充电用连接装置 第 3 部分：直流充电接口
GB/T 27930—2015	电动汽车非车载传导式充电机与电池管理系统之间的通信协议
GB/T 34657.1—2017	电动汽车传导充电互操作性测试规范 第 1 部分：供电设备
GB/T 34657.2—2017	电动汽车传导充电互操作性测试规范 第 2 部分：车辆
NB/T 33007—2013	电动汽车充电站 / 电池更换站监控系统与充换电设备通信协议
GB/T XXXXX—20XX	电动汽车和无线充电系统设备之间的通信协议
GB/T 32895—2016	电动汽车快换电池箱通信协议
GB/T 32896—2016	电动汽车动力仓总成通信协议

4. 建设与运行

在充电设施建设与运行方面，我国相继颁布了通用要求、设计规范、规划导则、技术导则、验收规范等多项标准。其中，2013 年我国发布了电动汽车充电站方面的国家标准 GB/T 29781—2013《电动汽车充电站通用要求》，2014 年发布了 GB 50966—2014《电动汽车充电站设计规范》。GB/T 29781—2013《电动汽车充电站通用要求》主要规定了电动汽车充电站的选址原则、供电系统、充电系统、监控系统、电能计量、行车道、停车位、安全要求、标志和标识，适用于采用整车充电方式为电动汽车动力电池进行传导式充电的充电站。

为了满足我国电动汽车换电运营的需求，2013 年我国发布了电动汽车换电站的国家标准 GB/T 29772—2013《电动汽车电池更换站通用技术要求》，2015 年发布了 GB/T 51077—2015《电动汽车电池更换站设计规范》。GB/T 29772—2013《电动汽车电池更换站通用技术要求》主要规定了电动汽车电池更换站的建设类型、选址、供电系统、充电与电池更换系统、监控系统、行车道和停车位、土建、安全和消防、标志和标识等，适用于电动汽车电池更换站。另外，为了解决充电设施建设完成后无法验收的问题，2013 年同期发布了 NB/T 33004—2013《电动汽车充换电设施工程施工和竣工验收规范》标准，对供电系统、充电系统、电池更换系统、监控系统以及土建等其他配套设施的工程施工和竣工验收提出了明确的要求。

NB/T 33023—2015《电动汽车充换电设施规划导则》规定了电动汽车充换电设施规划应遵循的基本原则和基本方法，适用于提供公共服务的电动汽车充换电设施规划。电动汽车充电设施建设与运行标准见表 1-5。

表1-5 电动汽车充电设施建设与运行标准

标准号	标准名称
GB/T 29316—2012	电动汽车充换电设施电能质量技术要求
GB/T 29781—2013	电动汽车充电站通用要求
GB/T 29772—2013	电动汽车电池更换站通用技术要求
GB 50966—2014	电动汽车充电站设计规范
GB/T 51077—2015	电动汽车电池更换站设计规范
NB/T 33009—2013	电动汽车充换电设施建设技术导则
NB/T 33004—2013	电动汽车充换电设施工程施工和竣工验收规范
NB/T 33005—2013	电动汽车充电站及电池更换站监控系统技术规范
NB/T 33023—2015	电动汽车充换电设施规划导则
NB/T 33022—2015	电动汽车充电站初步设计内容深度规定

5. 计量

充电设施的计量系统包括电网和充电设施之间的计量、充电设施和电动汽车用户之间的计量两部分。2012 年我国分别发布了 GB/T 28569—2012《电动汽车交流充电桩电能计量》和 GB/T 29318—2012《电动汽车非车载充电机电能计量》两个标准，用以规范电动汽车非车载充电机和交流充电柱使用的电能计量的技术要求和试验方法。计量标准的发布解决了充电计量装置的配置安装、参数指标以及检验检定无标准可循的问题。

一般对于交流充电桩和中、小型充电站，网侧计量采用低压计量，配置三相四线多功能双向计量电能表；对于大型充电站，网侧计量采用高压计量，配置三相三线多功能双向计量电能表。而充电设施和电动汽车用户之间的电能计量装置根据其位置及充电设备的额定电流进行选择，交流充电桩配置单向智能电能表，安装在交流充电桩与电动汽车之间；非车载充电机配置直流智能电能表，安装在非车载充电机与电动汽车之间。电动汽车充电设施计量标准见表 1-6。

表1-6 电动汽车充电设施计量标准

标准号	标准名称
GB/T 29318—2012	电动汽车非车载充电机电能计量
GB/T 28569—2012	电动汽车交流充电桩电能计量

1.5.2 加氢站标准

目前，我国有关加氢站标准见表 1-7，标准重点关注技术要求与安全要求两方面。

表 1-7 我国有关加氢站标准

标准号	标准名称
GB 50516—2010	加氢站技术规范
GB/T 26779—2011	燃料电池电动汽车 加氢口
GB/T 34425—2017	燃料电池电动汽车 加氢枪
GB/T XXXXX—20XX	燃料电池电动汽车 加氢通信协议
GB/T 34584—2017	加氢站安全技术规范
GB/Z 34541—2017	氢能车辆加氢设施安全运行管理规程
GB/T 34583—2017	加氢站用储氢装置安全技术要求

GB 50516—2010《加氢站技术规范》主要规定了加氢站的等级划分、站址选择、平面布置、加氢工艺及设施、消防安全设施等内容。

2017 年发布的 GB/T 34584—2017《加氢站安全技术规范》规定了氢能车辆加氢站的氢气输送、站内制氢、氢气存储、压缩、加注以及安全与消防等方面的安全技术要求，适用于采用各种供氢方法的氢能车辆加氢站，也适用于加氢加油、加氢加气、加氢充电合建站等两站合建或多站合建的加氢站。另外，对于加氢站建设运营企业都特别重视的加氢站选址问题，标准中也有明确的限定。

1.6 充电负荷及其对电网的影响

电动汽车充电负荷属于电力系统的一种新型负荷，具有一定的随机性和波动性。大规模电动汽车接入电网进行充电，不可避免地会给电网带来新的影响和挑战。电动汽车的负荷规模与电网消纳能力之间的关系是电动汽车充电设施发展，乃至电动汽车发展过程中一个值得探讨的问题。

电动汽车充电对电网的影响分析，首先可以从电动汽车的负荷特性和负荷规模两个角度入手。

电动汽车充电负荷特性与电动汽车数量、充电模式、车辆参数、用户充电习惯、接入电网时间、接入时动力电池荷电状态（State of Charge，SOC）等因素相关。现有电动汽车充电负荷的计算方法主要包括蒙特卡罗模拟方法、概率分析法，以及基于历史数据的传统预测方法等。其中，蒙特卡罗模拟方法是最为常见的一种，这种方法的根本特点在于随机抽取接入电网时间等随机变量进行负荷计算，当计算结果达到一定精度要求时，整个模拟过程收敛。

从负荷特性角度来看，充电模式与用户充电习惯等诸多因素均会对充电负荷特性带来影响，现有研究文献针对不同的应用场景分别进行分析。总体上，各种场景下电动汽车充电负荷的加入均会带来一定程度的负荷增长，甚至造成“峰上加峰”的现象，在一定程度上加重电力供应紧张的情况。此外，大量随机性充电负荷构成的整体负荷体现出的随机波动性不强，但峰谷差异较为明显。相关研究表明，在无电动汽车接入的情况下，电网夜间高峰负荷时间集中在 17:00~21:00，而电动汽车充电负荷峰值的出现时间也基本处于这一时段，二者在时间上相差不大。

从负荷规模角度来看，当前电动汽车充电负荷相对电力系统总负荷占比有限。以北京市为例，2018 年夏季最高负荷为 2306 万 kW。截至 2018 年 5 月，北京市纯电动汽车保有量达到 17.5 万辆。假设充电采用慢充形式，单车充电功率为 3kW，充电方式为一日一充。根据相关出行统计数据，采用蒙特卡罗模拟方法，可以得到充电负荷峰值约为 11 万 kW，约占当年夏季最高负荷的 0.48%。不难看出，即使在居民集中于傍晚或夜间充电，且均为一日一充的较为极端情况下，电动汽车充电负荷占电力系统总负荷的比例仍旧有限，仍处于电网可接纳的范畴。

虽然从负荷特性和负荷规模角度来说电动汽车充电负荷对电力系统整体的影响较小，但电动汽车充电负荷对配电网，特别是配电网末端节点的影响还是存在且值得关注的，具体包括：

（1）带来配电网负荷增长，造成局部过负荷

电动汽车接入电网充电，其接入位置基本位于配电网末端，集中充电带来的负荷增长易于造成配电网末端部分线路出现局部过负荷的情况。图 1-9 所示为电动汽车接入前后的配电网负荷情况对比图[4]，可以看出当一定数量的电动汽车接入配电网充电后，部分线路（深色部分）的过负荷情况加重。

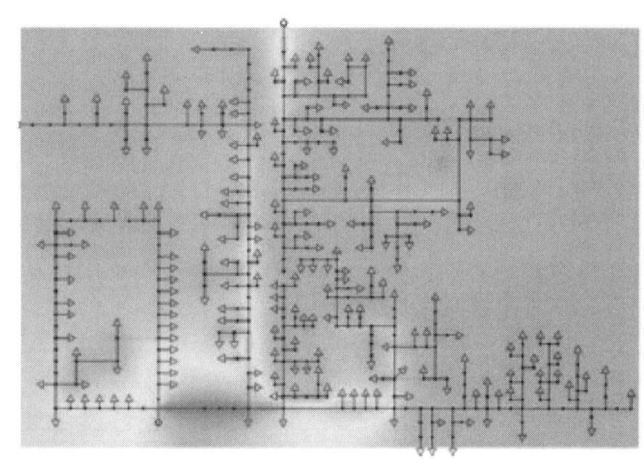

a)

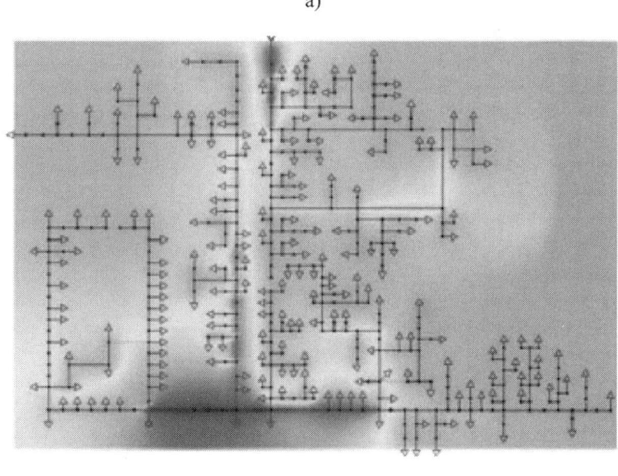

b)

图 1-9 电动汽车接入前后的配电网负荷情况对比图（彩图见书后插页）

a）电动汽车接入前 b）52% 渗透率的电动汽车接入后

（2）带来配电网节点电压偏移

电动汽车接入配电网充电，集中充电除会带来负荷增长外，还将导致配网节点电压出现偏移（下降）及电压波动等电能质量问题。图 1-10 所示为不同电动汽车渗透率（电动汽车充电负荷与配电网额定容量的比例）接入前后配电网节点电压偏移情况[5]，可以看出随着电动汽车渗透率的增长，配电网节点电压出现逐渐下降的情况。此外，根据电路基本定理，一般来说越靠近末端的配电网节点电压下降越严重。

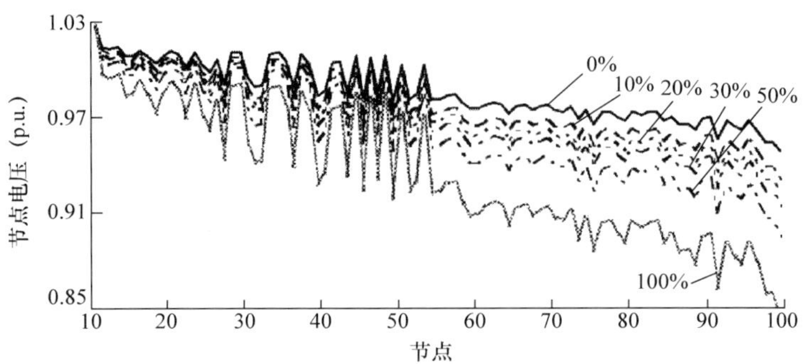

图 1-10　不同电动汽车渗透率接入前后配电网节点电压偏移情况

（3）带来配电网网损增大

电动汽车接入配电网充电，还将导致配电网网损增大，进一步导致配电成本的提升。图 1-11 所示为不同电动汽车渗透率接入前后配电网网损情况 [6]，可以看出随着电动汽车渗透率的增长，配电网网损增大，全天各时段网损增大程度与负荷增长趋势保持一致。

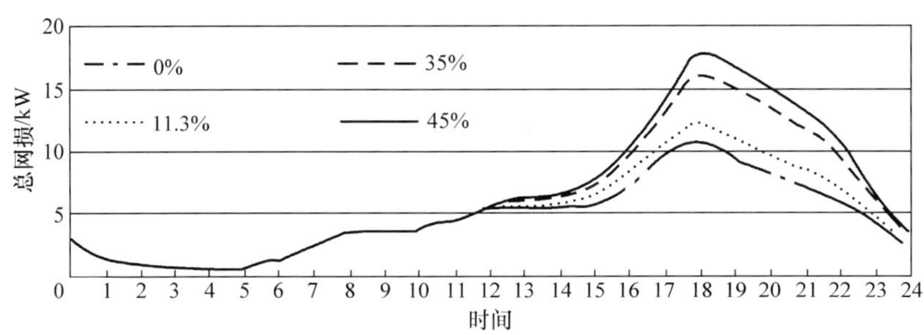

图 1-11　不同电动汽车渗透率接入前后配电网网损情况

（4）带来配电网三相不平衡问题

由于在常规慢充模式下，充电设备为单相交流接入，所以电动汽车接入配电网充电还可能导致配电网出现三相不平衡问题。研究表明，50% 电动汽车渗透率时的三相不平衡率是 30% 时的 1.5 倍 [7]。

综上，目前电动汽车充电负荷对电力系统的影响比较有限，仅会对配电网侧的负荷增长、电压质量、配电损耗等指标带来一定程度的影响。

1.7　电动汽车充电电价政策

电动汽车充电电价政策直接影响用户用车成本和充电设施运营成本。根据国家发展和改革委员会（简称国家发改委）2014 年发布的《关于电动汽车用电价格政策有关问题的通知》，对电动汽车充换电设施用电实行扶持性电价政策，对经营性集中式充换电设施用电实行价格优惠，执行大工业电价，并且 2020 年前免收基本电费（政策已延长至 2025 年）。具体如下：

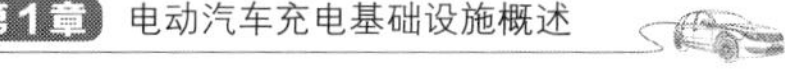

1）对向电网经营企业直接报装接电的经营性集中式充换电设施用电，执行大工业用电价格。2020 年前，暂免收基本电费（政策已延长至 2025 年）。

全国各地大工业电价不尽相同，但均高于 0.49 元 /kW・h 的民用电价，一般为 0.8~1.1 元 /kW・h，并根据峰谷调高或调低电价。北京市大工业峰谷分时电价见表 1-8。

表 1-8　北京市大工业峰谷分时电价

时间	时段类型	价格（元 /kW・h）
0:00~7:00	谷	0.3946
7:00~10:00	平	0.6950
10:00~15:00	峰	1.0044
15:00~18:00	平	0.6950
18:00~21:00	峰	1.0044
21:00~23:00	平	0.6950
23:00~24:00	谷	0.3946

2）其他充电设施按其所在场所执行分类目录电价。其中，居民家庭住宅、居民住宅小区、执行居民电价的非居民用户中设置的充电设施用电，执行居民用电价格中的合表用户电价；党政机关、企事业单位和社会公共停车场中设置的充电设施用电执行“一般工商业及其他”类用电价格。

此外，充换电设施经营企业可向电动汽车用户收取电费及充换电服务费两项费用。其中，电费执行国家规定的电价政策，充换电服务费用于弥补充换电设施运营成本。电动汽车充换电服务费方面，《关于电动汽车用电价格政策有关问题的通知》指出应按照政府指导价管理，据此各地又分别出台了各自的充换电服务费收费标准。

1.8　加氢站概述

加氢站是氢能利用和发展的中枢环节，是为燃料电池车充装燃料的专门场所。不同来源的氢气经压缩机增压后，储存在高压储罐内，再通过加氢机为氢燃料电池汽车加注氢气。

氢燃料电池汽车技术因其高效率和零排放等优点，成为 21 世纪最理想、最有可能替代传统汽车动力系统的技术。发展燃料电池汽车技术将同时彻底解决车辆发展所带来的能源和环境问题，真正实现汽车产业的可持续发展，因此得到了世界各国政府和企业的高度重视，特别是美国、日本和德国及其企业都加大了氢燃料电池汽车的研发与示范，并且取得了重大进展。

图 1-12　加氢站[9]

加氢站是为氢能车辆，包括氢燃料电池车辆或氢气内燃机车辆或氢气混合燃料车辆等的车用储氢瓶充装氢燃料的固定的专门场所，如图 1-12 所示。燃料电池汽车使用氢气为燃料，主要通过加氢站为其提供氢气加注服务[8]，加氢站布局如图 1-13 所示。

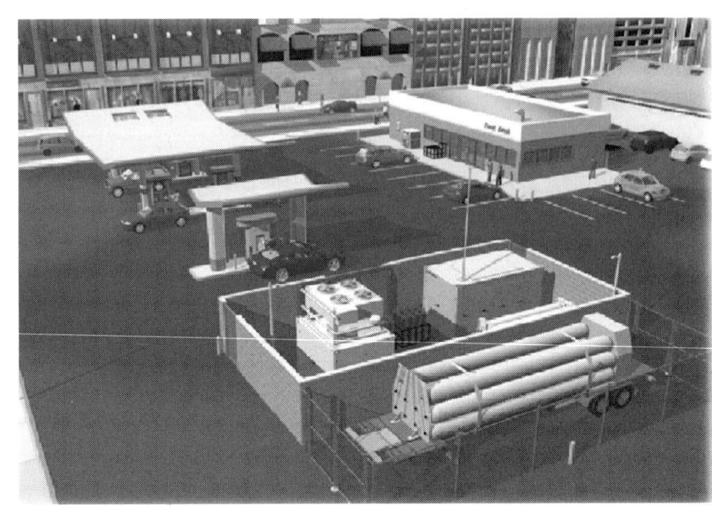

图 1-13　加氢站布局[9]

目前加氢站的类型可按氢气来源分为外部供氢式加氢站和现场制氢式加氢站。

外部供氢式加氢站是指氢气在制氢厂集中制取，然后输送到加氢站，输送方式有高压氢气输送、液氢输送和管道输送等。

现场制氢式加氢站是指氢气在加氢站内现场制取，目前站内制氢的技术路线主要是化石燃料（天然气、甲醇等）重整制氢和电解水制氢。氢气经压缩机增压后进入储氢瓶组内储存，加氢时，加气机从储氢瓶组内取气。

按照氢气状态分为气态加氢站和液态加氢站。

气态加氢站是指氢气在压缩机的输送下进入高压储氢罐储存，最后通过氢气加注机为燃料电池汽车进行加注。主要是将气态氢气升压，然后将气态氢气加注到燃料电池车辆中。

液态加氢站主要由液氢储罐、高效液氢增压泵、高压液氢气化器及氢气储罐、加氢机和控制系统等关键模块组成。主要将液态氢气转化为气态氢气后再加注到燃料电池车辆中。

按照功能分为固定式加氢站和移动式加氢站。

固定式加氢站采用降压平衡加注，通过压缩机升压，将氢气压缩储存在站内 45MPa 或 87.5MPa 储存系统中，再通过氢气加注系统，平衡加注 35MPa 或 70MPa 储氢压力的燃料电池车辆。

移动式加氢站采用直接升压加注，用压缩机或增压泵直接将氢气升压到 35MPa 或 70MPa 并加注燃料电池车辆。

参考文献

[1] 刘颖琦，张晶，岳为众，等 . 网络关系视角下电动汽车充电基础设施产业链演进 [J]. 中国科技论坛，2019（1）: 66-79.

[2] 童光毅 . 电动汽车充电基础设施 [M]. 北京：中国水利水电出版社，2016.

[3] 陈硕翼，张丽，唐明生，等 . 无线电能传输技术发展现状与趋势 [J]. 科技中国，2018（7）: 7-10.

[4] LOPES J A P，SOARES F J，ALMEIDA P M R. Integration of Electric Vehicles in the Electric Power System[J]. Proceedings of the IEEE, 2010, 99(1):168-183.

[5] 李惠玲 , 白晓民 . 电动汽车充电对配电网的影响及对策 [J]. 电力系统自动化 , 2011, 35(17):38-43.

[6] SHAFIEE S, FOTUHI-FIRUZABAD M, RASTEGAR M. Investigating the Impacts of Plug-in Hybrid Electric Vehicles on Power Distribution Systems[J]. IEEE Transactions on Smart Grid, 2013, 4(3):1351-1360.

[7] GRAY M K, MORSI W G. Power Quality Assessment in Distribution Systems Embedded With Plug-In Hybrid and Battery Electric Vehicles[J]. IEEE Transactions on Power Systems, 2015, 30(2):663-671.

[8] 中机国际工程设计研究院有限责任公司 . 如皋加氢站（三级站）项目可行性研究报告 [R]. 长沙：中机国际工程设计研究院有限责任公司，2016.

[9] BARILO N, LOOSEN S. Hydrogen Fuel Cells and Fuel Cell Electric Vehicles: Emerging Application and Safety Management [C].Tacoma: Green Transportation Summit & Expo, 2018.

第2章 电动汽车充电设施布局规划

电动汽车充电设施是一种新兴的城市基础设施，是未来城市基础设施体系的组成部分，有必要纳入城市整体发展规划，实现与其他城市基础设施的统筹协调。充电设施的良好布局是电动汽车产业发展的重要支撑，具有不可替代、不容忽视的基础性作用，有利于提升电动汽车使用者出行的便利性，可有效避免产业发展过程中的充电难与充电站闲置等矛盾和问题，从而加速推进电动汽车的应用推广，促进产业的健康、快速发展。

2.1 充电设施布局规划现状

全球范围内城市充电设施都处于发展的前期阶段，由于涉及城市规划、建设用地审批、建筑物构筑物、输配电网改造、居住区域是否具备安装条件、商业投资运营模式等多方面相关因素，所以充电设施规划建设处于推进难度大、问题与挑战并存的现状。

随着我国新能源汽车产业的发展，业内预期到 2030 年我国电动汽车产销将超过 1500 万辆。为了支撑电动汽车的发展和保障电动汽车的充电便利性，我国出台了一系列充电设施促进政策，如图 2-1 所示，覆盖了充电设施建设、电力接入、充电设施运营等方面，对调动社会资源促进充电设施发展起到了至关重要的作用。

经过近几年的快速发展，我国充电设施产业从无到有，目前已初具规模，产业链基本形成。截至 2018 年底，我国充电设施数量达到 76 万个，其中北京新能源汽车保有量为 21.9 万辆，充电桩 14.7 万个，整体车桩比为 1.49 ∶ 1。虽然我国充电设施建设运营数量位居世界第一，但充电难的总体态势并未得到根本改变，充电体验差、投资效益不佳的矛盾仍然突出，充电便利性是充电设施规划建设未来的主要关注点和发展方向。

电动汽车充电便利性主要包括三大方面：第一，充电设施布局是否合理，与充电需求的匹配度如何；第二，充电桩是否方便查找；第三，充电桩使用和支付是否便利。合理的充电设施布局是提升充电便利性的第一步。由于缺乏科学性指导，当前已有的充电设施与充电需求的时空分布和发展规模协调性亟待提升：一方面，部分区域的充电设施规模无法满足电动汽车充电需求，导致电动汽车充电难、排队时间长；另一方面，某些地区的充电设施配置过剩，造成充电设施总体利用率较低，充电站运营效益低下等现象的发生。

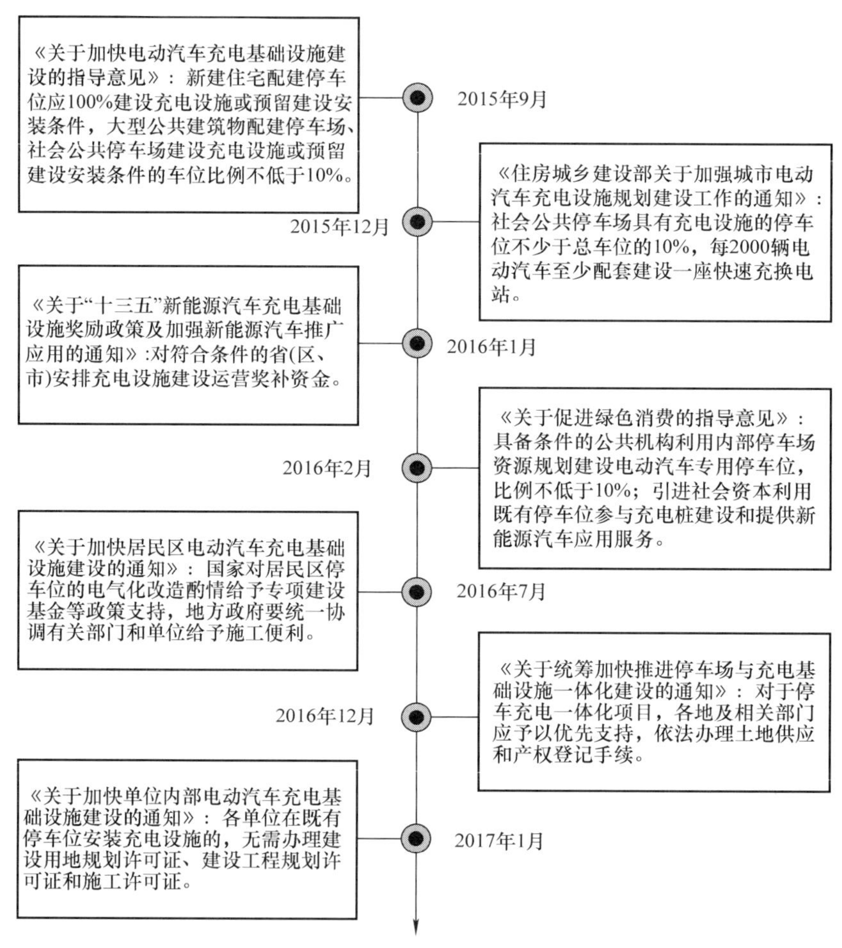

图 2-1　我国有关充电设施的促进政策

充电设施布局规划是新能源汽车发展的重要支撑，是城市交通规划的重要组成部分，只有建设布局合理、符合充电需求的高服务水平充电设施，才能有效地促进城市的低碳发展，增强区位的可达性、电动汽车用户的充电便利性。贯彻落实发展电动汽车的国家战略，科学预测各类充电设施的需求，合理选址，形成与市场需求相对应的公共充电服务体系，需要科学的城市充电设施规划方法提供指导，这对于城市充电设施网络的建设及其安全高效的运营具有重要意义。

2.2 充电设施布局规划原则

2015 年 10 月，由国家发改委等发布的《电动汽车充电基础设施发展指南（2015—2020 年）》对我国今后电动汽车充电设施布局规划的指导思想做出了明文规定：全面贯彻国家新能源汽车发展战略部署，加强规划指导，因地分类实施；完善标准体系，强化政策引领；鼓励社会参与，创新发展模式，发挥市场作用；系统科学地构建高效开放、与电动汽车发展相适应的充电基础设施体系，保障和促进电动汽车产业健康快速发展。

1. 便捷性原则

电动汽车的充电便捷性可以用充电过程中的损耗成本来体现，包括电动汽车在前往充电站过程中的时间、电量消耗成本和在充电站内的排队及充电时间消耗成本。在充电设施规划的过程中，应充分考虑用户使用的便捷性，合理分配充电站以及停车场充电桩等不同充电方式的布局，保证充电设施网络可以覆盖所有的电动汽车用户，保证电动汽车用户在可以忍受的寻站时间、路程长度和排队时间内完成充电。

2. 协调性原则

充电设施的布局规划是综合考虑多种不同因素的共同结果。首先，充电设施规划必须考虑规划区域内电动汽车充电需求发展的实际情况，合理规划，避免盲目建设造成的资源浪费；其次，城市和交通规划会影响用户的出行方式及充电偏好，从而影响用户的充电需求，因此充电设施的规划要考虑城市和交通的规划情况；此外，由于大规模充电会对电网造成一定程度的冲击，影响电能质量，为保证电力供应的安全稳定，必须要考虑城市配电网的规划状况。综上而言，充电设施规划建设要与城市电动汽车需求、城市总体规划、交通规划、电网规划等多方面因素协调匹配。

3. 经济性原则

经济性原则是指充电设施规划建设过程中，在满足充电需求、服务质量的前提下，要尽可能降低规划建设的投入成本。一方面通过减少单个充电设施的成本，以求在保证投资总量的情况下实现更广范围的布点，以快速形成系统化的充电设施网络；另一方面通过政府补贴、风险共担的形式，减少投资者的初期投入，鼓励社会多方参与投资建设，并尽可能实现投资回收。

2.3 布局规划关键因素

电动汽车充电设施的布局规划与多种因素相关，主要包括电动汽车保有量及分布情况、选择的充电方式（即采用的充电设施类型）、交通密度情况、城市交通规划以及电网规划等，这些因素都是充电设施布局规划过程中需要考虑的边界条件或设计前提。

1. 充电设施布点和占地限制

在选择充电设施的布局地点时，应该结合区域市政规划和路网规划的要求，以网点总体布局规划为宏观控制依据，从长远的角度考虑，选择适合长期稳定地投运充电设施的地点。此外，应充分考察设施布局点的土地利用权限和可使用面积的限制，为充电设施的布局规模提供数据基础。

非独立占地的公共充电设施，按使用者的活动热点情况就地布置，结合公共建筑停车场、社会停车场，沿街结合路灯和停车咪表，并注意做好标示指引等；独立占地的公共充电设施，优先布局在外围区交通便利的区域；在中心城区的充电设施，应结合交通枢纽、汽车服务站、电网配电点、加油站等设施内部或周边的零星用地进行设置。

2. 区域的输配电网状况

电动汽车充电运营时需要大功率的电力支撑，对区域内电网的影响相对较大，因此应将充电站的设施规划纳入城市电网规划设计中，提高电动汽车充电站供应电能的稳定性和安全性。充电设施所接入的电网节点的配电容量应当能够满足所投运充电设施的用电需求并留有一定的裕量以备充电需求的扩增使用。此外，由于电动汽车充电设施是一种非线性负荷，在工作过程中会产生大量的谐波，也会对电网的正常运行造成干扰，所以在布局规划时应重点考虑充电站冲击电压以及谐波等对电网的影响。

3. 服务半径和充电方式

参考加油站服务半径和变电站供电半径定义，充电设施服务半径可定义为相邻充电设施之间的车行距离的一半。首先，充电设施服务半径应当能够保证电动汽车在产生充电需求时，能够在电量耗尽前到达充电设施安装地进行补充电，提升其充电便捷性；其次，应当根据城市的整体发展规划和电动汽车的推广应用程度，合理地规划充电设施的布局和建设密度，防止出现“一窝蜂”的重复投资问题，降低不必要的投资浪费。

通过对不同国家地区充电设施建设情况（规划布局特点和服务半径，表 2-1）进行分析，给出我国典型城市充电设施布局，见表 2-2。

充电设施的布局规划应当考虑用户的充电方式和出行特征，并结合电动汽车消费者分布、电动汽车日均行驶距离等。城市内充电设施的服务半径一般为 5~10km，城际间的服务半径为 30~100km 不等。

慢速、中速充电设施一般分布于居住区和工商业区，以充电桩集群的形式分布，用于满足电动私家车的日常基本通勤；快速充电设施一般设置在停车场站或是单独建设，以充电站的形式服务于电动私家车的紧急充电需求和公共交通车辆（如电动公交车和电动出租车）的日常充电需求。

表 2-1　不同国家地区充电设施建设情况

	美国	英国	日本
规划布局特点	① 慢充：住宅区、酒店等过夜场所 ② 中速充：工作办公区、购物中心 ③ 快充：通勤道路两侧、州际公路服务区	① 分为公共沿街、公共停车场、私人沿街和私人场所建设 ② 减少非沿街设置，避免过度集中布局	① 快充：车站、加油站、高速公路服务区、商业设施等 ② 慢充：医院、商业设施、停车场、旅馆等；每个全家便利店设置 1 个
服务半径	① 高速公路为 50~100km 不等 ② 城市内部为 5~10km	90% 的公共充电站点小于 16km	高速公路每隔 40~60km 设置 1 个

表 2-2　我国典型城市充电设施布局

典型城市	建设体系	服务半径	布局特点
北京	主导快充，兼顾慢充，引导换电	重点在五环内打造服务半径平均为 5km 的公共快充服务圈	① 非独立占地的快速公共充电设施：在五环内，结合火车站等大型交通枢纽、学校、商场、宾馆、公园、文体设施的公共停车场布局；在外围区，结合机场、4S 店、高速公路服务区、加油站布局 ② 独立占地的快速公共充换电设施：与公交车辆的首末站和汽车维修服务站紧密结合布局 ③ 慢速公共充电设施：结合写字楼、居住区、办公楼、公园、学校附近的公共停车场内建设，或者在路边停车位、结合路灯散布
上海	快充为主，快慢结合，少量换电；合建为主，单建为辅	中心城区每 5km^2 设置 1 处，郊区每 10km^2 设置 1 处公共充电设施点	① 非独立占地的快速公共充电设施：结合大型商业区停车场、公共服务设施、社会停车场、换乘停车场、公园、高速公路服务区、加油站、输变电设施、高架下空间、具备停车条件的道路等场所布局 ② 独立占地的快速公共充换电设施：结合大型交通枢纽和汽车维修服务站等选址布局 ③ 慢速公共充电设施：结合居住区和办公区附近的公共停车场、咪表、路灯等选址布局
深圳	以服务公交和出租车为主，兼顾社会车辆，公共充电设施以快充为主	城市组团内：5km；组团之间：10km	① 非独立占地的公共充电设施：布局与北京、上海类似 ② 独立占地的公共充电设施：与公交车首末站、出租车停车场站结合紧密，利用站内或附近闲置用地建设；在交通枢纽、电网配电中心、汽车生产服务站点内部或周边空地布局
合肥	公共充电设施均采用快充直流机	中心城区为 1km，外围地区为 3~5km	① 公共充电桩（群）：依据《合肥市公共停车场（库）规划》及停车场（库）建设计划，结合公园、体育馆、集中办公楼等公共停车场布局 ②公共充电站：在中心城区内，选取主干道附近零星边角地或结合现有及规划的加油、加气站用地布局；在外围区，选取环城路、高速路出口附近的闲置用地设置
杭州	快慢结合，充换结合	充电设施之间的距离小于 5km，换电设施之间的距离为 5~10km	①非独立占地的公共充电设施：快充为主，布局在商业、商务、公园、公共服务设施点的配建停车场 ②独立占地的充换电设施：主要为公交车和出租车提供换电服务，兼顾社会车辆的充电需求，主要与公交首末站、南方电网配电点、汽车服务站紧密结合布局

4. 考虑电动汽车交通密度和充电需求

交通密度是指在单位长度的车道上某一瞬间存在的车辆数。交通密度是随着时间的变化而变化的，并且测定区间的长度不同，交通密度也不尽相同，因此交通密度通常用总计时间的平均值来表示。如果某一区域电动汽车的交通密度相对较大，则表明该区域内电动汽车保有量较高，对充电量的需求也会相对较大，应该规划和布置更多的电动汽车充电站。

充电需求是指在特定的地点和时间，一定数量的电动汽车对电能的需求。电动汽车充电设施的数量应该充分考虑电动汽车的交通密度，并结合电动汽车的类型和出行方式，分析充电需求的时空分布，为充电设施的建设提供更为科学的规划依据。

5. 兼顾经济效益及社会收益

充电设施的布局规划应当兼顾经济效益及社会效益。在建设期间，充电设施及其相关基础设施（配电、土地、照明等）的建设成本和运行成本必须予以考虑，同时还应考虑电网负荷平衡，提高充电设施的利用率，减小峰谷差。此外在进行整个区域的充电设施规划时，应当考虑区域的社会效益，包括尽可能地提升充电用户的充电服务质量和充电便捷性，减少用户在充电过程中所耗费的时间和电量。

6. 满足相关规范

为有效完成电动汽车的电能补给，充电桩集群和充电站的配电、充电、调度和监控系统应当遵守相关的设计规范：GB 50966—2014《电动汽车充电站设计规范》、GB/T 29781—2013《电动汽车充电站通用要求》等，更多标准规范参照国家标准化管理委员会发布的电动汽车充电设施现行国家标准。㊀

2.4 布局规划基本流程

总的来说，充电设施规划的基本流程如图 2-2 所示，主要包括：

1）分析区域的城市规划、交通规划以及电网规划等情况并收集相关数据。

2）分析预测电动汽车的短、中、长期保有量，充电设施需要与电动汽车发展相协调。

3）按充电方式等的选择意愿，并结合电动汽车保有量预测，分析不同充电设施的需求。

4）结合充电设施需求，进行充电设施规划，分别进行充电设施选址定容、优化评价，最终确定充电设施规划。

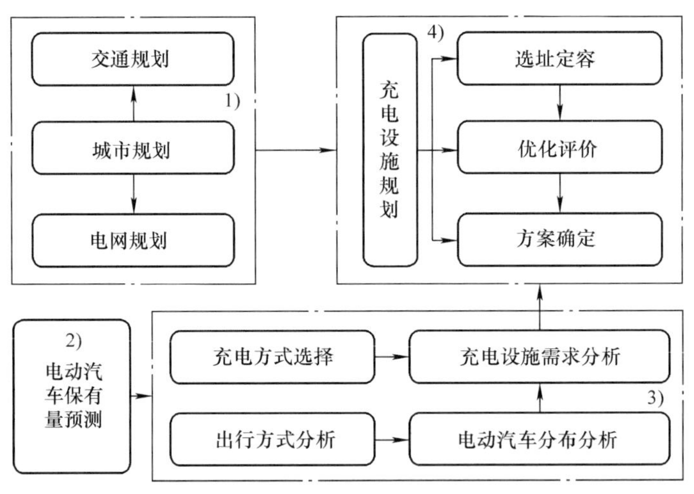

图 2-2 充电设施布局规划的基本流程

2.5 充电设施布局规划理论及充电站设计基础

2.5.1 电动汽车保有量预测

电动汽车与传统汽车同属于交通运输工具，而电动汽车与传统汽车运行特性不同，因此电动汽车市场发展规模趋势与传统汽车又存在区别。但是因为发展前期缺乏大量数据支

㊀ http://www.sac.gov.cn/sgybzeb/zdgz/ddqc/201605/t20160505_207557.htm。

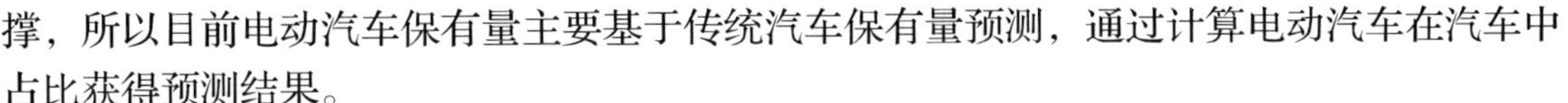

撑，所以目前电动汽车保有量主要基于传统汽车保有量预测，通过计算电动汽车在汽车中占比获得预测结果。

1. 汽车保有量预测

影响汽车未来市场规模的因素多种多样，不同因素对不同用途类型车辆的影响效果不同，因此汽车保有量预测可以采用不同的预测模型进行线性组合，以改善每个预测模型对不同用途类型车辆保有量预测结果的拟合程度和预测精度。

（1）回归分析模型

回归分析模型表达式为

$$\hat{y}=a_0+a_1x_1+a_2x_2+\cdots+a_mx_m \tag{2-1}$$

式中　a_0，a_1，a_2，…，a_m——模型的回归系数；

$\hat{y}$——因变量，即汽车保有量；

X——自变量，即影响汽车保有量变化的因素，$X=\{x_1, x_2, \cdots, x_m\}$。

弹性系数法是一种采用一次线性回归分析模型预测汽车保有量的典型方法。弹性系数法是在一个因素变化的基础上，对另一个因素的发展变化做出间接预测的方法，可以利用社会经济发展数据，如国内生产总值（GDP）指标和交通运输之间的关联关系，对汽车保有量的增长趋势进行测算。GDP 增长率和汽车保有量增长率之间的关系可表示为

汽车保有量增长率 =GDP 增长率 × 弹性系数

（2）灰色系统模型

由于影响汽车市场规模的因素众多，当其中一个或多个因素同时发生变化时，灰色系统模型具有更强的适应性，可增强预测结果的准确度。该方法通过对原始数据的整理寻找历史数据之间的规律，通过生成的数列进行关联分析，寻找系统变动的规律，生成有较强规律性的序列，其中最常用的预测模型为 CM(1, 1) 模型。

该预测方法的步骤首先是生成累加数据序列，给定原始历史数据，即汽车保有量历史数据：

$$x^{(0)}(t)\quad (t=1, 2,\cdots) \tag{2-2}$$

进行一次累加，生成新的序列：

$$x^{(1)}(t)=\sum_{k=1}^{t}x^{(0)}(k)\quad (t=1,2,\cdots) \tag{2-3}$$

对数列 $x^{(1)}(t)$ 建立相应的微分方程：

$$\frac{\mathrm{d}x^{(1)}(t)}{\mathrm{d}t}+ax^{(1)}(t)=u \tag{2-4}$$

该方程的解为

$$x^{(1)}(t)=[x^{(1)}(t)-u/a]\mathrm{e}^{-a(t-1)}+u/a \tag{2-5}$$

由最小二乘法得到 a 和 u 的值，代入式（2-5）即可得到预测模型。再将 CM(1，1) 模型所得数据经过逆生成，还原后即可得到预测值，即汽车保有量的预测值。

第2章

2. 电动汽车保有比例预测

不同用途类型的电动汽车在进行保有比例预测时也要有所区分。对于电动公交车、公务车和出租车来说，由于受到政府推广与示范运行等政策的影响较大，在现有资料下无法通过模型预测得到结果，一般直接通过政府资料调查获得。

对于电动私家车，可看作是一种投入市场的新兴产品，因此可参考新产品扩散理论的研究成果对其进行分析。在分析新产品投入市场后的扩散比例时，可以通过 Bass 扩张模型进行预测，得到电动私家车在汽车市场的保有比例。Bass 扩张模型用数学公式表示如下：

$$F_T = F_{T-1} + p(m - F_{T-1}) + q\frac{F_{T-1}}{m}(m - F_{T-1}) \tag{2-6}$$

式中　F_T——到 T 时刻的累计购买量；

F_{T-1}——到 $T-1$ 时刻的累计购买量。

通过对其中三个输入变量 m、p、q 的确定，可以预测得到电动汽车每年的消费者持有比例。其中，m 为市场最大潜量，主要依靠市场调查我国消费者的购买意愿得到；p 为创新系数（外部影响系数），体现了会受其他用户影响而选择购买新产品的用户数量，相关研究中通过实证调查了上百种耐用消费品的扩散模型，结论表明 p 值介于 0.01~0.03 之间；q 为模仿系数（内部影响系数），体现了受网络效应和他人的购买决策影响而选择购买新产品的用户数量，相关研究得到该系数的数值为 0.3~0.7，且很少大于 0.5。

2.5.2　充电需求预测方法

电动汽车的普及将引发大量充电需求，准确预测电动汽车充电需求的时空分布是充电设施的选址定容、分析充电负荷对电网影响等的基础。电动汽车负荷受到多种因素影响，时空分布上具有较大的随机性，预测难度较大。现有充电负荷建模研究因其考虑的因素对负荷随机性的处理方法和数据来源不同而呈现出各自不同的特点。

针对充电设施规划布局而言，在充电需求预测方面更侧重于对于电动汽车产生充电需求的时间点和空间点的了解。分析当前已有的充电需求预测方法，总结出两种适用于充电设施规划的充电需求预测方法：

（1）基于实际数据的统计分析法

将电动汽车视作一个统一整体，结合城市交通流量数据及电动汽车保有量数据分析电动汽车充电需求的空间分布规律，再运用实际统计数据获取电动汽车充电时刻、充电时长等特征参数的概率模型，两者结合得到充电需求的时空分布。

（2）基于出行链的随机模拟法

将电动汽车作为单一个体对待，基于交通出行模型或电动汽车驾驶数据分析电动汽车出行规律，再结合电动汽车出行特征参数的数据拟合，模拟电动汽车的出行链，获取电动汽车产生充电需求的时刻和地点，即充电需求的时空分布。

1. 基于实际数据的统计分析法

（1）分析电动汽车充电需求的空间分布

在计算电动汽车的充电需求时，将路网中的交通流量用每个路口节点的交通流量来表示，则 T 时间段内路口节点 j 需要充电的电动汽车数量（充电车次）可表示为

$$q_t^j = \int_0^T p_t^j \alpha\beta \mathrm{d}t \tag{2-7}$$

式中 p_t^j——节点 j 在 t 时刻的交通流量密度；

α——电动汽车所占比例；

β——所有电动汽车中需要充电的汽车所占比例。

若充电站 i 的服务范围内有 n_i 个路口节点，则充电站 i 服务范围内 T 时间段内需要充电的电动汽车数量 Q_i 可表示为

$$Q_i = \sum_{j=1}^{n_i} q_t^j \tag{2-8}$$

（2）充电行为特征参数概率分析

除了电动汽车的充电车次，充电设施的具体参数配置还需要结合所服务车辆的充电时刻与充电电量，这两项特征参数可以基于不同类型的电动汽车的实际充电数据进行概率分析。如电动公交车的充电时刻和充电电量与其发车规则相关，电动乘用车（出租车和私家车）的充电时刻和充电电量与通勤行为相关，在此给出电动私家车的充电时刻与充电电量的概率模型。电动私家车充电时刻近似满足正态分布，概率密度函数为

$$f_{\mathrm{s1}}(x) = \begin{cases} \dfrac{1}{\sigma_{\mathrm{s}}\sqrt{2\pi}} \mathrm{e}^{-\frac{(x-\mu_{\mathrm{s}})^2}{2\sigma_{\mathrm{s}}}} & (\mu_{\mathrm{s}} - 12 < x \leqslant 24) \\ \dfrac{1}{\sigma_{\mathrm{s}}\sqrt{2\pi}} \mathrm{e}^{-\frac{(x+24-\mu_{\mathrm{s}})^2}{2\sigma_{\mathrm{s}}}} & (0 < x \leqslant \mu_{\mathrm{s}} - 12) \end{cases} \tag{2-9}$$

式中 $\mu_{\mathrm{s}}=17.6$；

$\sigma_{\mathrm{s}}=3.4$。

电动汽车的充电电量与其行驶里程呈线性关系，据统计，电动私家车的日行驶里程满足对数正态分布，概率密度函数为

$$f_{\mathrm{dEV}}(x) = \frac{1}{x\sigma_{\mathrm{dEV}}\sqrt{2\pi}} \mathrm{e}^{-\frac{(\ln x - \mu_{\mathrm{dEV}})^2}{2\sigma_{\mathrm{dEV}}^2}} \tag{2-10}$$

式中 $\mu_{\mathrm{dEV}}=3.45$；

$\sigma_{\mathrm{dEV}}=0.51$。

结合充电设施所服务的充电车次以及这些充电车次的充电时刻和充电电量，即可得到充电需求的时空分布。

2. 基于出行链的随机模拟法

电动乘用车日常行驶虽然随机性大，但也有一定的规律性，基于出行链随机模拟方法可以通过研究人们出行行为特征和选择特征得到电动汽车充电需求的时空分布。

（1）出行链中特征量概率分布拟合与抽样

首先结合出行链的概念，对出行链中各特征量（电动汽车保有量、电动汽车充电功率、充电地点、电池容量、起始荷电状态、起始运行时间和地点等）的概率分布进行分析拟合。基于所得的概率分布进行蒙特卡罗模拟抽样，得到区域内每辆电动汽车在出行链中所对应的各项特征量（电动汽车保有量、电动汽车充电功率、充电地点、电池容量、起始荷电状态、起始充电时间等），形成完整的出行链。

（2）规划区域的交通小区划分与出行分布预测

抽取规划区域的路网结构，通常按照路网网格或建筑功能对规划区域进行交通小区划分。电动汽车的出行起点可能位于任意交通小区，电动汽车出行目的地的选择与交通分区之间的吸引强度和出行阻抗相关，交通小区 i 的电动汽车选择下一交通小区 j 作为目的地的概率为

$$N_{ij}=\alpha_j\frac{Q_j}{F(t_{ij})}=\alpha_i\frac{K\sum_{k=1}^{n}a_{jk}b_{jk}\lambda_k}{F(t_{ij})} \tag{2-11}$$

式中 Q_j——交通小区 j 的土地吸引强度；

$F(t_{ij})$——交通小区 i 和交通小区 j 的出行阻抗；

K——比例常数；

a_{jk}——交通小区 j 内第 k 类用地的面积（km^2）；

b_{jk}——交通小区 j 内第 k 类用地的土地利用强度系数，取该类用地的容积率；

λ_k——第 k 类用地对交通出行吸引量的权重值。

电动汽车通常选择出行概率最大的交通小区为下次出行的目的地。交通小区划分示意图如图 2-3 所示。

图 2-3　交通小区划分示意图（彩图见书后插页）

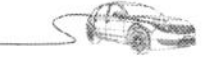

（3）电动汽车出行与充电行为模拟

基于抽样得到的区域内所有电动汽车的出行链特征参数，结合计算的规划区域内的各个交通小区之间的出行概率，模拟电动汽车的出行和充电行为，记录区域内所有电动汽车的日充电序列（充电需求产生的时刻、地点和电动汽车产生充电需求时的剩余电量），即可得到电动汽车充电需求的时空分布。

2.5.3 电动汽车充电设施选址

由于非公共区域的充电桩主要服务于家用电动汽车，可以结合居住区或工作区的停车位进行充电设施的安装，选址问题并不凸显，因此充电设施选址问题更侧重于一定区域范围内的公共区域集中式充电站的选址布局。

1. 经典建模选址法

建模选址法通过建立充电站选址优化模型解决充电站的站址选择问题，包括连续型模型和离散型模型。由于充电站的选址受限于城市的市政、交通和电网规划，所以离散型模型更适用于充电站的选址问题，即数学模型的解集为规划区域内考虑 2.3 节中的关键因素限制后合格的“候选建站点”的排列组合集。

根据布局规划的条件和侧重点，充电站选址优化模型的目标函数一般为以下三类中的一种或是几种的加权组合：

1）从投资方的角度出发，保证投资方的利益最大化，如充电站建设运营成本最小、充电站收益最大、充电站覆盖需求最大化等。

2）从电动汽车用户的角度出发，保证用户的便捷性最高，如用户寻站成本最小、用户到充电站的距离之和最小等。

3）从电网或电源的角度出发，保证电网受到的影响最小，如充电站谐波最小、充电站设施利用率最大、充电站新能源使用率最高等。

充电站选址优化模型的约束条件一般为 2.3 节中的关键因素，如充电站的服务半径、充电站建站点的配电容量和占地面积、充电站投资成本、电动汽车用户排队等待时间等。充电站址选择和充电服务范围划分示意图如图 2-4 所示。

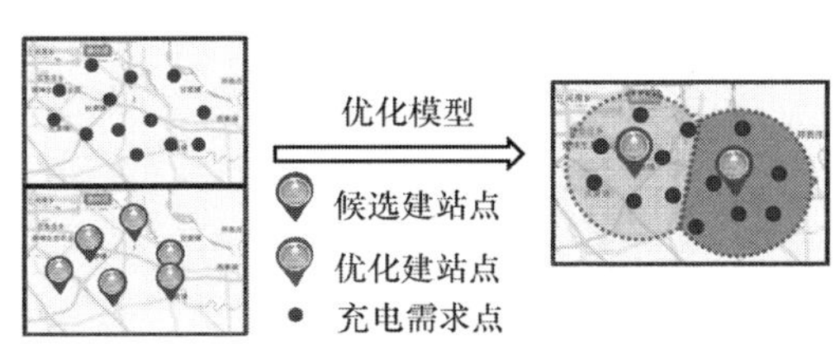

图 2-4　充电站址选择和充电服务范围划分示意图（彩图见书后插页）

如在需求点、P 个充电站候选点和计划建设的充电站数量都确定的前提下，以任意充电需求点到达最近充电站的最大距离最小为目标函数，建立数学模型表达式如下：

$$
\begin{cases}
\min D \\
\text{s.t.} \quad \sum_{j=1} y_j = m \\
\sum_{j=1} y_{ij} = 1 \\
y_{ij} - x_j \leqslant 0 \\
\sum_{j=1} d_{ij} y_{ij} \leqslant D \\
x_j, y_{ij} \in \{0,1\}
\end{cases}
\tag{2-12}
$$

式中　i——需求点的集合；

j——服务设施候选点的集合；

d_{ij}——需求点 i 到候选点 j 的距离；

m——待建服务设施点数量；

D——需求点到达最近充电设施的最大距离。

如果充电服务设施候选点 j 服务于车辆（需求点）i，则 $y_{ij}=1$，否则 $y_{ij}=0$；如果候选点 j 提供充电服务，则 $x_j=1$，否则 $x_j=0$。该数学模型的解是从 P 个充电站候选点中确定指定数量的充电站建站点并确定这些点的最优位置，从而实现最优充电站址选择和充电服务范围划分（图 2-4）。

2. 专家选择法和综合评价法

专家选择法是以专家为索取信息的对象，考虑选址对象的社会环境和客观背景，将专家凭经验和专业知识做出的判断以数值形式表示，直观地对选址对象进行综合分析研究，并进行选择的一种选址方法。专家选择法中最常用的是因素评分法和德尔菲法，此处暂不进行介绍。

综合评价法是指运用多个指标对多个选址对象进行评价的方法。其基本思想是将多个指标转化为一个能够反映综合情况的指标来进行评价。在综合评价过程中，一般要根据指标的重要性进行加权处理。评价结果不再是具有具体含义的统计指标，而是以指数或分值表示选址对象“综合状况”的排序。综合评价法有很多，主要有层次分析法、模糊综合评判法等。

3. 应用区位论选址法

应用区位论的理论研究开始于 1826 年杜能提出的农业区位论，以后逐渐形成了工业区位论等一系列的区位理论。区位是地理学的重要概念，所谓区位，就是指企业、产业、设施等在空间经济格局中的位置。目前发展比较完善的区位论主要有杜能农业区位论、韦伯工业区位论、胡佛运输区位论、廖什市场区位论和克里斯泰勒的中心地理论。设施区位理论是区位理论在微观层面上的一个发展，是在对特定目标函数进行优化的情况下确定一个或多个设施位置的问题。广义的设施区位问题可以为任意需要选址问题，具有广泛的应用空间，针对不同的领域和实际问题设计不同的模型。

（1）中心地理论

中心地理论在发展初期旨在确定所选区域中作为货物或服务集散中心功能的地点，随着应用情况变化和理论研究的发展，中心地理论得到了更广泛的应用，从商圈街区到市区再到国家都可以使用中心地理论确定某些设施的选址问题。中心地理论的假设前提是所选研究区域交通条件相同，人口分布均匀。研究单一从事某项服务的设施在该区域内的发展过程，以设施为中心，确定其服务半径后即可得到其服务区域（呈圆形），随着经济的发展和时间的推移，区域内必然出现其他设施与之构成竞争关系，其服务区域重叠的部分逐渐变成直线，市场区域逐渐形成六边形市场结构，这也是服务行业设施选址布局的经典理论。

（2）重心法理论

重心法理论多应用于单个设施的选址布局研究，具体内容是分析预建设施区域内各需求点到设施的距离及其需求总量间的关系，目标是在距离之和最小的情况下所选设施地址尽量靠近需求总量最大的需求点，该点即为所选研究区域的需求量重心发展趋势点。但是重心点理论只考虑需求点到设施的直线距离，并没有考虑现实城市规划、交通情况、环境情况、施工可行性和经济性，因此往往只能得到一个重心区域，需要结合其他理论选定备选方案并进行优化选择。

（3）设施区位论

设施区位论指在所选生产区位中（农业区位或工业区位），考虑产品价格、服务半径、交通可行性等因素，确定设施选址。随着研究的不断深入，其应用领域也十分广泛，但所选区位占地面积不能过大，在微观尺度的区位规模中得到的计算结果更为准确。

设施区位论即在已知用户需求和地理位置的情况下确定预建设施的选址方案，使得需求点到设施的距离总和最小。假设所选区域内交通畅通，且存在竞争关系（即设施服务有可替代性，运营商自负盈亏），设施区位论讨论如何满足以上条件时设施经济效益最大的选址方案。

2.5.4 充电站内电动汽车充电设施优化定容

基于充电站选址方法完成最优充电站址选择和充电服务范围划分（即确立了每个充电站的服务半径以及服务半径内所覆盖的电动汽车充电需求）之后，基于充电需求可以实现充电站内充电设施的优化定容配置。

1. 排队论建模法

排队论是指通过对顾客的输入规律和服务机构的服务时间概率分布进行统计研究，得出排队系统的运行指标（如排队长、等待对长、逗留时间、等待时间等），根据运行指标间的数学关系对排队系统进行分析。

如图 2-5 所示，充电站内的电动汽车进站、排队、充电、离站的一整个过程中存在排队现象，用户进站之后如果有空闲的充电设施，那么该用户无须排队，直接到该充电车位进行充电；如果用户进站后发现没有空闲的充电设施，则需要排队直至有车辆充电完毕离站，用户排队的规则一般遵循先到先服务。

排队论在电动汽车充电设施排队系统中的应用主要是进行充电设施的最优设计，通过兼顾电动汽车使用者的等待成本和服务机构的投入成本，使二者到达合理的平衡从而降低整个充电站排队系统乃至整个充电网络的成本。

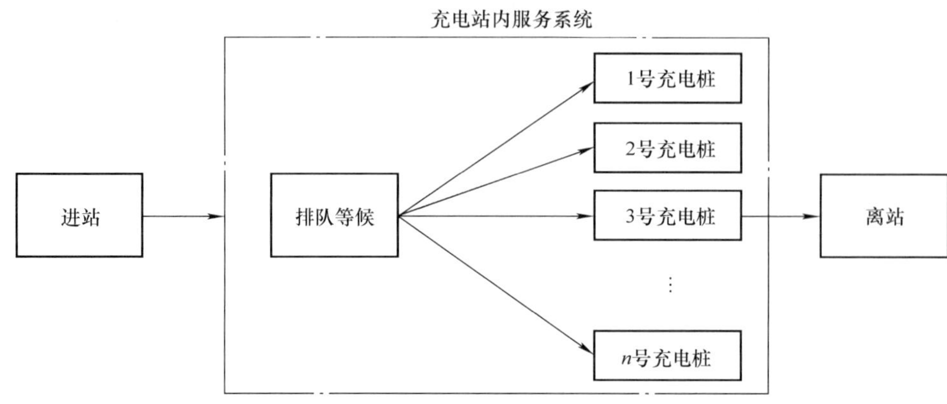

图 2-5　充电站排队系统

排队系统主要由输入过程、排队规则和服务机构三部分组成，输入过程即为顾客到达排队系统的过程，排队规则即为顾客到达后的排队方式、形状和队列数目等，服务机构主要包括服务设施的数量、连接形式、服务方式及服务时间分布等。顾客的到达时间、服务机构的服务时间等概率分布规律是确定排队系统所属排队模型类型的基础，不同排队模型运行指标的计算公式并不相同，基于运行指标计算公式建立的充电设施定容配置模型也有所差别。

如在 $M/G/k$ 排队模型中，电动汽车到达为泊松过程，充电时间服从正态分布。假设 $M/G/k$ 排队模型中的顾客输入过程服从参数为 λ 的泊松分布，服务时间为一般分布 G，其期望为 $E(T)$，方差为 $\mathrm{Var}(T)$，则平均等待时间 W_q^G 的近似公式为

$$W_q^G=\frac{\mathrm{Var}(T)+E(T)^2}{2E(T)(k-\rho')}\left[1+\sum_{i=0}^{k-1}\frac{(k-1)!(k-\rho')}{i!\rho'^{k-i}}\right]^{-1} \tag{2-13}$$

平均排队队长 L_q^G 为

$$L_q^G=\frac{\lambda\mathrm{Var}(T)+\lambda E(T)^2}{2E(T)(k-\rho')}\left[1+\sum_{i=0}^{k-1}\frac{(k-1)!(k-\rho')}{i!\rho'^{k-i}}\right]^{-1} \tag{2-14}$$

式中　$\rho'=\lambda E(T)$；

k——服务台数量。

式（2-13）和式（2-14）成立的条件是 $k>\rho'$。$M/G/k$ 排队模型中的平均队长等其他运行指标可根据 Little 公式进行求解。

据此可以建立充电站内充电设施优化定容模型，如考虑电动汽车排队队长和等候时间限制，建立单位时间系统总费用最小的数学模型如下：

$$\begin{cases}\min Z=c_s s+c_w L_q^G \\ \text{s.t.}\quad L_q^G\leqslant L_t \\ \qquad W_q^G\leqslant W_t\end{cases} \tag{2-15}$$

式中 c_s——每个充电桩单位时间内的费用，包括充电电费、充电设备折旧费以及维护成本等；

c_w——电动汽车在系统中逗留单位时间的费用，主要指等待充电损失的费用；

s——排队模型中充电桩的个数；

L_t——电动汽车排队队长；

W_t——电动汽车排队等待时间的上限约束。

2. 交通流量法[26]

用户在路上出行需要充电时，会根据周围道路交通状况和各类有限的信息不断做出决策，选择最优的路径到达充电站进行充电。在累积前景理论中，出行者在OD（出发点和目的地）间所有备选路径中选择前景值最大的路径作为自己的出行路径，出行者选择行为决策结果由两个函数决定：价值函数 $v(x_i)$ 和权重函数 $w(p_i)$。前景值 v 计算公式为

$$v = v^+ + v^- = \sum_i w^+(p_i)v(x_i) + \sum_i w^-(p_i)v(x_i) \tag{2-16}$$

式中 x_i——出行者选择OD对之间路径 L 的实际出行时间；

p_i——选择概率；

v^+——收益部分出行者的累积前景值；

v^-——损失部分出行者的累积前景值。

根据交通流量随机用户均衡原理：

$$c_{\mathrm{L,rs}} = \sum_a \delta_{\mathrm{a,L}}^{\mathrm{rs}} t_{\mathrm{a}} \tag{2-17}$$

式中 $c_{\mathrm{L,rs}}$——rs 之间路径 L 的实际行走时间；

t_{a}——路段 a 的行走时间；

$\delta_{\mathrm{a,L}}^{\mathrm{rs}}$——0-1变量，表示路段 a 是否在连接OD对 rs 的路径 L 上。

假设电动汽车用户根据经验和道路实际情况判断路径 L 到充电站的出行时间最短，则可得电动汽车用户选择路径的概率为

$$P_{\mathrm{L}} = \frac{\mathrm{e}^{-\theta_{v_{\mathrm{L},n}}}}{\sum_l \mathrm{e}^{-\theta_{v_{l,n}}}} = \frac{\mathrm{e}^{-\theta_{c_{\mathrm{L},n}}}}{\sum_l \mathrm{e}^{-\theta_{c_{l,n}}}} \tag{2-18}$$

根据随机用户平衡配流约束原则得

$$f_{\mathrm{L,rs}} = q_{\mathrm{rs}} P_{\mathrm{L}}, \quad \sum_L f_{\mathrm{L,rs}} = q_{\mathrm{rs}} \tag{2-19}$$

式中 q_{rs}——OD对路径的交通流量；

$f_{\mathrm{L,rs}}$——OD之间路径 L 的交通流量。

在 t 时刻，路径 L 上截获的交通流量为 $f_{\mathrm{L,t}}$ 和一天内充电站 i 服务范围内的路径上截获的总流量 f_{L} 为

$$\min Z = \sum_a \int_0^{x_{\mathrm{a}}} t_{\mathrm{a}}(\omega)\mathrm{d}x \tag{2-20}$$

$$f_{\mathrm{L}}=\sum_{k}\int_{0}^{24}f_{\mathrm{L}}\mathrm{d}t \tag{2-21}$$

$$x_{\mathrm{a}}=\sum_{r,s}\sum_{L\in L_{\mathrm{rs}}}f_{\mathrm{L,rs}}\delta_{\mathrm{a,L}}^{\mathrm{rs}},\ \forall a \tag{2-22}$$

$$\sum_{L\in L_{\mathrm{rs}}}\delta_{\mathrm{a,L}}^{\mathrm{rs}}=1 \tag{2-23}$$

式中　k——充电站 i 服务范围内的总路段数；

r, s——电动汽车用户出发点和充电站站址；

L_{rs}——连接 OD 对 rs 所有路径的集合；

$f_{\mathrm{L,rs}}$——OD 对 rs 之间路径 L 的交通流量；

$\delta_{\mathrm{a,L}}^{\mathrm{rs}}$——0-1 变量，表示路段 a 是否在连接 OD 对 rs 的路径 L 上；

x_{a}——路段 a 上的交通流量；

$t_{\mathrm{a}}(\omega)$——路段阻抗函数，采用应用排队论中有渐进特性的阻抗函数公式确定。

$$t_{\mathrm{a}}=t_{\mathrm{a}}^{0}\left[1+J\left(\frac{f_{\mathrm{a}}}{c_{\mathrm{a}}-f_{\mathrm{a}}}\right)\right] \tag{2-24}$$

式中　f_{a}——路段 a 上的交通流量；

t_{a}^{0}——零流阻抗；

c_{a}——路段的通过能力；

J——模型参数。

根据充电站 i 服务范围内每天截获的需要充电的电动汽车数量，来对充电机数量进行配置：

$$n_{\mathrm{ch},i}=\frac{f_{\mathrm{L}}\eta kQ_{\mathrm{EV}}}{P_{\mathrm{ch}}\varphi k_{\mathrm{t}}T_{\mathrm{day},i}}+1 \tag{2-25}$$

式中　η——电动汽车所占比例；

k——需要充电的电动汽车的数量；

Q_{EV}——单台电动汽车容量；

P_{ch}——单台充电机功率；

φ——充电机充电效率；

k_{t}——多台充电机的同时率（该系数表征多台充电机同时工作的概率情况，在[0,1]范围内）。

2.5.5　优化求解算法

充电站规划问题一般为多目标、多变量、多约束的最优化问题，需要考虑的因素较多，有一定的求解难度。当前，充电站规划模型的求解算法主要概括为经典数学优化方

法、现代启发式方法、分阶段求解方法以及各种算法的综合。

经典数学优化方法包括割平面法、原始-对偶内点法等，在求解过程中易造成“维数灾”问题，一般只适合于小型系统。现代启发式方法包括遗传算法、粒子群算法、Tabu搜索法等智能仿生算法，它的特点是能够实现并行计算，全局搜索能力强，往往能够得到令人满意的解。考虑到影响充电站规划的因素较多，众多学者提出了分阶段求解方法，将充电站选址定容问题划分为选址和设施配置两阶段问题进行分阶段求解，从而实现问题的简化。

2.6 充电设施布局规划实例

2.6.1 基于排队论的充电设施布局[18]

1. 排队模型

对顾客的到达时间、服务机构的服务时间等概率分布规律和数学特征的研究属于排队论中的性态问题，是确定排队系统所属排队模型类型的基础。下面以电动出租车为例介绍基本排队论充电设施布局具体方法，其中最为关键的问题是确定电动出租车充电站排队系统的类属种类。

（1）到站时间间隔

采用人工计时的方法对44辆同种车型的电动出租车进行连续一周的调研：对北京市大兴电动出租车充电站8:00~24:00时间段内的到达车辆进站时刻进行记录。利用MATLAB对统计数据进行分布拟合，如图2-6所示，电动出租车回站充电的到站时间间隔服从负指数分布。

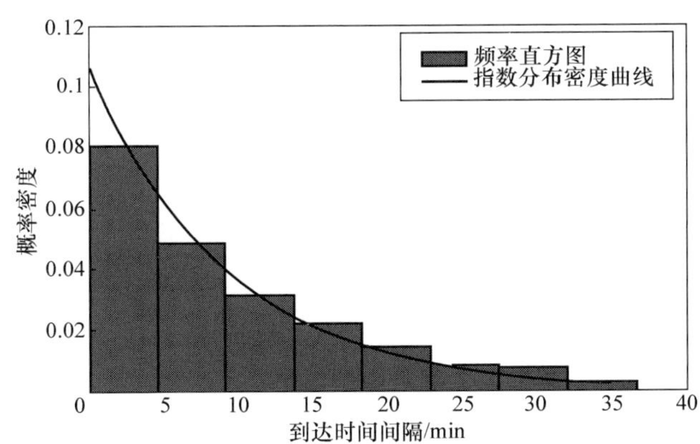

图2-6 电动出租车回站充电的到站时间间隔的负指数分布拟合

（2）充电服务时间

电动出租车充电服务时间的调查主体为北京市大兴充电站内采用直流充电机进行充电服务的同种车型的车辆，采用人工计时的方法对充电时长进行统计记录，调查周期为一个月。利用MATLAB对统计数据进行分布拟合，如图2-7所示，电动出租车充电服务时间服从正态分布。

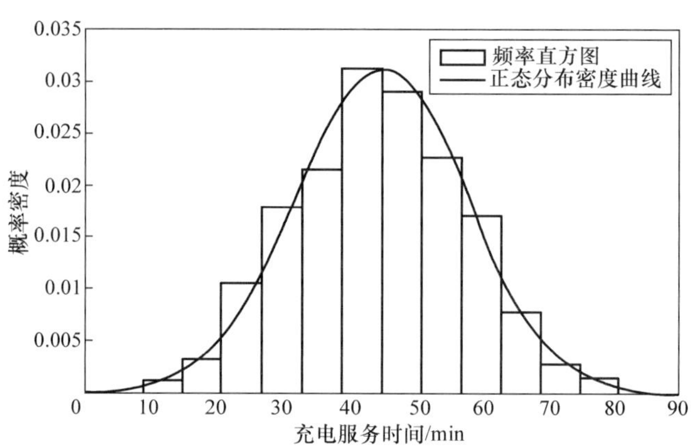

图 2-7　电动出租车充电服务时间正态分布拟合

根据上述数据分析，电动出租车充电站排队系统的顾客到达时间间隔服从负指数分布。因此顾客的到达为泊松过程，并且电动出租车接受充电服务的充电时间服从正态分布。由于充电站的排队规则为单一队列制，服务机构为多服务台并列服务制，所以充电站的排队系统应类属 M/G/k 排队模型。

2. 构建规划布局模型

对于规模化运营的电动出租车的充电站，其科学合理的布局应综合考虑充电站服务系统成本和用户充电途中耗时两方面因素。因此选取社会年总成本最小作为电动出租车充电站布局的目标函数，其中包括充电站服务系统的年成本与用户充电途中耗时年成本，建立如式（2-26）和式（2-27）的布局规划模型，采用 Voronoi 图进行区域划分，并利用改进粒子群进行寻优获得充电站的规划布局。

$$\min R=\sum_{i=1}^{m}\{f_i(c_i^*)+g_i\} \tag{2-26}$$

$$g_i=\frac{365}{10^4}\omega_2\sum_{j=1}^{n}P_j\tau_{ij}d_{ij}\varepsilon/v \tag{2-27}$$

式中　$f_i(c_i^*)$——充电站 X_i 的年成本，其中 c_i^* 为充电站 X_i 内充电设施的最优配置数量；

R——电动出租车充电站的社会年成本；

g_i——充电站 X_i 服务范围内电动出租车充电途中耗时年成本（1 年以 365 天计）；

ω_2——城市出行时间成本系数；

τ_{ij}——充电需求点 X_j^{P} 与充电站 X_i 权属关系的判断系数；

d_{ij}——充电需求点 X_j^{P} 与充电站 X_i 之间的空间直线距离；

v——电动出租车的平均行驶速度。

（1）服务半径约束

$$\min_{i\neq j}\{d(X_i,X_j)\}\leqslant 2D_{\mathrm{s}}\quad (i,j=1,2,\cdots,m) \tag{2-28}$$

式中　$d(X_i,X_j)$——充电站 X_i 和充电站 X_j 的空间直线距离。

充电站服务半径约束不等式主要是为了确保实现充电网络的中继功能而限制充电站间的最大距离，使任一充电站到距离其最近的一个充电站的距离不能超过充电站服务半径的2倍，从而使得电动出租车在运营的过程中都处于充电网络的覆盖之下。

（2）站址位置约束

$$\begin{cases}\min\{\mathrm{Lat}(X_j^{\mathrm{P}})\}\leqslant \mathrm{Lat}(X_i)\leqslant \max\{\mathrm{Lat}(X_j^{\mathrm{P}})\}\\ \min\{\mathrm{Lon}(X_j^{\mathrm{P}})\}\leqslant \mathrm{Lon}(X_i)\leqslant \max\{\mathrm{Lon}(X_j^{\mathrm{P}})\}\end{cases} \tag{2-29}$$

式中 $\min\{\mathrm{Lat}(X_j^{\mathrm{P}})\}$、$\max\{\mathrm{Lat}(X_j^{\mathrm{P}})\}$——充电需求点 X_j^{P} 坐标纬度的最小值和最大值；

$\min\{\mathrm{Lon}(X_j^{\mathrm{P}})\}$、$\max\{\mathrm{Lon}(X_j^{\mathrm{P}})\}$——充电需求点 X_j^{P} 坐标经度的最小值和最大值（j=1, 2,⋯，n，n 为充电需求点的个数）；

$\mathrm{Lat}(X_i)$、$\mathrm{Lon}(X_i)$——充电站 X_i 坐标纬度和经度 (i=1, 2, ⋯，m，m 为充电站的个数)。

3. 实例分析

以北京市通州区为例，规划年电动出租车的运营规模为200辆，平均出勤率为99%。受运营规律的影响，电动出租车回站补电的时间主要集中在11:00~ 17:00之间的 T_c=360min 内，平均一天充电一次和两次的概率各分别为0.7和0.3，三次及以上的概率为0。根据统计，电动出租车的平均行驶速度 v =32km/h，续驶里程 M=120km，$E(\mathrm{SOC_{min}})$=0.24，平均容忍时间 T =12min，D_s =5km。根据路网结构选取主要路网交叉口20个，得到充电需求点的空间分布。

穿过通州几何形心的最长空间直线长度 L=11.5km；道路非直线系数 ε=1.2；电动出租车充电服务时间的期望为45min，标准差为13.8；充电机单价 P_r=20万元，C_t=55万元，L_d=15万元；驾驶人等待时间成本系数 ω_1=50元/h；城市出行时间成本系数 ω_2=60元/h；贴现率 r_0=0.08，充电站折旧年限 y=10年。

采用基于粒子群优化算法的电动出租车充电站规划布局优化模型进行仿真计算，不同充电站规划数量下的电动出租车充电站社会年成本与充电桩数量关系如图2-8所示。

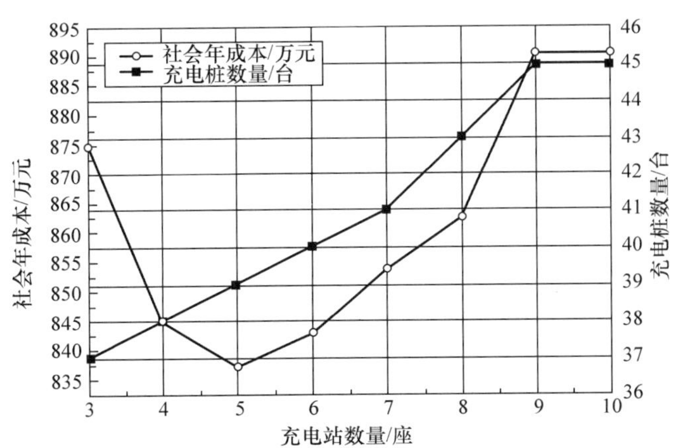

图2-8 不同充电站规划数量下的电动出租车充电站社会年成本与充电机数量关系

图 2-8 表明，当充电站规划数量为 5 座时，社会年成本最低，应作为首选方案，4 座和 6 座两方案次之。在多种布局方案的对比中，在社会年成本和平均等待时间相同或相差不大的情况下，等待时间方差小者充电站布局更为合理。充电站站址布局和服务范围划分如图 2-9 所示，其中三角形为仿真计算得出的理想站址，圆点为充电需求点，线段为充电站服务范围的交界线。充电站最优规划数量的仿真计算结果见表 2-3，其中各站址经纬度为仿真计算得出的理想站址坐标，在实际的工程实践中还应充分考虑每个站址当地的现实情况，在理想站址周围选择适宜的场所实施工程建设。

表 2-3　充电站最优规划数量的仿真计算结果

充电站序号	理想站址经纬度 / (°)		所辖充电需求点编号	充电机数量 / 台	日均充电车次 / 辆次	平均等待时间 /min	充电站社会年成本 / 万元	用户充电途中耗时年成本 / 万元
1	116.6616	39.8839	7、8、10、11、13	10	69.6	10.2	220.69	5.99
2	116.6518	39.9070	5、6、9	6	38.9	10.7	123.10	1.78
3	116.6827	39.8772	14、16、17、20	8	51.0	6.3	160.84	3.17
4	116.6852	39.9138	12、15、18、19	8	53.2	8.8	166.15	3.37
5	116.6331	39.9088	1、2、3、4	7	47.3	12.2	149.06	3.58

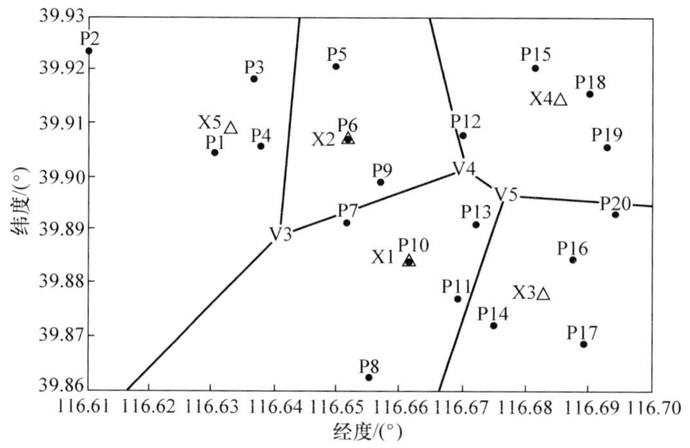

图 2-9　充电站站址布局和服务范围划分

2.6.2　基于时空限制的充电站选址布局[22]

基于时空限制的模型主要结合出行者的出行行为，将时间因素加入到充电设施布局当中。由于出行者的选择差异性，路网中充电需求具有动态随机性。忽略出行者的社会属性，在出行过程中应综合考虑车辆信息以及站点服务信息，拓展混合制排队论，综合考虑时间成本效益，做出是否充电的决策。

1. 出行过程中的充电选择行为

电动汽车使用者在出行中除了要考虑出行起讫点间的最短行驶路径外，还需要考虑充电站的可获得性、充电站的排队情况，在电量耗尽之前到达距离起讫点间最短路径较近的

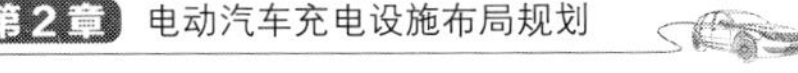

充电站，同时满足总出行时间（包括排队时间、可能的绕行时间和到达终点的行驶时间）最小。电动汽车在到达某充电站 i 时将面临 3 种选择：

1）剩余电量不能到达其他充电站，必须在站点站 i 接受充电。

2）剩余电量可以到达其他充电站，选择在站点站 i 接受充电。

3）剩余电量可以到达其他充电站，选择不在站点站 i 接受充电。

后两种情况取决于备选站点的排队情况，以及出行者可能需要绕行的距离或者时间。其中，站点站 i 的排队等待时间受等待车辆数、充电桩个数以及充电时间的影响。电动汽车在每个短时段根据剩余电量和充电站排队信息做出判断，选择最佳充电站和路径，但并不局限于最短路径。

下面以设定的情景来说明 TSLM 模型的充电规则。图 2-10 所示的 5 个节点简单路网中，A 和 E 为一对起迄点，充电站设在 C、D 处，其中站点 C 在 A-E 之间的最短路径 ACE 上，A-D 之间的最短路径为 ABD。l_1 表示 A、B 两节点间的距离，VMT_{Am} 表示电动汽车 m 在点 A 的剩余行驶里程，N_{Cm} 表示电动汽车 m 到达站点 C 时该站点的车辆数，q_C 表示站点 C 的充电桩个数，W_{Cm} 表示电动汽车 m 在站点 C 的等待时间，T_{CE}^{m} 表示电动汽车 m 在点 C 和 E 之间沿最短路径的行驶时间，U 表示路网中消失的电动车辆数（可用来评价充电站网络的服务水平）。

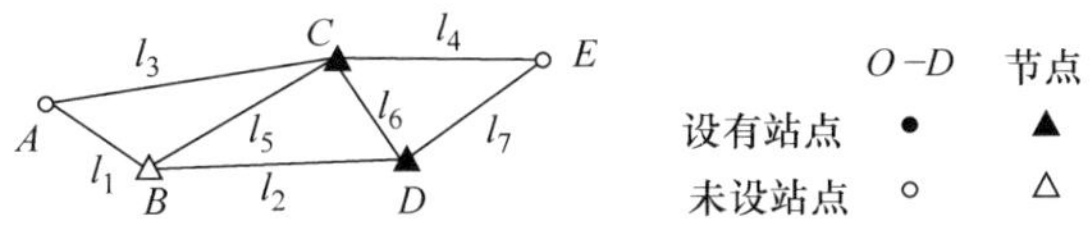

图 2-10　简单路网

电动汽车 m 将按以下顺序选择是否需要充电以及在何处充电：

1）若 $VMT_{Am} > 2(l_3+l_4)$，不需要充电。

2）若 $l_3 < VMT_{Am} < 2(l_3+l_4)$，则：

① 若站点 C 的车辆数 $N_{Cm} < q_C$，则在站点 C 充电。

② 当 $N_{Cm} \geqslant q_C$ 且 $VMT_{Am} > l_3+l_6$ 时，若 $W_{Cm}+T_{CE}^{m} \leqslant W_{Dm}+T_{CD}^{m}+T_{DE}^{m}$，则在站点 C 排队等待充电。

③ 当 $N_{Cm} \geqslant q_C$ 且 $VMT_{Am} > l_3+l_6$ 时，若 $W_{Cm}+T_{CE}^{m} > W_{Dm}+T_{CD}^{m}+T_{DE}^{m}$，则在站点 D 充电。

④ 当 $N_{Cm} \geqslant q_C$ 且 $VMT_{Am} < l_3+l_6$ 时，在站点 C 排队等待充电。

3）若 $VMT_{Am} < l_3$，则：

① 当 $VMT_{Am} > l_1+l_2$ 时，在站点 D 充电，沿 A-D 之间的最短路径行驶。

② 当 $VMT_{Am} > l_1+l_2$ 时，则电动汽车 m 将从路网中消失，记入 U。

4）假设电动汽车 m 选择在站点 C 充电，充电完成后：

① 当 $VMT_{Am} > 2l_4$ 时，电动汽车 m 将沿最短路径 ACD 到达目的地 E，完成本次出行。

② 当 $l_6 < VMT_{Am} < 2l_4$ 时，电动汽车 m 将判断是否可在站点 D 接受二次充电服务，以完成本次出行或消失在路网中。

由充电选择行为可知，TSLM 模型对最短路径的考虑显著区别于传统模型。它将任意两点之间的最短路径作为出行者的首选，但允许车辆绕道以完成充电服务，且绕道后不必返回原来的路线，而是沿充电结束地与目的地之间的最短路径行驶。

2. 构建 TSLM 模型

根据上述充电选择行为分析并进行模型假设，建立 TSLM 模型如下：

$$\min \sum_{i}\sum_{m} X_i S_{im} W_{im} + \sum_{m} T_m \tag{2-30}$$

$$\text{s.t.} \sum_{i} X_i = p \tag{2-31}$$

$$X_i \in \{0, 1\} \tag{2-32}$$

$$S_{im} \in \{0, 1\} \tag{2-33}$$

式中　p——充电站总个数，p=1，2，⋯；

i——路网节点或充电站点；

m——电动汽车编号；

X_i——决策变量，如果节点 i 建有充电站，则为 1，否则为 0；

S_{im}——状态指示变量，如果电动汽车 m 选择在站点 i 充电，则为 1，否则为 0；

W_{im}——电动汽车 m 在站点 i 的等待时间；

T_m——电动汽车 m 完成本次出行的行驶时间。

模型的目标函数为所有车辆的总等待时间和总行驶时间之和最小。模型中对排队情况的处理采用多服务台单队列模型。

3. 算例分析

选取由 Berman 和 Simchi-Levi 提出的 25 个节点的路网验证 TSLM 模型的有效性，如图 2-11 所示。圆圈内的数字表示路网节点的编号，圆圈的大小表示该节点的吸引力权重（例如人口规模），路段上的数字表示两节点间的路段长度。假定需要建设的充电站数量为 2 个，每个充电站充电桩个数均为 25 个。

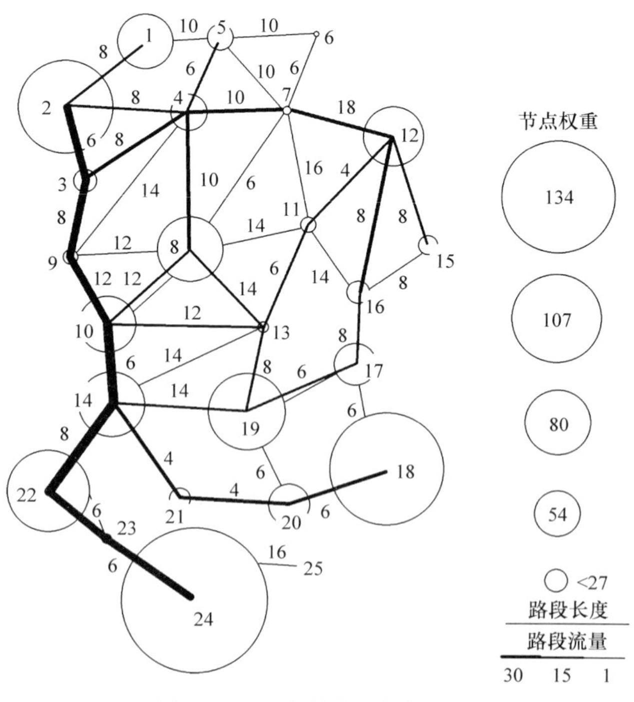

图 2-11　25 个节点的算例路网

表 2-4 为通过仿真采用贪婪算法获得的出行总时间最短的优化选址前 10 位组合。算例路网上 2 个充电站的最优位置分别位于点 14 和点 24，可以满足全部 101 次充电需求，需要等待总时间 654min，出

行总时间 7380min（仅包括等待时间和路段行驶时间，不包括充电时间）。其中与最短路径相比绕行了 405min，占最短路径行驶总时间的 6.4%。此外，出行总时间最小的前 10 种组合几乎全部包含了节点 24。统计表明，以节点 24 为出行起点或出行终点的充电需求约占全部需求的 25%。

表 2-4　优化选址（出行总时间最短）前 10 位组合

序号	站点组合	服务的需求数	等待总时间 /min	行驶时间 /min	出行总时间 /min	绕行时间 /min
1	14&24	101	654	6726	7380	405
2	21&24	101	501	7164	7665	843
3	10&24	101	903	6810	7713	489
4	4&24	101	91	7638	7729	1317
5	3&24	101	21	7725	7746	1404
6	14&2	101	1034	6717	7751	396
7	9&24	101	522	7332	7854	1011
8	8&24	101	755	7170	7925	849
9	20&24	101	375	7572	7947	1251
10	2&24	101	4	7986	7990	1665

2.6.3　基于多层次模糊评价的充电站选址布局[17]

层次分析法（Analytic Hierarch Process，AHP）的主要思路是将影响问题的各种因素按种类划分并分层排列成层次结构，然后就该层次结构逐层确定各因素的权重。它实际上是一种多准则的决策方法。层次分析方法本质上是一种定性和定量相结合的方法，在复杂系统分析评估中得到广泛的应用。

电动汽车充电站的选址受多种指标和因素影响，因此适合用定性和定量结合来兼顾研究的完整性。利用层次分析法解决问题，优势在于能够将主客观因素相结合，让评价具有逻辑性和科学性。但是个别成对指标的差异会对其分析结果造成影响，而模糊评价法则是以模糊推理为主，将定性与定量以及精确与非精确相结合的分析方法，正好弥补了层次分析法的不足。

1. 评估流程

应用主观多层次模糊评价法评判电动汽车充电站选址的详细步骤如图 2-12 所示。

2. 规划布局实例

根据电动汽车充电站选址定容的影响因素，采用层次分析法建立图 2-13 所示的电动汽车充电站选址评价指标体系，即多层次模糊评价模型。评判的层次结构主要分 3 层，分 4 个一级因素，共有 14 个二级因素。其中，选取自然因素、经营环境因素、公共设施因素和经济因素作为一级指标。

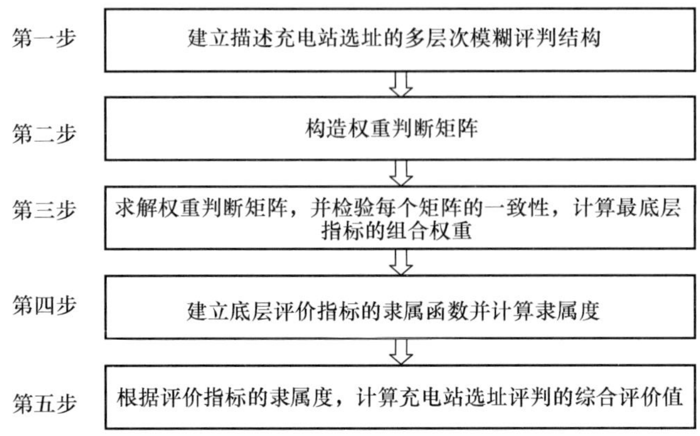

图 2-12　多层次模糊评价法评判电动汽车充电站选址的详细步骤

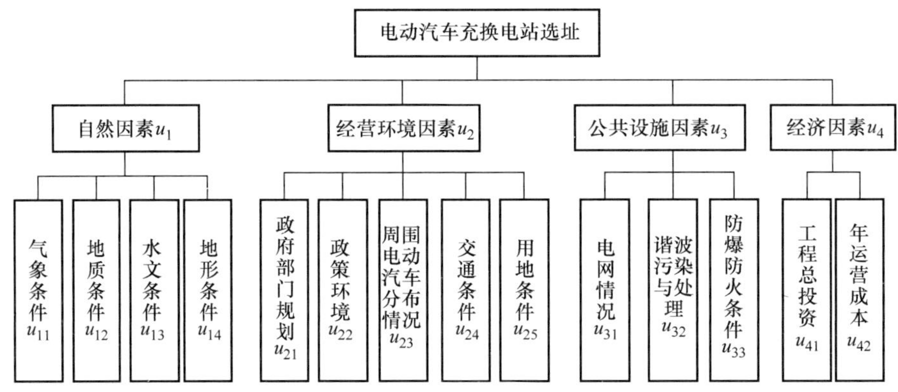

图 2-13　电动汽车充电站选址评价指标体系（多层次模糊评价模型）

（1）建立评级因素集

层次分析的关键是确定各子因素对总目标的综合权重。因此，首先需要对层次结构中的局部权重进行求解，即同层因素相对于上一层因素的重要性。

约定评价模型的因素集合 $U=\{u_1, u_2, u_3, u_4\}$，电动汽车充电站地址为评价目标。该目标以上述 4 个评价指标为依据分解为 4 个子目标，即自然、经营环境、公共设施和经济四方面的因素，相应子集记作 $u_1=\{u_{11}, u_{12}, u_{13}, u_{14}\}$，$u_2=\{u_{21}, u_{22}, u_{23}, u_{24}\ u_{25}\}$，$u_3=\{u_{31}, u_{32}, u_{33}\}$，$u_4=\{u_{41}, u_{42}\}$。

（2）确定各个因素的权重集

各个因素的权重是否合理最终决定了评价结果的准确性，因此确定各因素的权重是整个评判过程的关键。首先采用“1-9”标度法，对各个因素的重要性比较判断定量化，并构造判断矩阵：

$$P_1=\begin{bmatrix}1 & \frac{1}{2} & \frac{1}{2} & 1\\ 2 & 1 & 1 & 2\\ 2 & 1 & 1 & 2\\ 1 & \frac{1}{2} & \frac{1}{2} & 1\end{bmatrix} \qquad P_2=\begin{bmatrix}1 & \frac{1}{5} & 1 & 1 & \frac{1}{2}\\ 5 & 1 & 5 & 1 & \frac{1}{2}\\ 1 & \frac{1}{5} & 1 & 1 & \frac{1}{2}\\ 1 & 1 & 1 & 1 & \frac{1}{2}\\ 2 & 2 & 2 & 2 & 1\end{bmatrix}$$

$$P_3=\begin{bmatrix}1 & \frac{1}{2} & \frac{1}{2}\\ 2 & 1 & \frac{1}{2}\\ 2 & 2 & 1\end{bmatrix} \qquad P_4=\begin{bmatrix}1 & \frac{1}{2}\\ 2 & 1\end{bmatrix}$$

$$P=\begin{bmatrix}1 & 2 & 2 & 1\\ \frac{1}{2} & 1 & 1 & \frac{1}{2}\\ \frac{1}{2} & 1 & 1 & \frac{1}{2}\\ 1 & 2 & 2 & 1\end{bmatrix}$$

之后求解判断矩阵的最大特征值 λ_m 及特征向量，并进行归一化处理，获得下层因素相对于上层相关因素的权重，然后对 $\boldsymbol{P}_1$、$\boldsymbol{P}_2$、$\boldsymbol{P}_3$、$\boldsymbol{P}_4$、$\boldsymbol{P}$ 进行一致性检验。由结果可见均满足检验的标准。

$$CI_{P1}=\frac{\lambda_m-n}{n-1}=\frac{4-4}{4-1}=0 \leqslant 0.1\times0.9$$

$$CI_{P2}=\frac{\lambda_m-n}{n-1}=\frac{5.078-5}{5-1}=0.0195 \leqslant 0.1\times1.12$$

$$CI_{P3}=\frac{\lambda_m-n}{n-1}=\frac{3.0536-3}{3-1}=0.0268 \leqslant 0.1\times0.58$$

$$CI_{P4}=\frac{\lambda_m-n}{n-1}=\frac{2-2}{2-1}=0 \leqslant 0.1\times0$$

$$CI_{P}=\frac{\lambda_m-n}{n-1}=\frac{4-4}{4-1}=0 \leqslant 0.1\times0.9$$

对各因素 i 可依据方案中相应的重视程度大小来确定评价因素的组合权重，见表 2-5。

表 2-5 评价因素的组合权重

评价因素集	组合权重
$u_1=\{u_{11}, u_{12}, u_{13}, u_{14}\}$	$\boldsymbol{W}_1=[0.167, 0.333, 0.333, 0.167]$
$u_2=\{u_{21}, u_{22}, u_{23}, u_{24}, u_{25}\}$	$\boldsymbol{W}_2=[0.143, 0.221, 0.143, 0.165, 0.329]$
$u_3=\{u_{31}, u_{32}, u_{33}\}$	$\boldsymbol{W}_3=[0.196, 0.311, 0.493]$
$u_4=\{u_{41}, u_{42}\}$	$\boldsymbol{W}_4=[0.333, 0.667]$
$U=\{u_1, u_2, u_3, u_4\}$	$\boldsymbol{W}=[0.333, 0.167, 0.167, 0.333]$

（3）构造评价因素的隶属函数

从综合评价目标、评语要求以及因素特性等方面考虑，其隶属函数采用三角形式，如图 2-14 所示。对于各因素 u_i，当变量论域为 x_i 时，与评语差、较差、中等、较好、好对应的隶属函数分别用 u_{i1}、u_{i2}、u_{i3}、u_{i4}、u_{i5} 表示，其中 x_{i1}~x_{i5}（可取为 1、3、5、7、9）为变量 x 相对于各评语隶属函数的中心值。

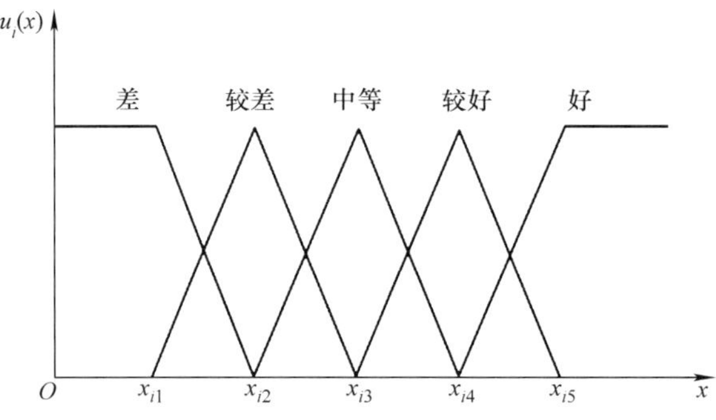

图 2-14 隶属度函数分布

选取候选位置通过多位专家进行评判打分，专家评分表见表 2-6 。

表 2-6 充电站地址专家评分表

因 素		专家评分平均值 / 分
自然因素	气象条件	7.6
	地质条件	6.1
	水文条件	7.2
	地形条件	6.5
经营环境因素	政府部门规划	8.0
	政策环境	8.0
	周围电动汽车分布情况	3.3
	交通条件	6.0
	用地条件	4.8
公共设施因素	电网情况	6.5
	谐波污染与处理	5.5
	防爆防火条件	7.1
经济因素	工程总投资	6.8
	年运营成本	8.7

由专家评分表和隶属度函数，可计算出各因素评判矩阵 $\boldsymbol{R}_i(i=1, 2, 3, 4)$，分别为

$$\boldsymbol{R}_1=\begin{bmatrix}0&0&0&0.7&0.3\\0&0&0.45&0.55&0\\0&0&0&0.9&0.1\\0&0&0.25&0.75&0\end{bmatrix}\qquad \boldsymbol{R}_2=\begin{bmatrix}0&0&0&0.5&0.5\\0&0&0&0.5&0.5\\0&0.85&0.15&0&0\\0&0&0.5&0.5&0\\0&0.1&0.9&0&0\end{bmatrix}$$

$$\boldsymbol{R}_3=\begin{bmatrix}0&0&0.25&0.75&0\\0&0&0.75&0.25&0\\0&0&0&0.95&0.05\end{bmatrix}\qquad \boldsymbol{R}_4=\begin{bmatrix}0&0&0.1&0.9&0\\0&0&0.15&0.15&0.85\end{bmatrix}$$

（4）第1级综合评价

将 u_i 与 $\boldsymbol{R}_i$ 进行模糊合成 $\boldsymbol{W}_i\circ\boldsymbol{R}_i$ 后，从而得到第1级综合评价矩阵 $\boldsymbol{B}_i$（$u_{i1}, u_{i2}, u_{i3}, u_{i4}$），再由 $\boldsymbol{B}_i$ 可构成 U 的总评价矩阵 $\boldsymbol{R}$：

$$\boldsymbol{R}=\begin{bmatrix}\boldsymbol{B}_1\\\boldsymbol{B}_2\\\boldsymbol{B}_3\\\boldsymbol{B}_4\end{bmatrix}=\begin{bmatrix}\boldsymbol{W}_1\circ\boldsymbol{R}_1\\\boldsymbol{W}_2\circ\boldsymbol{R}_2\\\boldsymbol{W}_3\circ\boldsymbol{R}_3\\\boldsymbol{W}_4\circ\boldsymbol{R}_4\end{bmatrix}=\begin{bmatrix}0&0&0.1920&0.7250&0.0833\\0&0.1545&0.4001&0.2645&0.1820\\0&0&0.2248&0.7506&0.0247\\0&0&0.0333&0.8667&0.1001\end{bmatrix}$$

（5）第2级综合评价

通过 $\boldsymbol{W}$ 与 $\boldsymbol{R}$ 模糊合成 $\boldsymbol{W}\circ\boldsymbol{R}$，得到第2级的综合评判矩阵：

$$\boldsymbol{B}=\boldsymbol{W}\circ\boldsymbol{R}=[0\quad 0.0258\quad 0.1794\quad 0.6996\quad 0.056]$$

由最大隶属度原则可知，该电动汽车充电站候选地址的评价等级为“较好”，比较适合选作电动汽车充电站。

2.7 充电设施（站）设计基础

2.7.1 电动汽车充电站主要设备

从规划角度分别完成了区域级的充电设施选址和充电站站内配置之后，需要进一步考虑电动汽车充电站设计问题。本节首先按照设备所属系统分类介绍充电站内可能涉及的主要设备。

1. 充电系统

充电系统主要包括直流充电桩、交流充电桩、换电系统设备（电池箱更换设备、充电架）、智能电能表。

2. 供电系统

供电系统主要包括变压器、智能电能表、10kV环网柜、低压开关柜等。

3. 监控系统

监控系统主要包括监控软件、服务器、交换机等。

4. 安防系统

按照不同安防系统功能，安防系统可能包括监控摄像机、监视器、存储系统、解码器、火灾报警系统等。

5. 计量系统

计量系统主要包括直流电能表、交流电能表和关口表等计量装置。

6. 其他系统

其他系统包括交直流电源系统、通信系统、写卡设备、防雷接地系统、照明系统、消防系统、暖通系统、给水排水等。

2.7.2 电动汽车充电站基本设计流程

电动汽车充电站设计流程涉及充电系统、供电系统、监控系统、安防系统、计量计费系统等多个设计环节。本节给出充电站基本的设计流程，具体设计与计算方法详见后续章节。

1. 充电系统设计

考虑充电需求、土地面积、充电站投资等因素，依据站内充电设施配置规划方案，进行充电机选型，确定额定功率、输出电压范围、最大输出电流、充电机接口数量等参数。对于换电站，还应进行电池箱更换方式设计、更换设备选择、备用电池组设计等。

2. 供电系统设计

对于电动汽车充电站，应根据站内充电设施配置规划方案，首先进行负荷计算，包括充电负荷计算，以及监控、照明、暖通、办公等其他负荷计算；在此基础上，计算供电变压器容量；确定充电站电气接线方案，选择开关柜。

3. 监控系统设计

监控系统是充电站运行管理的核心，可具有用户管理、充电机控制、充电状态显示、充电故障报警、数据记录分析、事件记录、计费、数据通信、报表打印等功能，具体包括软件架构设计、数据库设计、网络通信设计等。

4. 计量系统设计

计量系统主要实现电量计量和充电费用计算两部分功能。其中，电量计量部分由用电采集终端、关口表、直流电能表、交流电能表等构成；充电费用计算部分由计费工作站和服务器构成。

5. 平面布置与建筑设计

基于充电系统、配电系统、监控系统等设计结果，开展充电站平面布置和建筑设计工作。

6. 结构设计

按照充电站建筑结构的安全等级、设计使用年限、抗震性能、抗风性能、抗火性能等指标，进行充电站结构设计，如砖混结构、钢结构等。

7. 给水排水设计

给水设计的内容包括水源、管径、用水量、供水方式设计等；排水设计的内容包括污水量、室内排水系统设计，室外排水系统设计等。

8. 消防设计

消防设计应包括消防给水系统设计、自动喷水灭火系统设计，同时为充电站室内外配置若干灭火器，并符合相关国家标准规定。

9. 照明设计

照明设计应包括不同区域的照度设计、光源设计、应急照明设计、照明线路与照明控制设计等。

10. 防雷与接地设计

设计防雷装置，设置防直击雷、防雷电感应及防雷电波侵入措施。设计低压配电系统接地、弱电系统接地、防雷接地。

11. 安防系统设计

安防系统可具有视频监控记录、门禁管理、站内消防系统状态监控等功能。

12. 计算机网络设计

设计计算机网络系统，实现充电站内部以及充电站与远程大数据平台的数据交互。

2.8 展望

本章针对电动汽车充电设施布局规划与充电站设计问题，分别介绍了充电设施布局规划的现状、原则、关键因素、基本流程，以及充电设施布局规划的理论基础，包括电动汽车保有量预测方法、充电需求预测方法、区域充电设施选址方法、站内充电设施定容方法。此外，针对充电设施（站）设计基础的基础问题，分别就电动汽车充电站主要设备和充电站基本设计流程两方面进行了初步阐述。

目前，区域内充电设施选址、站内充电设施定容以及充电站设计基本上依赖人工经验和手工设计，合理性、科学性亟待提升。随着大数据与人工智能技术的不断发展，充电设施布局规划与设计的自动化、智能化水平将得到不断提升，进一步促进电动汽车充电设施的建设与发展。

参考文献

[1] 许晓慧，徐石明．电动汽车及充换电技术 [M]. 北京：中国电力出版社，2012.

[2] 庞洁．考虑充电持续时间的快速充电站选址布局研究 [D]. 大连：大连理工大学，2016.

[3] 郭锦锦．不同种类电动汽车充电设施布局优化研究 [D]. 重庆：重庆交通大学，2016.

[4] 郑陈权．城市电动汽车充电设施最优选址研究 [D]. 南昌：南昌大学，2016.

[5] 国家发展和改革委员会．电动汽车充电基础设施发展指南：2015—2020 年 [EB/OL].（2015-10-09）.http://www.ndrc.gov.cn/zcfb/zcfbtz/201511/W020151117576336784393.pdf.

[6] 王恩琦．电动汽车充电设施运营模式及规划研究 [D]. 北京：华北电力大学，2012.

[7] 张立永．城市电动汽车充电设施布局规划探析 [J]. 科技与创新，2014（15）：77-79.

[8] 宋亚辉．城市电动汽车充电设施布局规划研究 [D]. 北京：北京交通大学，2011.

[9] 王露．城市纯电动汽车快速充电设施的布局选址优化模型研究 [D]. 北京：北京交通大学，2016.

[10] 温剑锋，陶顺，肖湘宁，等．基于出行链随机模拟的电动汽车充电需求分析 [J]. 电网技术，2015，39（6）：1477-1484.

[11] 王毅鸿．电动汽车灵活接入的充电站规划研究 [D]. 厦门：厦门大学，2016.

[12] 周利梅．电动汽车充换电站选址规划布局研究 [D]. 济南：山东大学，2012.

[13] 杨俊．电动汽车负荷特性及其与电力系统交互的研究 [D]. 杭州：浙江大学，2015.

[14] 蒋毅舟．规模化电动汽车用电需求的空间分布预测 [D]. 北京：华北电力大学，2012.

[15] 陈楚月．电动汽车充换电需求分析与预测 [D]. 北京：北京交通大学，2015.

[16] 王欢林．电动汽车充电站选址定容研究 [D]. 北京：华北电力大学，2013.

[17] 王萠．电动汽车充换电站网络布局与运营研究 [D]. 北京：北京交通大学，2017.

[18] 陈连福．电动出租车充电站布局规划研究 [D]. 北京：北京交通大学，2015.

[19] 刘飞．北京电动汽车充电站布局规划研究 [D]. 北京：北京物资学院，2015.

[20] 王琰．城市电动汽车充电设施规划方法研究 [D]. 济南：山东大学，2017.

[21] 李菁竹．电动汽车充电设施规划方案研究 [D]. 济南：山东大学，2017.

[22] 孙小慧．考虑时空限制的电动汽车充电站布局模型 [D]. 大连：大连理工大学，2012.

[23] 张港，李明，潘浩，等．市场化的电动汽车充电站规划布局研究 [J]. 陕西电力，2015，43（4）：40-44.

[24] 杨刚斌，黄鹤绵，黄存忠．国内外电动汽车公共充电设施布局案例研究 [C]. 北京：中国城市规划学会，2016.

[25] BERMAN O，KRASS D. The Generalized Maximal Covering Location Problem[J]. Computers & Operations Research，2002，29（6）：563-581.

[26] 张港，李明，潘浩，等．市场化的电动汽车充电站规划布局研究 [J]. 陕西电力，2015，43（4）：40-45.

第3章　电动汽车充电设施供电系统

3.1　设计标准

电动汽车充电设施供电系统（EV Power -Supply System，以下简称供电系统）是为充电站 / 电池更换站等充电设施提供电源的电力设备和配电线路的总称。供电系统的作用是将供电网输入的高压交流电通过变压器降压转变成适合为电动汽车充电机供电的电压等级。供电系统一方面通过整流装置得到所需适宜的直流电，输出给动力电池组或储能设备充电；另一方面通过配电设备满足充电站内部的办公、照明、通信及控制等设备的用电所需。

充电设施（充电站、电池更换站）的供电系统主要由一次设备（包括开关、变压器及线路、谐波抑制与无功补偿装置等）和二次设备（包括监测、保护及控制装置等）组成。合理的充电设施供电系统不仅应满足充电所需，还应具有较少的运营成本并能抑制电网的谐波污染等。充电站供电系统组成如图 3-1 所示。

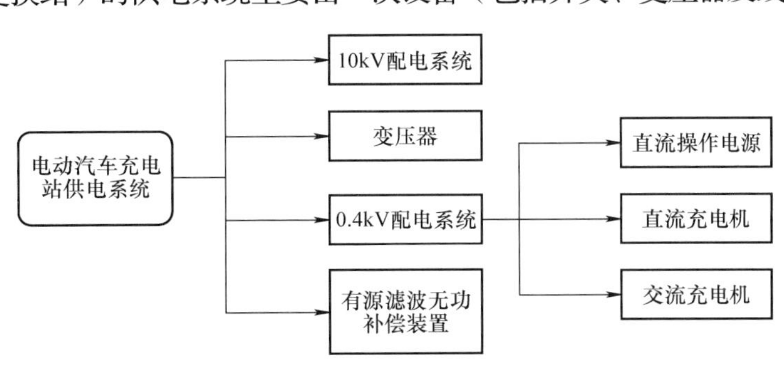

图 3-1　充电站供电系统组成

因此，充电设施供电系统的设计必须遵循一定的规范和原则，包括各种相关设备的规格及数量的选择、供配电方式的选择、供配电系统容量的确定、供配电运行方式的选择和配电变压器参数的计算……这些都会直接影响到充电站能否安全、可靠和合理地运行。

3.1.1 一般要求 [1]

1）充电站变压器室、配电室的设计应符合 GB 50053—2013《20kV 及以下变电所设计规范》的要求。

2）高压配电部分的设计应符合 GB 50060—2008《3~110kV 高压配电装置设计规范》的要求。

3）低压配电部分的设计应符合 GB 50054—2011《低压配电设计规范》的要求。

3.1.2 充电站等级划分 [2]

1. 三级负荷

电力负荷按其对供电可靠性的要求和意外中断供电所造成的损失和影响，分为一级负荷、二级负荷和三级负荷。

（1）一级负荷

一级负荷是指发生意外中断供电事故后，将造成人身伤亡，或者在经济上造成重大设备损坏、重大产品报废、需要长时期才能恢复生产，或者在政治上造成重大不良影响等后果的电力负荷。

（2）二级负荷

二级负荷是指发生意外中断供电事故，将在经济上造成如主要设备损坏、大量产品报废、短期一时无法恢复生产等较大损失，或者会影响重要单位的正常工作，或者会产生社会公共秩序混乱等后果的电力负荷。

（3）三级负荷

三级负荷是指除一、二级负荷外的其他电力负荷。三级负荷应符合发生短时意外中断供电不至于产生严重后果的特征。

2. 两类电力用户

根据 GB 50052—2009《供配电系统设计规范》和《关于加强重要电力用户供电电源及自备应急电源配置监督管理的意见》（电监安全 [2008]43 号）中关于电力用户性质的划分标准，按照充电装置在经济社会中占有的重要程度，划分为下列两类电力用户：

1）在政治上具有重大影响，或中断供电将对社会公共交通产生较大影响，在一定范围内造成社会公共秩序严重混乱、造成较大经济损失的充电站属二级电力用户。

2）不属于二级电力用户的充电站为三级电力用户。

3.1.3 供电电源要求[2]

1）二级电力用户的充电站宜由两回路高压供电电源供电，两回路高压供电电源宜引自不同的变电站，也可引自同一变电站的不同母线段。每回供电线路应能满足 100% 负荷的供电能力。

2）三级电力用户的充电站由单回路供电电源供电。

3）用电设备在 100kW 以上充电站应采用 10(20)kV 电压等级供电。用电设备的容量在 100kW 及以下的充电站，可采用 0.4kV 电压等级供电。

3.1.4 电能质量要求

按照 GB/T 12325—2008《电能质量 供电电压偏差》[3]、GB/T 14549—1993《电能质量 公用电网谐波》[4] 和 GB/T 15945—2008《电能质量 电力系统频率偏差》[5] 的规定，公用电网为充电站提供的电能应达到以下电能质量要求：

1）标称频率为 50Hz。频率偏差允许值为 ±0.2Hz。

2）电动汽车充电设施供电电源的电压偏差见表 3-1。

表 3-1 电动汽车充电设施供电电源的电压偏差

充电站电压等级	供电电压正、负偏差
35kV 及以上	供电电压正、负偏差绝对值之和不超过标称电压的 10%
10（20）kV	供电电压正、负偏差范围：−7%~7%
380V	供电电压正、负偏差范围：−7%~7%
220V	供电电压正、负偏差范围：−10%~7%

3）公用电网谐波电压（相电压）的限值见表 3-2。

表 3-2 公用电网谐波电压（相电压）的限值

电网标称电压 /kV	电压总谐波畸变率（%）	各次谐波电压含有率（%）	
		奇次	偶次
0.38	5.0	4.0	2.0
10	4.0	3.2	1.6

3.1.5 电气计量标准[2]

电气一般要求：

1）电气测量和电能计量装置准确度要求参见 GB/T 50063—2017《电力装置电测量仪表装置设计规范》和 DL/T 5137—2001《电测量及电能计量装置设计技术规程》的有关规定。

2）电气测量和电能计量装置配用的电流、电压互感器准确度要求参见 GB/T 50063—2017《电力装置电测量仪表装置设计规范》和 DL/T 5137—2001《电测量及电能计量装置设计技术规程》的有关规定。

3.1.6 变压器标准

1）变压器选型和设备布置应符合 Q/GDW 238—2009《电动汽车充电站供电系统规范》第 6 章供电系统电气部分的要求。

2）变压器容量配置：装有两台及以上变压器的二级及以上电力用户充电站，当其中任意一台变压器退出运行后，其余的变压器容量应能满足全部二级及以上用电负荷的用电。

3）充电负荷计算[2]：

① 充电机容量的计算方式如下：

单台充电机输出功率为

$$P = UI$$

式中 U——单台充电机的输出电压；

I——单台充电机的输出电流。

② 单台充电机输入容量为

$$S = \frac{P}{\eta \cos\varphi} \tag{3-1}$$

式中 P——单台充电机的输出功率；

S——单台充电机的输入容量；

$\cos\varphi$——充电机的功率因数；

η——充电机的效率；

③ 充电站内充电机输入总容量为

$$\sum S = K_x\left(S_1 + S_2 + \cdots + S_n\right) = K_x\left(\frac{P_1}{\eta_1\cos\varphi_1} + \frac{P_2}{\eta_2\cos\varphi_2} + \cdots + \frac{P_n}{\eta_n\cos\varphi_n}\right) \tag{3-2}$$

式中 $\cos\varphi_1, \cos\varphi_2, \cdots, \cos\varphi_n$——各台充电机的功率因数；

$P_1, P_2, \cdots, P_n$——各台充电机的输出功率；

$\sum S$——充电机的输入总容量；

$\eta_1, \eta_2, \cdots, \eta_n$——各台充电机的效率；

K_x——充电机同时系数。

4）当装设两台变压器时，单台变压器容量不应小于二级负荷的总用电容量，并留有一定裕度。配电变压器容量（S_N）主要根据充电站内充电机的输入容量 [用 S 表示，根据充电机的输出功率（P）进行折算]、充电机数量（N）、充电机同时系数（K_x）及变压器最佳负荷率（β_m）、功率因数（$\cos\varphi$）决定。

① 充电站内充电机输入总容量计算见式（3-1）和式（3-2）。

② 配电变压器容量为

$$S_N = \frac{K_x\left(\sum S + S_g\right)}{\beta_m} \tag{3-3}$$

式中 K_x——充电机同时系数，由充电机使用情况和数量决定；

β_m——变压器最佳负荷率；

S_g——除充电机外电池更换站内其他设备用电负荷总容量，包括照明、办公用电负荷等；除此之外，根据实际情况，配电变压器容量需取一定裕值。

3.2 设计方案

3.2.1 供电系统设计

1. 典型供电系统设计

（1）典型双回路供电系统设计

采用两路10kV电缆（沟体埋设）供电的双回路供电系统如图3-2所示，设置两台专用配电变压器，每台变压器的容量应不小于充电站所需的全部用电负荷总容量。

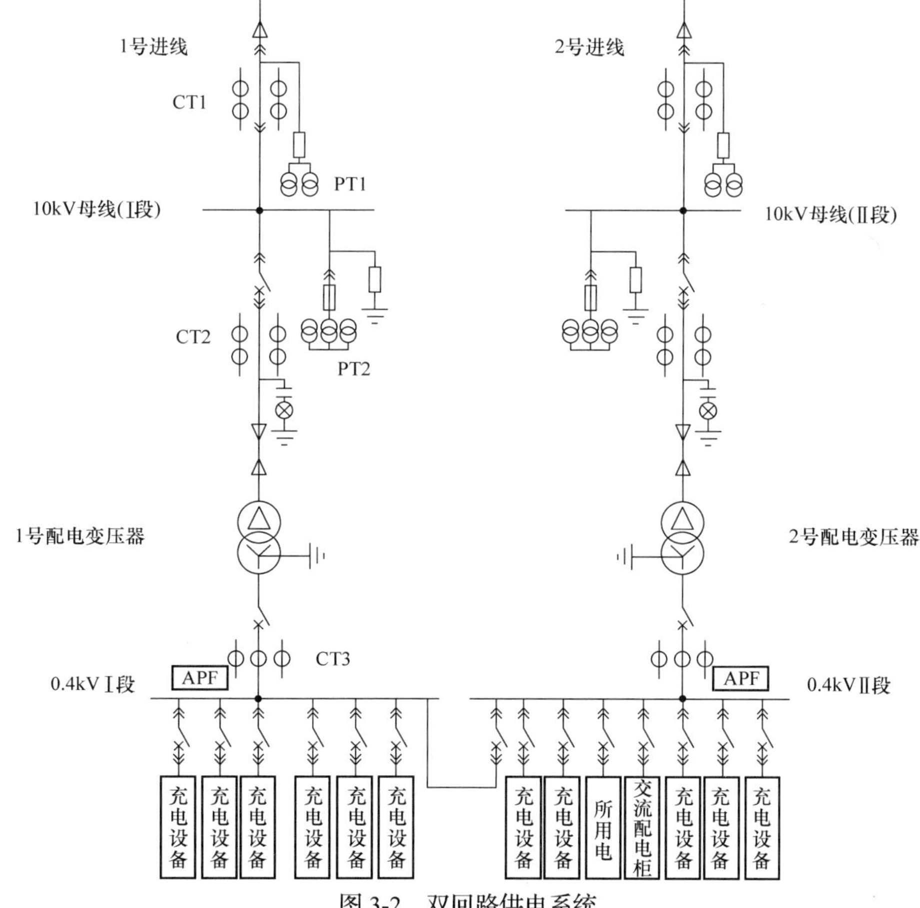

图3-2 双回路供电系统

设计供电系统时，10kV（20kV）侧宜采用单母线接线或单母线分段接线，0.4kV侧宜采用单母线或单母线分段接线。当监控、办公用电负荷较大或共用一台变压器将严重影响照明质量或计算机运行时，可设置专用站用变压器，也可以从就近的配电变压器二次侧（低压侧）引入。

低压配电设备及线路的保护应满足 GB 50054—2011《低压配电设计规范》的有关规定。以 1 号进线为例介绍供电系统电压、电流采样点分布。10kV 进线 CT1 和 PT1 是 10kV 线路保护采样点，CT2 和 PT2 为变压器一次侧（高压侧）保护采样点，CT3 为低压母线保护采样点（CT 为电流互感器，PT 为电压互感器）。

（2）典型主、备电源供电系统设计

主、备电源供电系统采用主、备电源供电。主供电源采用 10kV 电缆（沟体埋设）或 0.4kV 低压电缆（沟体埋设）供电，备用电源采用发电机发电，采用 0.4kV 低压电缆（沟体埋设）供电，如图 3-3 所示。

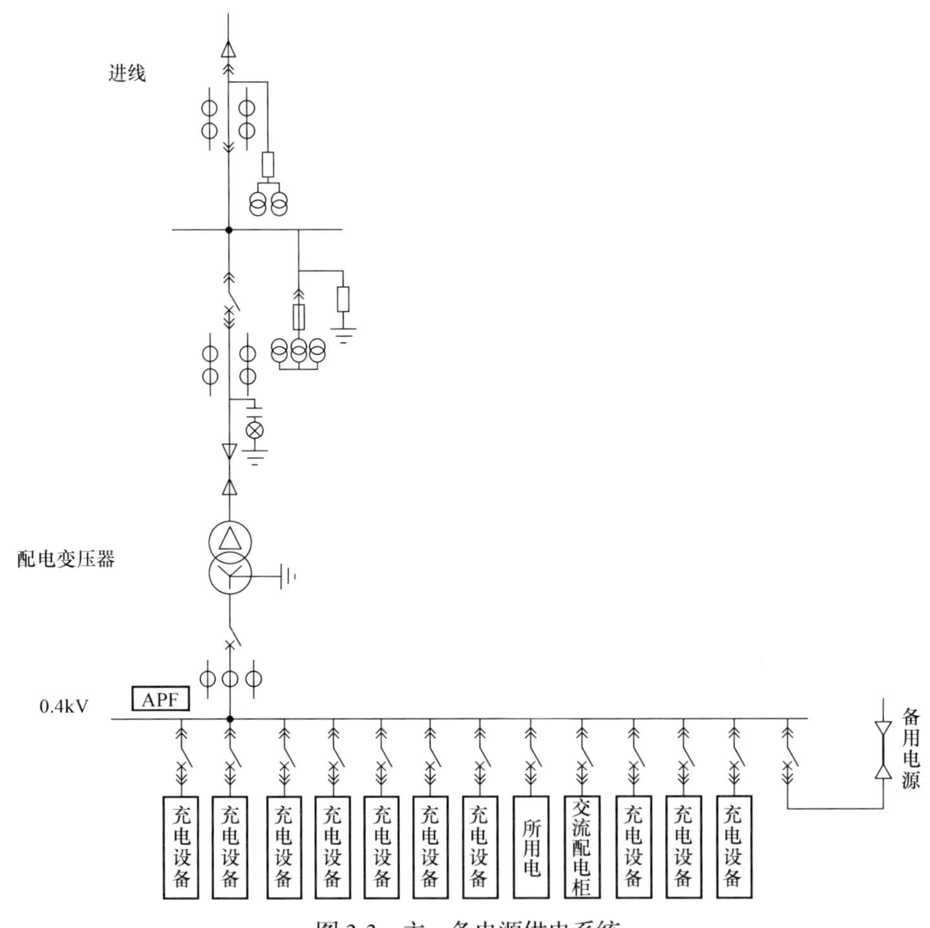

图 3-3 主、备电源供电系统

（3）典型 0.4kV 低压接入供电系统设计

如图 3-4 所示，0.4kV 低压接入供电系统设计适用于电动汽车保有量较小、充电需求较低的地区，如小区充电站等。该地区的配电网结构相对简单，0.4kV 侧采用单母线不分段供电。

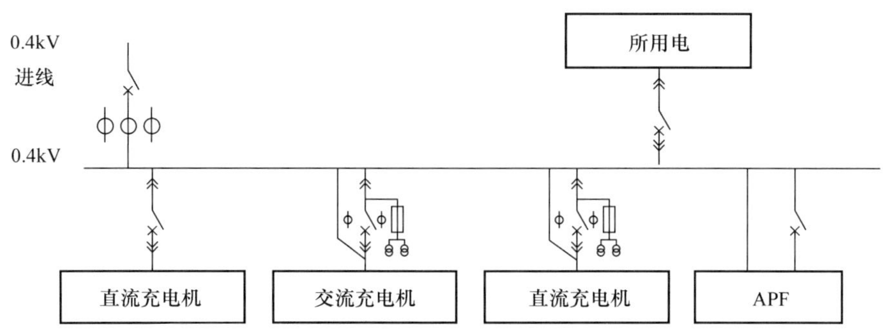

图 3-4　低压接入供电系统

2. 大规模电动汽车接入的三相不平衡问题

三相不平衡是指在三相供电线路中，各相线路的电流 / 电压的幅值不相等或相位差不为 120°，如图 3-5 所示。三相平衡是电网安全经济运行的基础，严重的三相不平衡会增加线路以及变压器的损耗，降低供电效率，造成电器工作效率降低甚至引发安全事故。在电动汽车单相交流充电机大规模接入的情景下，如不加以控制，可能造成严重的负荷不平衡，继而引发三相不平衡问题，威胁电网安全经济运行。因此，设计充电站的供电系统时，要考虑三相不平衡的问题，采取适当措施加以避免。

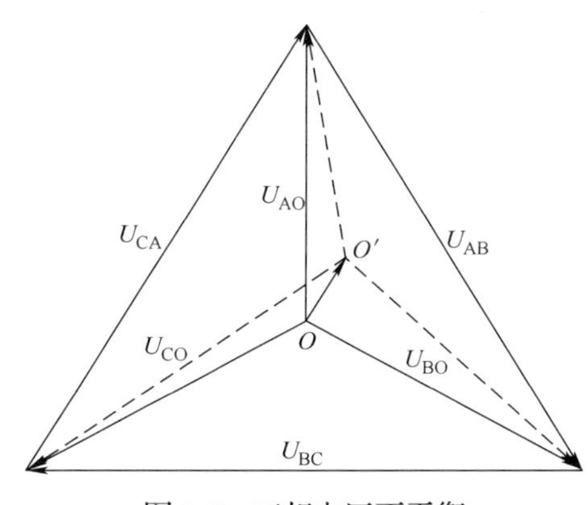

图 3-5　三相电压不平衡

3.2.2　分布式电源接入设计

本节以光伏发电系统接入充电站为例介绍分布式电源接入充电站设计。光伏系统按照接入方式的不同可分为直流侧接入与交流侧接入。

1. 光伏系统交流侧接入电网设计方案

光伏系统交流侧并网运行结构图如图 3-6 所示。这种模式克服了直流侧储能系统无法进行多余电力统一调度的问题。系统的充电还是放电完全由智能化控制系统或电网调度控制，它不仅可以集中全站内的多余电力给储能系统快速有效地充电，而且可以调度站外电网的廉价低谷多余电力，使得系统运行更加方便和有效。

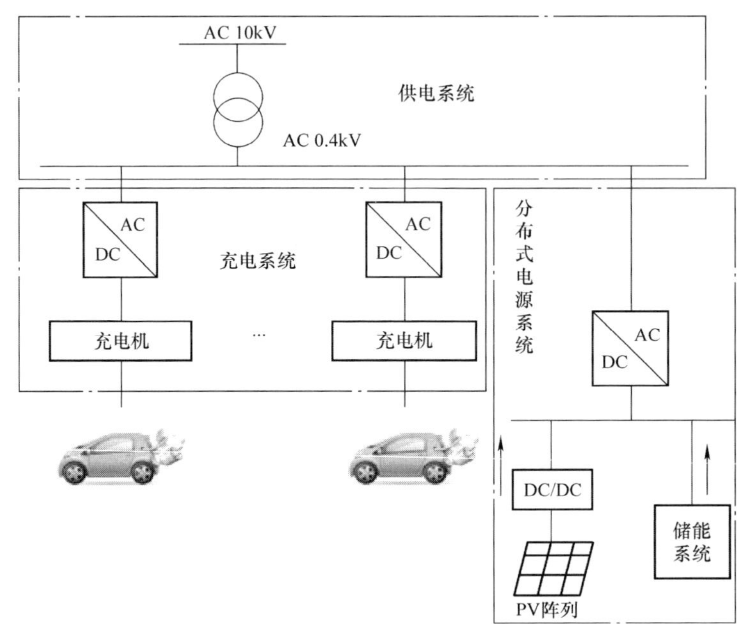

图 3-6　光伏系统交流侧并网运行结构图

2. 光伏系统直流侧接入电网设计方案

这种模式的主要特点：系统效率高，光伏电站的发电量可由光伏电站内部调度，与电网的切换可以实现无缝连接；输出电能质量好，输出波动非常小，可大幅提高光伏电站输出电能的平滑性、稳定性和可调控性能。

这种模式的缺点：使用的逆变器需要特殊设计，不适用于对现有已经安装好的大部分光伏电站进行升级改造；该储能系统中的蓄电池组只能接收本发电单元的电力为其充电，而其他临近的光伏发电单元或电站的多余电力无法为其充电。也就是说，这种方案缺乏大电站内部电力调配的功能。

光伏系统直流侧并网运行结构图如图 3-7 所示。

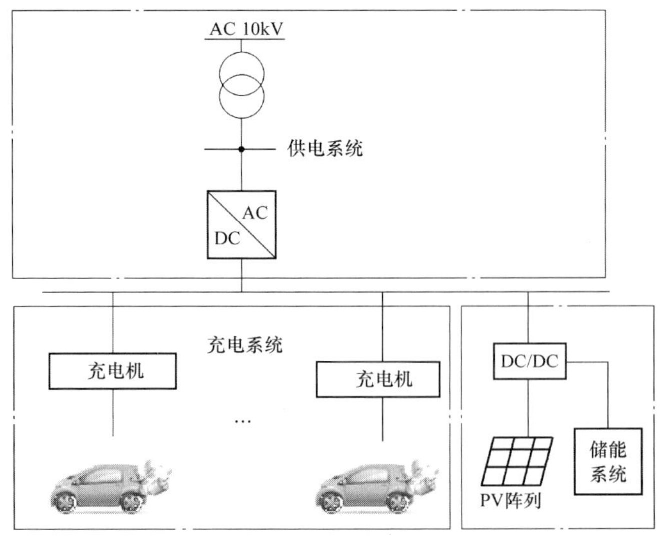

图 3-7　光伏系统直流侧并网运行结构图

3.3 谐波治理

3.3.1 充电站谐波限值

充电站在设计时应重视充电设备对公用电网电能质量产生的影响，并应采取积极有效的防范措施，减小或消除谐波分量。如果不能达到国家有关标准规定的谐波控制要求，则应采取有效的谐波治理措施。

电动汽车充电机会产生谐波分量。谐波监测点为充电设施接入点，考核标准应符合 GB/T 14549—1993《电能质量 公共电网谐波》及 GB/Z 17625.6—2003《电磁兼容 限值 对额定电流大于 16A 的设备在低压供电系统中产生的谐波电流的限制》的规定。GB/T 14549—1993 标准除要求电网各级电压的谐波水平不超出国家标准限值外，还要求用户注入公用电网的谐波电流不超出国家标准允许值，否则应采取抑制谐波的措施。

注入公共连接点的谐波电流允许值见表 3-3。

第3章

表 3-3 注入公共连接点的谐波电流允许值 [2]

标准电压/kV	基准短路容量/MV·A	谐波次数谐波电流允许值/A											
		2	3	4	5	6	7	8	9	10	11	12	13
0.38	10	78	62	39	62	26	44	19	21	16	28	13	24
10	100	26	20	13	20	8.5	15	6.4	6.8	5.1	9.3	4.3	7.9
标准电压/kV	基准短路容量/MV·A	谐波次数谐波电流允许值/A											
		14	15	16	17	18	19	20	21	22	23	24	25
0.38	10	11	12	9.7	18	8.6	16	7.8	8.9	7.1	14	6.5	12
10	100	3.7	4.1	3.2	6.0	2.8	5.4	2.6	2.9	2.3	4.5	2.1	4.1

当电网公共连接点的最小短路容量不同于表 3-3 基准短路容量时，按式（3-4）修正谐波电流允许值：

$$I_h = \frac{S_{\mathrm{K1}}}{S_{\mathrm{K2}}} I_{h\mathrm{p}} \tag{3-4}$$

式中 S_{K1}——公共连接点的最小短路容量（MV·A）；

S_{K2}——基准短路容量（MV·A）；

$I_{h\mathrm{p}}$——第 h 次谐波电流允许值（A）；

I_h——短路容量为 S_{K1} 时的第 h 次谐波电流允许值（A）。

在公共连接点处有多个用户时，第 i 个用户的第 h 次谐波电流允许值（I_{hi}）按式（3-5）计算：

$$I_{hi} = I_h \times \left(\frac{S_i}{S_{\mathrm{t}}}\right)^{1/\alpha} \tag{3-5}$$

式中 I_h——第 h 次谐波电流允许值（A）；

S_i——第 i 个用户的用电协议容量（MV·A）；

S_t——公共连接点的供电设备容量（MV·A）；

α——相位叠加系数（见表 3-4）。

表 3-4 相位叠加系数

谐波次数	3	5	7	11	13	9、>13 及偶次
α	1.1	1.2	1.4	1.8	1.9	2

3.3.2 充电站谐波计算

充电站内一般有多台充电机，每台充电机可以看成一个独立的谐波源。两个谐波源的同次谐波电流在一条线路的同一相上叠加，当相位角未知时按式（3-6）计算：

$$I_h = \sqrt{I_{h1}^2 + I_{h2}^2 + K_h I_{h1} I_{h2}} \qquad (3\text{-}6)$$

式中 I_{h1}——谐波源 1 的第 h 次谐波电流（A）；

I_{h2}——谐波源 2 的第 h 次谐波电流（A）；

K_h——叠加系数（见表 3-5）。

表 3-5 叠加系数 K_h 的值

谐波次数	3	5	7	11	13	9、>13 及偶次
K_h	1.62	1.28	0.72	0.18	0.08	0

两个以上同次谐波电流叠加时，首先将两个谐波电流叠加，然后再与第三个谐波电流相叠加，以此类推。两个及以上谐波源在同一节点同一相上引起的同次谐波电压叠加的计算式与式（3-6）类同。

举例：三个谐波源 I_{h1}、I_{h2}、I_{h3} 的同次谐波电流在一条线路上同一相上叠加，计算方式如下：

I_{h1}、I_{h2} 前两个谐波电流先进行叠加：

$$I'_h = \sqrt{I_{h1}^2 + I_{h2}^2 + K_h I_{h1} I_{h2}}$$

I_{h1}、I_{h2} 前两个谐波电流的叠加结果 I'_h 与第三个谐波电流 I_{h3} 再进行叠加计算，得出最终结果：

$$I_h = \sqrt{I_h'^2 + I_{h3}^2 + K_h I'_h I_{h3}}$$

3.3.3 充电站谐波计算算例

假设 A 充电站供电电源为 10kV，短路容量为 289.3MV·A，实测 A 充电站中一台充

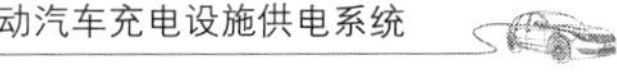

电机的 5 次谐波电流为 6.48A，7 次谐波电流为 3.74A ；另一台充电机的 5 次谐波电流为 5.82A，7 次谐波电流为 4.01A。

5 次谐波叠加计算：

$$I_h=\sqrt{I_{h1}^2+I_{h2}^2+K_hI_{h1}I_{h2}}=\sqrt{6.48^2+5.82^2+1.28\times6.48\times5.82}\text{A}\approx11.14\text{A}$$

7 次谐波叠加计算：

$$I_h=\sqrt{I_{h1}^2+I_{h2}^2+K_hI_{h1}I_{h2}}=\sqrt{3.74^2+4.01^2+0.72\times3.74\times4.01}\text{A}\approx6.39\text{A}$$

3.3.4 充电站谐波治理方法

主动谐波治理和被动谐波治理是目前主要的谐波治理技术：主动谐波治理从谐波源本身出发抑制谐波产生；被动谐波治理则主要对产生的谐波添加额外的谐波处理装置（电能质量治理装置）。

1. 主动谐波治理技术

主动谐波治理即对电力装置本身进行改进，使其减少谐波的产生或不产生谐波，主要包括多相整流、脉宽调制整流和功率因数校正，具体方法如下：

（1）多相整流

多相整流即增加整流器的脉动数，常用的为 12 脉整流。该方法产生的谐波次数 $n=pk\pm1$（p 为整流脉动数），谐波每次的有效值与谐波次数成反比，因此整流脉动数的增加，能降低谐波次数和有效值，从而使整流器产生的谐波电流减少。

（2）脉宽调制整流

脉宽调制整流即 PWM 整流，通过脉宽调制可以使整流器网侧电流正弦化，并且使网侧电压和电流同相位，实现单位功率因数控制，从而减少整流器产生的谐波电流。

（3）功率因数校正

功率因数校正又分为无源功率因数校正和有源功率因数校正。

1）无源功率因数校正利用线性电感器和电容器组成滤波器来提高功率因数、降低谐波分量。这种方法简单、经济，在小功率供电电源中可以取得较好的效果。但是，在较大功率的供电电源中，大量的能量必须被这种滤波器储存和管理，因此需要大电感器和大电容器。这样体积和重量就比较大，也不太经济，而且功率因数的提高和谐波的抑制也不能达到理想的效果。

2）有源功率因数校使用所谓的有源电流控制功率因数的校正方法，可以迫使输入电流跟随供电的正弦电压变化。这种因数校正的电源适配器功率有体积小、重量轻、功率因数可接近 1 等优点。

2. 被动谐波治理技术

相对主动谐波治理技术（其减少谐波产生的方法是通过改进电力电子装置的控制方式）来说，被动治理是通过电能质量治理装置的安装来降低电网受到的危害，其电能质量治理装置主要有无源滤波器和有源滤波器两种。

（1）无源滤波器（Passive Power Filter，PPF）

无源滤波器又称 *LC* 滤波器，包含电抗器、电阻器和滤波电容器三个部分。该装置采用并联方式连接，消除一次或几次主要的谐波，但不能对谐波电流进行动态追踪，具有结构简单、设备投资少、运行可靠等优点，但也有着难以克服的缺点，如受电力系统参数影响，滤波次数单一以及体积大、能耗多等。

（2）有源滤波器（Active Power Filter，APF）

1）系统原理。有源滤波器是基于电压源变流器（VSC）的一种新型谐波补偿电力电子装置，与负荷并联使用，能有效抑制负荷谐波，提高功率因数，改善电网供电质量，降低电能损耗。

如图 3-8 所示，CT 为电流互感器，PT 为电压互感器。有源滤波器并联于供电系统电网中，能实时检测出非线性负荷电流中需要补偿的基波无功功率电流及谐波电流，快速产生一个与该电流大小相等而极性相反的补偿电流，达到抑制谐波并提高功率因数的目的。

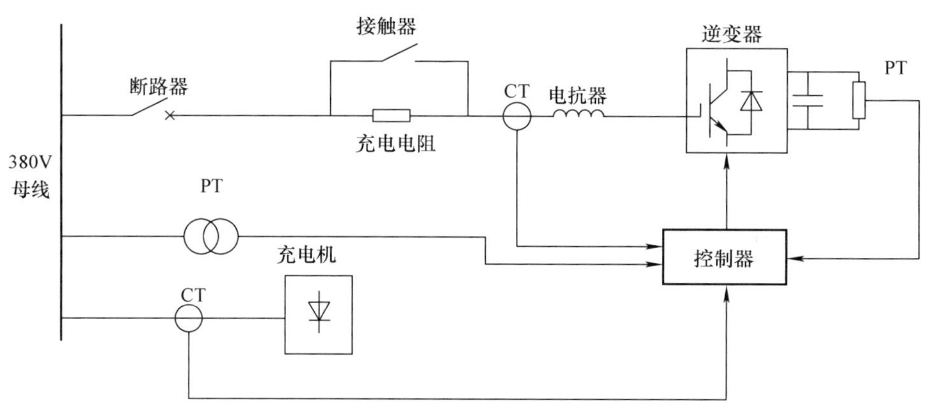

图 3-8　有源滤波器系统原理图

2）应用效果。当供电系统采用有源滤波器时，能有效地抑制 2~50 次谐波，可根据电网的情况调整电压与电流波形的相位角，修正电流波形，提高功率因数，有效地抑制谐波干扰。补偿前和补偿后供电系统电流波形分别如图 3-9 和图 3-10 所示。有源滤波器除了可以滤除谐波外，同时还可以动态补偿无功功率，其优点是反应动作迅速，滤除谐波可达到 95% 以上。

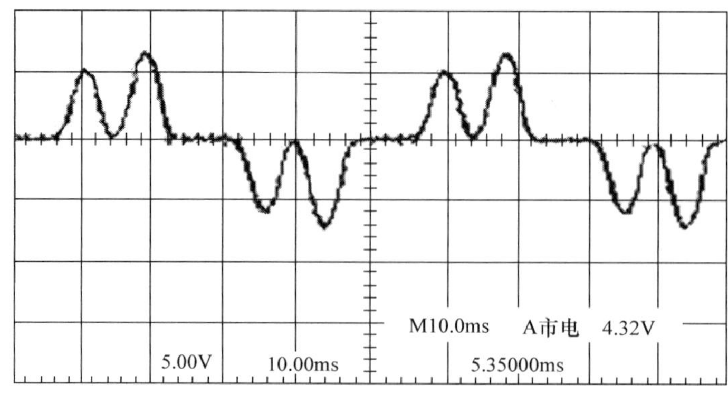

图 3-9　补偿前供电系统电流波形

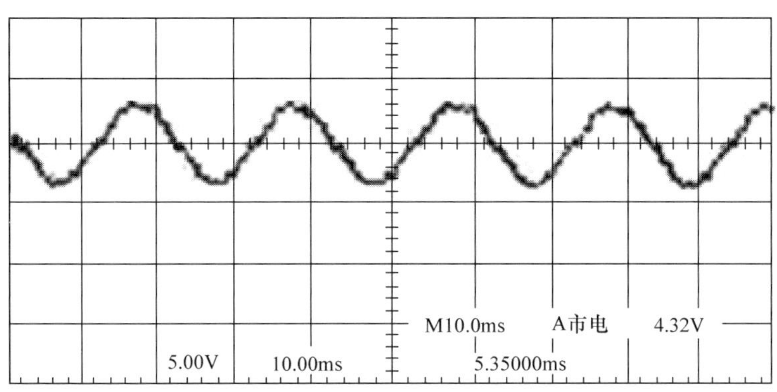

图 3-10　补偿后供电系统电流波形

3.3.5　充电站谐波治理实例

以 2008 年北京奥运会所用的充电站为例，每段母线上安装 1 套补偿装置，采用的谐波治理方案是利用有源滤波器进行滤波。原定补偿装置照常运行，对系统不做任何修改，只在每段母线上并联一套有源滤波器。因为两台变压器下负荷情况基本相同，所以谐波治理的方案及滤波器容量也是相同的。

依据北京市电力公司试验研究院电能质量评估报告，取系统谐波含量：

5 次谐波：　　I_{h5}=318.5A

7 次谐波：　　I_{h7}=111.7A

这里主要考虑 5 次和 7 次谐波电流，因为整流器的特征谐波为 5 次和 7 次谐波电流，另外也产生 3 次谐波电流，但是变压器 10kV 侧为三角形联结，自身能抵挡 3、6、9 次谐波等。因此，设计有源滤波器时主要考虑 5、7、11、13 次谐波电流。

总谐波电流：

$$I_h=\sqrt{\sum I_{hn}^2}\approx\sqrt{318.5^2+111.7^2}\text{A}\approx 337.5\text{A}$$

有源滤波器装置的安装容量：

$$Q_{\text{APF}}=\sqrt{3}U_{\text{N}}I_h=\sqrt{3}\times 380\times 337.5\text{var}\approx 222\text{kvar}$$

考虑裕量，选取 400A（277kvar）/ 柜，每套有源滤波器由两台标准柜组成，并联运行。有源滤波器装置检测负荷电流（不包含 *LC* 滤波装置电流），实时调整输出电流，滤除 5、7、11、13 次谐波电流，不会产生过负荷现象。

3.4 安全防护

3.4.1 接地配置

充电站的接地应满足 DL/T 621—1997《交流电气装置的接地》的有关规定。充电站电气设备的工作接地、保护接地、防雷接地宜共用一套接地装置。接地装置的接地电阻应不大于 4Ω。

在电力系统中，发电机绕组和三相变压器的二次绕组星形联结时都有中性点。中性点与大地之间的电气连接方式称为电网中性点接地方式。中性点的接地方式分为有效接地和非有效接地。有效接地是指全部或部分中性点直接接地或经小阻抗接地；非有效接地是指系统中所有中性点均不接地，或部分中性点经过大阻抗接地，或经消弧线圈接地。

1）在高压或超高压系统（110kV 及以上）中，一般采用中性点有效接地系统，其目的是降低电气设备绝缘水平，降低绝缘投资。

2）在中压系统（如 6kV 系统）中，用电设备大多是三相设备，且多设置在室外。室外环境较复杂，设备出故障的概率比室内设备的大，且设备绝缘强度比较高。即使出现了单相接地，只要三相对称的关系没有改变，那么非故障相电压升高也能承受，即三相系统还能正常运转。这时从可靠性考虑，在中压系统中采用中性点不接地或经大阻抗接地系统。

3）低压供电系统中性点接地方式可分为 TN-C、TN-S、TN-C-S、TT 和 IT 系统。其中，第一个字母表示配电网对地的关系：

① T 表示牢固接地。

② I 表示带电零件与地绝缘或某点经大阻抗接地。

第二个字母表示电气设备外壳与地的关系：

① N 表示外壳牢固地接到电网接地点。

② T 表示外壳牢固的接地，且与电源是否接地无关。

其后的 C 或 S 表示电网中性线与保护线的组合方式：

① C 表示中性线与保护线合一（PEN 线）。

② S 表示中性线与保护线是分开的。

因为电动汽车直流供电系统属于低压供电系统，所以主要对低压供电系统的中性点接地方式进行介绍。TN-S 系统和 IT 系统对比见表 3-6。

1）变压器星形二次绕组的低压配电系统宜采用 TN-S 系统。

2）充电桩的接地系统宜采用 TN-S 系统。

3）在 TN-S 系统工作状态正常和 IT 系统电网侧单相接地故障状态下，电网侧相电流开关频率及其整数倍谐波可能很大，直流母线对地的电压幅值也随电容值的变化而变化，在某些分布参数下有可能过大，使绝缘击穿，毁坏设备。因此，在设计实际的充电站供电系统时，要考虑电缆线路分布参数、线路长度、接地阻抗值等内容，防止漏电流过大，使供电系统存在安全隐患。

表 3-6 TN-S 系统和 IT 系统对比

对比项		TN-S 系统	IT 系统
单相接地故障时	非故障相对地电压	相电压	线电压
	中性点对地电压	0	相电压
	接地短路电流	大	小
保护灵敏度		高	低
绝缘水平		按相电压考虑	按线电压考虑
可靠性		低	高
重复故障可能性		小	大
电磁干扰		大	小
危险过电压		小	可能很大
另需加装的装置		接地装置	绝缘装置

4）采用 TN-S 系统的充电站，PE 线重复接地，不得装设控制开关和熔断器。当设备外壳发生漏电时，电流会迅速流入大地，即使发生 PE 线开路的情况，也会从附近的接地体流入大地，流回变压器中性点，使负荷开关和漏电保护开关跳闸断电，保护设备和人身安全。

5）对漏电流要求较高的场所可以选用 IT 系统。这样首先可以防止其他供电回路中的漏电流通过接地线窜入设备中对用户的安全构成威胁。其次，一旦 IT 系统所接负荷出现对地故障，因与电源端不能构成回路，只产生一个很小的容性漏电流，极大地避免了漏电流对用户的伤害，从而保护了用户的安全。

6）当 TN-S 系统发生接地故障时，短路电流大，充电机不能正常工作，这时电流保护装置需要在极短时间内动作，防止大电流烧毁设备。也可在设计充电机控制策略时设置保护策略，在大电流时闭锁开关器件，停止充电机的充电工作，以起到辅助保护作用。

7）如果是由储能电池为负荷供电，那么由于直流电源不接地，也没有交流负荷，单极对地短路故障对充电机正常工作没有影响。但要及时排除故障，防止另一极接地发生极间故障。

3.4.2 防雷设计

1. 一般要求

1）充电站防雷与接地要求应满足 GB 50057—2010《建筑物防雷设计规范》和 GB/T 50065—2011《交流电气装置的接地设计规范》中的规定。

2）充电站的防雷分类应符合 GB 50057—2010 中第 3 章的要求。

3）充电站防雷区的划分应符合 GB 50057—2010 中 6.2.1 条款的要求。

4）充电站应采取防直击雷和防雷击电磁脉冲的措施。

5）独立建设的充电站属于第三类防雷建筑物，如与其他建筑物共同建设时，应综合考虑建筑物的性质并经计算确定其防雷级别。

2. 特殊规范 [6]

1）防直击雷要求应符合 GB 50057—2010 中第 4 章和第 5 章的相关要求。

2）当电源采用 TN 系统时，从建筑物总配电箱起供电给本建筑物内的配电线路和分支线路必须采用 TN-S 系统。

3）在需要保护的空间内，采用屏蔽电缆时其屏蔽层应至少在两端，并宜在防雷区交界处做等电位联结。当系统要求只在一端做等电位联结时，应采用两层屏蔽或穿钢管敷设，外层屏蔽或钢管应至少在两端，并宜在防雷区交界处做等电位联结。

4）当互相邻近的建筑物之间有电气和电子系统的线路连通时，宜将其接地装置互相连接，可通过接地线、PE 线、屏蔽层、穿线钢管、电缆沟的钢筋、金属管道等连接。

5）充电站内的变压器、高低压开关柜、充电装置、照明配电箱、监控设备、照明灯具的金属外壳等主要金属物，应就近连接至防直击雷接地装置和电气设备、信息系统的共用接地装置上。

6）电涌保护器安装位置、放电电流和有效电压保护水平等的选择应符合表 3-7、表 3-8 和 GB 50057—2010 中 6.4 的要求。

表 3-7　建筑物内 220V/380V 配电系统中设备绝缘耐冲击电压额定值

设备安装位置	电源处设备	配电线路、分支线路设备	一般用电设备	充电机（桩）、监控设备
耐冲击过电压类别	Ⅳ类	Ⅲ类	Ⅱ类	Ⅰ类
耐冲击电压额定值 /kV	6	4	2.5	1.5

表 3-8　直流电源设备耐冲击过电压额定值

设备名称	额定电压（直流）/V	混合冲击波	
		冲击电压 /kV	冲击电流 /kA
DC/AC 逆变器	−24、−48、−60	0.5	0.25
DC/DC 变换器			
机架直流电源入口			
直流配电屏	−24、−48、−60	1.5	0.75

注：混合波开路电压为 1.2/50μs，短路电流为 8/20μs。

3.4.3　消防设计

1. 一般要求

1）充电站应满足消防安全的要求，与其他建筑物、构筑物之间的防火间距应满足 GB 50229—2019《火力发电厂与变电站设计防火标准》、GB 50016—2014《建筑设计防火规范》的有关要求。

2）充电站不应设在有爆炸危险环境场所的正上方或正下方，当与有爆炸危险的建筑物毗邻时，应满足 GB 50058—2014《爆炸危险环境电力装置设计规范》的要求。

2. 特殊规范[1,7]

1）充电站的建（构）筑物构件燃烧性能、耐火极限、站内建（构）筑物与站外民用建（构）筑物及各类厂房、库房、堆场、储罐之间的防火间距应满足 GB 50016—2014《建筑设计防火规范》的有关规定。

2）充电站电力设备的消防安全要求应满足 DL 5027—2015《电力设备典型消防规程》

的有关规定。

3）充电站应设置火灾自动报警系统，并应满足 GB 50116—2013《火灾自动报警系统设计规范》的有关规定。

4）须设置室内外消火栓消防给水系统、自动喷灭火系统。

5）充电设施的消防给水应利用城市或企业已建的给水系统。当已有的给水系统不能满足消防给水的要求时，应自建消防给水系统。

6）固定式消防喷淋冷却水的喷头出口处给水压力不应小于 0.2MPa。移动式消防水枪出口处给水压力不应小于 0.25MPa，并应采用多功能水枪。

7）动力电池存放区或充电区还应设置固定式消防冷却水系统。其给水强度不应小于 $0.15L/(m^2 \cdot s)$，给水范围按其全部表面积计算，连续给水时间不应小于 3h。

8）电缆在室外进入建筑物内的入口处，以及电缆在穿越各房间隔墙、楼板的孔洞在线路敷设完毕后，应采用防火封堵材料进行封堵。

9）每累计 100kW 充电设备应设置不少于 1 只 8kg 手提式干粉灭火器或 2 只 4kg 手提式干粉灭火器；当充电设备功率不足上述数量时，应按上述标准取整计算。

10）充电站内应设置消防砂坑（库）。消防用砂应保持充足和干燥。

11）充电站防治白蚁的措施应按照国家及地方相关标准执行。

3.5 展望

随着以光伏和风力发电为代表的新能源的迅猛发展，电动汽车充电站内可能配置大量的光伏发电和电池储能系统。充电站内的光伏发电系统和储能系统在某些时刻可能会向电网供电。新能源的接入对传统的充电站继电保护技术提出了挑战，随着接入汽车数量与充电容量的增大，传统的保护之间可能会失去配合，重合闸失败，从而无法满足配电网系统保护的要求。

目前针对新能源接入的保护方案归纳起来大致有两种：一种是应用发达的通信网络实现配电网保护间的信息交换；另外一种是基于目前配网的配置，提出保护整定的新算法，包括采用自适应保护原理、加装方向元件等。第一种保护方案在较高程度上依赖于通信网络，一旦通信失效，整个保护系统也随之失效。况且就目前我国配网实际建设情况而言，若要实现发达可靠的通信网络，还得投入大量财力、物力，需要很长一段时间，因此此方法在当前并不十分适用。新能源的接入主要会造成以下问题[8]：

1. 造成上游保护误动

如图 3-11 所示，当配网系统在充电站上游 d_1 处发生故障时，充电站向故障点提供的短路电流 I_k 流过保护 2，有可能造成保护 2 误动；当相邻线路 d_2 处发生故障时，充电站提供的短路电流会流过保护 2 和保护 3，也可能造成保护 2 和保护 3 的误动。另外，若 BC 区域发生故障，则仅由保护 2 动作是不够的，需要在保护 2 对侧加装保护装置，使二者同时动作才能将故障完全隔离，即充电站接入配电网时必须在接入点两侧都加装保护装置。

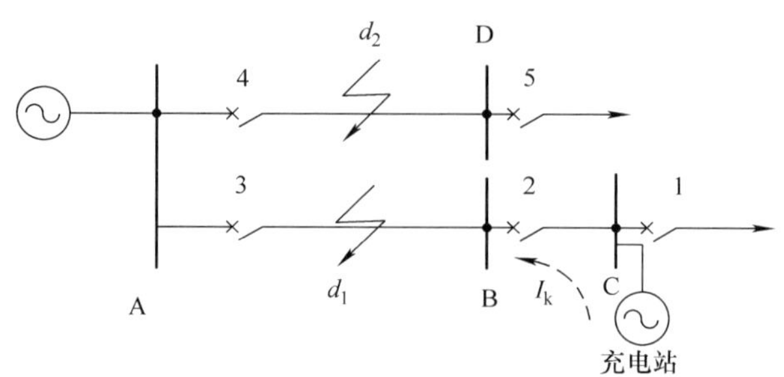

图 3-11　充电站 V2G 造成保护误动

2. 对重合闸装置造成影响

配电网中 90% 的故障为瞬时性故障，采用重合闸，可以大大提高系统的可靠性，减少停电次数，具有显著的经济效益。然而，如果线路故障造成跳闸后充电站在重合闸动作时未及时退出运行，则将会带来以下不利影响：

1）非同期重合闸。在系统电源跳开后至重合闸内的这段时间，系统侧电源与充电站间会存在一定的相位差，重合瞬间的冲击电流可能使保护误动作，从而使重合闸失去迅速恢复供电的能力。

2）故障点电弧重燃。由于充电站的存在，保护动作后，充电站仍向故障点提供短路电流，引起故障点电弧重燃，导致绝缘击穿，使瞬时性故障变为永久性故障，扩大停电范围。

因此，当大量充电站新能源负荷接入配网后，应重视相应配电保护新方法的研究和应用。

参考文献

[1] 上海电力公司，上海交通大学 . 电动汽车充电基础设施建设技术规范：DGTJ08-2093—2012［S］上海：上海市城乡建设和交通委员会，2012.

[2] 中国南方电网有限责任公司生产技术部 . 电动汽车充电站及充电桩设计规范：Q/CSG 11516.2—2010[S]. 广州：中国南方电网有限责任公司，2010.

[3] 全国电压电流等级和频率标准化技术委员会 . 电能质量 供电电压偏差：GB/T 12325—2008[S]. 北京：中国标准出版社，2009.

[4] 全国电压电流等级和频率标准化技术委员会 . 电能质量 公用电网谐波：GB/T 14549—1993[S]. 北京：中国标准出版社，1994.

[5] 全国电压电流等级和频率标准化技术委员会 . 电能质量 电力系统频率偏差：GB/T 15945—2008[S]. 北京：中国标准出版社，2009.

[6] 深圳市发展和改革委员会 . 电动汽车立体充电站设计施工规范：SZDB/Z 148—2015[S]. 深圳：深圳市市场监督管理局，2015.

[7] 深圳市发展和改革委员会 . 电动汽车充电系统技术规范第二部分：充电站及充电桩设计规范：SZDB/Z 29.2—2010[S]. 深圳：深圳市市场监督管理局，2010.

[8] 余琼，余胜，李晓晖 . 含分布式电源的配网自适应保护方案 [J]. 电力系统保护与控制，2012, 40 (5):110-115.

第4章 电动汽车传导式充电系统

4.1 电能补给方式

与燃油汽车依赖于加油站进行燃油补充类似，电动汽车的发展也需要完备的电能补给体系。电动汽车按照用途可分为[1]：

1）特定区域用车，其服务目标明确，车辆的使用相对集中和频繁，如博览会园区、公园景区和奥运会等特殊园区用车。

2）集团车队，如工程车、公务车和商务车等。

3）社会车辆，如公交车、环卫车和邮政车等。

4）微型车辆，如出租车和私家车等。

其中，公交车、环卫车和邮政车具有一定的共性，通常行驶线路、行驶里程和行驶时间是固定的；私家车用于上下班时行驶线路和行驶里程也较为固定；博览会园区和公园景区等特殊园区的服务车、观光车行驶在一定的小区域范围内；公务车、商务车和社会车辆等行驶路线和行驶里程一般能预估；工程车和出租车等行驶线路、行驶里程不固定，变化较大。

不同种类的车辆具有不同的用途，在行驶线路、行驶里程和行驶时间上会有所不同，因此电能补给方式也有所不同。

按照电池充电时是否与车体分离，电能补给方式可分为整车充电方式和电池更换方式（或电池地面充电方式）两种。

4.1.1 整车充电方式

整车充电方式是指当车辆进行电能补给时，充电装置与充电车辆进行连接，电池无须从车辆上卸下而直接进行电能补给。该方式的优点是充电操作过程简单，不涉及电池存储、电池更换等过程。但车辆充电时间占用了车辆的运营时间，车辆利用率较低，不利于保持电池组的均衡性以及延长电池组的使用寿命。

根据充电装置与车辆接收装置连接方式的不同，电动汽车的整车充电方式可以分为传导式充电和非接触式充电两种。

1. 传导式充电

在将电能传输到电动汽车的动力电池或其他车载储能装置的过程中，如果电能的传输经由连接电缆实现，则称为传导式充电。

2. 非接触式充电

与传导式充电相对的是非接触式充电，也称为感应式充电或无线充电。在非接触式充电中，充电装置与车辆接收装置之间无须直接接触即可实现电能的传输。非接触式充电主要采用无线电能传输（Wireless Power Transmission，WPT）技术，利用电磁场或电磁波进行能量传递。与传导式充电相比，非接触式充电具有很多优点，主要包括：

1）由于系统完全绝缘，可以避免高压触电的危险。

2）全密封的设计可以避免短路和漏电的危险。

3）有利于接口的标准化，也便于实现自动化和无人操作。

4）无机械磨损和相应的维护问题，可适应多种恶劣环境和天气。

4.1.2 电池更换方式

电池更换方式是通过更换动力电池为电动汽车提供电能的一种技术。当车辆需要电能补给时，将电池从车辆中卸下，装上已充满电的电池，车辆即可离开继续运营。卸载下的电池通过地面充电系统进行补充充电。因为电池在充电时与车体分离，所以在充电时段的选择上相对自由，既可以利用电网低谷时段给电池充电，同时又能在很短的时间内完成电动汽车的电能补给。整个电池更换过程可以在 10min 内完成，与现有燃油汽车的加油时间大致相当。电池更换方式具有电能补给时间短、电池维护方便、对电网影响小等优点，有利于提高车辆使用效率，提高电池使用寿命，但对车辆及电池更换设备提出了更高的要求。根据换电适用车型的种类，电池更换技术可分为商用车换电技术和乘用车换电技术两种。

电动汽车的种类和运行特点决定了其电能补给方式，不同的电能补给方式有其自身的特点和适用范围。因此，在实际应用中，需要根据车辆的种类、数量、运行效率以及电池的数量和性能、系统配置成本以及管理等众多因素进行选择，并可将多种方案结合起来，实现电动车辆的最优电能补给。

4.2 电动汽车充放电基本工作原理

动力电池作为电动汽车主要的能量载体和动力来源，是组成电动汽车的主要部分。它的使用成本直接决定着电动汽车的使用成本。电动汽车用动力电池应具备体积、重量、续航能力、循环寿命及可靠性等方面的优势。随着经济社会的不断发展，对电动汽车续驶里程、动力电池能量密度和功率密度等要求越来越高。动力电池经历了三个代表性的时代，从最初的铅酸电池，发展到镍氢电池和目前主要使用的锂离子电池。锂离子电池是一种锂离子可以在正极材料和负极材料中进行嵌入和脱出的、能够循环充放电的高能电池，锂离子在正负极间脱嵌，通过电子得失的氧化还原反应实现充放电过程。锂离子电池具有很多优点，例如高能量密度、高充放电电压、宽使用温度范围、无记忆效应、长使用寿命、低自放电率以及环境友好等，是目前为止发展起来的最为重要的绿色化学电源之一。锂离子电池的发展非常迅速，目前已经广泛应用于便携式电子设备、电动汽车、电网调峰等方面。

4.2.1 锂离子电池的构成与工作原理[2,3]

第4章

锂离子电池主要由正极、负极、电解液、隔膜、集流体和外包装壳，以及正负极引线、中心端子、绝缘材料、安全阀等构成。目前商业化的正极材料主要为 $LiCoO_2$、$LiFePO_4$、$LiMn_2O_4$ 以及含有 Ni、Co、Mn 的三元材料等，商业化的负极材料一般为以石墨为主的碳材料，商业化的电解液一般用 $LiPF_6$ 的有机电解液，隔膜主要为聚合物膜。图 4-1 所示为几种不同形状的锂离子电池结构示意图[24]，包括圆柱形、方形、扣式和薄板形。

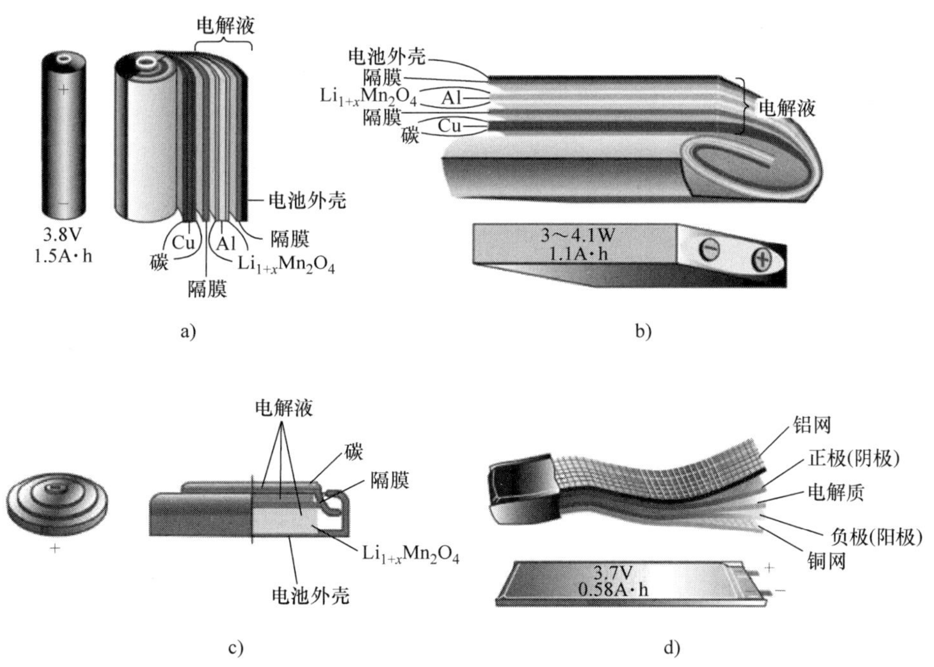

图 4-1　不同形状的锂离子电池结构示意图（彩图见书后插页）

a）圆柱形　b）方形　c）扣式　d）薄板形

锂离子电池虽然种类繁多，但工作原理大致相同。充电时，锂离子（Li^+）从正极材料中脱嵌，经过隔膜和电解液嵌入负极材料中，放电过程则与之相反。图 4-2 所示为锂离子电池充放电工作原理图（正极以 $LiFePO_4$ 为例）。$LiFePO_4$ 作为电池的正极，由铝箔与电池正极连接；中间是聚合物隔膜，它把正极与负极隔开，锂离子可以通过而电子 e^- 不能通过；由碳（石墨）组成的电池负极，通过铜箔与电池的负极连接。电池上端和下端之间是电池的电解质，电池通常由金属外壳密闭封装。磷酸铁锂是一种橄榄石结构的聚阴离子磷酸盐，其充放电反应是在亚铁锂和磷酸铁两相间进行的。在充电过程中，正极中的 Li^+ 通过聚合物隔膜向负极迁移，Li^+ 从 $LiFePO_4$ 中脱离出来，Fe^{2+} 失去一个电子变成 Fe^{3+}；在放电过程中，负极中的 Li^+ 通过隔膜向正极迁移，Li^+ 嵌入磷酸铁中变成 $LiFePO_4$。在锂离子电池循环充放电的过程中，对应的 Li^+ 在正负极材料之间往复脱嵌，因此锂离子电池也被称为“摇椅式电池”。

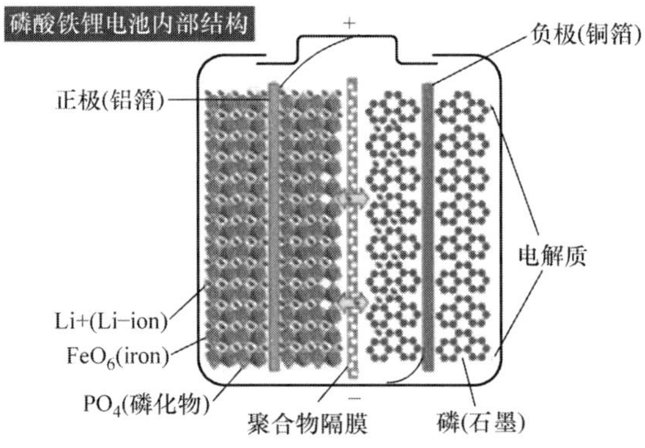

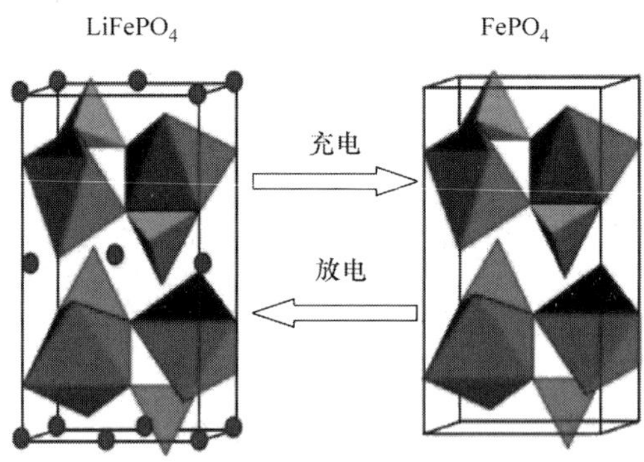

图 4-2　锂离子电池充放电工作原理图（彩图见书后插页）

正极以 $LiFePO_4$ 为例，锂离子电池的充放电原理为

充电反应：$$LiFePO_4 - xLi^+ - xe^- \rightarrow xFePO_4 + (1-x)LiFePO_4 \tag{4-1}$$

放电反应：$$FePO_4 + xLi^+ + xe^- \rightarrow xLiFePO_4 + (1-x)FePO_4 \tag{4-2}$$

4.2.2 锂离子电池的基本充放电原理

纯电动汽车产业的发展和充电设施的建设推动了锂离子电池的大规模应用，但同时也给锂离子电池提出了更高的要求。不同于铅酸电池，锂离子电池虽然在能量密度、功率密度、循环寿命等方面具有强大的技术优势，但抗滥用能力差，充放电特性和循环寿命受使用环境和条件影响较大。因此，对电池应用来说，除了需要提高电池本身的材料性能和制造工艺水平外，更重要的是对电池充放电过程的管理，使电池工作在最佳环境条件和最大可承受应力范围内。

锂离子电池充电过程不仅要求安全性，而且要求快速性，即在确保电池安全和寿命的基础上，实现电池充电时间的最小化。因此，充电技术是锂离子电池产业乃至新能源产业发展面临的关键性问题，也关系到锂离子电池在其他领域的拓展。

1. 充放电特性相关的单体电池的等效电路模型

单体电池的等效电路模型如图 4-3 所示。其中，单体电池的外电压（U_O）是电池正负极柱之间的电压，可以实时测量得到，由开路电压（U_{OCV}）、直流内阻（R_Ω）上的欧姆电压降（U_R）和极化阻抗（Z_P）上的极化电压（U_P）组成。以放电方向为正方向，电池外电压方程为

$$U_O = U_{OCV} - U_R - U_P \tag{4-3}$$

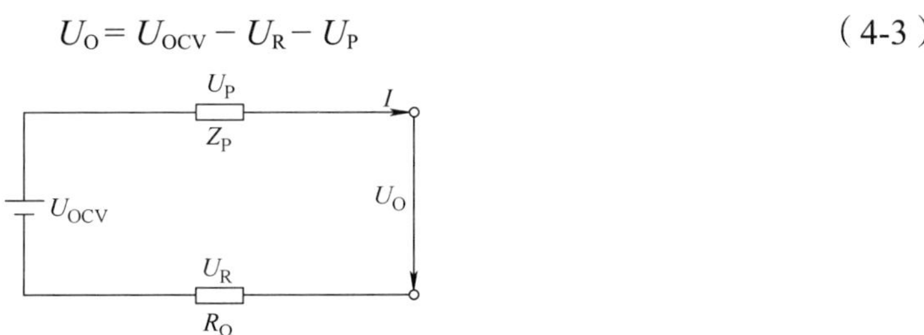

图 4-3　单体电池的等效电路模型

2. 充放电特性相关的电路模型参数

在充放电电流的激励下，电池开路电压、直流内阻、极化阻抗共同决定着电池的充电性能。图 4-4 所示为典型锂离子电池的恒流恒压充电曲线。

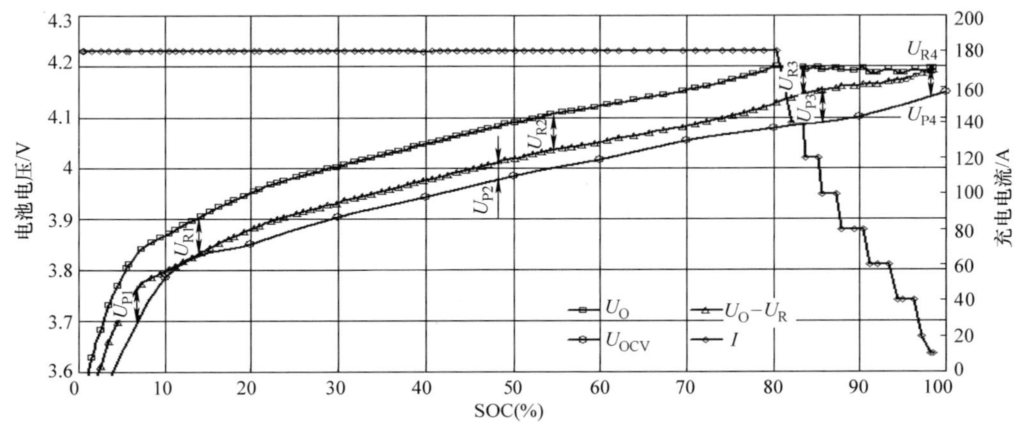

图 4-4　典型锂离子电池的恒流恒压充电曲线

开路电压（U_{OCV}）：是指电池在开路状态下，电池正、负极之间的电位差。电池的两个极柱分别由氧化电流和还原电流组成，处于热力学平衡状态的电极体系的氧化还原反应的速度相等，电荷交换与物质交换都处于动态平衡状态，因此净反应的速度为零，即外电流等于零。此时的电极电位就是平衡电位，电池的电压称为电动势（内电动势），它反映了电池的 SOC。因为电池充分静置后的开路电压非常接近电动势，所以开路电压也能较好地反映电池的 SOC。在充电过程中，随着 Li^+ 嵌入碳负极，电池 SOC 逐渐增加，内电动势逐渐升高（相对应的开路电压 U_{OCV} 也随之增加），表现为可直接测量得到的外电压 U_O 升高（图 4-4）。

过电动势：由图 4-4 可见，外电压（U_O）和开路电压（U_{OCV}）的差，定义 $U_{OE}= U_O-U_{OCV}$，也即为欧姆电压降 U_R 和极化电压 U_P 之和，称为过电动势。充电时，电池内部的平衡状态被打破，正极的氧化电流大于还原电流，形成一个正的过电动势；同时，负极的还原电流大于氧化电流，形成一个负的过电动势。故充电时，电池的外电压比开路电压高；放电时反之。

充电电流一方面使得内电动势增加，另一方面也影响了欧姆电压降（内阻极化效应）和极化电压（电化学极化效应）。

（1）欧姆电压特性

如图 4-5 所示，直流内阻效应表现为电阻特性，即图中内阻电压（U_{RP1}、U_{RP2}、U_{RP3}），可见与激励电流成正比。当 SOC 在 10%~90% 之间变化时，直流内阻变化很小，如图 4-6 所示，因此可近似认为直流内阻在充电过程中维持恒定。由图 4-4 可见，在恒流充电初始阶段内阻电压瞬时产生并维持不变（如 $U_{R1}=U_{R2}$），随着充电电流的减小，内阻电压逐渐减小，直到充电电流降为零，内阻电压也减小到零。

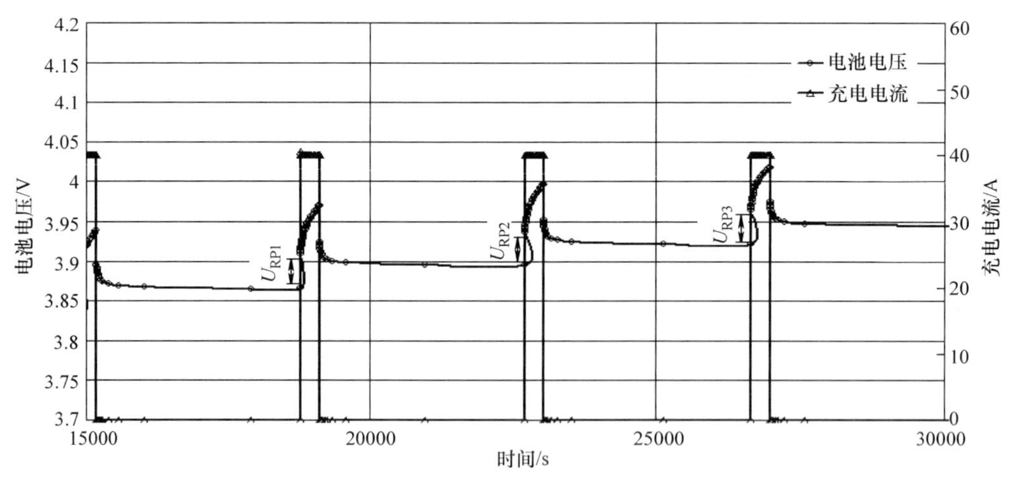

图 4-5　直流内阻脉冲电流响应

（2）极化电压特性

如图 4-4 所示，极化电压的变化规律较为复杂。充电开始时极化电压 U_{P1} 数值较大；在整个恒流充电阶段，极化电压 U_{P2} 数值较小且基本恒定；在恒流充电末期，极化电压 U_{P3} 急剧增加，致使外电压迅速达到恒压控制电压，充电电流逐渐下降。当充电电流降为零时，电池的极化电压仍然存在（U_{P4}）。而且从充电电流降为零时刻开始（图4-7），经过7200s 静置后，极化电压才能完全消除，电池外电压与开路电压 (U_{OCV}) 趋于一致。由此可见，极化作用具有复杂性和强滞后性特点。

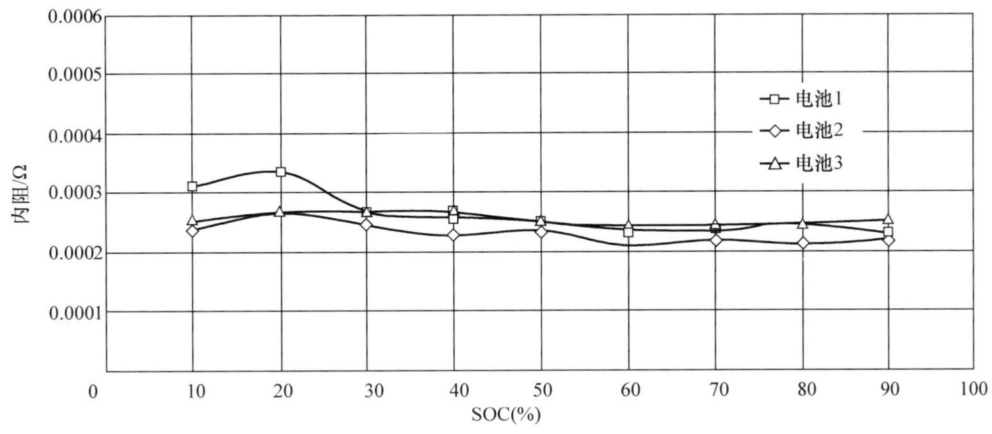

图4-6 直流内阻随SOC的变化曲线

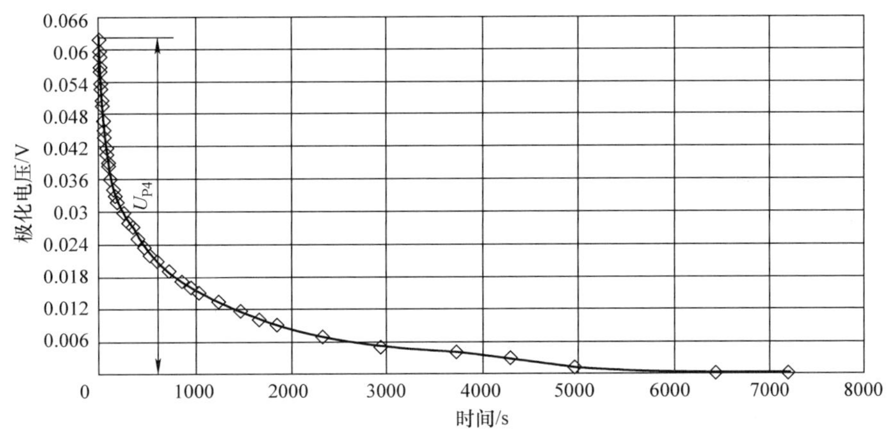

图4-7 充电完成后极化电压静置曲线

4.2.3 锂离子电池充放电安全问题

1. 负极枝晶效应（Lithium Dendrites）

正极仍以 $LiFePO_4$ 为例。在充电过程中，正极中的 Li^+ 通过聚合物隔膜向负极迁移，Li^+ 从 $LiFePO_4$ 中脱离出来，Fe^{2+} 失去一个电子变成 Fe^{3+}；在放电过程中，负极中的 Li^+ 通过隔膜向正极迁移，Li^+ 嵌入磷酸铁中变成 $LiFePO_4$。如果充电速度过快，Li^+ 来不及进入负极栅格，则在负极附近的电解液中就会聚集 Li^+。这些靠近负极的 Li^+ 很可能从负极俘获一个电子成为金属锂。持续生成的金属锂会在负极堆积、长大，形成树枝状的晶体，俗称枝晶。另一种情形是，随着负极的充满程度越高，从正极移动过来的 Li^+ 找到空格的机会就越小，时间也越长。如果充电速度不变的话，一样可能在负极表面形成局部的锂离子堆积。枝晶的长大会刺破正负极之间的隔膜，形成短路。

从充放电过程的正负极电位变化来看，充电过程中，正极电位不断升高，负极电位不断下降，当负极电位接近于析锂电位时，就会有枝晶析出，如图 4-8 所示[5]。

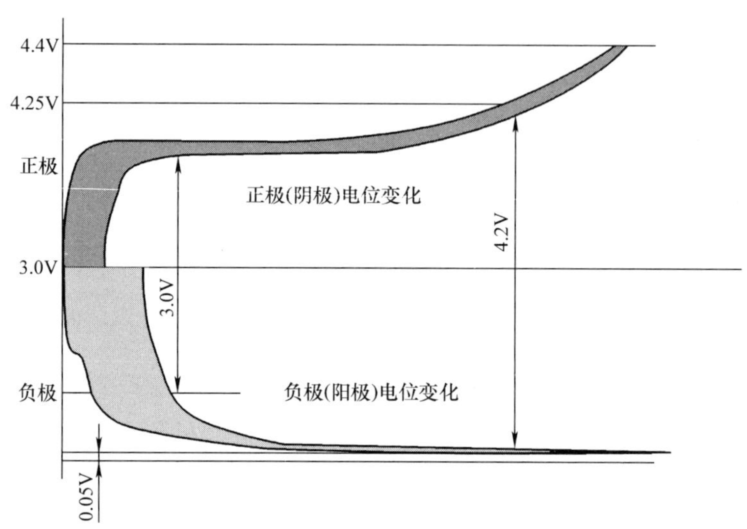

图 4-8　充放电过程中正负极电位的变化

2. 锂离子电池过充电的影响

锂离子电池在充电过程中极易发生过充电。当锂离子电池过充电时，过量的锂沉积在负极表面，固体电解质界面（SEI）膜分解，释放热量，促使嵌锂负极与电解液发生反应，释放大量的热，隔膜收缩，同时 Li^+ 从正极过度析出，会导致正极材料的晶体结构被破坏，层状结构塌陷，析出氧，进而导致电池内部激烈反应，发生热失控，从而引起电池起火爆炸。相关数据调查显示，消费类锂离子电池的安全事故中有 80% 来源于充电过程。在电动汽车发展的早期阶段，由于对锂离子电池的认识匮乏，按照传统铅酸电池的经验充电方法进行控制，经常导致电池过充电，出现发热、起火甚至燃烧等情况。

从电化学角度讲，锂离子电池的充电过程实质上是负极嵌锂的过程。嵌锂速度与外加充电电流的大小直接相关。充电电流越小，锂离子电池内部极化电阻、电荷迁移电阻越小，负极的嵌锂效率越高，锂离子电池的能量越高，但充满电需要的时间越长；反之，充电电流越大，充满电需要的时间越短，电池内部极化电阻及电荷迁移电阻增加，负极的嵌锂效率降低，电池能量降低。如果充电电流达到一定程度，电池产生的热量不能及时散出去，那么还容易引起一些副反应，直接影响电池使用寿命，增加锂离子电池的使用成本，使经济性降低。

3. 温度影响

电池的环境温度是决定电池充电电流的重要条件。实验证明，在低温环境下，由于电

池内部的化学反应缺乏最佳温度，物质活性较差，所以负极嵌锂的能力也较差。在这种环境下进行充电，会造成负极表面锂沉积，影响电池的安全性。锂离子电池的最佳充电温度为 20~45℃，当电池温度低于这个工作区间时，电池的内阻增大、极化作用增强，充电容量和安全性大幅下降。此时用大电流充电，不但会造成电池的端电压升高，还有可能使内部锂枝晶刺破隔膜，发生内短路，导致热失控。在温度过高的情况下，虽然电池内部反应物的活性较强，但是由于温度过高带来的内部副反应增强，容量衰退较快，会对电池性能造成不可恢复的影响，显著降低电池循环寿命。如果不控制电池的反应速度，也会造成热失控。

对于需要在室外运行的纯电动汽车，在冬季低温环境下，电池的充电性能下降，如果仍旧采用常温时的充电电流，势必导致电池内部的锂离子不能及时嵌入电池的负极而沉积，并导致安全事故；在夏季高温情况下，电池的环境温度本身较高，加之电池的欧姆电压降会导致电池发热，当电池的通风和散热性能不足时，电池的温度就会持续升高，使得电池出现热失控的可能性增加。

因此，为了使电池维持良好的性能，使用过程中的环境温度应控制在一定范围内。在环境温度多变的情况下，需要根据环境温度修正最大充电电流。

4. 串联锂离子电池组的均衡

锂离子单体电池的电压和容量都无法满足电动汽车的应用需求，为使其能达到电动汽车电压、功率、能量的等级要求，通常将单体电池串并联成组后使用。串联锂离子电池组的不均衡是影响其应用的瓶颈之一。串联锂离子电池组的不均衡（不一致性），通常是指成组应用同一规格型号的电池时，组内各单体电池之间的性能存在差异的现象，其主要表现形式是电池性能参数的不一致，如电池外电压、内阻、极化、容量、自放电率、荷电状态等。

串联锂电池组不均衡现象产生及扩大主要有以下两个原因：

（1）电池自身特性差异

锂离子电池生产工序较为复杂，包括配料、涂布、制片、卷绕、注液、包装等环节。单个环节的细微差异都会导致电池整体特性的差异，但这种差异有随着时间扩大的趋势，并最终在长时间使用的电池组上表现出来。表现形式为电池单体之间电量参数的差异。同一批次锂离子电池参数的分布与影响如图 4-9 所示。[4]

（2）工作环境差异

环境因素对锂离子电池性能有较大影响。其中，温度对锂离子电池性能的影响最大。电池内部的电化学反应与环境温度有关：温度下降时，电极的化学反应活性也降低，输出功率会降低；温度较高时，电池内部热量无法及时耗散，加速电池老化，电池寿命缩短。锂离子电池组安装在电动汽车上，需要占用较大的空间。汽车内部各位置温度差异较大，这会对不同位置的锂离子电池的性能产生较大影响，出现不均衡现象。同时，串联锂离子电池单体在相同的充放电电流下，各自内阻的差异也会造成能量损耗及 SOC 的差异。电池组静置时，锂离子电池单体自放电率的差异也会造成各电池单体 SOC 衰减速率的差异，从而导致不均衡现象的产生。

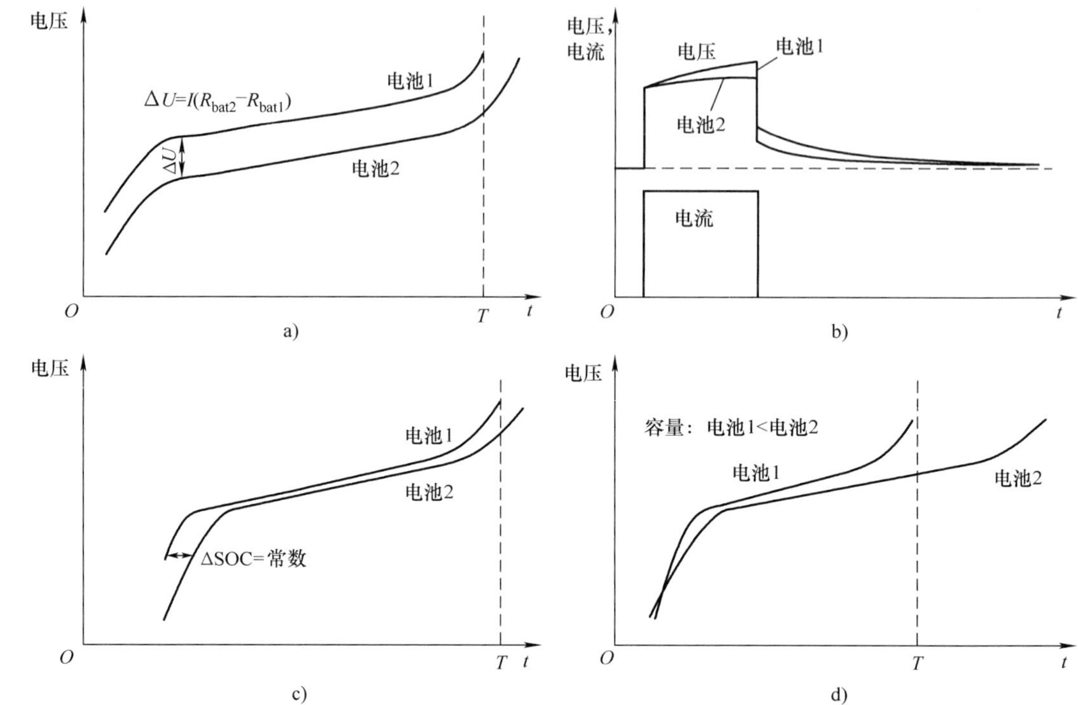

图 4-9　同一批次锂离子电池参数的分布与影响

a）直流内阻存在差异　b）极化电压存在差异　c）SOC 存在差异　d）电池容量存在差异

由于电池组不均衡问题的存在，串联成组电池在可用容量、输出功率和使用寿命等方面都不如单体电池的累积效果。

串联锂离子电池组电池单体间的不均衡现象会对电池组工作性能及安全运行造成影响。不均衡现象对电池组工作性能的影响主要体现在如下两个方面：

1）电动汽车续驶里程下降。

2）电池组的寿命低于单体电池的寿命，电池组使用寿命缩短。

由于不均衡现象的存在，电池组各单体电池容量衰减速率不一致，会存在某个较弱的单体电池在充电过程中率先充满，在放电过程中率先放空。不均衡现象会造成电池组能量利用率下降，导致单次续驶里程的下降。同时，如果此时继续对电池组进行充放电，则会产生过充电和过放电的危险，影响电池寿命，产生安全隐患。

由于电池组的不一致性，当充电过程中某只单体电池达到充电最高电压时，其他单体电池尚未达到最高充电电压，继续充电就有可能造成该单体电池过充电，严重会影响电池组的寿命和安全。为解决串联电池组单体电池过充电的问题，小容量电池一般采用旁路电路对充电电流进行分流，防止单体电池过充电。对于电动汽车使用的锂离子电池，由于容量大，旁路电路的功耗和成本较高。目前电动汽车串联锂离子电池组充电一般采用极限单体电压控制法，该方法与电池组总电压控制法的基本原理如图 4-10 所示。

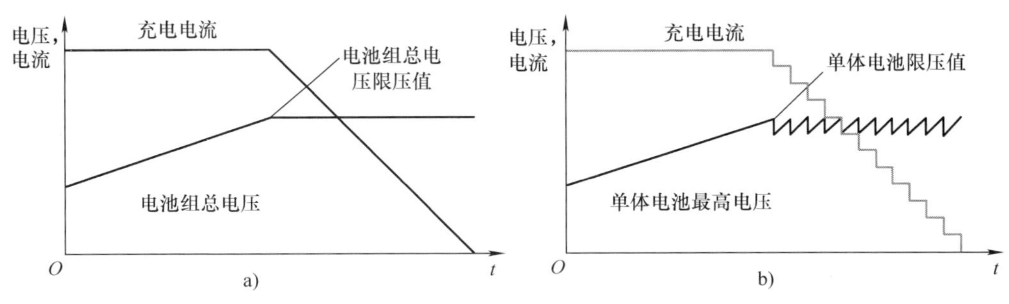

图 4-10 电池组充电控制方法的工作原理

a）电池组总电压控制法 b）极限单体电压控制法

极限单体电压控制法的基本原理是充电设备利用电池管理系统实时提供单体电池的电压数据，将控制整组电池电压的目标转换成控制成组电池内最高单体电池电压为目标，保证充电过程中单体电池的最高电压小于控制值。这种方法可有效保证成组电池的安全性，但也会造成成组电池中多数电池的荷电状态 SOC 未达到 100%，影响成组电池的容量利用率。

串联锂离子电池组不均衡问题的存在使得电池成组后的使用更加复杂，并加大了电池管理和控制的困难程度。若仍旧沿用简单的采用基于端电压的状态估算和充放电控制模式，则不能有效地保证电池使用的安全性；若采用单只电池电压控制，则电池的容量又不能得到有效的利用，电池使用过程的高效性得不到保证。解决串联锂离子电池组的不均衡问题，最根本的办法在于提高电池本身的一致性。当多只锂离子电池串联使用时，串联电池单体的容量、开路电压和内阻应该进行严格配组，以提高其一致性。但短时间内，电池的研发和生产工艺仍难以达到理想的水平，这就需要通过合理的均衡系统对电池组进行均衡调节。

4.2.4 恒流恒压充放电方法及影响因素

恒流恒压充电模式（CC-CV）结合了恒流充电模式和恒压充电模式的优点，安全而且容易操作，是当前电动汽车的主要充电模式。在对电池进行充电的过程中，首先采用设定好的固定电流对电池进行充电，实时监控电压的变化情况。当电压达到预先设定值时，转为恒压充电，直到电流减小到设定值，充电结束。这种方法可以有效地避免由于电池在恒压充电初期或者恒流充电末期电流倍率过大造成的电池损伤，而且简单易操作。

充电过程包括两个阶段：

第一阶段为恒流充电，即以恒定电流将电池电压充至上限电压（三元电池通常为 4.2V，磷酸铁锂电池为 3.6V），是电流闭环控制模式。

第二阶段为恒压充电，即保持电池电压恒定，步进降低充电电流，实现充电容量最大化，是电压闭环控制模式。

如图 4-11 所示，在恒流恒压充电过程中，恒流充电过程最重要的是恒流电流的选择和初始电流的控制，而恒压充电最重要的充电参数是恒压点数值。因此，影响恒流恒压充电特性的主要控制参数包括初始电流、恒流电流和恒压点。

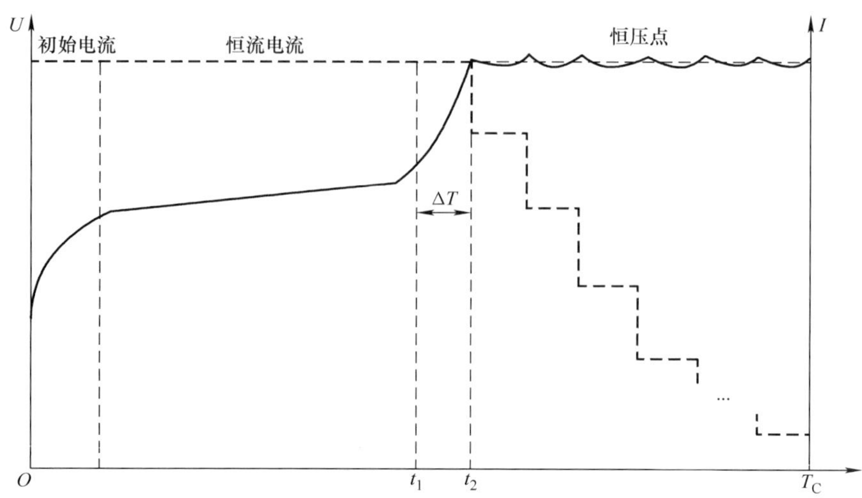

图 4-11　恒流恒压充电关键控制参数

（1）初始电流的选择

初始电流应该适当降低，缓解极化电压上升率，将电流应力降到最低，避免在初始阶段电池由于电流接受能力较弱造成的容量损失和极化增加。

（2）恒流电流的选择

实际充电时，在恒流充电的大部分时间内极化电压的增加速率都较小，而且幅值较小，因此可以完成电池的快充过程。考虑到锂离子电池的倍率特性，电池在常温下正常充电的倍率系数取 0.5~1。

（3）恒压点的选择

恒压点的选择是同时关系电池寿命和充电容量的重要参数。恒压点数值较小，充电容量不能达到最大可用容量；恒压点数值较大，电池寿命较低。因此，在恒压点控制过程中，必须能够满足电池充电容量最大化的需求。同时，为了降低电池的恒压点数值，在恒流充电阶段后期、极化电压快速变化的前期提前进入恒压充电，可以降低进入恒压充电阶段的初始极化电压。

4.2.5　锂离子电池的充放电终止电压

1. 充电终止电压

充电终止电压是指电池在充电过程中的最高上限电压，其选择直接决定了电池的充电容量和充电寿命。

从电化学角度讲，当充电上限电压过高时，电池副反应加剧，Li^+ 从电池正极析出，晶体结构被破坏，导致热失控和容量下降。同时，析出的 Li^+ 在电池负极沉积，容易刺破隔膜，导致正负极短路，带来安全隐患。电池的充电上限电压一般为经验性设定（锂离子电池通常为 4.2V（三元电池）或 3.6V（磷酸铁锂电池））。CC-CV 充电寿命衰退曲线（图 4-12）表明，当电池充电上限电压升高时，循环寿命降低，严重影响电池的安全性。

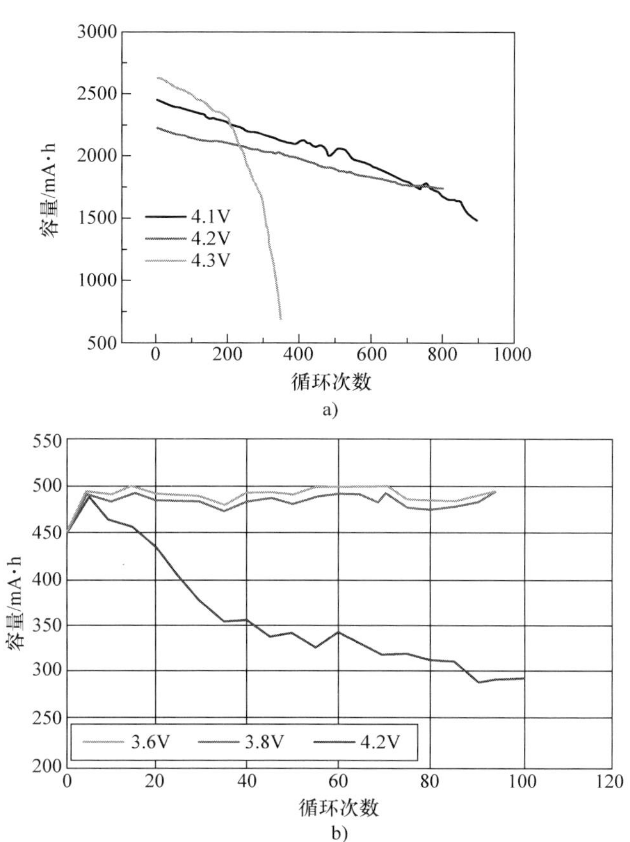

图 4-12 CC-CV 充电寿命衰退曲线（彩图见书后插页）

a）锰酸锂电池衰退曲线 b）磷酸铁锂电池衰退曲线

电池充放电终止电压的选择主要从以下几个方面进行考虑：

1）安全性。当锂离子电池电压过高或过低时，内部可能发生如电解液分解或者负极集流体（铜）溶解等副反应，这都是电池出现热失控并导致安全性问题的原因。

2）高效性。充放电终止电压与电池的容量利用率直接相关，提高充电终止电压，降低放电终止电压都可以增加电池的容量，反之亦然。

3）长寿命。充放电终止电压的拓展在带来更大的单次充放电容量的同时，电池的循环寿命也相应缩短。测试数据显示，不同的充电终止电压与电池的循环寿命和存储容量之间的关系如图 4-13 所示。

2. 放电终止电压

放电终止电压与电池的放电容量直接相关。图 4-14 所示为 75A · h 三元电池在常温、1C 恒流工况下的放电曲线。当放电终止电压规定为 2.8V 时，对应的电池的放电容量为 79.2A · h；3.1V 时为 77.9A · h；3.3V 时为 75.5A · h。而且由于放电电压与容量之间的非线性，随着放电终止电压的进一步提高，对应的放电容量减小速度加快。

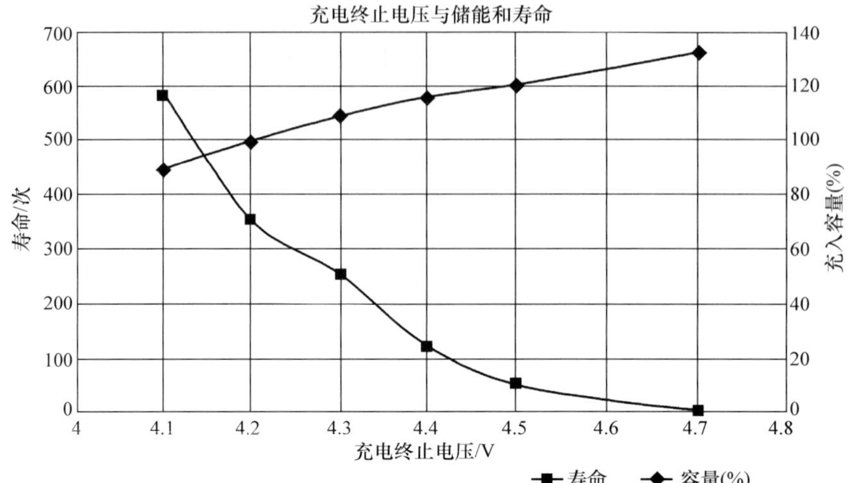

图 4-13　不同的充电终止电压与电池的循环寿命和存储容量之间的关系

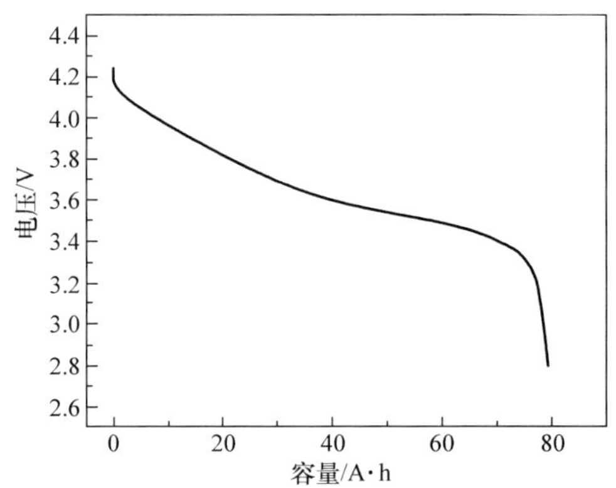

图 4-14　三元电池在常温、1C 恒流工况下的放电曲线

在保证电池使用安全和长寿命的前提下，适当拓展电池的充放电终止电压能使电池的容量得到更充分的利用。

3. 电动汽车常用锂离子电池充放电终止电压

磷酸铁锂电池充电终止电压一般为 3.7~4V，放电终止电压为 2~2.5V，综合考虑放电容量、放电中值电压、充电时间、恒流容量百分比、安全性这五方面因素。采用恒流恒压的充电方案时，对于磷酸铁锂电池，充电终止电压设定为 3.55~3.70V 较合理，推荐值为 3.60~3.65V，放电终止电压为 2.2~2.5V。

4.2.6　最大允许充电电流 [4]

充电电流是关系电池化学反应速率的关键因素。充电电流过小，充电时间较长；充电电流过大，电池内阻和极化上的损耗增加，以发热的形式表现，引起电池内部温度上升，影响电池两个电极化学结构的稳定性。同时，电流过大会引起负极嵌锂困难，易产生锂离子沉积结晶，造成锂离子的永久损失和容量衰退。严重时会影响电池的安全性。图 4-15 所示为电池在不同倍率电流和不同充电深度下的容量衰退曲线。随着充电电流的增加，电池容量衰退速度逐渐加快。

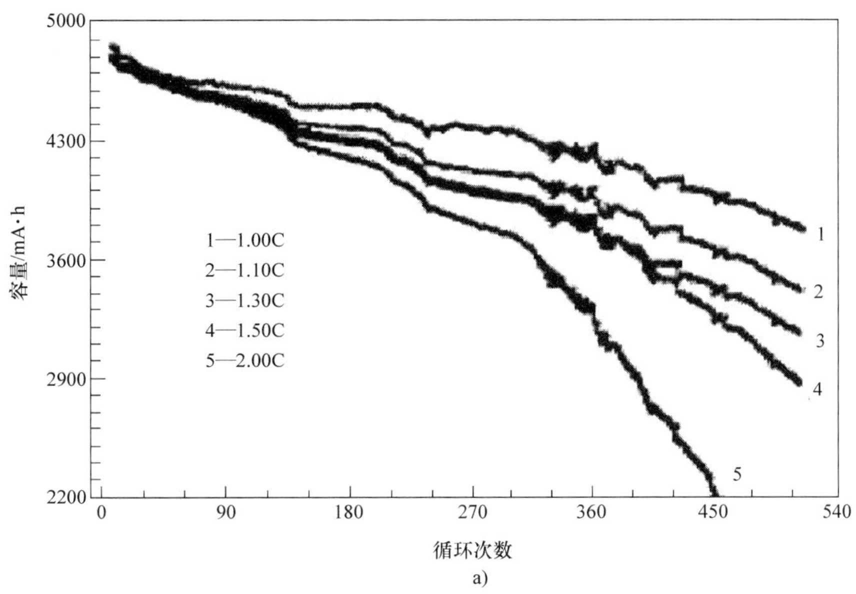

a)

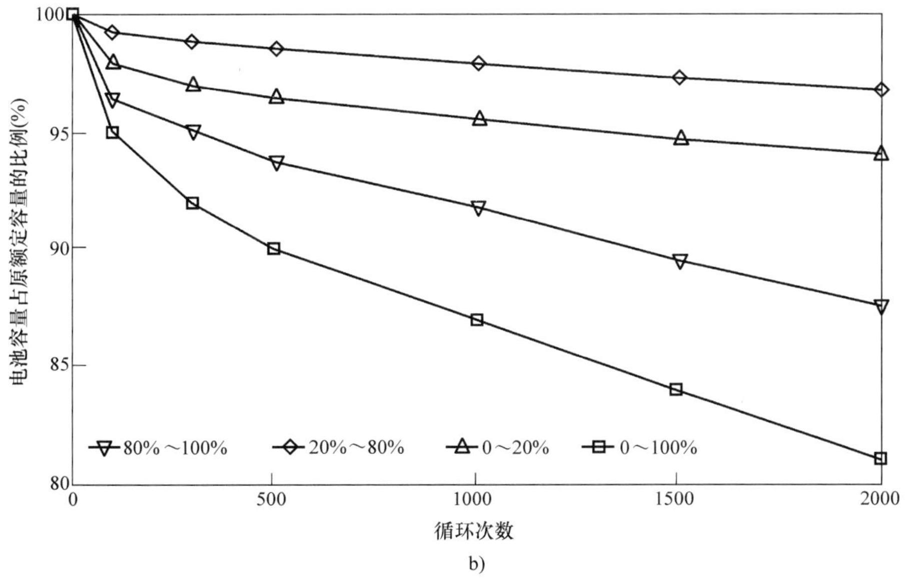

b)

图 4-15　电池在不同倍率电流和不同充电深度下的容量衰退曲线

a）不同倍率电流下容量衰退曲线　b）不同充电深度下容量衰退曲线

可见，单纯地降低充电电流不能满足电池充电的快速性和利用的高效性要求，而盲目地提高充电电流又会导致电池不能有效地充满电甚至加速性能衰退，最终缩短电池的寿命。因此，应依据电池的当前状态，对电池的最大电流接受能力进行估算。当电池的电流接受能力较好时，适当提高充电电流；当电池的电流接受能力变差时，适当减小充电电流。只有使充电电流跟随电池的电流接受能力（即最大允许充电电流）变化，才能从根本上解决充电的快速性、充满电和寿命之间的矛盾，真正实现高效和无损充电。

锂离子电池组是一个复杂的系统，充电电流不仅受到电池的充电终止电压和温度（这只是保证充电过程安全的参数）的限制，其最大允许充电电流与电池容量（Q）、温度（T）、荷电状态（SOC）、健康状态（SOH）以及一致性（EQ）均有重要关系，且呈现较强的非线性，所以电池的最大允许充电电流，还应当从如下几个方面进行考虑。

（1）容量

单纯用充电电流来衡量电池性能是不恰当的，容量大的电池的充电电流会增加，所以引入倍率或时率来衡量电池的充电电流。电池的最大充电电流为

$$I = k_c Q_r \tag{4-4}$$

式中 k_c——倍率系数，与电池的类型和性能有关，通常锂离子电池为 0.3~1；

Q_r——电池标称容量。

（2）温度

温度根据电池的最大允许充电电流可分为三段：在电池的最佳工作温度 20~45℃（不同厂家的电池略有差异）内，电池的倍率特性好而且容量衰退速度慢；当温度低于 20℃时，电池的内阻上升，可接受充电电流降低；当温度高于 45℃以后，虽然电池可接受的充电电流可能更大，但是容量衰退速度明显加快，且热稳定性下降，因此电池也不适合大电流充电。可通过电池的温度对最大允许充电电流的补偿系数进行调整。

（3）荷电状态（SOC）

从电化学的角度而言，电池的荷电状态与充电电流的关系可分为三阶段：

1）在 SOC 低段（如 SOC ≤ 10%），电池的内阻较大，电池不适合大电流充电。

2）在 SOC 中间段（如 10%<SOC ≤ 90%），电池的可接受充电电流增大，可以以较大的电流充电。

3）在 SOC 高段（如 90%<SOC ≤ 100%），为了防止锂的沉积，电池可接受的充电电流下降。

在恒压恒流的充电模式下，电池的实际充电曲线如图 4-16 所示。

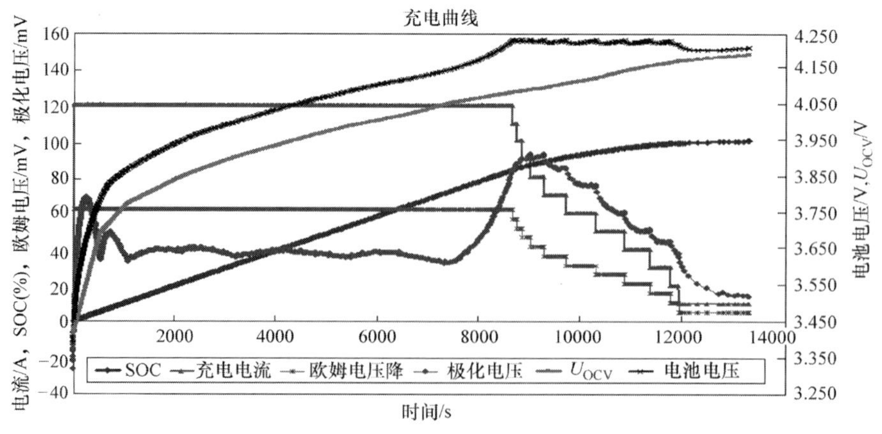

图 4-16 恒流恒压充电模式下电池的实际充电曲线（彩图见书后插页）

可见，在充电的初期和从恒流充电到恒压充电转换的时候，电池的极化电压明显比中间段高，这证明了电池在这两段的电流接受能力有所下降。在电池 SOC 的低段和高段，适当地减小电池的充电电流，能有效延长电池的寿命。

（4）健康状态（SOH）

随着使用时间和循环次数的增加，电池的容量会逐渐下降，内阻会逐渐增大。如果仍旧按照标称容量来计算倍率实施充电，势必造成电池的充电电流对于老化后的电池而言倍率越来越大，使电池的容量衰退加剧。同样地，内阻的增大使得电池在充电的过程中，发热量增加。电池的 SOH 主要考虑容量的衰退和内阻的增大，因此需对充电电流进行修正。

（5）一致性

电池使用一段时间以后，电池组的一致性会变差，因此充电电流也需予以调整。

4.2.7 充电控制模式与电池管理

随着电动汽车电池类型从铅酸电池过渡到锂离子电池，电池数量从单只过渡到多只串联成组，充电控制模式的发展主要经历了充电机独立控制模式、电池管理系统配合控制模式、电池管理系统主导控制模式三个阶段。相应地，电池管理也从最初的无管理、简单管理，过渡到全面管理阶段。

1. 充电控制模式

（1）充电机独立控制模式

早期的电动汽车常用铅酸电池，而铅酸电池耐过充电、过放电能力较强，并且在高低温情况下充放电不容易发生安全事故，因此充电模式基本采用充电机独立控制模式（U_1 控制模式，图 4-17）。当充电机输出电压 U_1 低于限制电压（预先设定）时，采用恒定电流（预先设定，一般倍率较低）对电池组进行充电，充电机的输出电压 U_1 逐渐上升，当其达到限制电压时充电结束。同时，线路阻抗存在电压降，以充电机输出口电压 U_1 控制充电，当 U_1 达到上限电压时，电池组端电压小于上限电压，致使充电容量下降。为避免该问题，对充电模式进行改进（U_2 控制模式），增加检测线测量电池组两端实际电压 U_2，并在 U_2 达到上限电压后加入恒压控制环节 [维持电池端电压 U_2 恒定为上限电压，步进降低充电电流直到停止电流（预先设定）]，从而真正实现恒电池组端电压控制，也提高了充电容量。

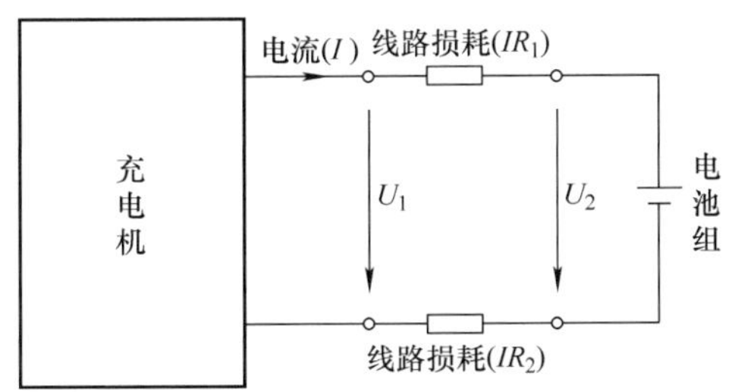

图 4-17　充电机独立控制模式系统结构

随着锂离子动力电池替代铅酸电池在电动汽车上的应用，这种充电机独立控制模式被发现存在很大安全隐患。另外锂离子动力电池在过充电、过热等情况下极易发生安全事故，即便能够有效控制电池组端电压，但无法控制组成电池组中各单体电池的电压和温度。

（2）电池管理系统配合控制模式

针对锂离子电池特点和充电机独立控制无法获得电池组内所有单体电池状态信息的

缺点，电池管理系统（BMS）配合控制模式被提出（图 4-18）。这种模式以充电机控制为主，加入电池管理系统设备配合充电机完成充电过程。其中，电池管理系统负责采集单体电池的电压、温度、电流信息，并通过通信总线传递给充电机；充电机在测量电池组端电压的同时，从电池管理系统获得单体电池数据，并将这些数据汇总与端电压一起作为闭环控制系统的反馈量，调节充电电流。这种模式能够有效地对电池组内所有电池的电压和温度进行监控，避免了单体电池异常状况的发生，提高了锂离子电池组充电的安全性。

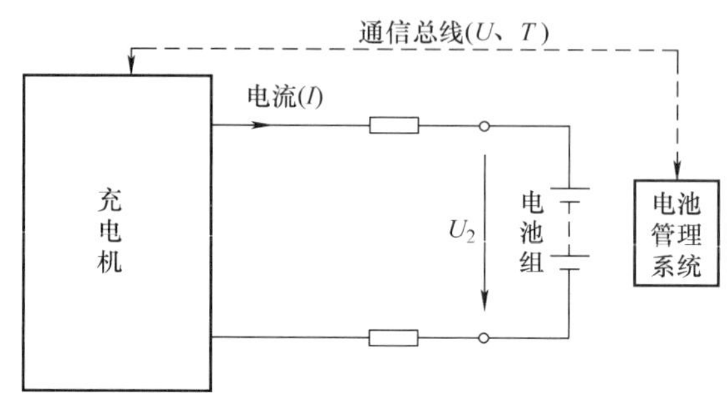

图 4-18　电池管理系统配合控制模式系统结构

这种充电模式通过通信总线完成数据交互，用电池管理系统采集单体电池数据，由充电机完成充电逻辑控制。与充电机独立控制模式相比，这种方式只需增加两根通信线即可，避免了电池数量众多和布局不确定造成的连线烦琐、不可靠等问题，又可解决锂离子电池组的充电安全性问题。

（3）电池管理系统主导控制模式

电池管理系统主导控制模式的基本硬件构架等同于电池管理系统配合控制模式，但在控制策略上有所不同。电池管理系统是电池数据的直接获得者，同时记录了对应电池组的类型、配置、参数和控制阈值等关键信息，并肩负着估算电池模型参数、进行温度控制等重要任务。因此，当电池数据较多、模型计算量较大时，通过通信总线将数据传递给充电机，由充电机完成充电电流的计算势必带来时间延迟，影响估算速度。而电池管理系统主导控制模式是以充电机的输出电流为给定，以电池数据及模型参数为反馈，对电池充电过程进行优化控制。充电机只需接收充电电流和充电电压信息，并加入极限保护阈值，既能保证电池组数据采集、电池状态估算与电流控制的同步性，又可安全高效地完成充电过程。

因此，在电池管理系统硬件体系逐步完善的同时，电池管理系统主导控制模式越发体现出其在充电过程中的合理性和高效性，成为一种先进的充电控制模式。

2. 电池管理 [4]

（1）无管理阶段

长期以来，实际使用的电池以铅酸电池为主。由于铅酸电池工艺成熟、抗滥用能力较强以及价格低廉，电池使用技术因没有受到重视而发展缓慢，电池处于无管理状态。单只电池使用的时候，通过测量外电压实现电池的 SOC 估计和充放电管理。为了达到一定的电压、功率和能量等级，当电池串联成组使用时，也只是对单只电池处理办法进行简单的

拓展，通过测量端电压实现电池组的 SOC 估算和充放电过程的控制和管理。但是成组后电池组寿命的明显缩短引发了广泛关注。通过对报废的电池进行测试发现，部分电池的性能下降是电池组寿命缩短的主要原因。因此，应定期（如每月一次）对电池组内所有电池的电压进行测量。当电池电压差异超过限值时，单独对电压低的电池实施充电维护，使得电池的外电压保持一致；通过周期性（如每半年一次）对电池组内所有电池进行全充全放，实现充满电、容量测定和好坏判断，从而防止电池长时间工作在故障状态，电池组的寿命也得到一定的提高。这就是电池使用技术的雏形，其主要功能在于电池的故障判断、SOC 和容量的估算、一致性评价和均衡以及充放电控制。

（2）简单管理阶段

随着电池使用范围的推广和高效利用能源需求的日益增加，传统处理办法不能实时检测，自动化程度低，定期维护费时、费力以及能量损耗严重等问题开始显现。于是用于电池状态监控和管理的装置——电池管理系统逐渐被人们接受。早期电池管理系统的主要功能是通过对电池的电压、温度、电流进行实时测量，实现电池状态的实时监控和故障分析；当电池温度过高的时候，起动冷却风机，实施必要的热管理；通过对工作电流的积分实现电池 SOC 的估算。这大大减少了手动检测的工作量，提高了电池使用的自动化水平。但该电池管理系统仍然存在以下问题：

1）由于电池管理系统只是利用自动化检测手段替代了传统手工操作，仍然只能发现问题，进行报警，并不能解决问题，也不能为电池的维护提供数据指导，因此电池维护的工作量和繁琐程度并没有减小。

2）电池管理系统的设计人员多为电气工程师，研究的重点在于采用合理的检测方法以提高检测精度、抗干扰能力和可靠性，而对电池的电化学本质并不十分了解，从而将电池看作“黑匣子”，只基于外部特性对电池的状态和使用方法进行分析。当电池串联成组使用的时候，也简单地将其看作“大电池”，将单只电池的使用技术进行简单拓展，即基于电池组的端电压进行状态估计和充放电控制。这样简单的处理办法并不能有效地保证电池 SOC 估算的准确性，成组电池的寿命明显小于单只电池等问题依旧严峻。

因此，电池管理系统的管理和控制功能并没有得到很好的发挥，仅仅完成了电池外特性的自动检测功能和故障报警，故而只是监测系统，并没有真正实现电池的优化使用和高效管理。

（3）全面管理阶段

由于锂离子电池的抗滥用能力较差，当上述简单的管理模式和控制方法应用于锂离子电池，特别是串联成组锂离子电池的时候，电池（组）使用的安全性以及长寿命都得不到保障。电池组的寿命远远不及单只电池，接连的安全事故使得人们深刻地意识到基于电池（组）外特性的状态估算方法和基于电池组端电压的充放电控制方法并不能完全解决电池（组）在使用过程中的安全性和长寿命问题。为了实现电池在使用过程中的安全性、高效性和长寿命，电池管理系统实时监测电池状态、保证电池能量的高效利用、防止电池过充电和过放电、保障电池的安全使用和延长电池寿命等功能已逐渐明确。从电动汽车研发初期至今，电池的安全应用一直是人们关注的重点，这也是电池管理系统最重要的职责之一。电池管理系统的故障机制正是为保证电池的安全使用而设定的。

3. 锂离子动力电池充电控制模式与电池管理

为了实现电池系统有效、可靠和安全地运行，目前锂离子动力电池常采用电池管理系统主导控制模式与全面电池管理，如图 4-19 所示。电池管理系统是运算核心，而充电机只作为电流输出的执行机构。电池管理系统负责采集电池组的电压、温度、电流、安时累积、瓦时累积、绝缘信息，同时电池管理系统通过模拟量估算电池的状态 [内阻、容量、SOC、SOH、SOE（State of Energy，能量状态）等]，最终计算出电池的最大允许充电电流，通过通信总线传输给充电机，由充电机的控制中心完成输出电流控制。在这种充电模式下，既可以保证电池的安全性，又可以提高充电机能量的利用效率。

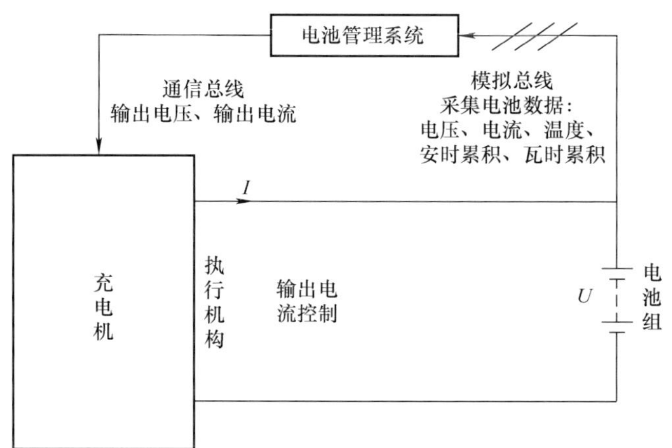

图 4-19　电池管理系统主导控制模式与全面电池管理

4.2.8　充放电容量及影响因素 [7]

1. 恒流充放电容量

（1）充电容量

充电容量是指在充电过程中充电电流对充电时间的积分数值。令电池在某一温度条件下以恒定电流 I_s 充电（设充电电流为正方向），则在整个充电时间 T 内，充电容量为

$$\int_0^T I_s(t)\mathrm{d}t = Q_s \tag{4-5}$$

在整个充电过程中，需满足：

$$U_{OCV}(\mathrm{SOC})+U_{OE}(I_s,\mathrm{SOC}) \leqslant U_s \tag{4-6}$$

式中 U_{OE}（I_s, SOC）——电池剩余容量为 SOC 时在电流 I_s 作用下产生的过电动势；

U_{OCV}（SOC）——电池剩余容量为 SOC 时电池的内电动势；

U_s——电池充电上限电压。

在充电过程中的任意时刻，过电动势与内电动势之和须低于充电上限电压 U_s。当过电动势与内电动势之和大于充电上限电压 U_s 时，须终止充电。充电容量一般会小于电池

的最大可用容量 C_N。

对样本电池进行不同倍率恒流充电容量测试和不同寿命恒流充电容量测试，充电容量对比如图 4-20 所示。通过对比可见，随着充电倍率的增加，过电动势增大，恒流充电容量减小；随着电池寿命的衰退，过电动势增大，恒流充电容量减小。因此，在以充电上限电压为截止条件的充电模式下，需合理控制整个充电过程中的过电动势幅值。

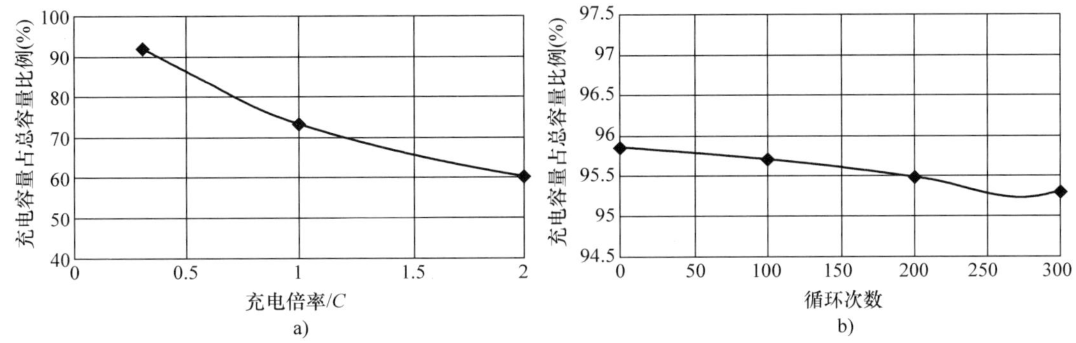

图 4-20 不同充电条件下的恒流充电容量对比

a）不同倍率恒流充电容量 b）不同寿命恒流充电容量

（2）放电容量

同充电容量计算原理一样，设电池在某一温度条件下以恒定电流 I_d 放电（设放电电流方向为正），则在整个放电时间内，需满足：

$$U_{OCV}(SOC)-U_{OE}(I_d, SOC) \geqslant U_d \tag{4-7}$$

式中 $U_{OE}(I_d, SOC)$——电池剩余容量为 SOC 时在放电电流 I_d 作用下产生的过电动势；

$U_{OCV}(SOC)$——电池容量为 SOC 时电池的内电动势；

U_d——电池放电下限电压。

在放电过程中的任意时刻，内电动势与过电动势之差大于放电下限电压 U_d。当内电动势与过电动势之差小于放电下限电压 U_d 时，须终止放电。放电容量一般会小于电池的最大可用容量 C_N。

对样本电池进行不同倍率恒流放电容量测试和不同寿命恒流放电容量测试，放电容量对比如图 4-21 所示。通过对比可见，随着放电倍率的增加和电池寿命的衰退，放电极化过电动势增加，放电容量减小。对比图 4-20 与图 4-21 可见，同倍率电流产生的放电过电动势远小于充电，而且同样应力的增加或条件的改变对过电动势造成的影响也远小于充电，因此在恒流充电模式下，实现充电容量最大化，充电电流倍率较低，但难以满足实际应用对充电时间的要求。

2. 变电流充电对充电容量的影响

通过恒流充电容量分析可知，影响充电容量的因素包括充电条件和充电应力。提高充电容量的关键在于通过充电电流的调节控制过电动势幅值，满足充电上限电压和放电下限电压的限制。采用变电流控制模式，如多阶段恒流充电模式时，先采用高倍率充电模式来提高电池的充电速率。当电池电压达到充电上限电压后，降低充电电流至某一数值；随着电流的降低，内阻电压瞬时下降，而由于滞后效应，极化电压瞬间保持不变，则过电动势减小，端电压降低，满足小于充电上限电压条件，即可继续充电；当电池电压再次达到充电上限电压时，继续降低充电电流，依此类推。当充电电流阶数→∞，后期充电电流→0，则充电总容量无限接近电池的最大可用容量，但充电时间也随之延长。合理地选择充电阶数，可以在保证充电容量的条件下缩短充电时间。随着电池技术的发展，动力电池的性能也在不断改善，很多种类的电池如磷酸铁锂电池在自身可接受的充电倍率下，恒流充电电量能达到95%以上，因此目前恒流恒压充电模式仍是主流。随着电池技术的发展，采用何种充电方式应综合考虑各方面因素确定。

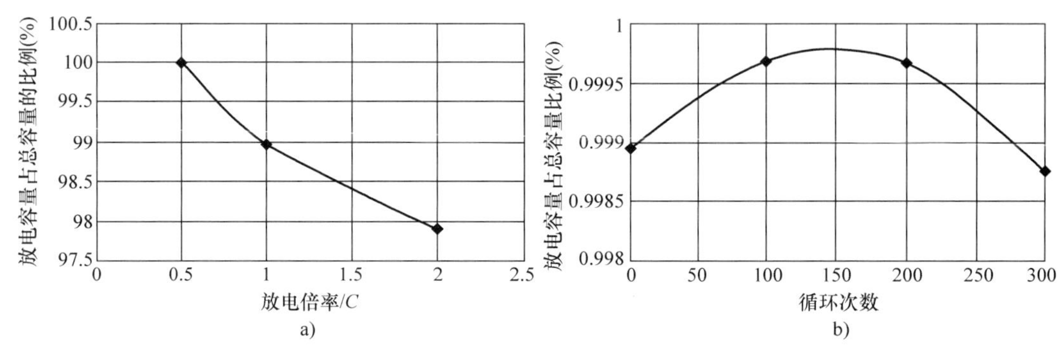

图 4-21　不同放电条件下的恒流放电容量对比

a）不同倍率恒流放电容量　b）不同寿命恒流放电容量

4.2.9　能量转换效率的定义及影响因素[7]

充电效率一般是指单次充放电循环中，电池放出能量和充入电池能量之比。对于锂离子电池来说，从能量和电量两个角度可以分别得出电池的“充电安时效率”和“充电瓦时效率”，即电池的电量效率和能量效率。电池的电量效率是指充电电流有效转化为电池输出容量的比例，电池的能量效率是指充电能量有效转化为电池输出能量的比例。

根据电路模型参数定义，电池的有效能量输入表现为电池内电动势和SOC的单调增加。而电池的副反应消耗能量与电池的过电动势息息相关。

1. 充电安时效率的构成及影响因素

充电安时效率一般是指电池在单次充放电过程中，放出电量与充入电量之比：

$$\eta_{\mathrm{Ah}}=\frac{Ah_{\mathrm{Dch}}}{Ah_{\mathrm{Cha}}}\times 100\% \tag{4-8}$$

电池充电安时效率与充、放电容量相关。

在保证充放电条件一致的前提下，影响充电安时效率的主要因素包含电池的效率损失容量和永久损失容量，即

$$\eta_{\mathrm{Ah}}=\frac{C_{\mathrm{Cha}}-Q_{\mathrm{loss}}-Q_{\eta}}{C_{\mathrm{Cha}}} \tag{4-9}$$

式中　Q_{η}——电池充电安时效率容量损失；

Q_{loss}——电池的单次充放电容量衰退损失，为永久性容量损失。

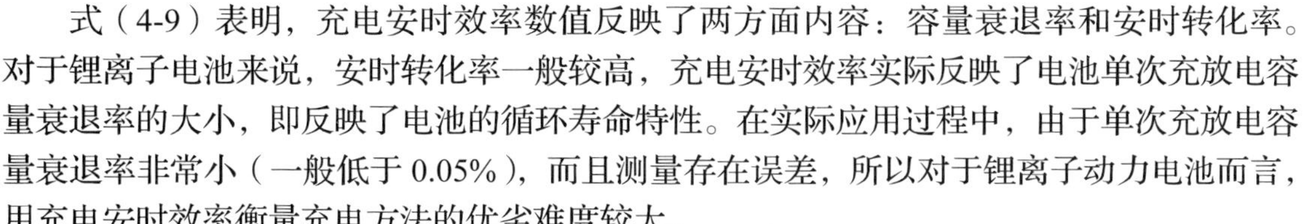

式（4-9）表明，充电安时效率数值反映了两方面内容：容量衰退率和安时转化率。对于锂离子电池来说，安时转化率一般较高，充电安时效率实际反映了电池单次充放电容量衰退率的大小，即反映了电池的循环寿命特性。在实际应用过程中，由于单次充放电容量衰退率非常小（一般低于 0.05%），而且测量存在误差，所以对于锂离子动力电池而言，用充电安时效率衡量充电方法的优劣难度较大。

2. 充电瓦时效率的构成及影响因素

充电瓦时效率是指电池在单次充放电过程中，放出能量与充入能量之比：

$$\eta_{\mathrm{Wh}}=\frac{Wh_{\mathrm{Dch}}}{Wh_{\mathrm{Cha}}}\times 100\% \tag{4-10}$$

设总充电时间为 T_2，总放电时间为 T_1，充电电流为 I_{Cha}，放电电流为 I_{Dch}，则充电瓦时效率为

$$\eta_{\mathrm{Wh}}=\frac{\int_0^{T_1}U_{\mathrm{ODch}}I_{\mathrm{Dch}}\mathrm{d}t}{\int_0^{T_2}U_{\mathrm{OCha}}I_{\mathrm{Cha}}\mathrm{d}t}=\frac{\int_0^{T_1}\left\{U_{\mathrm{OCV}}(t)I_{\mathrm{Dch}}(t)-I_{\mathrm{Dch}}^2(t)[R_{\Omega}(t)+R_{\mathrm{P}}(t)]\right\}\mathrm{d}t}{\int_0^{T_2}\left\{U_{\mathrm{OCV}}(t)I_{\mathrm{Cha}}(t)+I_{\mathrm{Cha}}^2(t)[R_{\Omega}(t)+R_{\mathrm{P}}(t)]\right\}\mathrm{d}t} \tag{4-11}$$

过电动势消耗的能量使得充电瓦时效率恒小于 1，而且过电动势的大小直接决定了充电瓦时效率的高低。

（1）充电条件影响

由直流内阻和极化内阻的影响因素可知，当环境温度变低或电池老化后，即使 $I_{\mathrm{Cha1}}=I_{\mathrm{Cha2}}$，但由于 $R_{\mathrm{P2}}>R_{\mathrm{P1}}$ 或 $R_{\Omega 2}>R_{\Omega 1}$，电池充电瓦时效率 $\eta_{\mathrm{Wh1}}>\eta_{\mathrm{Wh2}}$，即相同充电电流作用产生的充电瓦时效率不同。

（2）电流应力影响

在同一电池充电条件下，$R_{\mathrm{P2}}=R_{\mathrm{P1}}$ 且 $R_{\Omega 2}=R_{\Omega 1}$，但电流增加时，令 $I_{\mathrm{Cha2}}>I_{\mathrm{Cha1}}$，则发生状态变化前后电池充电瓦时效率 $\eta_{\mathrm{Wh1}}>\eta_{\mathrm{Wh2}}$。

可见，电池充电瓦时效率与充电条件和充电应力相关。换言之，电池的充电效率越高，说明电池的充电环境越好或充电应力越小；反之，则说明充电环境越差或充电应力越大。因此，充电瓦时效率反映了电池在当前条件下对充电电流的接受特性。在相同充电电流下，充电瓦时效率越高，说明电池当前的充电条件越好（即电池化学特性越活跃）；同样充电条件下，充电瓦时效率越高，说明电池对当前电流的能量转化效率越高。

对动力电池样本进行不同倍率恒流恒压充电实验，结果如图 4-22 所示。

从图 4-22 数据可以看出，充电瓦时效率综合了充电条件（温度等）和充电应力（电流）两方面的影响。充电倍率越低、充电温度越高，充电瓦时效率越高，反之越低。因此，从提高电池充电瓦时效率角度出发，首先应该为电池充电提供合理的温度条件，避免低温充电，减小充电条件对充电效率的影响；其次为了避免充电瓦时效率过低，提高电流要与过电动势相结合，在充电过程中尽量选择过电动势较低的容量区间内提高充电电流。

因此，为了更好地利用电池的能量，在使用过程中实施必要的电流控制和热管理是有意义的。

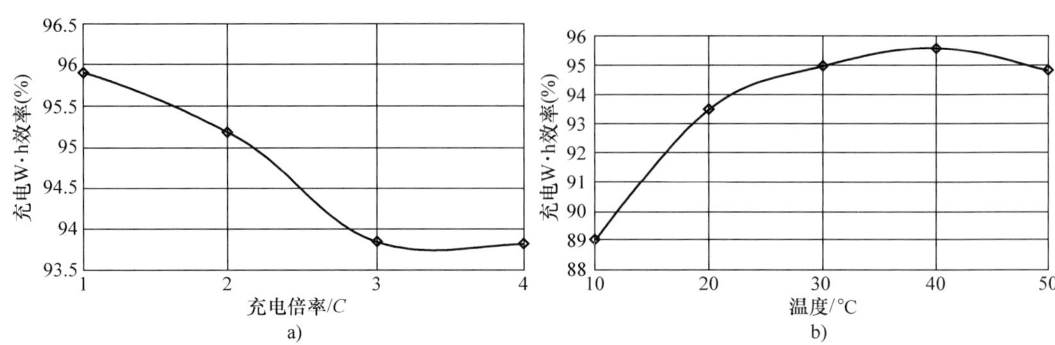

图 4-22 充电 W · h 效率

a）不同倍率充电瓦时效率 b）不同温度充电瓦时效率

4.3 传导式充电

电动汽车采用传导式充电时，连接电动汽车和电动汽车供电设备的组件，除电缆外，还可能包括供电接口、车辆接口、缆上控制保护装置（In - Cable Control and Protection Device，IC - CPD）和帽盖等部件，传导式充电用连接装置示意图如图 4-23 所示。其中，充电接口包括供电接口和车辆接口：

1）供电接口：能将电缆连接到电源或电动汽车供电设备的器件，由供电插头和供电插座组成。

2）车辆接口：能将电缆连接到电动汽车的器件，由车辆插头和车辆插座组成（对应于 GB/T 11918.1—2014《工业用插头插座和耦合器第 1 部分：通用要求》中的插头和插座）。

3）缆上控制保护装置：集成在充电模式 2 的线缆组件中，包括功能盒、电缆、供电插头和车辆插头，是具备控制功能和安全功能的装置。

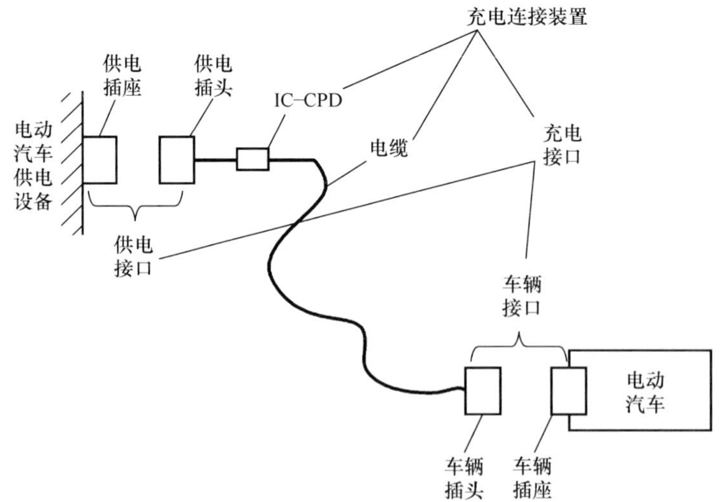

图 4-23 电动汽车传导式充电用连接装置示意图

4.3.1 充电设备

输入电能一般均需要通过电能变换装置在受控的方式下将交流电能或直流电能变换成动力电池或其他车载储能装置可接受的直流电能。该电能变换装置称为充电设备（或充电机、充电器）。随着电动汽车产业的快速发展，为了延长电动汽车的行驶里程，在电池能量有限的条件下，研制具有高效、可靠、使用方便、体积小、重量轻及价格适宜等优点的充电设备，实现各类电动汽车电能及时补给，不仅十分必要，而且有助于电动汽车的推广应用。

根据安装位置的不同，充电设备可分为非车载充电机和车载充电机（固定安装在电动汽车上）两种类型。

1. 非车载充电机

非车载充电机安装在电动汽车车体外，通常固定安装在地面上，输入侧的交流电经过电能变换后转变为直流输出，并给电动汽车的电池组充电，因此也称为直流充电机。

根据 NB/T 33001—2018《电动汽车非车载传导式充电机技术条件》，非车载充电机的基本构成包括：动力电源输入、功率变换单元、输出开关单元、充电电缆和车辆插头，以及控制电源、充电控制单元、人机交互单元，也可包括计量等功能单元。充电机构成原理图如图 4-24 所示。

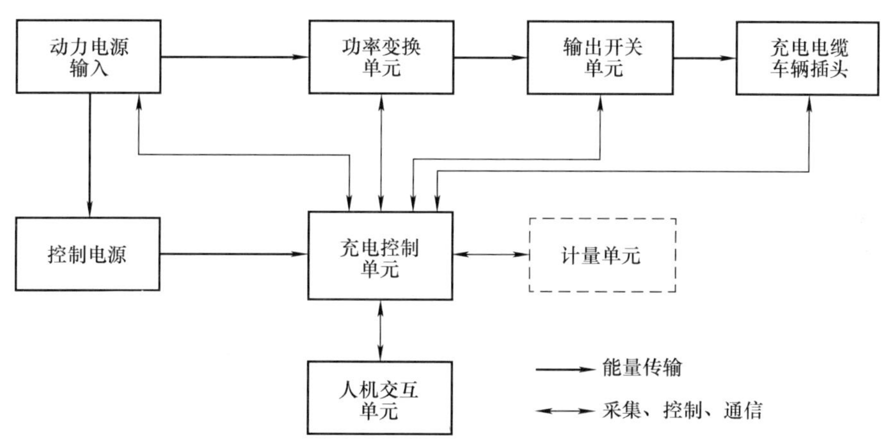

图 4-24 充电机构成原理图

注：图 4-24 中实线框内为充电机基本构成单元，虚线框内为可选构成单元。

（1）非车载充电机的功能要求

1）充电控制功能。充电机应具备自动充电控制功能，可具备手动充电控制功能。充电机采用手动充电控制时，应具有明确的操作指示信息，仅限于专业人员在特殊情况下对设备进行调试或维护时使用。

2）通信功能。充电机应具有与电动汽车 BMS 或车辆控制器通信的功能，判断充电机是否与电动汽车蓄电池系统正确连接；获得电动汽车 BMS 或车辆控制器充电参数和充电实时数据。充电机与 BMS 或车辆控制器之间的通信协议应符合 GB/T 27930—2015 的规定。

充电机宜具有与上级监控系统或运营管理系统通信的功能。

3）绝缘检测功能。充电机应具备对直流输出回路进行绝缘检测的功能，并且充电机的绝缘检测功能应与车辆绝缘检测功能相配合。充电机的绝缘检测功能应符合 GB/T 18487.1—2015 中 B.4.1 和 B.4.2 的规定（参见 4.3.7）。充电机在进行绝缘检测前应检测直流输出接触器（图 4-56 中 K_1、K_2）的外侧电压，当此电压超过 ±10V 时应停止绝缘检测流程并发出告警提示。

4）直流输出回路短路检测功能。充电机应具备对直流输出回路进行短路检测的功能。充电机的短路检测在绝缘检测阶段进行，当直流输出回路出现短路故障时，应停止充电过程并发出告警提示。

5）车辆插头锁止功能。充电机车辆插头应具备锁止装置，其功能应符合：

① GB/T 18487.1—2015 中 9.6 的要求。

② GB/T 20234.1—2015 中 6.3 的要求。

③ GB/T 20234.1—2015 中附录 A 的要求。

在出现下列情况时，锁止装置应能解锁且解锁前车辆插头端口电压不应超过 60V：

① 故障不能继续充电。

② 充电完成。

6）预充电功能。充电机应具备预充电功能。在启动充电阶段、电动汽车闭合车辆侧直流接触器后，充电机应检测电池电压并判断此电压是否正常。当充电机检测到电池电压正常后，将输出电压调整到当前电池端电压减去 1~10V，再闭合充电机侧的直流输出接触器。

7）人机交互功能。

① 显示功能。充电机应显示下列状态信息：

a. 充电机的运行状态指示：待机、充电、告警。

b. 具有手动充电控制功能的充电机应显示人工输入信息。

充电机宜显示下列信息：

a. 电池当前荷电状态（SOC）、充电电压、充电电流、充电功率。

b. 已充电时间、已充电电量、已充电金额。

② 输入功能：充电机宜具有手动输入和控制的功能。

8）计量功能。公用型充电机应具有对充电电能量进行计量的功能，计量功能应符合 GB/T 29318—2012 的规定。

9）急停功能。充电机应安装急停装置，当启动急停装置时，一体式充电机应同时切断动力电源输入和直流输出；分体式充电机应切断相应充电终端的直流输出，也可同时切断充电机的动力电源输入。

10）保护功能：

① 充电机应具备电源输入侧的过电压保护、欠电压保护。

② 充电机应具备输出过电压保护。

③ 充电机应能够提供车辆侧供电回路及电缆的短路电流保护，短路保护设备的 I^2t 值不应超过 500000A^2s。

④ 充电机应具备过温保护，当内部温度达到保护阈值时，采取降功率或停止输出。

⑤ 充电机应具备开门保护，当充电机门打开造成带电部位露出时，一体式充电机应同时切断动力电源输入和直流输出；分体式充电机应切断相应部分的电源输入或输出。

⑥ 充电过程中当发生下列情况时，充电机应能在 100ms 内断开直流输出：

a. 充电机启动急停装置。

b. 充电机与电动汽车间的保护接地线断开。

c. 充电机与电动汽车间的连接检测信号线断开。

⑦ 充电机应具备限制输入电流过冲的能力，开机或启动充电时产生的输入电流过冲不应大于额定输入电流峰值的 10 %。

⑧ 充电机直流输出接触器接通时发生的车辆到充电设备或充电设备到车辆的冲击电流（峰值）应控制在 20 A 以下。

⑨ 在启动充电阶段车辆侧接触器闭合后，充电机应对车辆电池电压进行检测。当出现下列情况时，充电机应停止启动过程，并发出告警信息：

a. 蓄电池反接。

b. 检测电压与通信报文电池电压之差的绝对值大于通信报文电池电压的 5%。

c. 检测电压小于充电机的最低输出电压或大于充电机的额定输出电压。

⑩ 充电机应具备对电动汽车动力电池二重保护功能，在充电过程中，若检测到输出电压大于车辆最高允许充电总电压，或检测到输出电流大于车辆当前需求电流，充电机应在 1s 内断开直流输出，并发出告警信息。

注：充电机检测的输出电压或输出电流应考虑稳压精度或稳流精度范围加测量误差。

⑪ 充电机应具备防逆流功能（如输出加二极管等），防止蓄电池电流倒灌。

⑫ 充电机应在启动充电前进行供电回路直流接触器触点粘连检测，也可以在直流接触器断开后进行触点粘连检测。当检测到任何一个直流接触器的主触点出现粘连情况时，充电机不应启动充电，并发出告警信息。

⑬充电机在充电过程中，当检测到与电动汽车 BMS 或车辆控制器发生通信中断时，充电机应停止充电，并发出告警信息。

⑭充电机应在充电握手阶段判断电池管理系统 BHM 报文中的最高允许充电总电压值。当检测到该值小于充电机最低输出电压时，应停止绝缘检测进程，并发出告警信息。

⑮充电机应在充电阶段判断电池管理系统 BCL 报文中的电压需求和电流需求值。当检测到该值大于车辆最高允许充电总电压或最高允许充电电流时，充电机应停止充电，并发出告警信息。

⑯ 充电机的雷电防护应符合 GB/T 18487.1—2015 中 11.7 的规定。

（2）非车载充电机技术要求

1）环境条件。

① 环境温度：−20~50℃（室外使用），−5~50℃（室内使用）。

② 相对湿度：5% ～ 95%。

③ 污染等级：3（室外使用），2（室内使用），3（室内暴露于污染的工业环境）。

④ 海拔高度：≤ 2000m。

⑤ 周围环境：使用地点不得有爆炸危险介质，周围介质不含有腐蚀金属和破坏绝缘的有害气体及导电介质。

⑥ 充电机在特殊环境下使用时，运营商和厂家应协商一致。

注：特殊使用条件包括 GB/T 18487.1—2015 中 14.2 的相关规定。

2）电源要求：充电机输入电压和电流要求见表 4-1，输入电压允许波动范围为额定电压 ±15%。交流输入电源频率为 50Hz±1Hz。

表 4-1　非车载充电机输入电压和电流要求

交流供电充电机输入方式	输入电流额定值 I_n/A	输入额定电压值 /V
1	$I_n \leqslant 32$	单相 / 三相 220/380
2	$I_n > 32$	三相 380

3）输出要求。

① 输出电压和电流。输出电压和电流符合下列要求：

a. 输出电压范围优选值：200~500V，350~700V，500~950V，200~750V，200~950V。

b. 额定输出电流优选值：60A, 80A, 100A, 125A, 160A, 200A, 250A, 320A, 400A, 500A。

② 稳流精度。当输入电源电压在额定值的 ±15% 范围内变化、输出直流电压在① a. 规定的相应调节范围内变化时，输出直流电流在额定值的 20%~ 最大输出电流值范围内任一数值上，充电机输出电流稳流精度不应超过 ±1%。

注：对于不具备恒功率输出特性的充电机，其最大输出电流值等于额定输出电流值，下同。

③ 稳压精度。当输入电源电压在额定值 ±15% 范围内变化、输出直流电流在 0~ 最大输出电流值范围内变化时，输出直流电压在① a. 规定的相应调节范围内任一数值上，充电机输出电压稳压精度不应超过 ±0.5%。

④ 电压纹波因数。当输入电源电压在额定值 ±15% 范围内变化、输出直流电流在 0 ～最大输出电流值范围内变化时，输出直流电压在① a. 规定的相应调节范围内任一数值上，充电机输出电压纹波峰值因数不应大于 1%。

⑤ 电流纹波。在恒流状态下，当输入电源电压为额定值、输出直流电压在① a. 规定的相应调节范围内变化时，输出直流电流设定为最大输出电流值，充电机输出电流纹波峰峰值不应大于表 4-2 中的规定。

表 4-2　非车载充电机输出电流纹波峰峰值要求

电流纹波峰峰值 /A	电流纹波频率 f/Hz
1.5	$f \leqslant 10$
6	$f \leqslant 5000$
9	$f \leqslant 150000$

⑥ 输出电流设定误差。在恒流状态下，输出直流电流设定在额定值的 20% ～最大

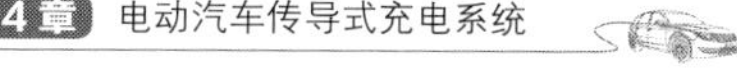

输出电流值范围内。当设定的输出直流电流大于或等于 30A 时，输出电流误差不应超过 ±1%；当设定的输出直流电流小于 30A 时，输出电流误差不应超过 ±0.3A。

⑦ 输出电压设定误差。在恒压状态下，直流输出电压设定在① a 规定的相应调节范围内，充电机输出电压误差不应超过 ±0.5%。

⑧ 限压、限流特性。限压、限流符合下列要求：

a. 充电机运行在恒流状态下，当输出直流电压超过限压整定值时，应能自动限制其输出电压的增加，转换为恒压充电状态。

b. 充电机运行在恒压状态下，当输出直流电流超过限流整定值时，应能立即进入限流充电状态，自动限制其输出电流的增加。

4）充电机输出响应要求。

① 输出电流响应时间。在充电状态下，充电机应能快速响应电池管理系统的电流下降请求，响应时间不应低于表 4-3 的要求。

表 4-3　输出电流控制要求

电流变化值 ΔI / A	响应时间 /s
≤ 20	1
> 20	$\Delta I/20$

② 输出电流停止速率。在充电状态下，当充电机达到正常充电结束条件或收到电池管理系统中止充电报文时，应能快速停止充电，输出电流的停止速率不应小于 100 A/s。

5）启动输出过冲：充电机应具备软启动功能，稳压工作开机启动过程中，输出电压过冲不应大于当前整定值的 5%；稳流工作开机启动过程中，在设定的输出直流电流大于或等于 30A 时，输出电流过冲不应大于当前整定值的 5%；在设定的输出直流电流小于 30A 时，输出电流过冲不应大于 1.5A。

当充电机从暂停状态恢复充电状态时，应同样满足上述要求。

6）电容耦合：充电机直流输出正、负极与地之间的电容耦合由 Y 电容器和寄生电容产生，用于实现电磁兼容。为了防止人员触电危险，对于额定输出电压不大于 500V 的充电机，其每个充电接口直流输出正、负极与地之间的总电容均不应大于 0.4μF；对于额定输出电压大于 500V 的充电机，应满足下述条件之一：

① 充电机与电动汽车动力电池连接在一起的直流正、负极与地之间的总电容在其最大工作电压时所存储的能量均不应大于 0.2J。

② 充电机直流输出回路采用双重绝缘或加强绝缘措施。

7）待机功耗：在额定输入电压下，充电机的待机功耗不应大于 N×50W，N 表示充电接口数量。

8）输出电压、电流测量误差：充电机输出电压测量误差不应超过 ±5V，输出电流测量误差不应超过 ±（1.5%× 实际输出电流 +1）A，测量值更新时间不大于 1s。

9）充电机效率和输入功率因数：在额定输入电压下，充电机效率、输入功率因数应符合表 4-4 的要求。

表 4-4 充电机效率、输入功率因数

实际输出功率 P_o / 额定输出功率 P_n	效率	输入功率因数
20% ≤ P_o/P_n ≤ 50%	≥ 88%	≥ 0.95
50% < P_o/P_n ≤ 100%	≥ 93%	≥ 0.98

注：1. 输入功率因数要求仅适用于交流供电充电机。

2. 具备恒功率输出特性的充电机，效率测试点应至少涵盖充电机每个恒功率段的输出电压最大值、中间值、最小值三点。

10）输入谐波电流要求：交流供电充电机产生的谐波电流要求应符合 GB/T 18487.2—2017 中 8.2.2 的规定。

2. 车载充电机 [8]

车载充电机 (On-Board Charger, OBC) 的整流等电能变换环节固定安装在电动汽车上，车外仅需要一个交流输入供电电源，可采用单相或三相交流供电，通过插头和电缆与交流插座连接，因此也称为交流充电机。但因车内空间有限，其功率、体积和重量等都小于非车载充电机。对此类充电机的性能要求也较高，必须达到体积小、重量轻、效率高、密封情况下的自然冷却效果好、抗振性好和安全等级高等方面的要求。但其结构简单、成本低，且只要有普通的交流电源插座即可随时随地为电动汽车补充能量，充电方便，因此适合用于家用电动汽车和服务于园区等场所的电动汽车。

对车载充电机而言，国外的供应商有英飞凌、维谛技术（原艾默生）、博世、法雷奥等，国内的供应商有台达、深圳欣锐科技、铁城信息、杭州富特、南京中港电力、洛阳嘉盛、珠海泰坦等。表 4-5 为部分国内外供应商车载充电机的性能技术参数。可见，车载充电机的输入电压普遍在 AC85~265V 之间，输出电压为 DC90~450V，输出电流最大为 35A，输出功率基本在 3.3kW，功率因数在 0.99 左右，效率≥ 93%。

表 4-5 部分国内外供应商车载充电机的电气性能技术参数

	输入电压（交流）/V	输入频率 /Hz	输出电压（直流）/V	最大输出电流 /A	额定功率 /kW	功率因数	效率（%）
欣锐	90~265（单相） 200~460（三相）	—	200~800	—	2/3.3/6.6/10/20/40	—	96%
富特	85~265	45~65	240~430	12/24	3.3/6.6	—	>94%
中港电力	90~265	—	200~420/90~126	—	3.3	—	≥ 94
嘉盛	100~264	—	200~450/450~660	10/12/18	3.3/6.6	0.99	≥ 95.5
英飞凌	85~264	45~65	200~420	14	3.3	≥ 0.99	≥ 93

4.3.2 充电设备电路拓扑结构 [9~11]

充电设备的拓扑结构一般为前端 PFC AC/DC 变换器级联后端隔离式 DC/DC 变换器的两级结构。前端 PFC AC/DC 变换器将电网的交流电转换为直流电并实现功率因数校正 (Power Factor Correction，PFC)，后端隔离式 DC/DC 变换器可以实现电池的智能充电，如

图 4-25 所示。

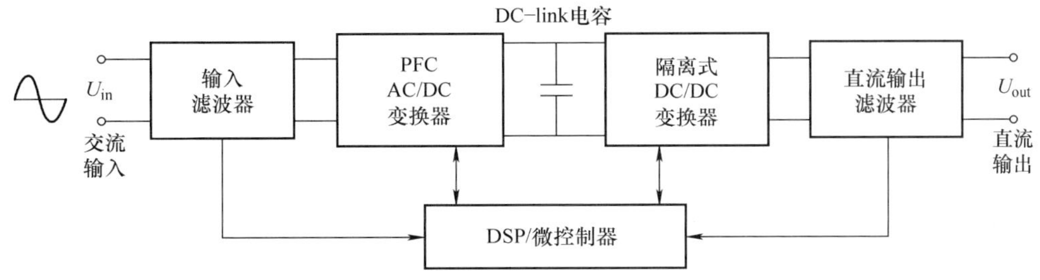

图 4-25　两级式充电设备拓扑结构示意图

1. 车载充电机拓扑结构

车载充电机前端 PFC AC/DC 变换器的性能直接影响充电机接入电网后电能的质量和系统效率等。

目前 PFC 技术主要分为无源 PFC（Passive PFC，PPFC）和有源 PFC（Active PFC，APFC）两大类。

1）PPFC 电路主要由电力二极管、电容、电感等无源元器件组成。PPFC 的控制方法简单、成本低、可靠性高，但其电路体积大，功率因数比较低。

2）APFC 电路主要利用电力电子开关器件及相应的控制电路来减小高次谐波，改善输入电流的波形，从而达到提高功率因数的目的。APFC 电路的体积小、重量轻、电流谐波含量小、功率因数高，是目前应用比较广泛的 PFC 技术，更适合应用于车载充电机 PFC AC/DC 变换器这种要求体积小、功率因数高、效率高的系统中。

常用的 APFC 拓扑主要有传统 PFC Boost 变换器、交错式 PFC Boost 变换器、无桥 PFC Boost 变换器、移相式半无桥 PFC Boost 变换器和无桥交错式 PFC Boost 变换器等，其在效率、功率密度、输入谐波和输出纹波等方面各有特性。

（1）传统 PFC Boost 变换器

传统 PFC Boost 变换器拓扑如图 4-26 所示。它使用四个二极管构成简单的整流桥来实现整流功能，电路结构简单可靠，但输出电容上的纹波电流较大。当它应用于大功率等级的场合时，二极管和 MOSFET 损耗增加，系统的效率降低且电感体积的增大给电感的设计带来很大难度。基于以上问题，此拓扑多应用于中小功率的车载充电机前端 PFC AC/DC 变换器中。

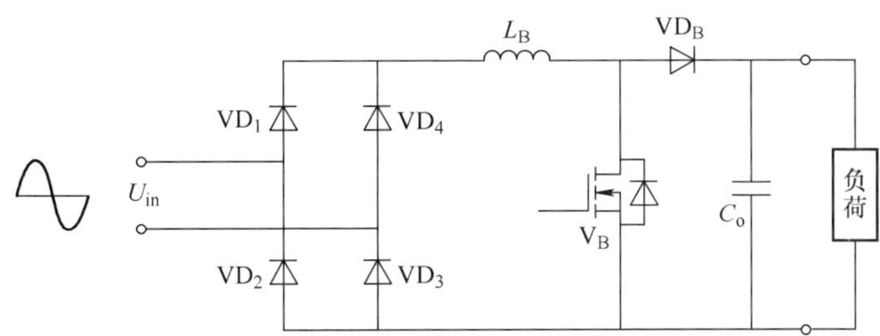

图 4-26　传统 PFC Boost 变换器拓扑

（2）交错式 PFC Boost 变换器

交错式 PFC Boost 变换器拓扑如图 4-27 所示。它由两个传统 PFC Boost 变换器并联构成，其中 L_{B1} 和 L_{B2}、VD_{B1} 和 VD_{B2} 及 V_1 和 V_2 的参数完全相同。正常工作时，V_1、V_2 相位上相差 180° 导通，实现交错工作。交错式 PFC Boost 变换器的输入电流是电感 L_{B1} 上的电流和电感 L_{B2} 上的电流之和。因为两个电感电流是交错的，它们相加时电流纹波会相互抵消，使总的输入电流纹波减小，简化了电磁干扰（EMI）电路设计；每个电感上流过的电流是等功率的传统 PFC Boost 电路的一半，因此可以减小两个电感的磁心体积；输出电容的纹波电流为等功率的传统 PFC Boost 电路的一半，降低了电容的等效电阻造成的热损耗，提高了电容的使用寿命和系统的可靠性。但是交错式 PFC Boost 变换器仍需要整流桥电路 (每半周整流桥两个二极管导通)，导通损耗高。

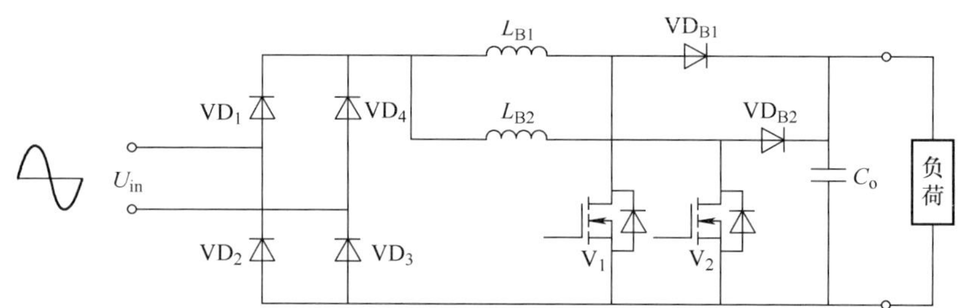

图 4-27　交错式 PFC Boost 变换器拓扑

（3）无桥 PFC Boost 变换器

无桥 PFC Boost 变换器拓扑如图 4-28 所示，它由两个电感（L_1、L_2），两个二极管（VD_1、VD_2）、两个 MOSFET（V_1、V_2）和一个输出电容（C_o）构成。在电源正半周期内，无桥 PFC Boost 变换器的 V_1 和 VD_1 搭配工作，等效为一个传统 PFC Boost 变换器；在电源负半周期内，无桥 PFC Boost 变换器的 V_2 和 VD_2 搭配工作，同样等效为一个传统 PFC Boost 变换器，其工作原理与正半周期相似。与传统 PFC Boost 变换器相比，无桥 PFC Boost 变换器利用两个二极管和两个 MOSFET 交替工作实现整流，具有导通损耗低、效率高的优点。但储能电感直接与电源相连，加大了电路中的共模干扰和 EMI 电路的设计难度；电路的输入端相对于地是浮动的，输入电压需使用低频变压器或光耦隔离采样；输入电流在每半个周期的地不相同，需要设计复杂的电路分别检测 MOSFET 和二极管回路中的电流；大功率时 MOSFET 的寄生二极管损耗相对较大，以致系统不能实现满负荷高效运行。

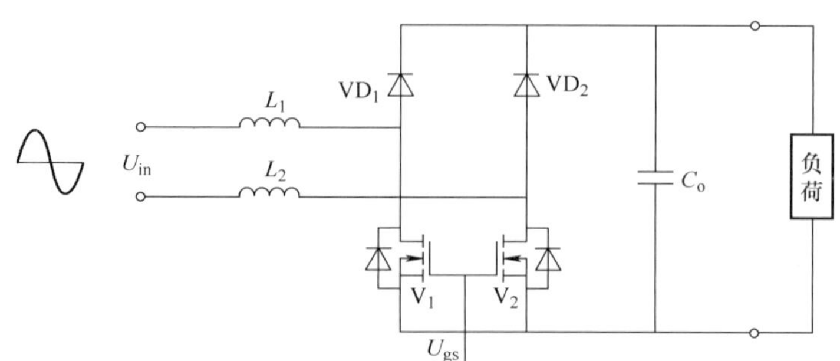

图 4-28　无桥 PFC Boost 变换器拓扑

（4）移相式半无桥 PFC Boost 变换器

移相式半无桥 PFC Boost 变换器拓扑如图 4-29 所示。它是在无桥 PFC Boost 变换器的基础上改进而来的，在 PFC 的输入端和地之间连接了两个二极管 VD_a、VD_b，解决了无桥 PFC Boost 变换器输入电源相对变换器地是浮动的问题。但是大功率时 MOSFET 的寄生二极管损耗较大，此变换器也不能实现满负荷高效运行。

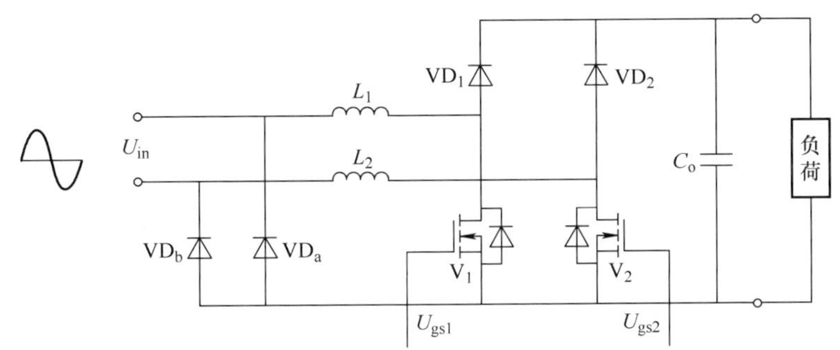

图 4-29 移相式半无桥 PFC Boost 变换器拓扑

（5）无桥交错式 PFC Boost 变换器

无桥交错式 PFC Boost 变换器拓扑如图 4-30 所示。它使用 2 个 MOSFET 和 2 个快速恢复二极管代替交错式 PFC Boost 变换器中的 4 个整流桥二极管，其中 V_1、V_2 与 V_3、V_4 交错 180° 导通。此变换器功率因数高、输入电流纹波低且在全负荷范围内都具有很高的效率，适用于功率等级为 7kW 以上的车载充电机。

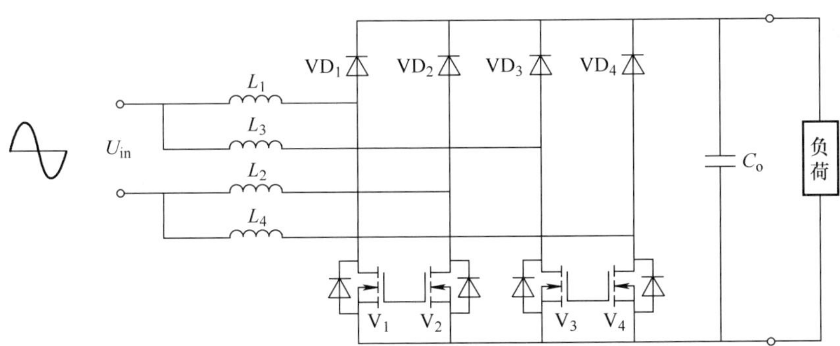

图 4-30 无桥交错式 PFC Boost 变换器拓扑

上述几种车载充电机 PFC AC/DC 变换器拓扑是目前应用最为广泛的拓扑，各有优缺点和相应的适用范围，其特性对比见表 4-6[11]。无桥交错式 PFC Boost 变换器集成了各种变换器的特性，具有 EMI 电路设计简单、电容纹波小、电流纹波小、电感体积小、效率高等多重优点，是未来大功率、高性能、高效率电动汽车车载充电机前端 PFC AC/DC 变换器拓扑结构中的主要拓扑。传统 PFC Boost 变换器由于其成本低、设计简单等优势，可以应用于低功率等级的车载充电机中。

表 4-6 拓扑特性对比

拓扑结构	适用功率等级	EMI 电路设计难度	电容纹波电流	输入电流纹波	电感体积	效率	成本
传统 PFC Boost 变换器	<2kW	难	大	大	大	低	低
交错式 PFC Boost 变换器	<4kW	难	大	大	中	一般	低
无桥 PFC Boost 变换器	<7kW	一般	小	小	小	一般	中
移相式半无桥 PFC Boost 变换器	<7kW	一般	中	中	中	高	中
无桥交错式 PFC Boost 变换器	>10kW	简单	小	小	小	高	高

2. 非车载充电模块拓扑结构

（1）前级 PFC 的拓扑方式

目前市场上充电模块主流的 PFC 拓扑方式——三相三线制三电平维也纳（VIENNA）拓扑（两管并）如图 4-31 所示，其不仅可以实现输入单位功率因数校正，具有谐波小、开关损耗小和电磁干扰小等优点，且电路结构简单、开关数目少，无桥臂直通问题。英可瑞、英飞源、维谛技术（原艾默生）、麦格米特、盛弘、通合科技等均采用此拓扑结构。

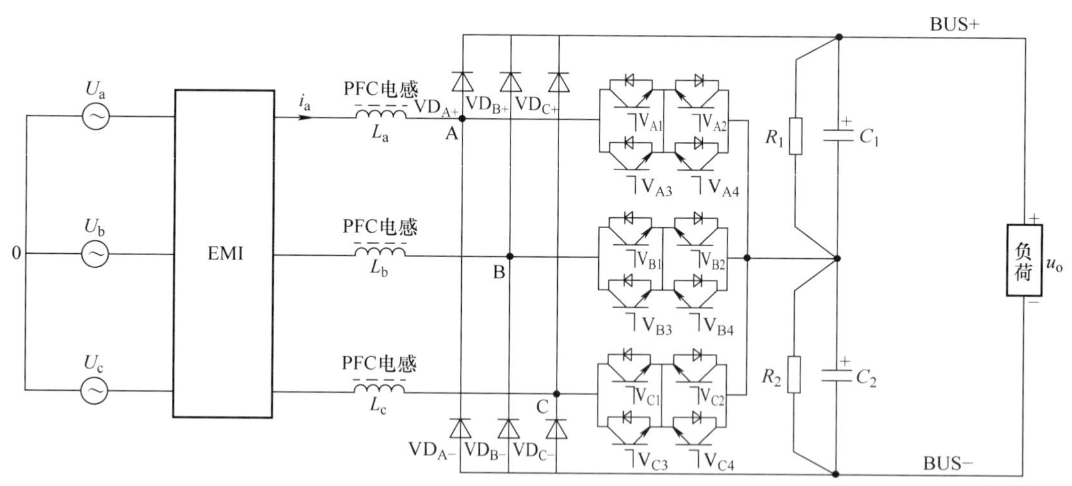

图 4-31 三相三线制三电平 VIENNA 拓扑

（2）后级 DC/DC 的拓扑方式

充电模块后级 DC/DC 的拓扑方式主要有两种：LLC 拓扑和移相全桥拓扑。两类拓扑的优缺点比较见表 4-7。LLC 拓扑进一步分成两组二电平 LLC 全桥串联、两组二电平三相交错式 LLC 串联、三电平 LLC 全桥等。

表 4-7 两类拓扑的优缺点比较

优缺点	LLC 拓扑	移相全桥拓扑
优点	效率高，全负荷范围内实现 ZVS 软开关，电磁干扰小，易于高压输出	宽输入、宽输出调节范围，低输出纹波，易于实现次级侧同步整流，易于大功率扩展
缺点	输出纹波大，谐振电感、变压器设计困难，难实现宽输入和宽输出调节	滞后臂难实现 ZVS，开关损耗大（但 ZCS 容易实现）；整流二极管工作在硬开关；损耗大；副边占空比丢失（ZCS 漏感小）

1）两组二电平 LLC 全桥串联拓扑。如图 4-32 所示，母线电压由上下两个全桥 LLC 串联组成，可以在不增加开关管应力的情况下使用成熟的二电平全桥 LLC 控制电路，以实现整流二极管的零电流关断，提高效率，减小 EMI。其轻载特性较好，但通过频率难以实现输出电压的宽范围调节，谐振电感和变压器设计困难。目前英可瑞、麦格米特 750V 的充电模块均采用此拓扑结构。

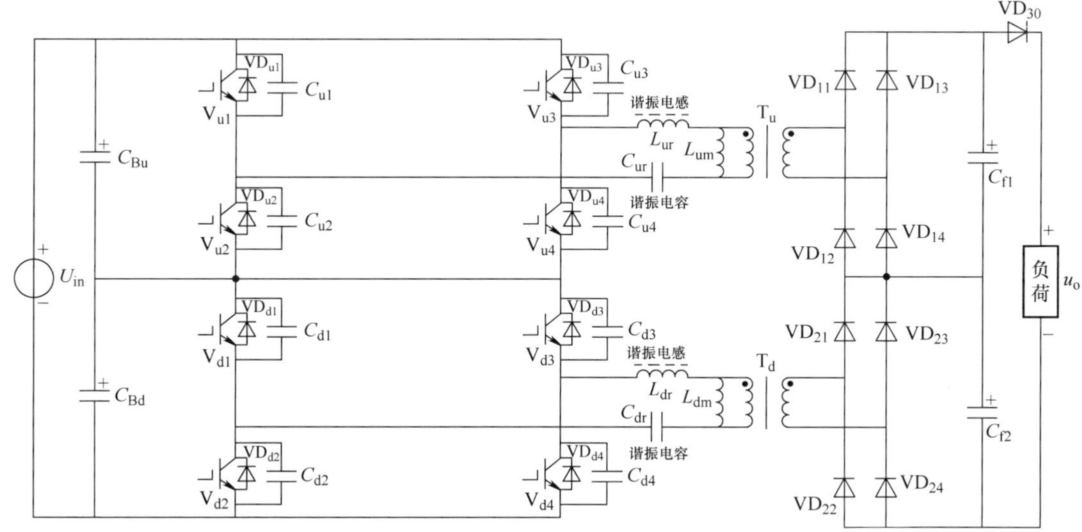

图 4-32 两组二电平 LLC 全桥串联拓扑

2）两组二电平三相交错式 LLC 串联拓扑。如图 4-33 所示，该拓扑由两组二电平三相交错式 LLC 串联组成，每组二电平三相交错式 LLC 电路由 3 个普通的 LLC 谐振 DC/DC 变换器组成，分别以 120° 相位差交错运行，因此输出电容纹波电流得以显著减小，提高了功率密度，但其控制较复杂。华为、通合科技采用此拓扑结构。

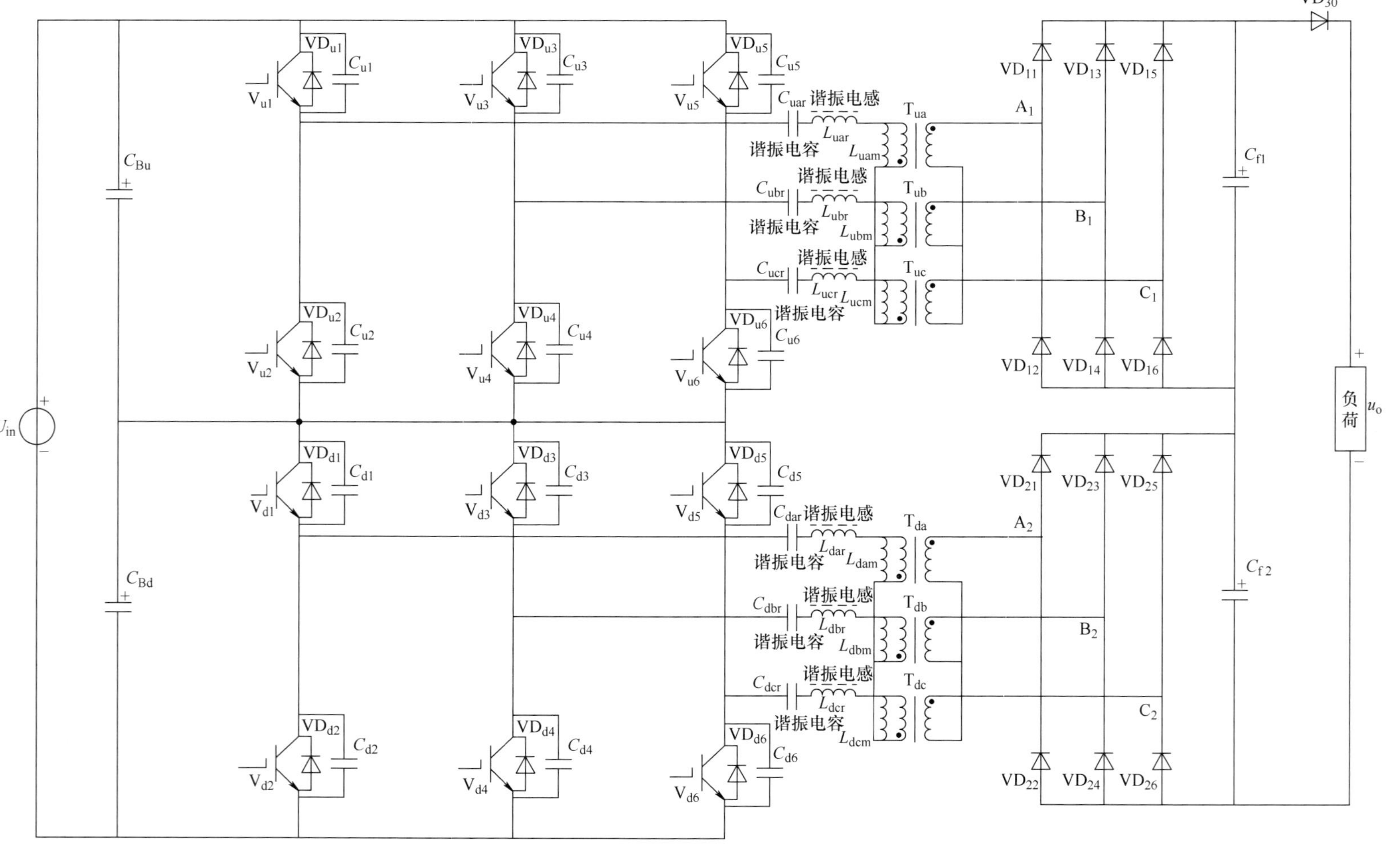

图 4-33 两组二电平三相交错式 LLC 串联拓扑

3）三电平 LLC 全桥拓扑。如图 4-34 所示，盛弘电气、茂硕电源均采用此拓扑结构。

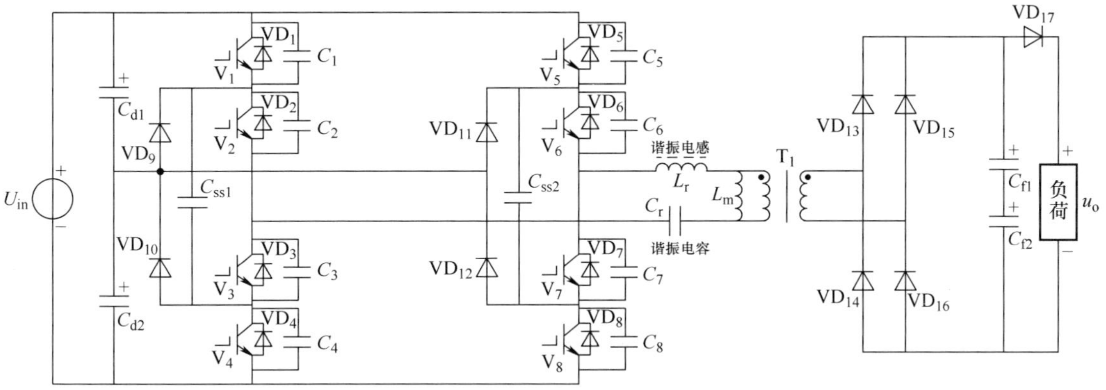

图 4-34　三电平 LLC 全桥拓扑

4）三电平移相全桥 ZVS 拓扑。如图 4-35 所示，采用三电平技术，可以减小开关管的电压应力，等效提高整机开关频率，减小输出滤波电感的尺寸。移相全桥技术可以实现输出电压的宽范围调节，同时输出电压纹波小。但轻负荷时，滞后臂不容易实现软开关。整流二极管为硬开关，反向恢复电压尖峰高，EMI 大。英飞源、维谛技术（原艾默生）采用此拓扑结构。

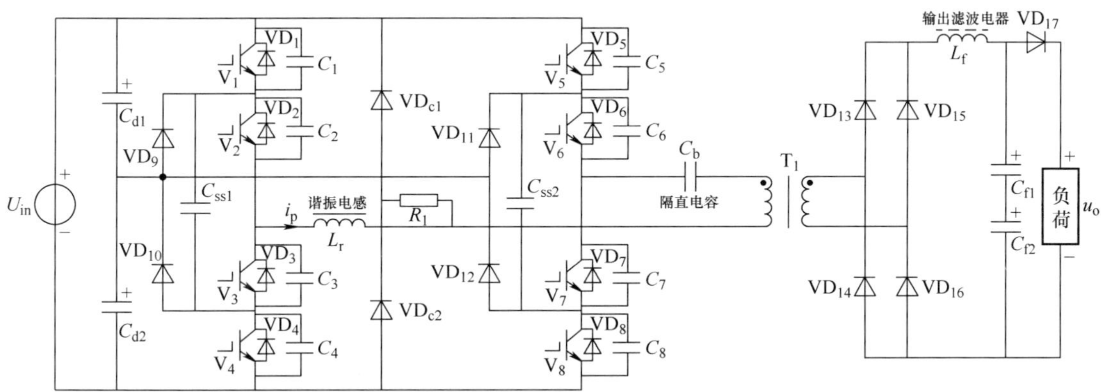

图 4-35　三电平移相全桥 ZVS 拓扑

不同的前级 PFC 和后级 DC/DC 拓扑组合形成了不同的充电模块的技术方案。目前主流充电模块的型号及技术方案见表 4-8。

表 4-8　目前主流充电模块的型号及技术方案

序号	品牌	功率 / kW	型号	前级 PFC 方案	后级 DC/DC 方案	规格		功率密度 / （W/cm³）
						电压 /V	电流 /A	
1	英飞源	15	REG50040	VIENNA	三电平移相全桥	DC150~550	0~35	2.000
2		15	REG75030			DC150~750	0~25	2.000
3		21	REG50050			DC150~500	0~50	2.800
4		20	REG75050			DC150~750	0~50	2.667

（续）

序号	品牌	功率 / kW	型号	前级 PFC 方案	后级 DC/DC 方案	规格		功率密度 /（W/cm³）
						电压 /V	电流 /A	
5	英可瑞	15	EVR400-15000	VIENNA	两组二电平 LLC 全桥串联	DC200~450	3.4~37.4	0.861
6		15	EVR500-15000			DC200~500	3~33	0.861
7		15	EVR600-15000			DC100~600	2.5~27.5	0.861
8		15	EVR600-15000B			DC200~750	2.5~27.5	0.861
9		15	EVR700-15000			DC200~750	2~22	0.861
10		15	EVR1000-15000			DC400~1000	1.5~16.5	0.861
11		15	EVR1000-15000B			DC400~1000	1.5~16.5	2.159
12		15	EVR700-15000B			DC200~750	2~22	2.159
13		15	EVR600-15000D			DC200~750	2.5~27.5	2.159
14		15	EVR500-15000B			DC200~500	3~33	2.159
15		15	EVR430-15000B			DC200~750	3.5~38.5	2.159
16		15	EVR400-15000B			DC150~500	4~44	2.159
17		15	EVR330-15000B			DC200~750	4.5~51.75	2.159
18		15	EVR1000-15000C			DC400~1000	1.5~16.5	1.987
19		15	EVR700-15000C			DC200~750	2~22	1.987
20		15	EVR600-15000C			DC200~750	2.5~27.5	1.987
21		15	EVR500-15000C			DC200~500	3~33	1.987
22		15	EVR430-15000C			DC200~750	3.5~38.5	1.987
23		15	EVR400-15000C			DC150~500	4~44	1.987
24		15	EVR330-15000C			DC200~750	4.5~51.75	1.987
25		20	EVR700-20000C			DC200~750	3~34.5	2.650
26		20	EVR500-20000C			DC200~500	4~44	2.650
27		20	EVR700-20000			DC200~750	4~44	1.148
28		20	EVR500-20000			DC200~500	6~66	1.148
29	华为	15	R50030G1	交错式 PFC	两组二电平三相交错 LLC 串联	DC200~500	0~36	1.867
30		15	R75020G1			DC300~750	0~24	1.867
31	维谛技术（艾默生）	15	ER75020T	VIENNA	三电平 LLC 半桥	DC200~750	0~22	0.833
32		15	ER75020T2		三电平移相全桥	DC50~750	0~25	1.938
33	盛弘	15	SER750-20	VIENNA	三电平 LLC 全桥	DC200~750	0~20	1.215
34		15	SER450-30			DC200~500	0~30	1.215
35	麦格米特	15	MR750-20	VIENNA（两管并）	两组二电平 LLC 全桥串联	DC250~750	0~25	1.802
36	通合科技	20	TH500Q40ND-A	VIENNA	两组二电平三相交错 LLC 串联	DC200~500	4~48	2.285
37		20	TH750Q61ND-AX		二电平 LLC 全桥	DC200~750	2~61	2.374
38		30	TH750Q50ND-AX			DC200~750	3~50	3.428

4.3.3 充电方式

电动汽车在充电时，输入的电能既可以来源于交流电源，也可以来源于直流电源。按照充电时间的不同，电动汽车的传导式充电可分为快速充电和慢速充电。快速充电的供电侧多采用三相交流电，经整流等环节转变为直流输出，且输出功率较大，一般在较短的时间内即可充电至电池组80%左右的电量；而慢速充电则采用单相220V交流供电，输出功率小，电池充电时间较长，一般为8~10h。但慢速充电方式对电池的寿命有益，而且通常是在夜间用电低谷时段充电，不仅可以平衡电网用电负荷，还能享受优惠电价。常见电动汽车充电时长见表4-9。

表4-9 常见电动汽车充电时长

车型	慢充时间 /h	快充时间 /h	续驶里程 /km
北汽 E150EV	8	2	150
比亚迪 E6	20	2	300
江淮和悦 IEV4	8	2.5	200
江淮和悦 IEV5	8	2.5	200
奇瑞 Eq 纯电动车	8~10	0.5	200
北汽 C70GB	> 10	2	130
荣威 E50	6~8	1.5	180
赛欧 SPRINGO	7.5	—	130
长安 E30	8	1.5	160
启辰 e30	8	1.5	180
众泰知豆 E20	6	1	120
力帆 LF7002EV	7	—	150

1. 交流充电

交流充电利用的设备为交流充电桩，其典型结构如图4-36所示，主要为小型纯电动汽车、可外接充电式混合动力汽车等提供电能。根据安装方式不同，可分为落地式和壁挂式等；根据单台充电桩充电接口的数量不同，可分为一桩一充式和一桩两充式等类型，如图4-37所示。

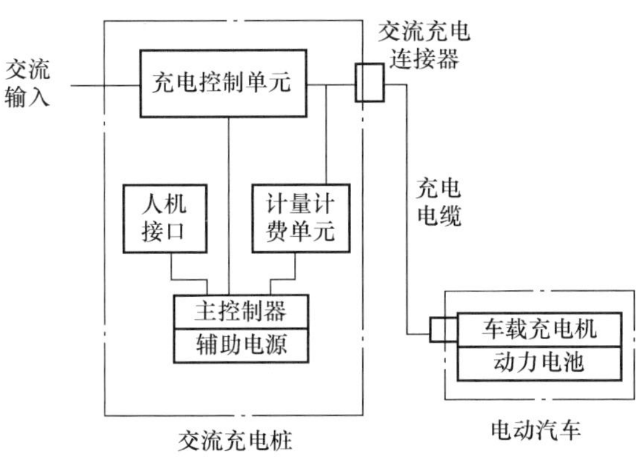

图4-36 交流充电桩典型结构

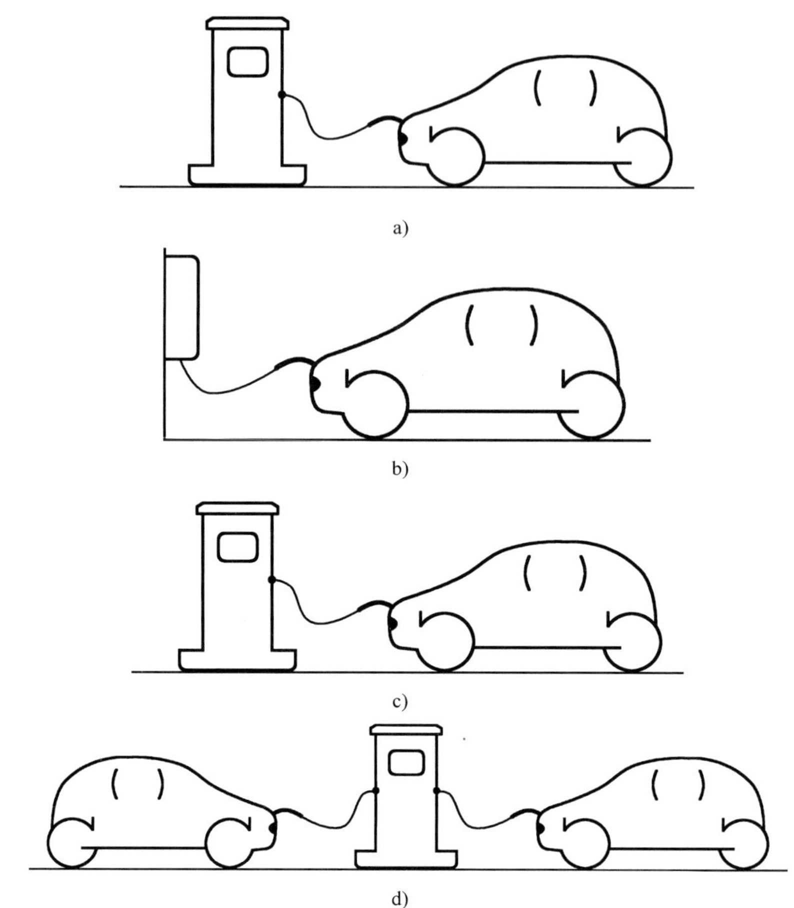

图 4-37　交流充电桩类型

a）落地式　b）壁挂式　c）一桩一充式　d）一桩两充式

2. 直流充电

直流充电主要为商用车、乘用车和特种车等各种车辆提供直流快充和慢充等不同形式的整车充电服务。根据结构不同，直流充电桩可分为一体式和分体式结构，如图 4-38 所示。目前以分体式充电桩为主，主要应用在电动汽车充电站中。分体式直流充电桩的典型结构图如图 4-39 所示。

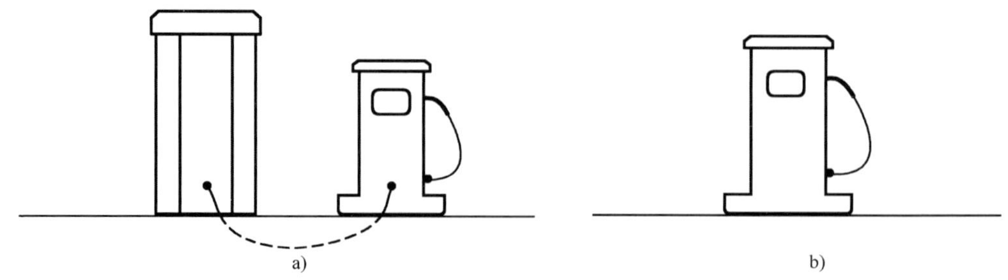

图 4-38　直流充电桩类型

a）分体式　b）一体式

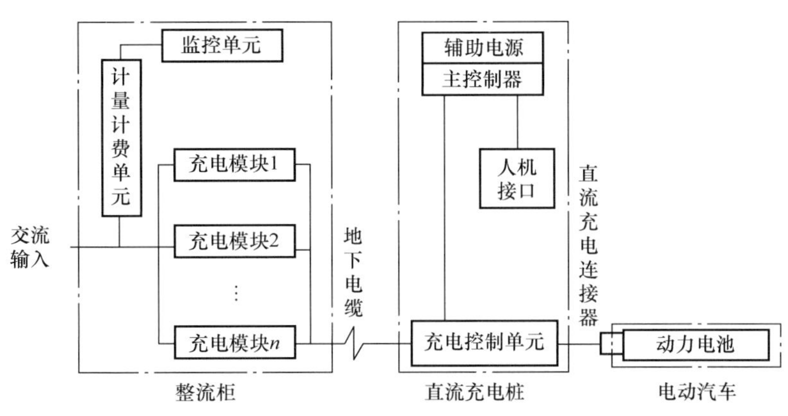

图 4-39　分体式直流充电桩典型结构图

4.3.4　充电模式

充电模式是指连接电动汽车到电网（电源）给电动汽车供电的方法。充电模式对接入电网的形式进行定义，不涉及车辆端。

根据 GB/T 18487.1—2015《电动汽车传导充电系统　第 1 部分：通用要求》，电动汽车传导式充电模式分为 4 种充电模式，见表 4-10[19~22]。

表 4-10　电动汽车充电模式

充电类型	充电模式	额定电压 / 额定电流	与车辆通信	充电插头连接
交流充电	充电模式 1	AC 220V/16A	无	插座
	充电模式 2	AC 220V/8~16A	IC-CPD	插座
	充电模式 3	AC 220V/16~32A AC 380V/16~63A	有	交流充电桩
直流充电	充电模式 4	AC 380V/30~300A	有	非车载充电机

（1）充电模式 1

将电动汽车连接到交流电网（电源）时，在电源侧使用了符合 GB 2099.1—2008 和 GB 1002—2008 要求的插头插座，在电源侧使用了相线、中性线和接地保护的导体。由于家用充电插座内不带控制导线和接近导线，充电模式 1（图 4-40）无法与车辆建立通信，充电时无法限制和确认最大电流，在标准 GB/T 18487.1—2015 中规定，不应使用模式 1 对电动汽车进行充电。

（2）充电模式 2

将电动汽车连接到交流电网（电源）时，在电源侧使用了符合 GB 2099.1—2008 和 GB 1002—2008 要求的插头插座，在电源侧使用了相线、中性线和接地保护的导体，并且在充电连接时使用了缆上控制与保护装置（IC–CPD）。IC–CPD 具有控制功能和安全功能，位于可拆卸电缆组件或非固定安装部分的插头中，应具备剩余电流保护和过电流保护功能。相比充电模式 1，充电模式 2（图 4-41）可通过 IC–CPD 将家用电源与车辆建立连接与通信，满足了对车辆充电的基本要求。家用插座中可使用 16A 的空调插座，因此充电模式 2 使用非常广泛，可设立在家庭及公共充电站内等。为保证模式 2 充电安全，只考虑使用单相供电，且使用 GB 2099.1—2008 和 GB 1002—2008 定义的标准插头插座。

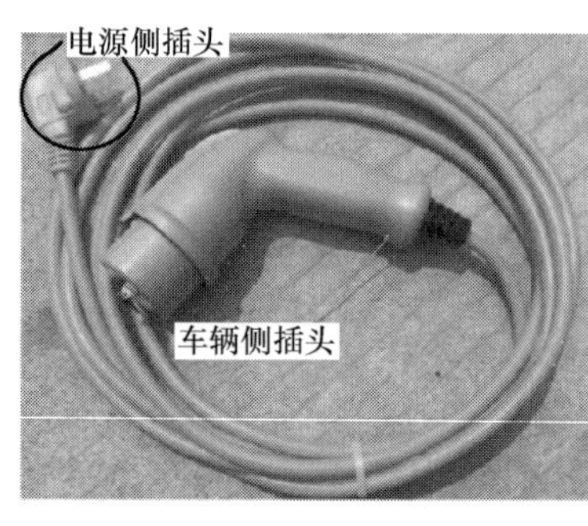

图 4-40 电动汽车的充电模式 1（标准禁止采用模式 1 对电动汽车进行充电）

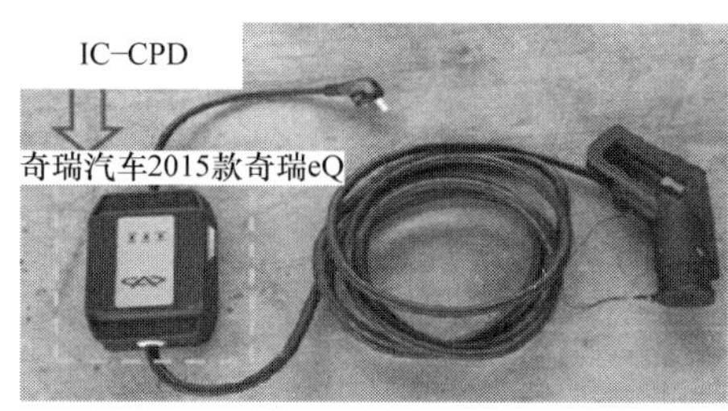

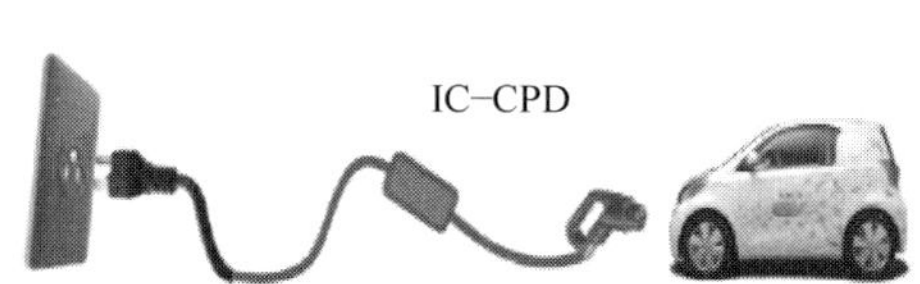

图 4-41 电动汽车的充电模式 2

（3）充电模式 3（图 4-42）

将电动汽车连接到交流电网（电源）时，使用了专用供电设备将电动汽车与交流电网直接连接，并且在专用供电设备上安装了控制导引装置。

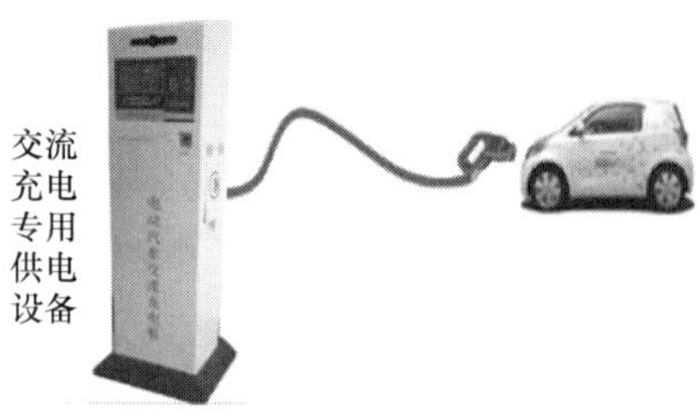

图 4-42 电动汽车的充电模式 3

（4）充电模式 4（图 4-43）

将电动汽车连接到交流电网或直流电网时，使用了带控制导引功能的直流供电设备。

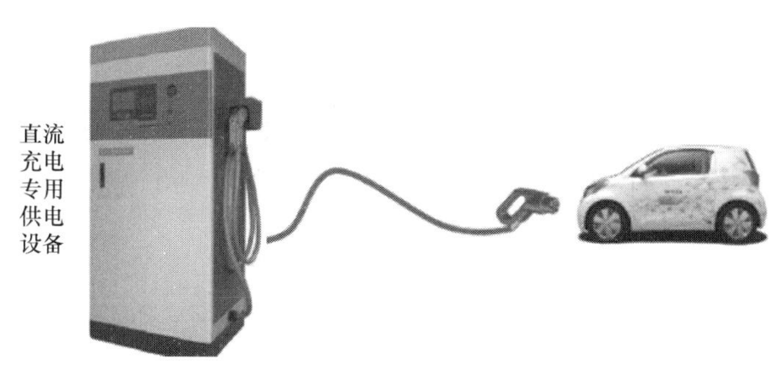

图 4-43 电动汽车的充电模式 4

其中，控制导引电路是指设计用于电动汽车和电动汽车供电设备之间信号传输或通信的电路。控制导引功能是指用于监控电动汽车和电动汽车供电设备之间交互的功能。充电模式 2、模式 3、模式 4 应具备控制导引功能。

4.3.5 连接方式

连接方式是指使用电缆和连接器将电动汽车接入电网（电源）的方法。

根据 GB/T 18487.1—2015，将电动汽车和交流电网相连时，使用电缆和连接器将电动汽车接入电网（电源）的方法，可以采用下述 3 种方式中的一种或多种。

（1）连接方式 A

使用和电动汽车永久连接在一起的充电电缆和供电插头，如图 4-44a 所示。该方式下的电缆组件是车辆组件的一部分，不可以任意拆下，此种连接方式在实际情况中较少使用。

（2）连接方式 B

使用带有车辆插头（连接器）和供电插头（连接器）的独立活动电缆组件，如图 4-44b 所示。电缆组件属于可拆卸部件，不属于供电设备，也不属于车辆。

（3）连接方式 C

使用和供电设备永久连接在一起的充电电缆和车辆插头（连接器），如图 4-44c 所示。电缆组件属于供电设备，是供电设备的一部分。

4.3.6 充电组合形式

车辆充电具有 4 种充电模式和 3 种连接方式，因此形成了不同的充电组合形式，如图 4-45 所示。连接方式 A、B、C 适用于模式 3。采用单相供电时，电流不大于 32A。采用三相供电且电流大于 32A 时，应采用连接方式 C。充电模式 4 采用直流供电设备，适用于连接方式 C。

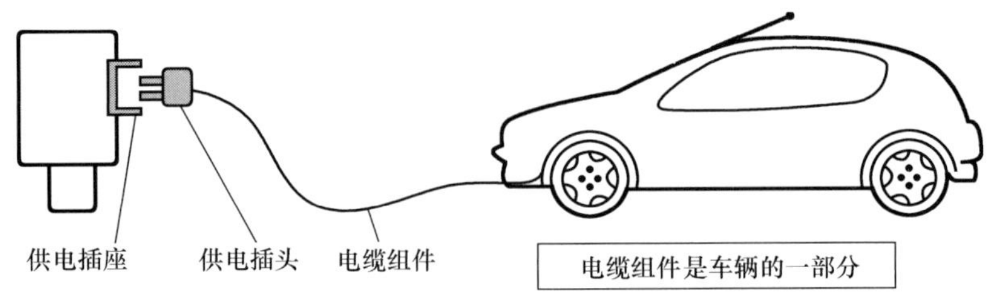

a)

车辆插头
车辆插座
耦合器
供电插座
供电插头
电缆组件
可拆卸电缆组件不属于供电设备，也不属于车辆

b)

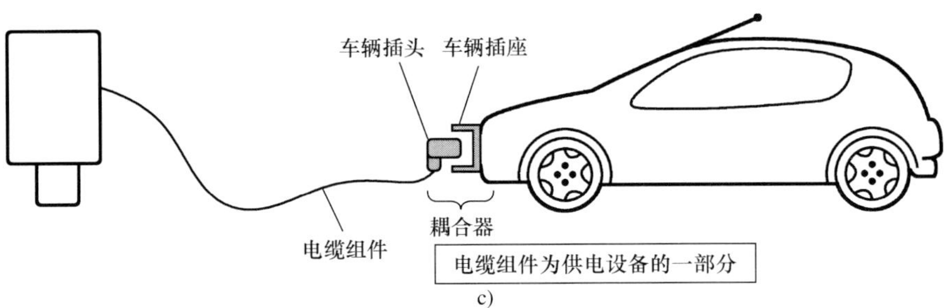

c)

图 4-44　电动汽车的充电连接方式

a）连接方式 A　b）连接方式 B　c）连接方式 C

充电模式和连接方式		IEC-1 北美	IEC-2 欧洲	GB 中国大陆
充电模式2 连接方式B	AC			
充电模式3 连接方式B	AC	① IEC 2型 供电插座		
充电模式3 连接方式C	AC			
充电模式4 连接方式C	DC			

图 4-45　电动汽车的充电组合形式

目前国内市场上电动汽车常用的充电组合见表 4-11。

表 4-11 目前国内市场上电动汽车常用的充电组合

组合形式	简称	描述
充电模式 2/ 连接方式 B	2B	随车充电枪，单独电缆，家用 220V 单相交流供电
充电模式 3/ 连接方式 B	3B	固定交流充电桩，单独电缆，220V 单相交流供电
充电模式 3/ 连接方式 C	3C	固定交流充电桩，电缆是充电桩的一部分，380V 三相交流供电
充电模式 4/ 连接方式 C	4C	固定直流充电桩，电缆是充电桩的一部分

在充电模式 2、3 和 4 下，电动汽车供电设备至少应提供以下控制导引功能：

1）保护接地导体连续性的持续监测。对于模式 2，监测是在电动汽车和 IC-CPD 之间进行的；对于模式 3 和模式 4，监测是在电动汽车和电动汽车供电设备之间进行的。在失去保护接地导体电气连续性的情况下，电动汽车供电设备应在 100ms 内切断电源。

2）电动汽车与供电设备正确连接的确认。供电设备应能够确定：车辆插头正确插入车辆插座（连接方式 B 和连接方式 C）；供电插头正确插入供电插座（连接方式 A 和连接方式 B）。

3）供电控制功能。仅当电动汽车供电设备和电动汽车之间的控制导引功能与允许通电状态信号建立正确关系时，电动汽车供电设备才可向电动汽车供电。

4）断电控制功能。当控制导引功能中断，或控制导引信号不允许充电，或充电设备门打开等活动造成带电部位露出时，应切断对电动汽车的供电，但控制导引电路可以保持通电。

5）充电电流的监测。供电设备通过 PWM（模式 2 和模式 3）或通过数字通信（模式 4）告知电动汽车允许最大可用电流值。该值不应超过供电设备额定电流、连接点额定电流和电网（电源）额定电流中的最小值。

当电动汽车供电设备能够同时为多辆车充电时，应确保上述控制导引功能在每个充电连接点都能独立的正常运行。

4.3.7 充电接口

充电接口是指用于连接活动电缆和电动汽车的充电部件，由充电插座与充电插头两部分构成。因为是连接电缆使用，所以充电接口是传导式充电机的必备设备。充电插头在充电过程中，与充电插座结构进行耦合，从而实现电能的传输。

充电设备通过充电接口与被充电对象连接，也就是说，充电接口是能源补给系统中一个非常关键的部件，要求其可靠性高、使用方便，而且形成标准件。建议连接器的插接次数要求达到 20000 次，通信线和充电线的插接口在同一连接器上，并且两者形成闭锁的状态，以保证充电设备及充电设备操作人员的安全。

充电接口应该满足以下几方面要求：

1）能够实现较大电流的传输和传导，避免由于电流过大引起插座发热和故障。

2）插头能够与插座充分耦合，接触电阻小，以免接触不良引起火花烧蚀或虚接。

3）能够实现必要的通信功能，方便电动汽车 CAN 通信或者电池管理系统与充电机对接。

4）具备防误插功能。因为电动汽车使用的充电设备或者电池的型号和性能不同，所以所需要的电源就不一样。同时，由于各插头的性能不同，插头的电极不能插错，这就要求不同的电源插头要有一定的识别功能。

5）具备合理的外形，方便执行插拔作业。

电动汽车传导充电接口及通信协议作为实现电动汽车传导式充电的基本要素，其技术内容的统一和规范，是保证电动汽车与充电设施互联互通的技术基础。在电动汽车的产业化过程中，充电接口的标准化非常重要。在电动汽车传导式充电系统方面，GB/T 18487.1—2015《电动汽车传导充电系统　第 1 部分：通用要求》、GB/T 20234.1—2015《电动汽车传导充电用连接装置　第 1 部分：通用要求》、GB/T 20234.2—2015《电动汽车传导充电用连接装置　第 2 部分：交流充电接口》、GB/T 20234.3—2015《电动汽车传导充电用连接装置　第 3 部分：直流充电接口》、GB/T 27930—2015《电动汽车非车载传导式充电机与电池管理系统之间的通信协议》这 5 项电动汽车传导式充电用充电接口及通信协议国家标准，于 2016 年 1 月 1 日正式实施。

充电接口的种类主要包括交流充电接口和直流充电接口。

1. 交流充电接口

交流充电接口分为单相交流充电接口和三相交流充电接口。

单相交流充电接口主要适用于家庭用户充电设施及一些标准的公共充电设施。这类充电接口比较简单，多用于单相交流电，通常插头有三个端子，分别是交流相线、交流零线以及接地线。这类充电接口与传统的电源插座相似，只是形体和额定电流较大。

三相交流充电接口与直流充电接口相对于单相交流接口要复杂得多。这类充电接口通常用于较大的充电站，为较大型的电动汽车进行充电服务，而且充电电流相对较大，外形也较大，其功能复杂。因为这类插头较大，设计的形状类似于枪，所以通常被称为充电枪。常见的交流充电枪如图 4-46 所示。

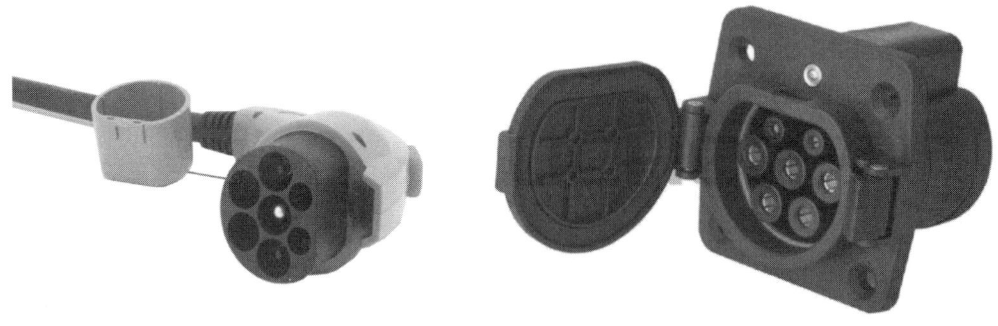

图 4-46　常见的交流充电枪

GB/T 20234.2—2015《电动汽车传导充电用连接装置　第 2 部分：交流充电接口》规定了电动汽车传导充电用交流充电接口的通用要求、功能定义、型式结构、参数和尺寸。适用于电动汽车传导充电用的交流充电接口，其额定电压不超过 AC 440V，频率 50Hz，额定电流不超过 AC 63A。

交流充电接口的额定值见表 4-12。

表 4-12　交流充电接口的额定值

额定电压 /V	额定电流 /A
250	10/16/32
440	16/32/63

车辆接口和充电模式 3 的供电接口分别包含 7 对触头（图 4-47），其电气参数值及功能定义见表 4-13。采用单相电供电时，交流电网（电源）导体应被连至相 1（L1）和中性线（N）之间，L2 和 L3 可以被留空或不连接。采用三相电源供电时，交流电网（电源）导体应被连至相 1（L1）、相 2（L2）、相 3（L3）和中性线（N）之间。

表 4-13　触头电气参数值及功能定义

触头编号 / 标识	额定电压和额定电流	功能定义
1——（L1）	250V　10A/16A/32A	交流电源（单相）
	440V　16A/32A/63A	交流电源（三相）
2——（L2）	440V　16A/32A/63A	交流电源（三相）
3——（L3）	440V　16A/32A/63A	交流电源（三相）
4——（N）	250V　10A/16A/32A	中性线（单相）
	440V　16A/32A/63A	中性线（三相）
5——（⏚）	—	保护接地（PE），连接供电设备地线和车辆电平台
6——（CC）	0~30V　2A	充电连接确认
7——（CP）	0~30V　2A	控制导引

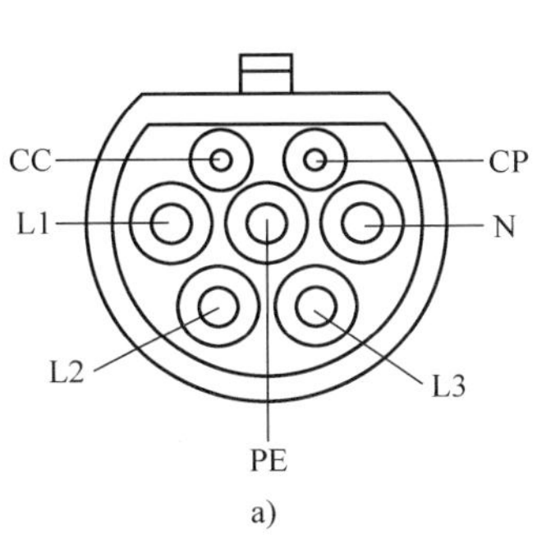

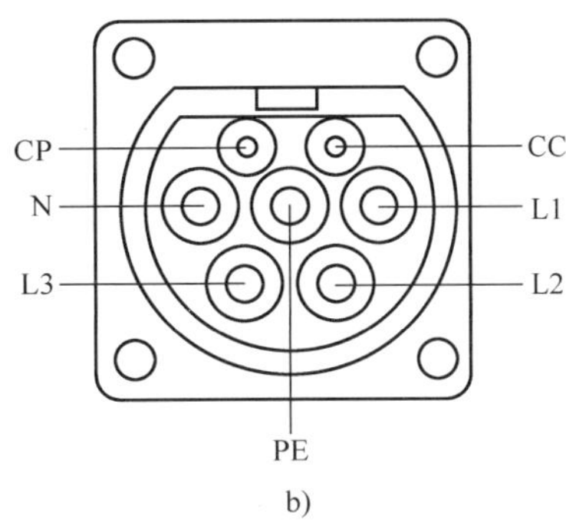

图 4-47　交流充电接口插头和插座触头布置图

a）车辆 / 供电插头　b）车辆 / 供电插座

根据 GB/T 18487.1—2015，交流充电电流大于 16A 时，供电接口和车辆接口应具有锁止功能（该锁止功能应符合 GB/T 20234.1—2015 的相关要求）。供电插座和车辆插座应安装电子锁止装置，防止充电过程中的意外断开。当电子锁未可靠锁止时，供电设备或电动汽车应停止充电或不启动充电。

交流充电接口的电气连接界面如图 4-48 所示。在充电连接过程中，首先接通保护接地触头，最后接通控制导引触头与充电连接确认触头。在脱开的过程中，首先断开控制导引触头与充电连接确认触头，最后断开保护接地触头。

充电模式 3 的供电接口电气连接界面如图 4-49 所示。

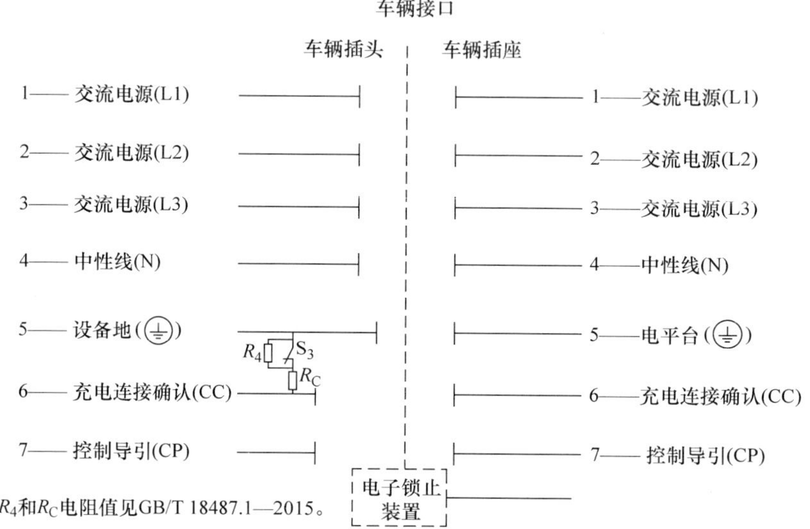

图 4-48　车辆接口电气连接界面示意图

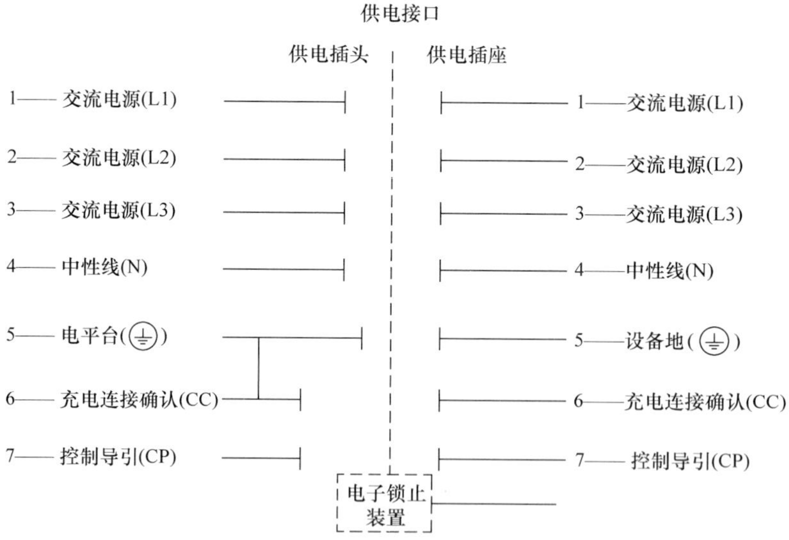

图 4-49　充电模式 3 的供电接口电气连接界面

当电动汽车使用充电模式 3 进行充电时，应使用如图 4-50a 所示的连接方式 A、图 4-50b 所示的连接方式 B 及图 4-50c 所示的连接方式 C 所示的控制导引电路进行充电连接装置的连接确认及额定电流参数的判断。[16, 18] 该电路由供电控制装置、接触器 K_1 和 K_2、

电阻 R_1~R_4 和 R_C、二极管 VD_1、开关 S_1~S_3、车载充电机和车辆控制装置组成。其中，车辆控制装置可以集成在车载充电机或其他车载控制单元中。交流充电控制导引电路参数参见表 4-14。

1）电阻 R_4、R_C 安装在车辆插头上。

2）开关 S_1 为供电设备内部开关。

3）开关 S_2 为车辆内部开关，在车辆接口与供电接口完全连接且配置了电子锁的接口被完全锁止后，当车载充电机自检测完成后无故障并且电池组处于可充电状态时，S_2 闭合（如果车辆设置有"充电请求"或"充电控制"功能，则同时应满足车辆处于"充电请求"或"可充电"状态）。控制导引电路中也可以不配置开关 S_2，无开关 S_2 的车辆应采用单相充电，且最大充电电流不超过 8A。对于未配置开关 S_2 的控制导引电路，等同于 S_2 为常闭状态。出于安全考虑，不推荐使用无开关 S_2 的控制导引电路。

4）开关 S_3 为车辆插头的内部常闭开关，与插头上的下压按钮（用以触发机械锁止装置）联动，按下按钮接触机械锁止功能的同时，S_3 处于断开状态。

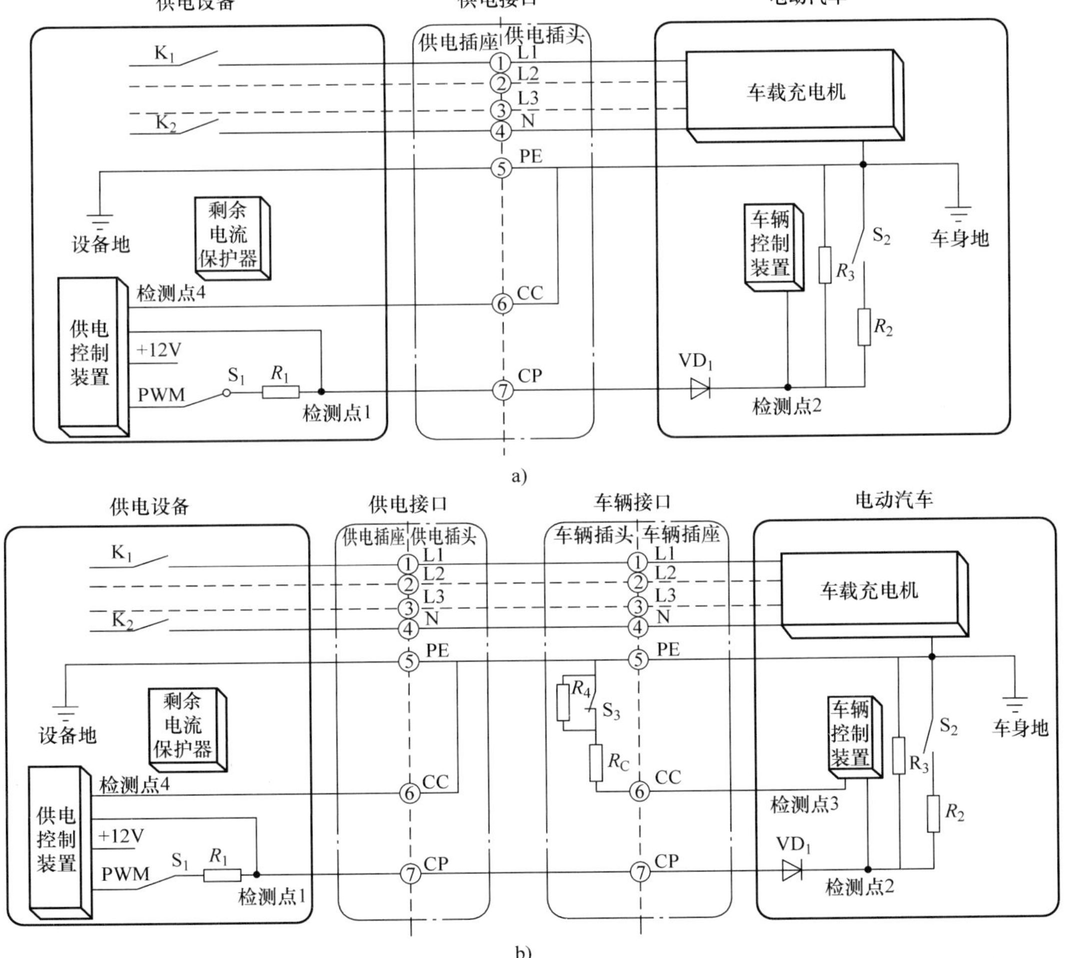

图 4-50 充电模式 3 的控制导引电路

a）充电模式 3 连接方式 A 控制导引电路 b）充电模式 3 连接方式 B 控制导引电路

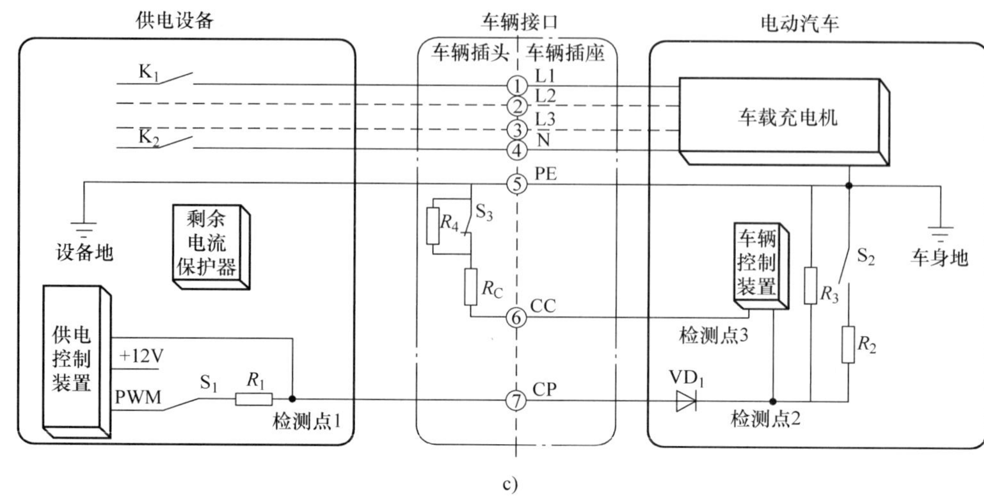

c)

图 4-50　充电模式 3 的控制导引电路（续）

c）充电模式 3 连接方式 C 控制导引电路

表 4-14　交流充电控制引导电路参数

对象	参数	符号	单位	标称值	最大值	最小值
供电设备	输出高电压	$+V_{CC}$	V	12.00	12.60	11.40
	输出低电压	$-V_{CC}$	V	−12.00	−11.40	−12.60
	输出频率	f	Hz	1000.00	1030.00	970.00
	输出占空比	D_{co}	—	—	+0.5%	−0.5%
	信号设置时间	T_s	μs	n.a.	3	n.a.
	信号上升时间（10%~90%）	T_r	μs	n.a.	2	n.a.
	信号下降时间（90%~10%）	T_f	μs	n.a.	2	n.a.
	R_1 等效电阻	R_1	Ω	1000	1030	970
	状态 1（检测点 1 电压）	U_{1a}	V	12	12.8	11.2
	状态 2（检测点 1 电压）	U_{1b}	V	9	9.8	8.2
	状态 3（检测点 1 电压）	U_{1c}	V	6	6.8	5.2
	容抗	C_s	pF	—	1600	300
电动汽车	R_2 等效电阻	R_2	Ω	1300	1339	1261
	R_3 等效电阻	R_3	Ω	2740	2822	2658
	等效二极管电压降	U_{VD1}	V	0.70	0.85	0.55
	输入占空比公差	D_{ci}	—	—	+1.5%	−1.5%
	容抗	C_v	pF	—	2400	—
电缆	容抗	C_c	pF	—	1500	—

当电动汽车使用充电模式 2 连接方式 B 进行充电时，推荐使用图 4-51 所示的控制导引电路进行充电连接装置的连接确认及额定电流参数的判断。

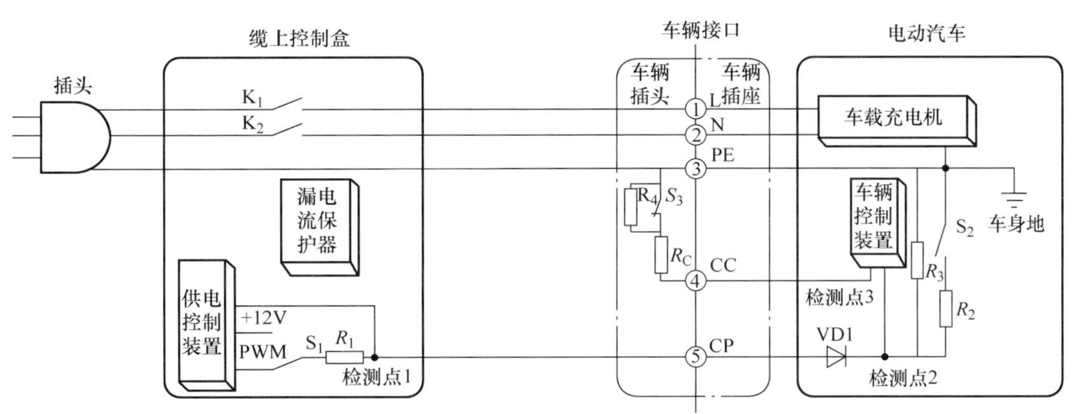

图 4-51　充电模式 2 连接方式 B 的控制导引电路

（1）控制导引电路的基本功能 1：确认连接状态与电子锁

1）确认供电接口已完全连接（对于连接方式 A 和连接方式 B）。供电控制装置通过测量检测点 1 或检测点 4 的电压来判断供电插头与供电插座是否完全连接，见表 4-15：如供电设备无故障，并且供电接口已完全连接（对于充电模式 3 连接方式 A 和连接方式 B），则开关 S_1 从 +12V 连接状态切换至 PWM 连接状态，供电控制装置发出 PWM 信号。供电设备产生的占空比与充电电流限制映射关系见表 4-16。

表 4-15　检测点 1 的电压状态

充电过程状态	充电连接装置是否连接	S_2	车辆是否可以充电	检测点 1 峰值电压（稳定后测量）/V	说明
状态 1	否	断开	否	12	车辆接口未完全连接，检测点 2 电压为零
状态 2	是	断开	否	9	S_1 切换至与 PWM 连接状态，R_3 被检测到
状态 3	是	闭合	是	6	车载充电机及供电设备处于正常工作状态

注：表中各状态电压的计算方法可参见 4.4 节。

表 4-16　供电设备产生的占空比与充电电流限制映射关系

PWM 占空比 D	最大充电电流 I_{max}/A
D=0%，连续的 −12V	充电桩不可用
D=5%	5% 的占空比表示需要数字通信，且需在电能供应之前充电桩和电动汽车间建立通信
10% ≤ D ≤ 85%	$I_{max}=D\times100\times0.6=60D$
85%<D ≤ 90%	I_{max}=（$100D-64$）×2.5 且 $I_{max}\leq63$
90%<D ≤ 97%	预留
D=100%，连续正电压	不允许

2）确认车辆接口已完全连接（对于连接方式 B 和连接方式 C）。车辆控制装置通过测量检测点 3 与 PE 之间的电阻值来判断车辆插头与车辆插座是否完全连接：

① 未连接时，S_3 处于闭合状态，CC 未连接，检测点 3 与 PE 之间的电阻值为无限大。

② 半连接时，S_3 处于断开状态，CC 已连接，检测点 3 与 PE 之间的电阻值为 R_C+R_4。

③ 完全连接时，S_3 处于闭合状态，CC 已连接，检测点 3 与 PE 之间的电阻值为 R_C。

通过在车辆插头内引入 S_3 的并联电阻 R_4，可判断车辆接口的半连接状态，R_4 的取值见表 4-17。

完全连接后，如车辆插座内配备有电子锁，电子锁应在开始供电（K_1 和 K_2 闭合）前锁定车辆插头并在整个充电流程中（状态 3）保持。

（2）控制导引电路的基本功能 2：充电连接装置载流能力和供电设备供电功率的识别

车辆控制装置通过测量检测点 3 与 PE 之间的电阻值来确认当前充电连接装置（电缆）的额定容量。R_C 电阻值与电缆额定容量见表 4-17。

表 4-17　R_C 电阻值与电缆额定容量

R_C	R_4	电缆额定容量
1.5kΩ/0.5W	1.8kΩ/0.5W	10A
680Ω/0.5W	2.7kΩ/0.5W	16A
220Ω/0.5W	3.3kΩ/0.5W	32A
100Ω/0.5W	3.3kΩ/0.5W	63A

通过测量检测点 2 的 PWM 信号占空比确认当前供电设备的最大供电电流。电动汽车检测的占空比与充电电流限制映射关系见表 4-18。

表 4-18　电动汽车检测的占空比与充电电流限制映射关系

PWM 占空比 D	最大充电电流 I_{max}/A
$D<3\%$	不允许充电
$3\% \leqslant D \leqslant 7\%$	5% 的占空比表示需要数字通信，且需在充电前在充电桩和电动汽车间建立通信。没有数字通信不允许充电
$7\%<D<8\%$	不允许充电
$8\% \leqslant D<10\%$	$I_{max}=6$
$10\% \leqslant D \leqslant 85\%$	$I_{max}=D\times100\times0.6=60D$
$85\%<D \leqslant 90\%$	$I_{max}=(100D-64)\times2.5$ 且 $I_{max} \leqslant 63$
$90\%<D \leqslant 97\%$	预留
$D>97\%$	不允许充电

（3）控制导引电路的基本功能 3：充电过程的监测

充电过程中，车辆控制装置应对检测点 3 与 PE 之间的电阻值（对于连接方式 B 和连接方式 C）及检测点 2 的 PWM 信号占空比进行监测；供电控制装置应对测量检测点 4 及检测点 1（对于充电模式 3 的连接方式 A 和连接方式 B）的电压值进行监测。

车辆控制装置通过测量检测点 2 的 PWM 信号，判断充电连接装置是否已完全连接。

2. 直流充电接口

GB/T 20234.3—2015《电动汽车传导充电用连接装置　第 3 部分：直流充电接口》[16] 规定了电动汽车传导充电用直流充电接口的通用要求、功能定义、型式结构、参数和尺寸，适用于充电模式 4 及连接方式 C 的车辆接口，其额定电压不超过 DC 1000V，额定电流不超过 DC 250A。

直流充电接口的额定值见表 4-19。

表 4-19 直流充电接口的额定值

额定电压 /V	额定电流 /A
750/1000	80
	125
	200
	250

图 4-52 直流充电枪

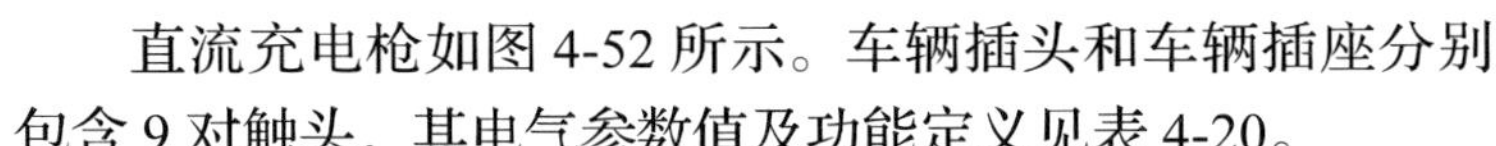

直流充电枪如图 4-52 所示。车辆插头和车辆插座分别包含 9 对触头，其电气参数值及功能定义见表 4-20。

表 4-20 触头电气参数值及功能定义

触头编号和标识	额定电压和额定电流	功能定义
1——（DC+）	750V/1000V 80A/125A/200A/250A	直流电源正，连接直流电源正与电池正极
2——（DC−）		直流电源负，连接直流电源负与电池负极
3——（⏚）	—	保护接地（PE），连接供电设备地线和车辆电平台
4——（S+）	0 ~ 30V 2A	充电通信 CAN_H，连接非车载充电机与电动汽车的通信线
5——（S−）		充电通信 CAN_L，连接非车载充电机与电动汽车的通信线
6——（CC1）	0 ~ 30V 2A	充电连接确认 1
7——（CC2）		充电连接确认 2
8——（A+）	0 ~ 30V 20A	低压辅助电源正，连接非车载充电机为电动汽车提供的低压辅助电源
9——（A−）		低压辅助电源负，连接非车载充电机为电动汽车提供的低压辅助电源

直流充电接口插头和插座触头布置图如图 4-53 所示。

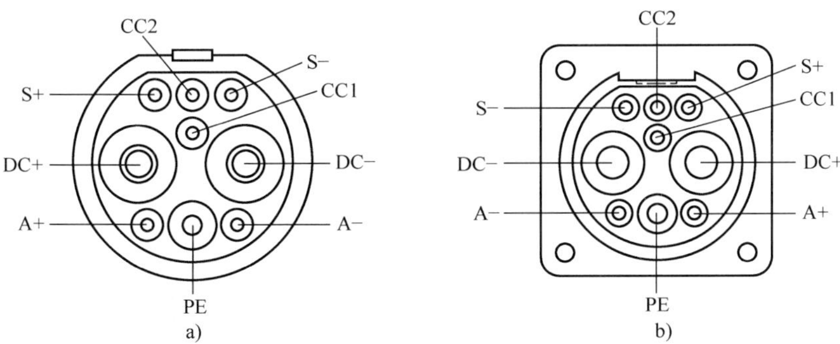

图 4-53 直流充电接口插头和插座触头布置图

a）车辆插头 b）车辆插座

直流充电接口的电气连接界面如图 4-54 所示，车辆插头和车辆插座在连接过程中触头耦合的顺序为：PE，CC2，DC+ 与 DC−，A+ 与 A−，S+ 与 S−，CC1；在脱开的过程中则顺序相反。

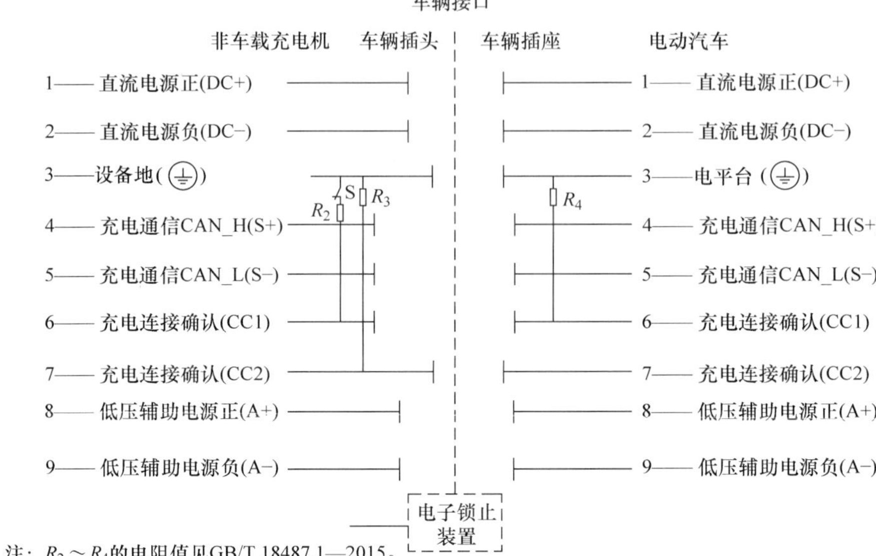

图 4-54　直流充电接口的电气连接界面

根据 GB/T 18487.1—2015，直流充电时车辆接口应具有锁止功能（该锁止功能应符合 GB/T 20234.1—2015 的相关要求），用于防止充电过程中的意外断开，防止车辆接口带载分断。如图 4-55 所示，车辆插头端应安装机械锁止装置，供电设备应能判断机械锁是否可靠锁止。车辆插头应安装电子锁止装置，电子锁处于锁止位置时，机械锁应无法操作，供电设备应能判断电子锁是否可靠锁止。当机械锁或电子锁未可靠锁止时，供电设备应停止充电或不启动充电。电子锁止装置应具备应急解锁功能，不应带电解锁且不应由人手直接操作解锁。

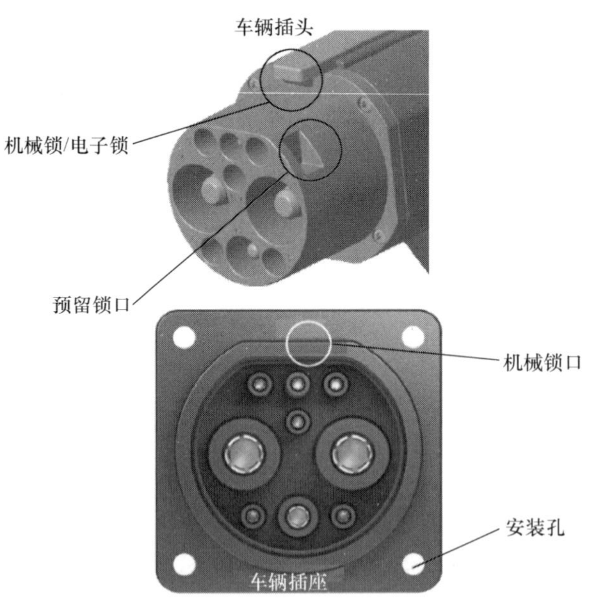

图 4-55　直流充电车辆接口与锁止

直流充电控制导引电路原理图如图 4-56 所示，包括非车载充电机控制器、电阻 R_1~R_5、开关 S、直流供电回路接触器 K_1 和 K_2、低压辅助供电回路（电压：12V，±5%；电流：10A）接触器 K_3 和 K_4、充电回路接触器 K_5 和 K_6 以及车辆控制装置。其中，车辆控制装置可以集成在电池管理系统中。直流充电控制导引电路参数见表 4-20。

1）电阻 R_2 和 R_3 安装在车辆插头中，电阻 R_4 安装在车辆插座上。

2）开关 S 为车辆插头的内部常闭开关，当车辆插头与车辆插座完全连接后，开关 S 闭合。

3）直流充电存在充电回路和供电回路接触器粘连的风险。在模式 4 下，电动汽车应具备充电回路接触器粘连监测和告警功能，供电设备也应具备供电回路接触器粘连监测和告警功能。

4）在整个充电过程中，非车载充电机控制装置应能监测接触器 K_1~K_4。电动汽车车辆控制装置应能监测接触器 K_5 和 K_6 状态并控制其接通及关断。

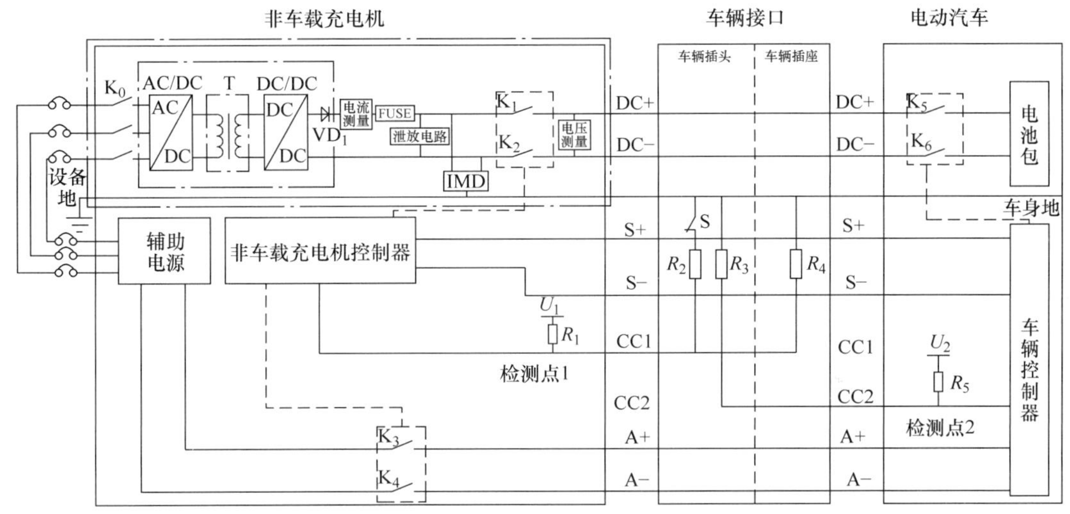

图 4-56　直流充电控制导引电路原理图

表 4-21 中各状态电压的计算方法可参见 4.4 节。

表 4-21　直流充电控制导引电路参数

对象	参数	符号	单位	标称值	最大值	最小值
非车载充电机	R_1 等效电阻	R_1	Ω	1000	1030	970
	上拉电压	U_1	V	12	12.6	11.4
	测试点 1 电压	U_{1a}	V	12	12.8	11.2
		U_{1b}	V	6	6.8	5.2
		U_{1c}	V	4	4.8	3.2
车辆插头	R_2 等效电阻	R_2	Ω	1000	1030	970
	R_3 等效电阻	R_3	Ω	1000	1030	970
车辆插座	R_4 等效电阻	R_4	Ω	1000	1030	970
电动汽车	R_5 等效电阻	R_5	Ω	1000	1030	970
	上拉电压	U_2	V	12	12.6	11.4
	测试点 2 电压	U_{2a}	V	12	12.8	11.2
		U_{2b}	V	6	6.8	5.2

绝缘检测电路应具备投切功能。在充电机端和车辆端均设置 IMD（绝缘检测）电路，供电接口连接后到 K_5、K_6 合闸充电之前，由非车载充电机负责充电机内部（含充电电缆）的绝缘检查；充电机端的 IMD 回路通过开关从充电直流回路中断开，且在 K_5、K_6 合闸之后的充电过程期间，由电动汽车负责整个系统的绝缘检查。充电直流回路 DC+、PE 之间的绝缘电阻，与 DC−、PE 之间的绝缘电阻（两者取小值 R），当 $R > 500\Omega/V$ 时，视为安全；当 $100\Omega/V < R \leqslant 500\Omega/V$ 时，应进行绝缘异常报警，但仍可正常充电；当 $R \leqslant 100\Omega/V$ 时，视为绝缘故障，应停止充电。

充电机进行绝缘检测后，应及时对充电输出电压进行泄放，避免在充电阶段对电池负载产生电压冲击。将 IMD 电路以物理的方式从强电回路中分离，并投入泄放回路对充电输出电压进行泄放。充电结束后，充电机应及时对充电输出电压进行泄放，避免对操作人员造成电击伤害。泄放回路的参数选择应保证在充电连接器断开后 1s 内将供电接口电压降到 DC 60V 以下。

直流充电过程的工作控制程序：

（1）车辆插头与车辆插座插合，使车辆处于不可行驶状态

当车辆插头与车辆插座插合后，车辆的总体设计方案可以自动启动某种触发条件（如打开充电门、车辆插头与车辆插座连接或者车辆的充电按钮、开关等进行功能触发设置），通过互锁或者其他控制措施使车辆处于不可行驶状态。

（2）车辆接口连接确认

操作人员对非车载充电机进行充电设置后，非车载充电机控制装置通过测量检测点 1 的电压值判断车辆插头与车辆插座是否已完全连接，当检测点 1 的电压值为 4V 时，则判断车辆接口完全连接。

（3）非车载充电机自检

1）在车辆接口完全连接后，闭合 K_3 和 K_4，使低压辅助供电回路导通。

2）闭合 K_1 和 K_2，进行绝缘检测，绝缘检测时的输出电压应为车辆通信握手报文内的最高允许充电总电压和供电设备额定电压中的较小值。

3）绝缘检测完成后，将 IMD 电路以物理的方式从强电回路中分离，并投入泄放回路对充电输出电压进行泄放，非车载充电机完成自检后断开 K_1 和 K_2，同时开始周期发送通信握手报文。

如果需要使用非车载充电机提供低压辅助电源，则在得到非车载充电机提供的低压辅助电源供电后，车辆控制装置通过测量检测点 2 的电压值判断车辆接口是否已完全连接。

如果车辆不需要使用非车载充电机提供低压辅助电源，则直接测量检测点 2 的电压值判断车辆接口是否连接。如检测点 2 的电压值为 6V，则车辆控制装置开始周期发送通信握手报文。

（4）充电准备就绪

1）车辆控制装置与非车载充电机控制装置在配置阶段时，车辆控制装置闭合 K_5 和 K_6，使充电回路导通。

2）非车载充电机控制装置检测到车辆端电池电压正常（确认接触器外端电压与通信报文电池电压误差范围≤ ±5%，且外端电压大于充电机最低输出电压且小于充电机最高输

出电压）后闭合 K_1 和 K_2，使直流供电回路导通。

（5）充电阶段

在充电阶段，车辆控制装置向非车载充电机控制装置实时发送电池充电需求参数，调整充电电流下降时：

1）$\Delta I \leqslant 20A$，最长在 1s 内将充电电流调整到与命令值相一致（见表 4-3）。

2）$\Delta I > 20A$，最长在 ΔI /dlmin（dlmin 为最小充电速率，20A/s）内将充电电流调整到与命令值相一致（见表 4-3）。

非车载充电机控制装置根据电池充电需求参数实时调整充电电压和充电电流。此外，车辆控制装置和非车载充电机控制装置还相互发送各自的状态信息。

PE 断线后果如下：

1）桩端绝缘监测失效。

2）地线损坏导致车辆浮空，可能对通信产生干扰。

因此，在充电过程中，车端应能检测 PE 针断线。

（6）正常条件下充电结束

车辆控制装置根据电池管理系统是否达到满充状态或是否收到“充电机中止充电”报文来判断是否结束充电。

在满足以上充电结束条件时，车辆控制装置开始周期发送“车辆控制装置（或电池管理系统）中止充电”报文，在确认充电电流变为小于 5A 后断开 K_5 和 K_6。

当达到操作人员设定的充电结束条件或收到“车辆控制装置（或电池管理系统）中止充电”报文后，非车载充电机控制装置周期发送“充电机中止充电”报文，并控制充电机停止充电（以不小于 100A/s 的速率减小充电电流）；当充电电流小于或等于 5A 时，断开 K_1 和 K_2。

当操作人员实施了停止充电指令时，非车载充电机控制装置开始周期发送“充电机中止充电”报文，并控制充电机停止充电；在确认充电电流变为小于 5A 后断开 K_1 和 K_2，并再次投入泄放回路，再断开 K_3 和 K_4。

（7）非正常条件下充电中止

在充电过程中，如果非车载充电机出现不能继续充电的故障，则向车辆周期发送“充电机中止充电”报文，并控制充电机停止充电，应在 100ms 内断开 K_1~K_4。

在充电过程中，如果车辆出现不能继续充电的故障，则向非车载充电机周期发送“车辆中止充电”报文，并在 300ms（由车辆根据故障严重程度决定）内断开 K_5 和 K_6。

在充电过程中，如非车载充电机控制装置发生通信超时，则非车载充电机停止充电，应在 10s 内断开 K_1、K_2、K_5 和 K_6；非车载充电机控制装置发生 3 次通信超时即确认通信中断，则非车载充电机停止充电，应在 10s 内断开 K_1~K_6。

在充电过程中，非车载充电机控制装置对检测点 1 的电压进行检测，如果判断开关 S 由闭合变为断开，应在 50ms 内将输出电流降至 5A 或以下。

在充电过程中，非车载充电机控制装置对检测点 1 的电压进行检测，如果判断车辆接口由完全连接变为断开，则控制非车载充电机停止充电，应在 100ms 内断开 K_1~K_4。

在充电过程中，若非车载充电机输出电压大于车辆最高允许充电总电压，则非车载充电机应在 1s 内停止充电，并断开 K_1~K_4。

4.3.8 电池管理系统

在电动汽车上，电池管理系统（Battery Management System，BMS）对整车的安全运行、整车控制策略选择、充电模式的选择以及运营成本都有很大的影响。无论在车辆运行过程中还是在车辆充电过程中，BMS 都要完成电池状态的实时监控和故障诊断，并通过总线的方式告知车辆集成控制器或充电机等，以便采取相应的控制策略，达到有效利用电池性能且保障使用安全的目的。因此可以把 BMS 的主要任务归纳总结为：保障电池使用安全，延长电池的使用寿命，为用户和控制器提供电池的各种状态信息作为决策依据。电池组的工况随车辆类型（纯电动汽车或混合动力汽车等）的不同有所变化，相应 BMS 的功能和参数也有差异。

1. BMS 的功能

为了实现车辆的安全和高效运行以及电池的长寿命，BMS 应具备如下功能：

1）**单体电池电压的检测**。由于电池存在不一致性，为了保证电池组内的所有电池都在安全的工作范围内，检测所有单体电池的电压是必要的。电池组最大允许放电电流的计算应该采用电压最低的单体电池的数据，而最大允许充电 / 回馈电流的计算应该采用电压最高的单体电池的数据。

2）**电池温度的检测**。锂离子电池特性受温度影响变化较大，电池的可用功率和能量根据电池组内温度的分布情况而变化。电池的安全使用要求将电池组的温度控制在一定范围内，较小的温差可以保证电池老化过程的一致性，因此温度是电池系统热管理及功率控制的重要依据。

3）**电池组工作电流的检测**。电池组工作电流是 SOC 和 SOF 估算的数据基础，并用于监控充放电状态，保证电池安全运行。

4）**电池组总电压的检测**。总电压直观反映电池组的状态，电池系统上电前的开路电压用于 SOC 修正，另外高压系统上电时，总电压检测用于预充电控制，保证电池系统可靠上电。

5）**绝缘电阻检测**。绝缘电阻检测是保证车上人员及电池包安全的重要途径之一。

6）**加热冷却装置控制**。经过温度控制，尽量保证动力电池工作在合适的温度环境。

7）**电池组 SOH 估算**。电池经过长期使用，性能会发生衰减，SOH 估算是电池老化后 SOC、SOE 及 SOF 估算方法的修正依据，也是电池组进行充放电控制的基础。

8）**电池组 SOC 的估算**。SOC 是整车控制策略的重要输入参数，也是电池管理系统其他状态变量（SOF、SOE）估算的基础，直接影响车辆的性能。

9）**电池故障分析与在线报警**。对电池组的故障进行判断和定位并上报整车，故障分析与在线报警是车辆行驶安全的重要保障。

10）**与车载设备通信**。为整车控制提供必要的电池数据，实时把数据传送到整车控制器是电动汽车正常工作的前提。

11）**与充电机通信**。充电过程中，实时把充电控制参数及电池状态参数传送给充电机，实现电池的安全高效充电。

2. BMS 的拓扑结构

电池组的安放位置、连接方式和 BMS 的工作环境都与其拓扑结构有很大的关系，而且这些因素还影响到 BMS 的可扩展性和可靠性。BMS 的拓扑结构一般分为 4 种：集中式、模块式、主从式和分布式。

（1）集中式 BMS

集中式 BMS 的所有功能模块都集中在单独的组件中，包括单体电压、温度和电流检测等都在同一块电路板中，如图 4-57 所示。

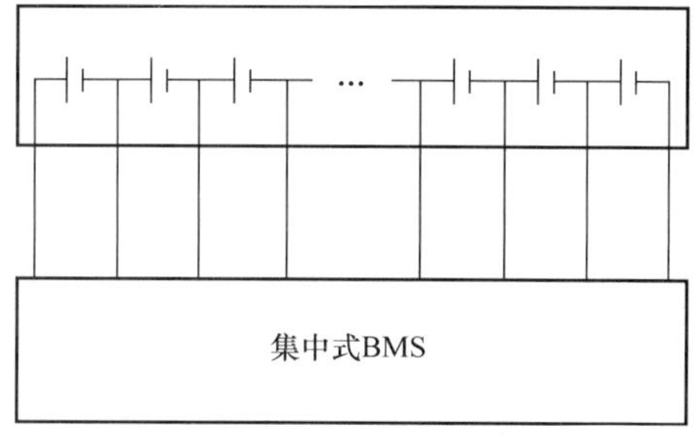

图 4-57　集中式 BMS 的拓扑结构

集中式 BMS 的优点是结构紧凑、经济、便于维修，缺点是采样线束复杂，数百根线穿过高压部分，增加了短路的风险，常用于容量小、总电压低、电池数目少的场景中。

（2）模块式 BMS

模块式 BMS 分为多个子模块。各子模块之间通过数据传递方式将电池数据信息上传。子模块可以放置在对应的电池组附近。如果需要增加更多的电池，那么需要增加对应的子模块。模块式 BMS 的优点是采样线束管理方便、易于扩展，缺点是电池数据信息传递复杂、速度慢，每个子模块部分功能冗余致使成本较高，因此这种模式只适用在某些特殊场合。模块式 BMS 的拓扑结构如图 4-58 所示。

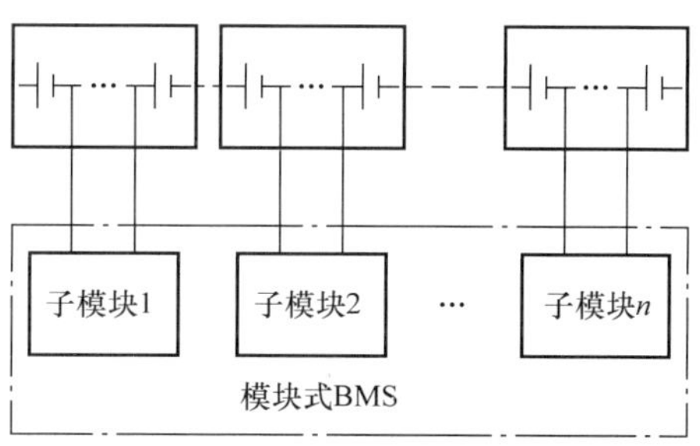

图 4-58　模块式 BMS 的拓扑结构

（3）主从式 BMS

主从式 BMS 一般由一个主控制器和多个从控制器组成。从控制器包括信息（单体电压、温度）采集电路和均衡电路等。主控制器接收从控制器上传的数据并进行处理，同时也给从控制器发送均衡指令，它和从控制器之间有专门的通信线路。主从式 BMS 的拓扑结构如图 4-59 所示，它具有模块式 BMS 的所有优点，而且从控制器不需要的功能都集中到主控制器上，因此与模块式 BMS 相比，成本较低。

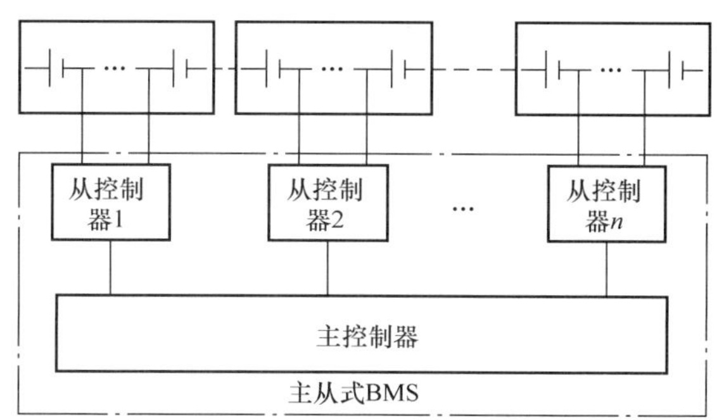

图 4-59　主从式 BMS 的拓扑结构

（4）分布式 BMS

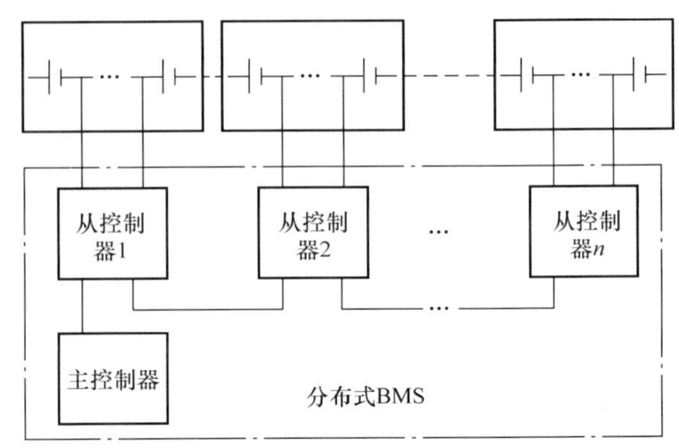

图 4-60　分布式 BMS 的拓扑结构

分布式 BMS 与上述三种拓扑结构不同，其中各个采集单元分别通过总线进行串联；电池数据信息通过逐级传递的方式上传给控制单元；通信方式一般采用菊花链通信。因为连接线较短，电压测量更精准。但因为数据是逐级上传，如果中间某一节出现故障，那么整个通信链路将中断，所以通信可靠性较差。分布式 BMS 的拓扑结构如图 4-60 所示。

上述四种拓扑结构的电池管理系统进行对比，具体见表 4-22。

表 4-22　不同 BMS 拓扑结构对比

拓扑结构	检测性能	通用性	安全性	硬件成本	装配成本	维护成本
集中式	良	差	差	低	高	低
模块式	良	良	中	高	高	低
主从式	良	良	优	高	高	低
分布式	优	优	优	高	低	高

关于 BMS 的拓扑结构分类没有统一的标准，也可将本文中论述的集中式和模块式统称为集中式，将主从式和分布式统称为分布式，但分类的基本原理是一致的。

集中式结构对电压、温度、电流、绝缘和通信等集中进行测量，然后在 BMS 中心处理器内进行数据的处理、计算、判断和相应的控制。集中式结构要求采样点相对集中，具有接线简单、成本低和利于维护等优点。但是由于受车体空间限制，大多数情况下，动力电池分布在车体不同的区域；并且动力电池的数量相对较多，集中式的电池管理结构在电动汽车上逐步被淘汰。

分布式结构由主控模块和测控模块构成，主控模块主要用于统一处理各测控单元采集的电池运行参数，估算电池组的状态，包括 SOC、SOE、SOH 和 SOF（State of Function，功能状态）等，为整车控制、充电控制提供基础数据，并向测控模块发送控制命令。其硬件电路结构如图 4-61 所示。

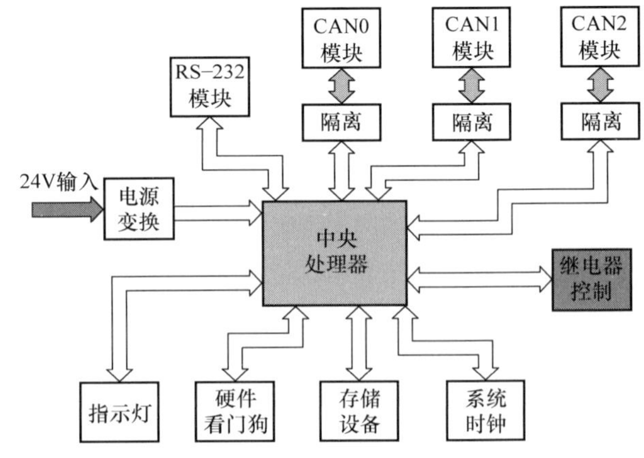

图 4-61　主控模块硬件电路结构

测控模块主要测量单体电压、总电压、电流、绝缘电阻和温度等参数，执行主控模块的控制命令；测控模块又可根据其测量电压的等级，分为从控模块（低压测量，图 4-62）和高压测控模块（图 4-63），这样有效地避免了高低压信号的相互干扰，增加了设计和安装的灵活性，提高了系统的可靠性和安全性。主控模块和测控模块都具有通过CAN总线或RS-485总线等进行数据通信的功能。分布式结构解决了动力电池多且位置分散的问题，现在已被广泛采用。

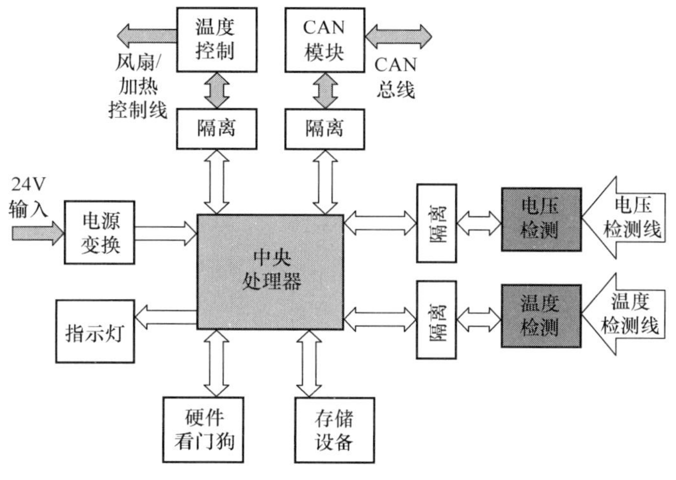

图4-62 从控模块硬件电路结构

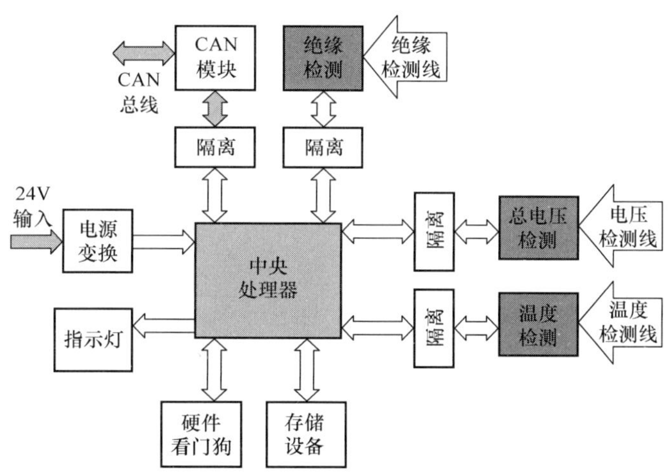

图4-63 高压测控模块硬件电路结构

3. 生产厂家及产品应用情况

目前我国BMS的研发生产主体细分为四种类型：动力电池企业自营BMS、专业第三方企业BMS、“BMS + PACK”企业BMS和整车企业自营BMS。

（1）动力电池企业自营BMS

动力电池企业目前已经成为BMS市场的主力，总车型中占比为48%㊀。动力电池企业自主研发BMS装配自产的电池，可以及时检测电池的性能和存在的问题，提高电池性能，并且能够建立更高效的BMS。具有代表性动力电池企业主要有宁德时代、中信国安盟固

㊀ 数据来源：动力电池应用分会研究部整理（该数据中有1%为无效数据）。

利、合肥国轩高科等，均已逐渐掌握整套核心技术，具有很强的市场竞争力。

（2）专业第三方企业 BMS

专业第三方企业由于掌握软件技术和数据的核心竞争力，并在规模化效应、工艺水平、交付能力等方面具有更强的优势，总车型中占比 36%[㊀]。如果进一步加强与上下游的深度合作，其市场份额将会逐渐提升。代表企业主要有惠州市亿能电子、深圳科列技术、安徽力高新能源等企业。

（3）“BMS + PACK”企业 BMS

“BMS + PACK”企业 BMS 在总车型中占比 10%[㊀]。此类企业既经营 BMS 业务又经营 PACK 业务，其中以南京创源天地、北京普莱德新能源电池、华霆（合肥）动力为代表。对 PACK 企业而言，根据整车厂提出的要求，通过 BMS 把控动力电池性能，得到更及时的反馈信息后优化 PACK，是其拓展 BMS 业务的初衷。当 PACK 的定制属性经过 BMS 的高技术壁垒加成后，会使其能更好地满足整车厂对 BMS 的需求。

（4）整车企业自营 BMS

总车型中该类占比 5%[㊀]。以比亚迪、北京新能源、中通客车控股为代表的企业，自己研发 BMS，装配给自己生产的车辆。整车企业能够更好地结合整车控制和需求进行 BMS 研发，在成本方面较其他企业也有较强的市场竞争力。

BMS 核心技术与综合服务之间的竞争日益加剧，为行业内的并购整合提供了更多机会。整车企业、电芯企业、PACK 企业和 BMS 公司均在 BMS 业务领域加快了布局步伐，根据自身企业定位与优势，纷纷与其他企业积极开展合作与整合，业界将有更多的合作企业共同致力于电池系统与 BMS 的研发工作。

4. BMS 技术的发展趋势

BMS 的高精度管理、高度集成化、智能化的三大发展趋势对 BMS 性能提出新的需求。近几年，BMS 技术发展具有以下特点：

1）系统全方位性能要求不断提高完善。电动汽车大规模应用对车载 BMS 层面的动力电池状态在线评估提出了更高的要求，达到电池系统全寿命周期、宽工作温度范围内实现荷电状态（SOC）、功率状态（SOP）和健康状态（SOH）的高精度估算，估计误差绝对值≤ 3%，单体电池之间的最大温差≤ 2℃，快速充电至 80% 以上 SOC 所需时间≤ 1h，满足安全性等国标要求和宽温度使用范围要求，并符合 ISO 26262 ASIL-C 功能安全要求及行业标准要求。

2）新的技术方案不断涌现。Linear（凌力尔特）与 LION Smart 合作开发首款无线 BMS 概念车，将电池组监视系统及其 SmartMesh 无线网格网络产品在 BMW i3 车型上进行了整合，取代了电池组和 BMS 之间的传统有线连接。无线 BMS 的方案可以大幅度改善 BMS 的可靠性，减少整个 PACK 的成本和重量，降低配线的复杂性。

3）在线和离线联合核心参数估算成为 BMS 的核心竞争力。“广义 BMS”概念近期被提出，即在线 BMS 根据状态模型进行电池状态的实时估算，结合离线历史数据平台，根据电池老化机理进行电池健康状态的准确诊断，修正在线估算模型，实现电池在全生命周

㊀ 数据来源：动力电池应用分会研究部整理（该数据中有 1% 为无效数据）。

期内状态的高精度评估和耐久性管理，最大限度地提升动力电池系统的安全利用效能。

4.3.9 通信协议

1. 非车载充电机与 BMS 的通信协议

在充电模式 4 下，应采用数字通信以实现车辆对电动汽车供电设备的控制。通信协议应符合 GB/T 27930—2015《电动汽车非车载传导式充电机与电池管理系统之间的通信协议》[17]，其规定了电动汽车非车载传导式充电机与 BMS 之间基于控制器局域网（Control Area Network，CAN）的通信物理层、数据链路层及应用层的定义，适用于采用充电模式 4 的充电机与 BMS 之间的通信，也适用于充电机与具有充电控制功能的车辆控制单元之间的通信。

非车载传导式充电机与 BMS 之间的 CAN 通信网络应由充电机和 BMS 两个节点组成，通信协议采用 CAN2.0B 通信协议。在充电过程中，充电机和 BMS 监测电压、电流和温度等参数，同时 BMS 管理整个充电过程。数据信息传输采用低字节先发送的格式，正的电流值代表放电，负的电流值代表充电。充电机与 BMS 之间的通信速率一般采用 250kbit/s。帧格式采用 CAN 扩展帧的 29 位标识符，每个 CAN 数据帧包含一个单一的协议数据单元（PDU），由七部分组成：优先权、保留位、数据页、PDU 格式、PDU 特定、源地址和数据域。应用层采用参数和参数组定义的形式，采用 PGN 对参数组进行编号，各个节点根据 PGN 来识别数据包的内容。

网络地址用于保证信息标识符的唯一性以及表明信息的来源。充电机和 BMS 定义为不可配置地址，即该地址固定在 ECU 的程序代码中，包括服务工具在内的任何手段都不能改变其源地址。充电机和 BMS 分配的地址见表 4-23。

表 4-23 充电机和 BMS 地址分配

装置	首选地址
充电机	86（56H）
BMS	244（F4H）

整个充电过程包括六个阶段：物理连接完成、低压辅助上电、充电握手阶段、充电参数配置阶段、充电阶段和充电结束阶段。在各个阶段，充电机和 BMS 如果在规定的时间内没有收到对方报文或没有收到正确报文，即判定为超时。超时时间除特殊规定外，均为 5s。当出现超时后，BMS 或充电机发送错误报文，并进入错误处理状态。在对故障处理的过程中，根据故障的类别，分别进行不同的处理。在充电结束阶段中，如果出现了故障，则直接结束充电流程，充电总体流程如图 4-64 所示。

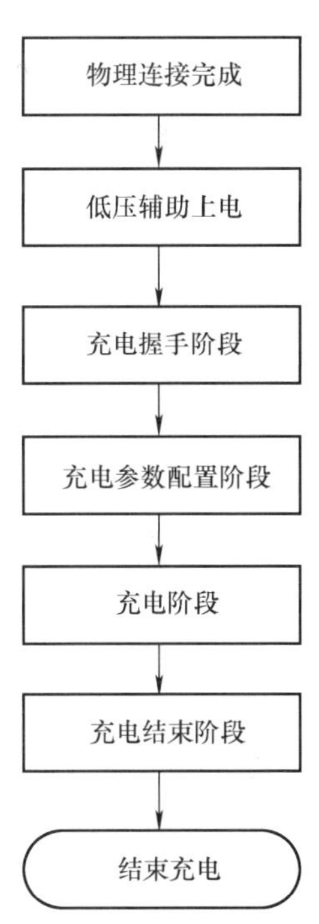

图 4-64 充电总体流程

（1）低压辅助上电及充电握手阶段

充电握手阶段分为握手启动阶段和握手辨识阶段，当充电机和 BMS 物理连接完成并上电后，开启低压辅助电源，进入握手启动阶段发送握手报文，再进行绝缘监测。绝缘监测结束后进入握手辨识阶段，双方发送辨识报文，确定电池和充电机的必要信息。充电握手阶段报文分类见表 4-24。

表 4-24 充电握手阶段报文分类

报文代码	报文描述	PGN（Dec）	PGN（Hex）	优先权	数据长度 / byte	报文周期 / ms	源地址 – 目的地址
CHM	充电机握手	9728	002600H	6	3	250	充电机 -BMS
BHM	车辆握手	9984	002700H	6	2	250	BMS- 充电机
CRM	充电机辨识	256	000100H	6	8	250	充电机 -BMS
BRM	BMS 和车辆辨识报文	512	000200H	7	41	250	BMS- 充电机

1）PGN9728 充电机握手报文（CHM）。报文功能：当充电机和电动汽车物理连接并完成上电，且电压检测正常后，由充电机向 BMS 每隔 250ms 发送一次充电机握手报文，用于确定双方是否握手正常。PGN9728 报文格式见表 4-25。

表 4-25 PGN9728 报文格式

起始字节或位	长度	SPN	SPN 定义	发送选项
1	3 字节	2600	充电机通信协议版本号，本标准规定当前版本为 V1.1，表示为：byte3, byte2—0001H；byte1—01H	必须项

2）PGN9984 BMS 握手报文（BHM）。报文功能：当 BMS 收到 PGN9984 充电机握手报文后，向充电机每隔 250ms 返回 BMS 握手报文，提供 BMS 最高允许充电总电压。PGN9984 报文格式见表 4-26。

表 4-26 PGN9984 报文格式

起始字节或位	长度	SPN	SPN 定义	发送选项
1	2 字节	2601	最高允许充电总电压	必须项

（2）充电参数配置阶段

充电握手阶段完成后，充电机和 BMS 进入充电参数配置阶段。在此阶段，充电机向 BMS 发送充电机最大输出能力的报文，BMS 根据充电机最大输出能力判断是否能够进行充电。充电参数配置阶段报文分类见表 4-27。

表 4-27 充电参数配置阶段报文分类

报文代码	报文描述	PGN（Dec）	PGN（Hex）	优先权	数据长度 / byte	报文周期 / ms	源地址 – 目的地址
BCP	动力电池充电参数	1536	000600H	7	13	500	BMS- 充电机
CTS	充电机发送时间同步信息	1792	000700H	6	7	500	充电机 -BMS
CML	充电机最大输出能力	2048	000800H	6	8	250	充电机 -BMS
BRO	电池充电准备就绪状态	2304	000900H	4	1	250	BMS- 充电机
CRO	充电机输出准备就绪状态	2560	000A00H	4	1	250	充电机 -BMS

1）PGN1536 动力电池充电参数报文（BCP）。报文功能：充电参数配置阶段 BMS 发送给充电机的动力电池充电参数。如果充电机在 5s 内没有收到该报文，即为超时错误，充电机应立即结束充电。PGN1536 报文格式见表 4-28。

表 4-28 PGN1536 报文格式

起始字节或位	长度	SPN	SPN 定义	发送选项
1	2 字节	2816	单体动力电池最高允许充电电压	必须项
3	2 字节	2817	最高允许充电电流	必须项
5	2 字节	2818	动力电池标称总能量	必须项
7	2 字节	2819	最高允许充电总电压	必须项
9	1 字节	2820	最高允许温度	必须项
10	2 字节	2821	整车动力电池荷电状态	必须项
12	2 字节	2822	整车动力电池当前电池电压	必须项

2）PGN2048 充电机最大输出能力报文（CML）。报文功能：充电机发送给 BMS 充电机最大输出能力，以便估算剩余充电时间。PGN2048 报文格式见表 4-29。

表 4-29 PGN2048 报文格式

起始字节或位	长度	SPN	SPN 定义	发送选项
1	2 字节	2824	最高输出电压（V）	必须项
3	2 字节	2825	最低输出电压（V）	必须项
5	2 字节	2826	最大输出电流（A）	必须项
7	2 字节	2827	最小输出电流（A）	必须项

（3）充电阶段

充电配置阶段完成后，充电机和 BMS 进入充电阶段。在整个充电阶段，BMS 实时向充电机发送电池充电需求，充电机根据电池充电需求来调整充电电压和充电电流以保证充电过程正常进行。在充电过程中，充电机和 BMS 相互发送各自的充电状态。除此之外，BMS 根据要求向充电机发送动力电池具体状态信息及电压、温度等信息。BMV、BMT、BSP 为可选报告，充电机不对其进行报文超时判定。

BMS 根据充电过程是否正常、电池状态是否达到 BMS 自身设定的充电结束条件以及是否收到充电机中止充电报文来判断是否结束充电；充电机根据是否收到停止充电指令、充电过程是否正常、是否达到人为设定的充电参数值，或者是否收到 BMS 中止充电报文来判断是否结束充电。充电阶段报文的分类见表 4-30。

表 4-30 充电阶段报文的分类

报文代码	报文描述	PGN（Dec）	PGN（Hex）	优先权	数据长度 / byte	报文周期 / ms	源地址—目的地址
BCL	电池充电需求	4096	001000H	6	5	50	BMS—充电机
BCS	电池充电总状态	4352	001100H	7	9	250	BMS—充电机
CCS	充电机充电状态	4608	001200H	6	8	50	充电机—BMS
BSM	动力电池状态信息	4864	001300H	6	7	250	BMS—充电机
BMV	单体动力电池电压	5376	001500H	7	不定	10000	BMS—充电机
BMT	动力电池温度	5632	001600H	7	不定	10000	BMS—充电机
BSP	动力电池预留报文	5888	001700H	7	不定	10000	BMS—充电机
BST	BMS 中止充电	6400	001900H	4	4	10	BMS—充电机
CST	充电机中止充电	6656	001A00H	4	4	10	充电机—BMS

1）PGN4608 充电机充电状态报文（CCS）。报文功能：让 BMS 监视充电机当前输出的充电电流、电压值等信息。如果 BMS 在 1s 内没有收到该报文，则为超时错误，BMS 应立即结束充电。PGN4608 报文格式见表 4-31。

表 4-31　PGN4608 报文格式

起始字节或位	长度	SPN	SPN 定义	发送选项
1	2 字节	3081	电压输出值（V）	必须项
3	2 字节	3082	电流输出值（A）	必须项
5	2 字节	3083	累计充电时间（min）	必须项
7.1	2 位	3929	充电允许（<00>：= 暂停；<01>：= 允许）	必须项

2）PGN4864 BMS 发送动力电池状态信息报文（BSM）。报文功能：充电阶段 BMS 发送给充电机的动力电池状态信息。PGN4864 报文格式见表 4-32。

表 4-32　PGN4864 报文格式

起始字节或位	长度	SPN	SPN 定义	发送选项
1	1 字节	3085	最高单体动力电池电压所在编号	必须项
2	1 字节	3086	最高动力电池温度	必须项
3	1 字节	3087	最高温度检测点编号	必须项
4	1 字节	3088	最低动力电池温度	必须项
5	1 字节	3089	最低动力电池温度检测点编号	必须项
6.1	2 位	3090	单体动力电池电压过高 / 过低（<00>：= 正常；<01>：= 过高；<10>：= 过低）	必须项
6.3	2 位	3091	整车动力电池电压荷电状态（SOC）过高 / 过低（<00>：= 正常；<01>：= 过高；<10>：= 过低）	必须项
6.5	2 位	3092	动力电池充电过电流（<00>：= 正常；<01>：= 过电流；<10>：= 不可信状态）	必须项
6.7	2 位	3093	动力电池温度过高（<00>：= 正常；<01>：= 过高；<10>：= 不可信状态）	必须项
7.1	2 位	3094	动力电池绝缘状态（<00>：= 正常；<01>：= 不正常；<10>：= 不可信状态）	必须项
7.3	2 位	3095	动力电池输出连接器连接状态（<00>：= 正常；<01>：= 不正常；<10>：= 不可信状态）	必须项
7.5	2 位	3096	充电允许（<00>：= 禁止；<01>：= 允许）	必须项

3）PGN5632 动力电池温度报文（BMT）。报文功能：动力电池温度。当数据长度超出 8 字节时，需使用传输协议功能传输。PGN5632 报文格式见表 4-33。

表 4-33　PGN5632 报文格式

起始字节或位	长度	SPN	SPN 定义	发送选项
1	1 字节	3361	动力电池温度 1	可选项
2	1 字节	3362	动力电池温度 2	可选项
3	1 字节	3363	动力电池温度 3	可选项
4	1 字节	3364	动力电池温度 4	可选项
5	1 字节	3365	动力电池温度 5	可选项
6	1 字节	3366	动力电池温度 6	可选项
…				可选项
127	1 字节	3487	动力电池温度 127	可选项
128	1 字节	3488	动力电池温度 128	可选项

（4）充电结束阶段

当充电机和 BMS 停止充电后，双方进入充电结束阶段。在此阶段，BMS 向充电机发送整个充电过程中的充电统计数据，包括初始 SOC、终了 SOC、电池最低电压和最高电压；充电机收到 BMS 的充电统计数据后，向 BMS 发送整个充电过程中的输出电量、累计充电时间等信息，最后停止低压辅助电源的输出。充电结束阶段报文分类见表 4-34。

表 4-34　充电结束阶段报文分类

报文代码	报文描述	PGN（Dec）	PGN（Hex）	优先权	数据长度 / byte	报文周期 / ms	源地址—目的地址
BSD	BMS 统计数据	7168	001C00H	6	7	250	BMS—充电机
CSD	充电机统计数据	7424	001D00H	6	8	250	充电机—BMS

（5）错误报文

整个充电阶段，当 BMS 或充电机检测到存在错误时，发送错误报文。错误报文分类见表 4-35。

表 4-35　错误报文分类

报文代码	报文描述	PGN（Dec）	PGN（Hex）	优先权	数据长度 / byte	报文周期 / ms	源地址—目的地址
BEM	BMS 错误报文	7680	001E00H	2	4	250	BMS—充电机
CEM	充电机错误报文	7936	001F00H	2	4	250	充电机—BMS

2. 车载充电机与交流充电桩的通信协议

《电动汽车车载充电机与交流充电桩之间的通信协议》征求意见稿（以下简称意见稿），规定了电动汽车车载充电机与交流充电桩之间的通信流程、报文分类和信息交互内容等，适用于采用传导式方式为电动汽车提供电能的交流充电桩和车载充电机。

考虑到交流充电桩与电动汽车车载充电机之间通信方式的多样性，意见稿只规定通信协议的应用层，物理层、数据链路层等通信层的实现根据用户需求和设计要求，遵循相应的通信协议标准。由于车辆控制系统的通信网络一般采用 CAN 通信方式，建议车载充电机与交流充电桩之间的通信系统采用 CAN。

车载充电机与交流充电桩的通信采用独立于动力总成控制系统之外的通信接口，该通信网络一般包括两个节点：车载充电机和交流充电桩。车载充电机和交流充电桩应具有唯一且固定的逻辑地址。在充电过程中，车载充电机通过 BMS 监测电池实时数据，并根据一定充电控制算法管理充电过程；交流充电桩根据电网充电管理要求，通过与车载充电机通信对充电状态和充电参数进行调整，从而实现有序充电。

交流充电桩为车载充电机充电的通信过程包括四个阶段：握手阶段、配置阶段、充电阶段和充电结束阶段，总体流程如图 4-65 所示。在各个阶段，交流充电桩和车载充电机如果在规定的时间内没有收到对方报文，即判定为超时；当出现超时后，交流充电桩和车载充电机发送错误报文，并进入错误处理状态。

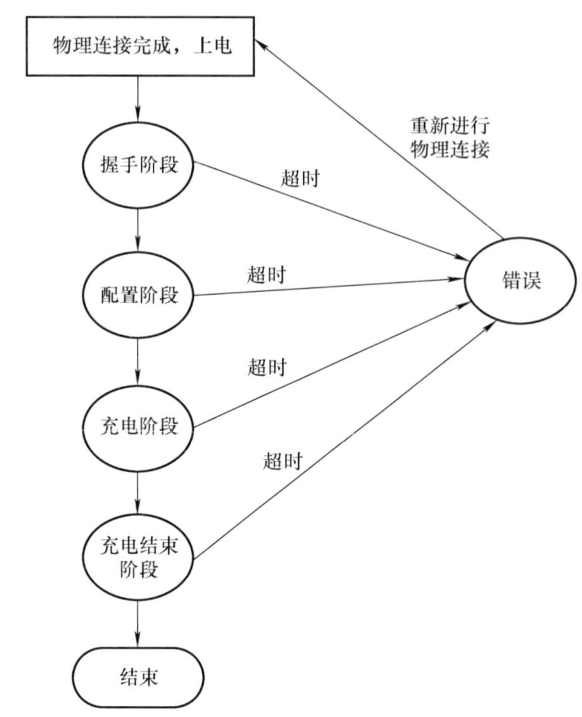

图 4-65　交流充电桩为车载充电机充电的通信过程总体流程

（1）握手阶段

当交流充电桩和车载充电机物理连接完成并上电后，交流充电桩和车载充电机进入握手阶段。握手阶段报文分类见表 4-36。

表 4-36　握手阶段报文分类

报文代码	报文描述	报文 ID	源地址	目的地址	触发方式
AIM	交流充电桩辨识信息	1	交流充电桩	车载充电机	周期发送，事件触发
CIM	车载充电机辨识信息	2	车载充电机	交流充电桩	周期发送，事件触发

（2）配置阶段

握手阶段完成后，交流充电桩和车载充电机进入配置阶段。在此阶段，交流充电桩向车载充电机发送最大输出能力的报文。交流充电桩也可以向车载充电机发送充电需求参数，如充电时间、充电电量。车载充电机向交流充电桩发送车载充电机和电池参数报文，及是否接受有序充电调控。如果车载充电机不接受有序充电调控，那么交流充电桩将按照车载充电机的要求进行充电。配置阶段报文分类见表 4-37。

表 4-37　配置阶段报文分类

报文代码	报文描述	报文 ID	源地址	目的地址	触发方式
AOP	交流充电桩输出参数	17	交流充电桩	车载充电机	周期发送，事件触发
CBP	车载充电机及电池参数	18	车载充电机	交流充电桩	周期发送，事件触发
ASM	交流充电桩充电开始标识	19	交流充电桩	车载充电机	事件触发
CSM	车载充电机充电开始标识	20	车载充电机	交流充电桩	事件触发

（3）充电阶段

配置阶段完成后，交流充电桩和车载充电机进入充电阶段。在此阶段，交流充电桩实时向车载充电机发送充电实时电流、实时电压、实时功率。车载充电机如果能接受有序充电调控，则将根据交流充电桩发送的实时功率进行调整，以弱化充电过程对电网的影响。在充电过程中，车载充电机向交流充电桩发送 SOC 信息以及电池或本身的故障信息。

交流充电桩根据电网有序充电要求，充电过程是否正常，是否达到人为设定的时间、电量等充电结束条件以及是否收到车载充电机中止充电报文来判断是否结束充电；车载充电机根据充电过程是否正常、是否达到人为设定的充电参数值以及是否收到交流充电桩中止充电报文来判断是否结束充电。充电阶段报文分类见表 4-38。

表 4-38 充电阶段报文分类

报文代码	报文描述	报文ID	源地址	目的地址	触发方式
APT	实时功率门限信息	33	交流充电桩	车载充电机	周期发送
ARD	充电实时数据	34	交流充电桩	车载充电机	周期发送
CRF	实时故障信息	35	车载充电机	交流充电桩	周期发送，事件触发
CRB	电池实时数据	36	车载充电机	交流充电桩	周期发送
ATM	交流充电桩终止充电	37	交流充电桩	车载充电机	事件触发
CTM	车载充电机终止充电	38	车载充电机	交流充电桩	事件触发

（4）充电结束阶段

当交流充电桩和车载充电机停止充电后，双方进入充电结束阶段。在此阶段，车载充电机向交流充电桩发送整个充电过程中的充电统计数据，包括初始 SOC 和终了 SOC 等；交流充电桩向车载充电机发送整个充电过程中的输出电量、累计充电时间等信息。充电结束阶段报文分类见表 4-39。

表 4-39 充电结束阶段报文分类

报文代码	报文描述	报文 ID	源地址	目的地址	触发方式
AST	交流充电桩统计数据	49	交流充电桩	车载充电机	事件触发
CST	车载充电机统计数据	50	车载充电机	交流充电桩	事件触发

（5）错误报文

整个充电阶段，交流充电桩和车载充电机发送的错误信息，错误报文分类见表 4-40。

表 4-40 错误报文分类

报文代码	报文描述	报文 ID	源地址	目的地址	触发方式
AEM	交流充电桩错误数据	65	交流充电桩	车载充电机	事件触发
CEM	车载充电机错误数据	66	车载充电机	交流充电桩	事件触发

4.4 电动客车顶部接触式充电系统

应用于城市公交领域的电动客车对于快速补电、缩短充电等待时间的运营需求越来越高，搭载快充型动力电池的电动客车通常采用传统的双路充电枪连接方式充电。弓式充电是一种新兴的充电应用方式，通过在车顶布置过电流能力更强的车载集电弓总成，结合外部充电架相关设施，能为电动车辆提供一种支持大电流快速充电的方式。另外，弓式快速充电站具有占地面积小、投入成本低和使用效率高的特点，非常适合充电场所用地紧张的城市。弓式充电站应用现场如图 4-66 所示。[23]

图 4-66 弓式充电站应用现场

典型的弓式充电系统结构图如图 4-67 所示，由整车控制器、集电弓、电池管理系统（BMS）、动力电池、车载 WiFi 处理器、DC/DC 变换器、打气泵变频器、打气泵、储气罐、高压配电柜、仪表、电空调控制器、驱动电机变频器等构成，各部件控制单元之间通过车辆 CAN 总线通信网络实现状态信息、控制信息和故障信息的传递交互。

目前正在制定的电动客车顶部接触式充电系统标准㊀，主要内容如下：

弓式充电系统又称**顶部接触式充电系统**（Top Contact Charging System）：实现电动汽车顶部自动连接充电的可控传导充电系统，由非车载充电机、充电弓 / 受电弓及其对接端等部分组成。其中：

充电弓（Charging Pantograph）：一种用于电动汽车顶部接触式充电的主动连接装置，安装在高于车辆高度的位置，通过下压方式与车辆顶部的对接端连接，将非车载充电机的电能传输给对接端。

受电弓（Pantograph）：一种用于电动汽车顶部接触式充电的主动连接装置，安装在车辆顶部，通过上举方式与上方的对接端连接，接收来自对接端的电能。

充电自动连接装置对接端（ACD Counterpart）：一种与充电自动连接装置连接实现充电机与电动汽车自动连接的被动连接设备。

充电弓对接端（Charging Pantograph Counterpart）：一种被动连接设备，安装在车辆顶部，充电弓通过与之对接实现充电机与电动汽车传导充电。

㊀ 该部分内容正在制订，并未定稿。

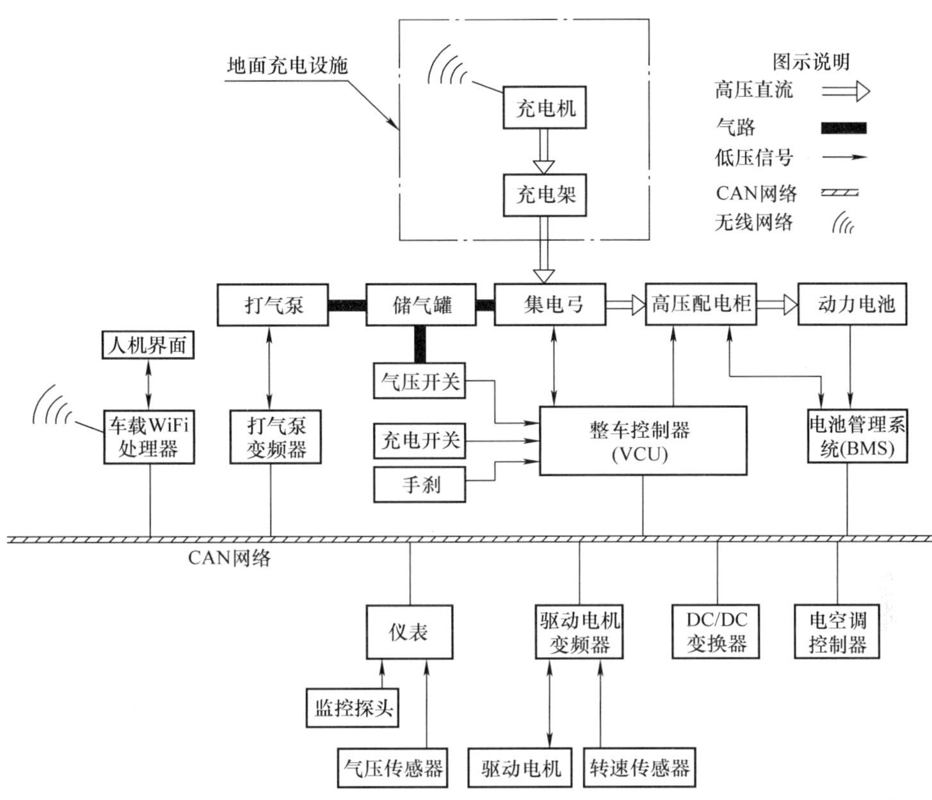

图 4-67　典型的弓式充电系统结构图

受电弓对接端（Pantograph Counterpart）：一种被动连接设备，固定在专用支架或建筑物上，受电弓通过与之对接实现充电机与电动汽车传导充电。

电动客车供电设备按照充电弓的安装位置可以分为连接方式 D 和连接方式 E。

连接方式 D：将电动客车和供电网连接时，使用了充电弓和充电弓对接端这样的自动连接耦合器，如图 4-68 所示。

连接方式 E：将电动客车和供电网连接时，使用了受电弓和受电弓对接端这样的自动连接耦合器，如图 4-69 所示。

图 4-68　连接方式 D

a—充电弓　b—充电弓对接端　c—自动连接耦合器

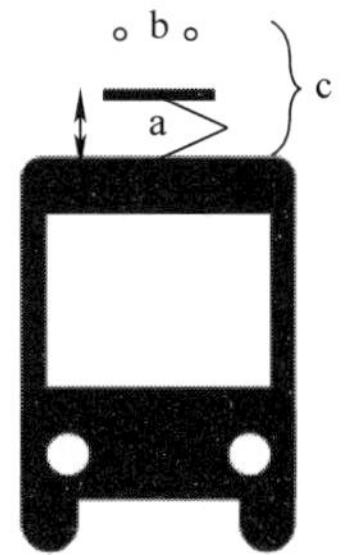

图 4-69　连接方式 E

a—受电弓　b—受电弓对接端　c—自动连接耦合器

电动客车顶部接触式充电系统采用 DC+、DC−、PE、CP 四极连接。电极电气参数值及功能定义见表 4-41。

表 4-41 电极电气参数值及功能定义

电极编号 / 标志	额定电压和电流	功能定义
1——（DC+）	750V/1000V/1500V 500A/750A/1000A	直流电源正，连接直流电源正与电池正极
2——（DC−）		直流电源负，连接直流电源负与电池负极
3——（PE）	—	保护接地，连接供电设备地线和车辆电平台
4——（CP）	0V~30V 2A	充电连接确认信号线

充电系统和电动客车之间的数字通信采用 WiFi 方式，物理层和数据链路层符合 IEEE802.11。顶部接触式充电系统连接框图如图 4-70 所示，其中，充电系统和电动客车均应在 DC+、DC− 电极上配置温度传感器，如图中 θ。如果出现超温，开关 S_1（图 4-71）应在 100ms 内断开，充电电流应在开关 S_1 断开后 100ms 内降低到 5A 以下。充电弓和充电弓对接端应在 5s 内断开。当充电弓和充电弓对接端连接可靠（可压力传感器或者位置传感器确认），并且 U_{CP} 电压电平正确，充电流程才可启动；否则，充电流程不可启动，并通过数字通信方式发出故障代码。为了防止接触失效，应在充电过程中检测充电弓与充电弓对接端接触的可靠性。如果接触可靠性失效，开关 S_1 应在 100ms 内断开，并在之后的 100ms 内将充电电流降到 5A 以下，在之后的 5s 内断开充电弓和充电弓对接端之间的连接。充电过程中的绝缘检测由充电系统进行，当检测到绝缘故障时，开关 S_1 应在 100ms 内断开，充电电流应在开关 S_1 断开后 100ms 内降低到 5A 以下，充电弓和充电弓对接端应在 5s 内断开。顶部接触式充电系统应具备接近识别功能，充电系统和电动客车至少应有一方的身份信息可被对方所识别。根据身份识别信息及相应规则，STA（Station，站）应获得 AP（Access Point，接入点）的 SSID 和密码，之后可以自动或手动建立无线

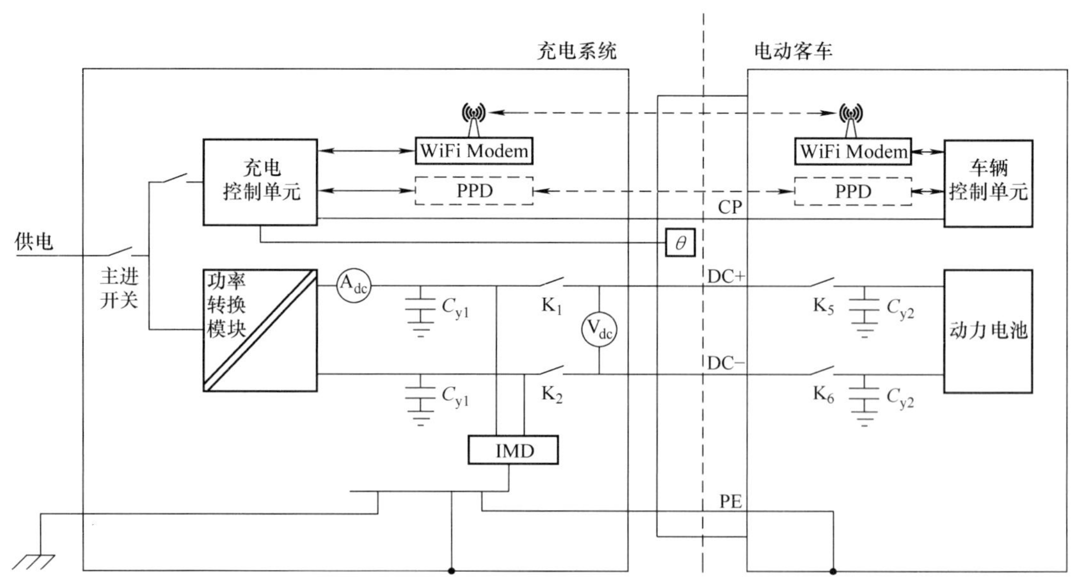

图 4-70 顶部接触式充电系统连接框图

连接。电动客车停靠充电区域内，建立无线通信连接后，只有将电动客车数字锁定，即确保电动客车不可移动或者电动客车动力系统高压断电时，连接装置的执行机构才能进行动作进行连接；在充电结束、执行机构完成复位后，电动客车退出数字锁定状态。顶部接触式充电系统符号见表4-42。

表4-42　顶部接触式充电系统符号

对象	符号	定义
充电系统 电动客车	θ	充电系统和电动客车均应在DC+、DC−电极上配置温度传感器
充电系统	接触可靠性检测	充电弓应提供一种措施以保证电极的可靠连接，如接触压力
充电系统	PPD	充电系统应配置RFID读写器，能够识别进入充电区域的电动客车
电动客车		电动客车应配置无源电子标签
充电系统 电动客车	CP	控制导引信号。充电系统及电动客车均能够改变并识别CP信号电平
充电系统 电动客车	WiFi	充电系统CAN通信经CAN-WiFi转换后经WiFi连接电动客车，车内经WiFi-CAN转换成CAN通信

如图4-71所示，S_0、S_3默认常闭（S_3可以选择在充电时打开）。S_1由充电系统控制，S_2由电动客车控制。通过控制S_1、S_2以及自动连接耦合器处于不同的开关状态，实现控制导引电路的状态转换。控制导引通过检测CP端相对于PE端的电压进行状态判断，其中充电系统检测的CP电压标记为U_{CP}，电动客车检测的CP电压标记为U'_{CP}，当自动连接耦合器处于断开状态时，$U_{CP} \neq U'_{CP}$、$U'_{CP}=0V$。根据S_1状态的不同，U_{CP}电压不同。由图4-71可知，当S_1断开时，U_{CP}电压见式（4-12），系统处于P状态，即待机状态；当S_1闭合时，U_{CP}电压见式（4-13），系统处于A状态，即充电系统就绪。

$$U_{CP}=\frac{R_4U_1}{R_4+R_1+R_1'}=\frac{100\times10^3\times12}{100\times10^3+1000+10\times10^3}\text{V}\approx10.8\text{ V} \tag{4-12}$$

$$U_{CP}=\frac{R_4U_1}{R_4+R_1}=\frac{100\times10^3\times12}{100\times10^3+1000}\text{V}\approx11.9\text{V} \tag{4-13}$$

当自动连接耦合器处于连接状态时，$U_{CP}=U'_{CP}$。根据S_1和S_2状态的不同，系统分别处于B、C、D_1、D_2状态。由图4-71可知，当系统处于B状态时，S_1闭合，S_2断开，U_{CP}电压见式（4-14）；当系统处于C状态时，S_1和S_2均闭合，U_{CP}电压见式（4-15）；当系统处于D_1状态时，S_1断开，S_2断开，U_{CP}电压见式（4-16）；当系统处于D_2状态时，S_1断开，S_2闭合，U_{CP}电压见式（4-17），以上控制导引电路状态总结见表4-43。

$$U_{CP}=\frac{\frac{R_3}{R_1}U_1+U_{VD1}}{1+\frac{R_3}{R_4}+\frac{R_3}{R_1}}=\frac{\frac{2740}{1000}\times12+0.7}{1+\frac{2740}{100\times10^3}+\frac{2740}{1000}}\text{V}\approx8.9\text{V} \tag{4-14}$$

$$U_{CP}=\frac{\frac{R_{23}}{R_1}U_1+U_{VD1}}{1+\frac{R_{23}}{R_4}+\frac{R_{23}}{R_1}}=\frac{\frac{882}{1000}\times12+0.7}{1+\frac{882}{100\times10^3}+\frac{882}{1000}}\text{V}\approx6\text{V} \tag{4-15}$$

式中 $R_{23}=\frac{R_2R_3}{R_2+R_3}=\frac{1300\times2740}{1300+2740}\Omega\approx882\Omega$

$$U_{CP}=\frac{\frac{R_3}{R_1+R_1'}U_1+U_{VD1}}{1+\frac{R_3}{R_4}+\frac{R_3}{R_1+R_1'}}=\frac{\frac{2740}{1000+10\times10^3}\times12+0.7}{1+\frac{2740}{100\times10^3}+\frac{2740}{1000+10\times10^3}}\text{V}\approx2.9\text{V} \tag{4-16}$$

$$U_{CP}=\frac{\frac{R_{23}}{R_1+R_1'}U_1+U_{VD1}}{1+\frac{R_{23}}{R_4}+\frac{R_{23}}{R_1+R_1'}}=\frac{\frac{882}{1000+10\times10^3}\times12+0.7}{1+\frac{882}{100\times10^3}+\frac{882}{1000+10\times10^3}}\text{V}\approx1.5\text{V} \tag{4-17}$$

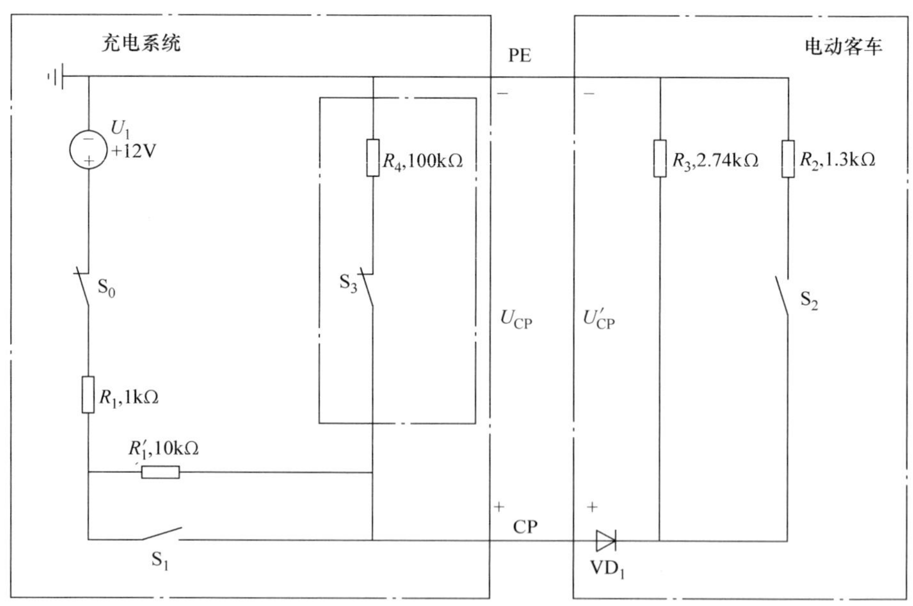

图 4-71 控制导引电路

表 4-43 控制导引电路参数

对象	参数	符号	单位	最大值	标称值	最小值
充电系统	电源电压	U_1	V	12.6	12	11.4
	R_1 等效电阻	R_1	Ω	1030	1000	970
	R'_1 等效电阻	R_2	kΩ	10.3	10	9.7
	R_4 等效电阻	R_4	kΩ	103	100	97
电动客车	R_2 等效电阻	R_2	Ω	1339	1300	1261
	R_3 等效电阻	R_3	Ω	2822	2740	2658
	等效二极管电压降	U_{VD1}	V	0.8	0.7	0.5
充电系统	状态 U_P（U_{CP} 电压）	U_P	V	11.3	10.8	10.3
	状态 U_A（U_{CP} 电压）	U_A	V	12.5	11.9	11.3
电动客车	状态 U'_P（U'_{CP} 电压）	U_P	V	0.5	0	0
	状态 U'_A（U'_{CP} 电压）	U_A	V	0.5	0	0
充电系统 电动客车	状态 U_B（U_{CP} 电压）	U_B	V	9.5	8.9	8.3
	状态 U_C（U_{CP} 电压）	U_C	V	6.5	6	5.5
	状态 U_{D1}（U_{CP} 电压）	U_{D1}	V	3.1	2.9	2.7
	状态 U_{D2}（U_{CP} 电压）	U_{D2}	V	1.6	1.5	1.4

充电系统和电动客车通过实时检测 CP 电压，分别控制 S_1 和 S_2 处于不同开关状态以完成状态转换和信息传递。控制导引电路状态转换图如图 4-72 所示，控制时序转换表见表 4-44。

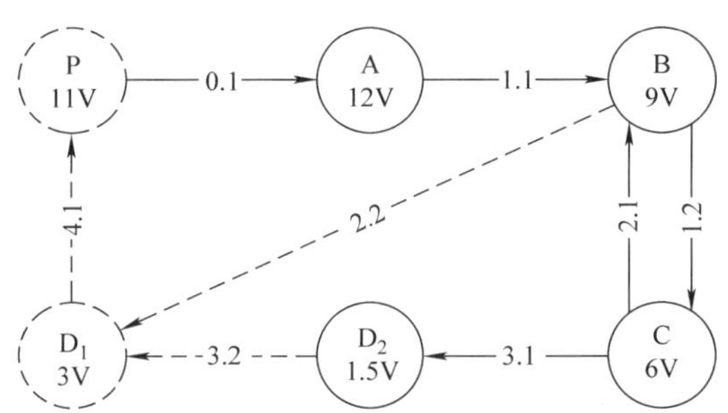

图 4-72 控制导引电路状态转换图

表 4-44 控制时序转换表

时序	条件	备注
0.1 P → A	1）P 状态，待机 2）无线通信建立连接，充电系统准备就绪，开关 S_1 由断开转为闭合，电压由 11V 转为 12V，状态由 P 转为 A	充电系统准备
1.1 A → B	1）A 状态，充电系统就绪。准备响应传导充电连接命令 2）传导充电连接后，U_{CP} 电压由 12V 转为 9V，状态由 A 转为 B	传导充电开始连接
1.2 B → C	1）B 状态，充电连接成功。等待电动客车充电允许 2）电动客车检测到 U'_{CP}=9V 后，以闭合开关 S_2 来传递允许充电命令，U'_{CP}=6V，状态由 B 转为 C	开始充电

（续）

时序	条件	备注
2.1 B ← C	1）C 状态，充电中 2）电动客车以断开开关 S_2 传递急停信号，U_{CP} 电压由 6V 变为 9V，状态由 C 转为 B	电动客车停止充电
2.2 D_1 ← B	1）充电系统检测到 U_{CP} 电压 6V 到跳变到 9V 2）充电系统断开开关 S_1，对急停信号予以响应。U_{CP} 电压由 9V 变为 3V，状态由 B 转为 D_1	停止充电确认
3.1 D_2 ← C	1）C 状态为充电中 2）充电系统以断开开关 S_1 传递急停信号，U_{CP} 电压由 6V 转为 1.5V，状态由 C 转为 D_2	充电系统停止充电
3.2 D_1 ← D_2	1）电动客车检测到 U_{CP} 电压 6V 跳变到 1.5V 2）电动客车断开开关 S_2，对急停信号予以响应。U_{CP} 电压由 1.5V 变为 3V，状态由 D_2 转为 D_1	停止充电确认
4.1 P ← D_1	1）充电系统、电动客车均确认停止充电 2）执行机构断开充电连接，U_{CP}=11V，U'_{CP}=0V 状态由 D_1 转为 P	断开充电连接

注：若充电中出现非 C 状态的异常情况，也应停止充电。

4.5 展望

电动汽车虽然在近些年有着惊人的进步，但受众依然十分有限。目前阻碍消费者接受电动汽车的原因依然有很多，从客户体验的角度来讲，其基本指标有两个：一是续驶里程要到 400~500km，二是能源补充在 10min 之内完成。以现状来看，目前主流的大功率直流充电桩充电功率为 40~60kW，特斯拉的超级充电站最大功率可达 120kW。目前主流的几款纯电动车型，动力电池能量一般为 50~90kW・h。由此可以推算，充电时间一般需要 1~2h。在旅途中停车等候时间这么长对于大多数人来说是无法忍受的。即便是续驶里程表现不错的特斯拉进行一次江浙沪以内的短途往返都足以让人产生里程焦虑。因此，延长车辆续驶里程、完善充电基础设施以及实现大功率充电能力，是电动汽车满足长途驾驶的需求，可有效缓解里程和充电焦虑。而大功率充电技术意味着：动力电池系统需向高压、高充电倍率、强热管理能力、安全可靠等方向发展，具有一定难度与挑战性。另一方面，电动汽车充电系统涉及动力电池、电力电子等不同时间尺度和不同学科的交叉，考虑电池和电力电子相互影响还较欠缺，制约了系统寿命、成本、运行效率、安全可靠性的进一步提高。随着大功率充电技术的发展及动力电池与电力电子技术的高度融合，电动汽车在续驶里程和能量补给效率两个层面都将与传统燃油汽车处于相近水平，且整个系统也将更加安全高效，因此电动汽车行业必定迎来一片“蓝海”。

参考文献

[1] 滕乐天，姜永春，何维国 . 电动汽车充电机（站）设计 [M]. 北京：中国电力出版社，2009.

[2] 中国粉体网，橙子 . 锂电正极材料磷酸铁锂的改性及应用 [EB/OL].（2017-10-09）[2019-08-15] http://www.cnpowder.com.cn/news/43424.html.

[3] 安富强，赵洪量，程志，等 . 纯电动车用锂离子电池发展现状与研究进展 [J]. 工程科学学报，

2019, 41(1):25-45.

[4] 文锋. 纯电动汽车用锂离子电池组管理技术基础问题研究 [D]. 北京：北京交通大学，2010.

[5] PARK J K. Principles and Applications of Lithium Secondary Batteries[M]. Weinheim: Wiley-VCH, 2012.

[6] 张维戈 . 纯电动公交车换电站优化设计和经济运行研究 [D]. 北京：北京交通大学，2013.

[7] 温家鹏. 纯电动汽车用锂离子动力电池优化充电理论研究 [D]. 北京：北京交通大学，2011.

[8] 上海工程技术大学汽车工程学院 . 电动汽车充电系统技术原理与详解 [EB/OL]. (2018-06-05) [2019-08-15]. http://mini.eastday.com/a/180605083217015-4.html.

[9] WILLIAMSON SS, RATHORE AK, MUSAVI F. Industrial Electronics for Electric Transportation: Current State-of-the-Art and Future Challenges[J]. IEEE Transactions on Industrial Electronics, 2015, 62（5）: 3021-3032.

[10] 赵文辉，沈艳霞 . 电动汽车车载充电机拓扑研究综述 [J]. 控制工程，2019, 26（1）: 29-36.

[11] MUSAVI F, EDINGTON M, EBERLE W, et al. Evaluation and Efficiency Comparison of Front End AC–DC Plug-in Hybrid Charger Topologies [J]. IEEE Transaction on Smart Grid, 2012, 3(1): 413-421.

[12] 国家能源局 . 电动汽车非车载传导式充电机技术条件：NB/T 33001—2018[S]. 北京：中国电力出版社，2018.

[13] 中国电力企业联合会 . 电动汽车传导充电系统　第 1 部分：通用要求：GB/T 18487.1—2015[S]. 北京：中国标准出版社，2016.

[14] 全国汽车标准化技术委员会 . 电动汽车传导充电用连接装置　第 1 部分：通用要求：GB/T 20234.1—2015[S]. 北京：中国标准出版社，2016.

[15] 全国汽车标准化技术委员会 . 电动汽车传导充电用连接装置　第 2 部分：交流充电接口：GB/T 20234.2—2015[S]. 北京：中国标准出版社，2016.

[16] 全国汽车标准化技术委员会 . 电动汽车传导充电用连接装置　第 3 部分：直流充电接口：GB/T 20234.3—2015[S]. 北京：中国标准出版社，2016.

[17] 中国电力企业联合会 . 电动汽车非车载传导式充电机与电池管理系统之间的通信协议：GB/T 27930—2015[S]. 北京：中国标准出版社，2016.

[18] 孙焕新 . 电动汽车充电系统充电模式分析 [J]. 时代汽车，2017（6）: 12-14.

[19] 谭婷，吴书龙 . 新能源汽车充电技术浅析（一）[J]. 汽车维修与保养 , 2016(7): 94-96.

[20] 谭婷，吴书龙 . 新能源汽车充电技术浅析（二）[J]. 汽车维修与保养 , 2016(8): 86-87.

[21] 谭婷，吴书龙 . 新能源汽车充电技术浅析 (三)[J]. 汽车维修与保养 , 2016(11): 85-87.

[22] 何鹏林，蔡志涛，李文帅，等 . 电动汽车交流充电过程解析 [J]. 汽车电器 , 2017(10): 1-3.

[23] 陈笃廉 . 一种纯电动客车用弓式充电系统 [J]. 福建农机，2017(3): 35-38.

[24] TARASCON J M, ARMAND M. Issues and Challenges Facing Rechargeable Lithium Batteries [J]. Nature, 2001, 414 (6861): 359-367.

第5章 电动汽车无线充电系统

5.1 无线充电技术

无线充电技术，又称无线电能传输技术（Wireless Power Transfer，WPT），是指一种利用电磁场、电磁波等在物理空间中的分布或传播特性，采取非导线直接接触的方式，实现电能由电源侧传递至负荷侧的技术。无线充电技术是无线电能传输技术在电池充电上的一个应用。

无线电能传输自19世纪末尼古拉·特斯拉（Nikola Tesla）首次试验以来，已经有了一个多世纪的发展。1891~1904年，特斯拉展开了一系列试验，利用两个电磁感应耦合线圈将交流电无线传输，点亮了处在接收端的灯泡。图5-1所示为特斯拉电磁感应试验原理图。1893年，特斯拉在芝加哥的哥伦比亚世界博览会上向公众展示了他的无线传输的荧光照明灯。

由于经济和技术条件的限制，无线电能传输技术沉寂了100多年。直到2007年，美国麻省理工学院的研究小组利用铜制线圈作为电磁共振发射端，铜制线圈摆在2m以外作为接收端。发射端送出特定频率的电磁波后，经过电磁场扩散到接收方，电力就实现了无线传导，点亮了一个60W的灯泡。从此，无线电能传输技术又开始蓬勃发展，从小功率的手机和可穿戴产品的无线充电，到电动汽车的无线充电，都逐渐被开发并开始应用。

无线充电取消了连接在电气设备上的最后一根线，也取消了电气接口，工作时无须人工操作，不占据地上空间，能够实现静态和动态充电，具有安全、智能和用户友好度高等优点。

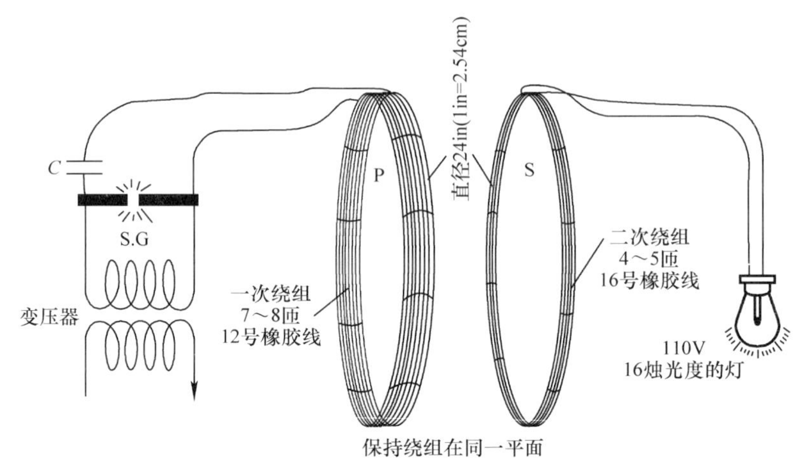

图 5-1　特斯拉电磁感应试验原理图

近些年无线充电技术在产业和产品中取得了很大的进展。2008 年，国际上成立了无线充电联盟（Wireless Power Consortium，WPC），其使命是创造和促进市场广泛采用与所有可再充电电子设备兼容的国际无线充电标准，从而推动产品和产业化的发展。WPC 是首个无线电源的行业标准组织，2010 年起首先为 5W 的低功耗应用制定了规范的行业标准。该标准的目的是在各种充电板与便携式设备之间实现互操作性。这项技术和产品从 2012 年起在手机上得到了初步应用，目前已经有近百种手机支持 WPC 的无线充电。这种低功率的无线充电技术也扩展到了可穿戴产品和物联网中的微型传感器中。除此之外，WPC 还致力于中等功率（40~200W）和大功率（200~2400W）的无线充电应用。前者主要是给笔记本电脑和一些手持工具及仪器充电，后者可以为无人机、机器人充电，甚至在厨房电器中也有很广泛的应用。

随着世界各国大力推广新能源电动汽车技术，无线电能传输技术在交通领域成为研究热点。早在 20 世纪 70 年代，就有人做出了 3~10kW 的实验室系统。进入 21 世纪后，参与开发这项技术的研究机构越来越多，技术越来越成熟。

无线电能传输系统与传统的电力电子设备有所不同，通过电磁耦合作用，实现电能在一次绕组和二次绕组的气隙之间传输，两者之间不存在电气接触。这个气隙可以是空气，也可以是非金属的其他物体。一次侧和二次侧的控制单元是相互独立的，无法像常规的电力电子设备由导线直接反馈电信号而构成闭环的控制系统，因此采用了无线方式进行双边或多边的通信，如采用蓝牙、WiFi、红外和其他通信信道。实际上，正是由于无线通信技术，特别是数字通信技术的成熟和发展，才实现了无线充电过程中的控制，才使得这个技术得以发展起来。但是在无线通信模式下，当信息传输有一定的延时，使得反馈控制的及时性不能很好地保证；另一方面，在能量传输过程中，通信系统会受强电磁场的干扰，会带来误码率升高的风险。

大体上说，无线充电分为电磁感应方式、电磁谐振方式、微波传输方式和电场耦合方式，还有其他的一些方式如利用声波、光线、红外、激光等方式。在电动汽车领域，目前主要应用的是电磁感应方式和电磁谐振方式。以下各节会对以上几种方式做个简要的介绍。

5.1.1 电磁感应方式

电磁感应方式的原理类似于传统的变压器传能原理，发射端与接收端可分别等效为变压器的一次侧与二次侧；磁感应能量转换是通过在发射线圈里创造一个变化的磁场来实现的，接收线圈将变化的磁场转换为电流。由于发射线圈和接收线圈之间的距离不同，只有一部分发射线圈产生的磁场能够被接收线圈吸收并转化为电能。在整个过程中，接收线圈收到的磁通量越大，两个线圈的耦合性越好。

电磁感应方式按工作模式又可以细分为磁感应模式和磁共振模式，也就是通常所说的紧耦合系统（Tightly Coupled System）和松耦合系统（Loosely Coupled System）。这两种系统一般以距离进行区分，几毫米到20cm左右的称为紧耦合系统，20cm到几米远的一般称为松耦合系统。需要注意的是，在20cm左右两者之间的区分并不十分严格。以磁感应模式传输能量的一般被称为紧耦合，以磁共振模式传输能量的被称为松耦合。明显可以看出，紧耦合的耦合性一般要高于松耦合，理想的变压器的耦合系数为1。

耦合性越高，线圈之间传输能量的效率越高，并且会减少漏磁和线圈的发热。紧耦合系统比较适用于一次侧和二次侧距离近一些的情况，能量传递更高效，产生的热量较少，在一些移动设备中已经有了很广泛的应用。在应用过程中，若一次侧和二次侧的距离不得不相距较远，松耦合系统就具备了较大的优势。但由于只有一小部分变化的磁场能被接收线圈接收，这就意味着松耦合系统会产生更多的电磁泄漏，不适用于对EMI和EMF要求高的应用场景。

图5-2所示为两种耦合系统示意图。当发射线圈和接收线圈大小相同，并且线圈之间的距离远远小于线圈直径时，就会产生紧耦合。当发射线圈和接收线圈尺寸有明显差距或者距离很远时，会产生松耦合。松耦合系统可以调节长距离、低效率传输和高电磁泄漏三

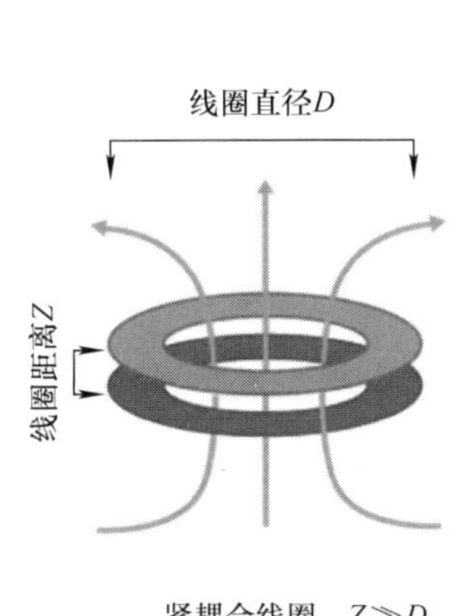

紧耦合线圈，$Z \gg D$

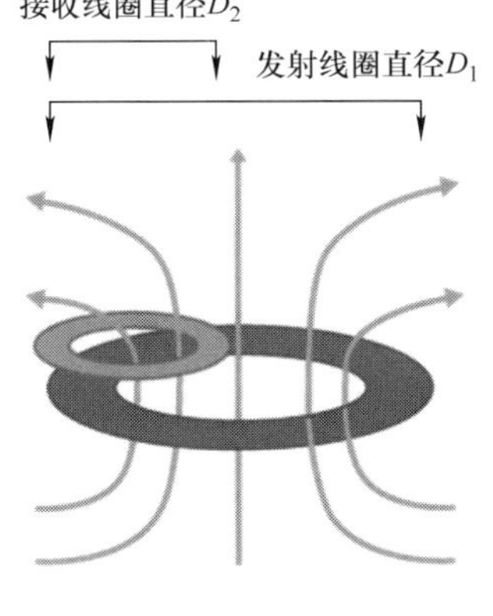

松耦合线圈，$D_2 \ll D_1$

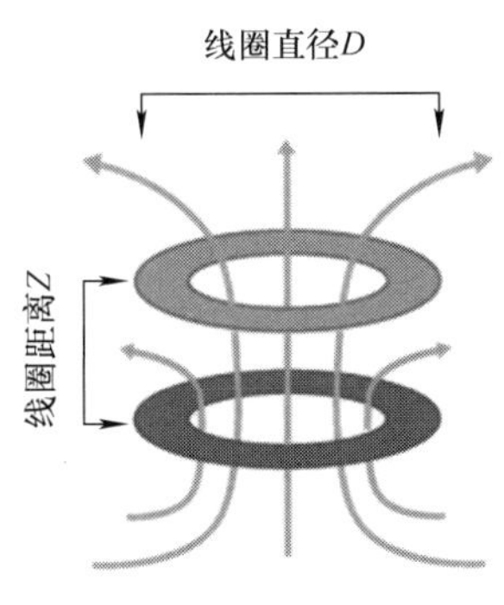

松耦合线圈，$Z < D$

图5-2 两种耦合系统示意图

者之间的关系。这使松耦合系统可适用在“紧耦合的线圈阵列”不可行的应用场景中，但是对于 EMI 和 EMF 要求过高或者对效率要求过高的应用场景，松耦合系统的应用则有很大的挑战。

在早期的磁感应能量传输系统中，共振电路就被用来提高能量传输的效率。1891 年，尼古拉・特斯拉就将磁共振技术应用在磁感应能量传输中。通常在松耦合系统中，使用共振的接收器和共振的发射装置以提高传输效率。

总体来说，紧耦合和松耦合各有其应用场景和技术特点，因此会有各自的应用范围，不存在谁比谁更高级、更先进的说法。

5.1.2 微波传输方式

从本质上讲，微波传能（传输电能）是微波通信（传输信号）的大功率应用。微波传输是指电能转化为微波通过天线实现远距离的发射，在空间中可以自由地定向传输到指定的接收目标，然后经过整流对负荷供电，如图 5-3 所示。

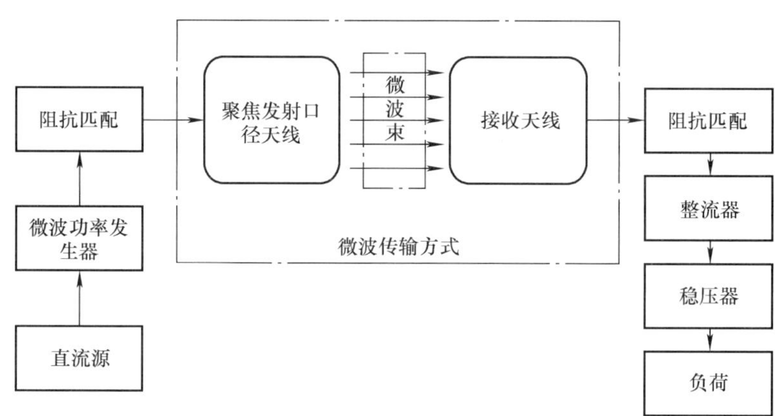

图 5-3 微波传输方式

目前来讲，微波传能还处在基础研究阶段。微波的工作频率是 0.3~300GHz，在这个频段传输只有大气损耗和遮挡物损耗。一般的传输效率可以达到 90% 以上。

很多年前人们就设想在外太空建立光伏电站，然后用微波传输到地面供人类使用。有报道称，日本宇宙航空研究开发机构即将在太空建立大型太阳能发电站，利用微波将电力无线传输到精确目标，3km 半径的接收机可以储存高达 100MW 的电力，年发电量可达 10 亿 kW・h。

除此之外也开展有利用微波技术为空中飞行器供电的实验，这是因为地面上的微波站可将能量很高的微波发射到很远的空间。1987 年 9 月，第一架无人驾驶的微波飞机在加拿大渥太华郊外的机场起飞，并在高空持续飞行了 20min。它的能量来自于安装在飞机下面的圆盘天线，地面上的发射机将电能转化为微波输送到天空；飞机接收之后，再转化为电力，驱动螺旋桨进行飞行。随后不久，美国研制成功一种无人驾驶的空中微波监察飞行器。这个飞行器的飞行高度可以达到 20000m，能够在空中停留 60~90min。1991 年，美国

和加拿大科学家合作建立了一座技术先进的地面微波站——这里有当时世界上最大的微波发射天线，可以将微波发射到几万米高的空间。飞机在飞行中利用微波供给的能量，可以在距离地面 20000m 的高空连续飞行 3 个月。

现在，日本专家在研制开发微波飞机方面也处在遥遥领先的地位。他们研制出了性能更为先进的微波供能飞机。通过采用最新的半导体技术和相控阵天线自动定向技术，能够使微波传送得更远，定向精度更高。

在航天事业发展中，人们正在设想用微波的能量来发射航天飞机，所需的经费只是用火箭发射经费的 1/20。与此同时，科学家利用微波进行大气检测和监测，这也为火箭和卫星的顺利飞行创造了良好的空中环境。

5.1.3 电场耦合方式

电场耦合又称静电耦合或电容耦合，是由于分布电容的存在而产生的一种耦合方式。耦合是指信号由第一级向第二级传递的过程，不加注明时往往是指交流耦合。电场耦合包括信号或能量在电路的不同节点之间通过电容进行的传递。

电场耦合是除了电磁感应模式以外的另一种常用的无线充电模式，是利用电容两个极板间的电场传输电能。典型的极板结构如图 5-4 所示。通过电感和耦合电容的谐振特性，可以提高耦合电容上的电压，产生较大的位移电流，实现能量的传输。同时电容和电感之间的谐振，还可以补偿变换器的无功功率，从而提高变换器的工作效率。

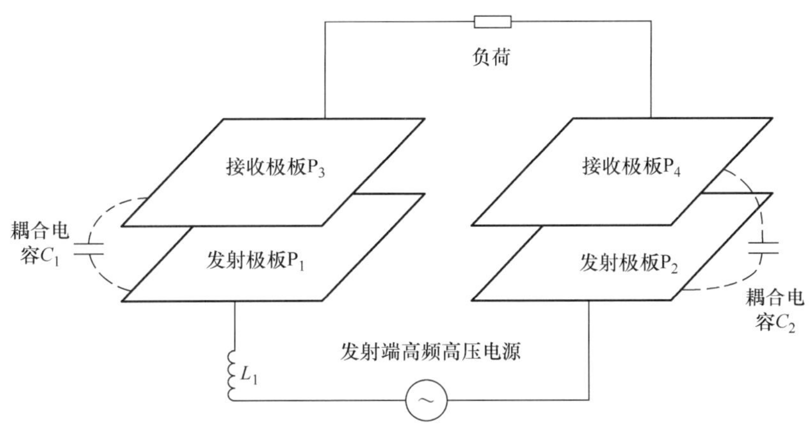

图 5-4 典型的极板结构

典型电场耦合的系统如图 5-5 所示，主要包括直流电源、高频逆变电路、耦合机构、补偿网络和整流滤波五部分。由于系统的耦合电容比较小，需要在高频下进行能量传输。补偿电感的主要作用是降低逆变器的无功功率输出，并通过谐振提高板间电压，同时实现软开关。反射板在高压、高频电流的作用下，与接收板产生交互电场，形成位移电流，实现能量的传递。

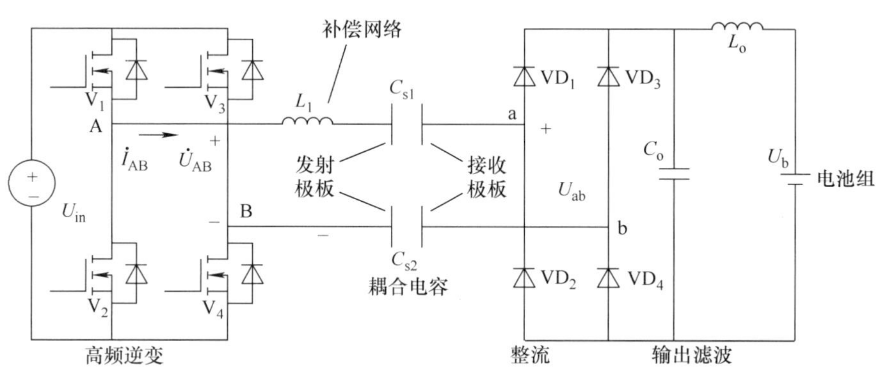

图 5-5　典型电场耦合的系统

电场耦合方式相比电磁感应方式最大的特点是要在板间产生很高的电压，以一个手机的 5V 充电为例，输入电压为 5V，经过变换升压后板间电压可以达到 1.5kV。传输后再利用降压电路及后续电路处理，转换成实际使用的直流电压给手机充电。

一般电场耦合系统的工作频率高于电磁感应方式，可达到几百千赫兹以上。由于器件的限制，目前还只应用于小功率场合。

5.2　无线充电设备

电动汽车无线充电有静态充电和动态充电两种实现形式。这两种形式基于同样的工作原理，应用于不同的需求场合。其中，动态无线充电在工程技术的实现上相较于静态无线充电更具有挑战性，对于硬件控制的要求要高很多。本书结合我国在电动汽车无线充电技术领域应用比较成熟的静态、动态无线充电工程经验为例，介绍无线充电设备及其实施方案。

5.2.1　静态无线充电设备

1. 基础原理

无线充电即把电能转换为电磁波、电磁感应或者电磁共振形态，通过非物理接触，无线传送电能，代替现有通过导体来传输电能。无线充电的工作原理如图 5-6 所示。

磁共振技术被公认为是目前世界最先进的无线充电技术，代表了无线充电的发展方向。目前国外机构如新西兰奥克兰大学、美国麻省理工学院、WiTricity 等，国内机构如东南大学、山东大学、天津工业大学、中惠创智无线供电技术有限公司等高校企业都把磁共振作为主要研究方向，进行了专利布局和产业化运作。

电能变化示意图如图 5-7 所示。

（1）工频整流

把输电线上的工频交流电，变为方向不随时间变化、大小随时间变化的脉动电流。

（2）滤波

整流后的电压虽然方向维持为正，但大小还是变化的，因此要加滤波电路，减小直流电的波动，使电压变化幅度在允许的范围内。

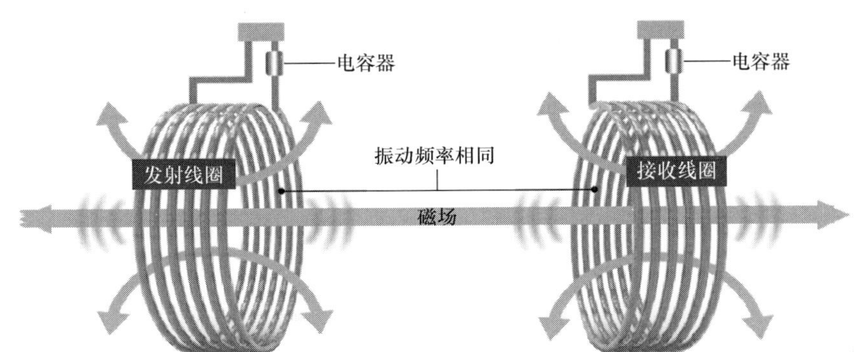

图 5-6　无线充电的工作原理

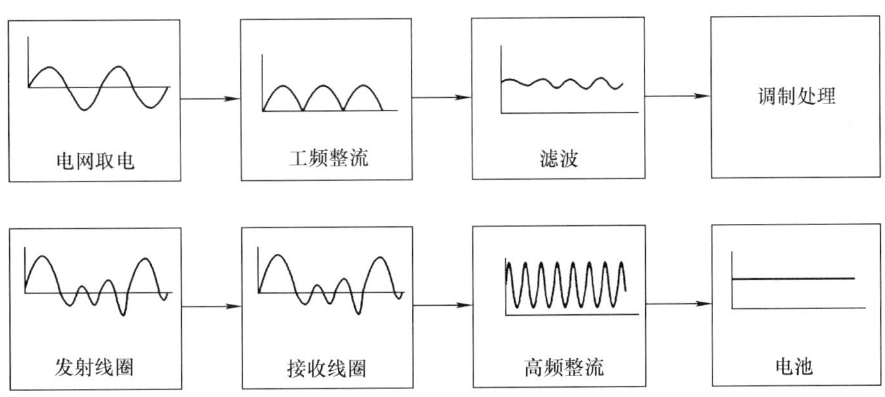

图 5-7　电能变化示意图

（3）调制处理

通过单片机对信号占空比的控制，以及功率器件的放大，来调节输出功率的大小，以适应当前电池所需要的功率。

（4）发射线圈

发射部分的本征频率与经过 PWM 调制的电压频率相同，产生较大电流，用于生成磁场（电生磁）。

（5）接收线圈

接收部分的本征频率与发射线圈的频率相同，从而引起谐振，产生较大电流，即用变化的磁场产生电能（磁生电）。

（6）高频整流

将线圈产生的电流经过整流等处理，产生稳定的直流电给电池组供电，同时又可以避免电池对接收线圈反充。

无线充电系统的工作原理如图 5-8 所示。

2. 系统组成

系统主要由地面设备和车载设备两大部分组成，如图 5-9 所示。地面设备包括发射线圈和功率控制箱，车载设备包括接收线圈和控制盒。

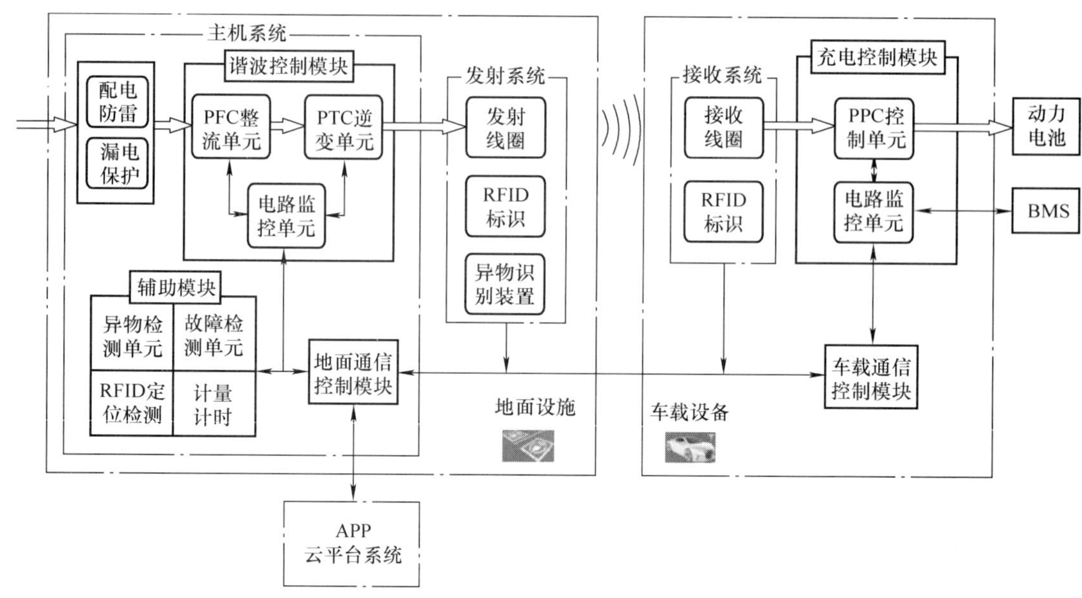

图 5-8　无线充电系统的工作原理

图 5-9　系统组成

3. 应用情况

（1）众泰云 100 和北汽 EV200 样车改造

众泰（云 100）和北汽（EV200）无线充电系统样车自 2016 年 2 月改造完成，截至 2019 年 8 月，已稳定运行 3 年多的时间。目前两台样车一直在进行持续测试，运行情况良好。

两台样车均使用 7.7kW 无线充电系统。众泰云 100 的额定充电电压为 DC 80V、充电电流为 30A，如图 5-10 所示；北汽 EV200 额定充电电压为 DC 380V、充电电流为 20A。7.7kW 无线充电系统展示区（北汽 EV200）如图 5-11 所示。

图 5-10　众泰云 100 无线充电展示

图 5-11　7.7kW 无线充电系统展示区（北汽 EV200）

（2）新能源整车厂配套

以上海某新能源整车厂配套开发的 7.7kW 无线充电系统为例，该系统目前第一阶段设备已交付用户，并已安装调试完毕，现处于整车试验测试阶段。7.7kW 无线充电系统充电状态仪表盘截图如图 5-12 所示。

图 5-12　7.7kW 无线充电系统充电状态仪表盘截图

7.7kW 无线充电系统现场安装图如图 5-13 所示。

图 5-13　7.7kW 无线充电系统现场安装图

（3）公交车无线充电示范工程

2017 年 3 月，烟台公交集团公交车无线充电改造项目正式交付。截至 2019 年 9 月，所改造的无线充电纯电动公交车已经稳定运行超过两年半。22kW 公交车无线充电系统（电池组充电电压为 DC420V、充电电流为 52A）如图 5-14 所示。

图 5-14　22kW 公交车无线充电系统（电池组充电电压为 DC420V、充电电流为 52A）

（4）其他新能源汽车无线充电项目

国内外多个新能源汽车整车厂家都在积极布局无线充电项目，很多已经发布产品（样车）。本书抽选部分已公开厂家的产品（样车）图片（图 5-15 和图 5-16）进行展示，多款配套产品正在开发和调试中。

图 5-15　2018 年成都车展展示的宝马 5 系插电混动无线充电版（图片来自 EV 视界）

图 5-16　长安新能源展示的无线充电汽车逸动 EV460

5.2.2 动态无线充电设备

1. 总体方案

动态无线充电的某个总体方案如图 5-17 和 5-18 所示，交流母线来自电网（120kW 功率发射单元供电），每个功率发射单元可驱动 3 组 40kW 能量发射线圈或 9 组 11kW 能量发射线圈，每组发射线圈长度为 20m。整个示范线铺设 6 组 40kW 能量发射线圈（共 120m），其余铺设 11kW 能量发射线圈。

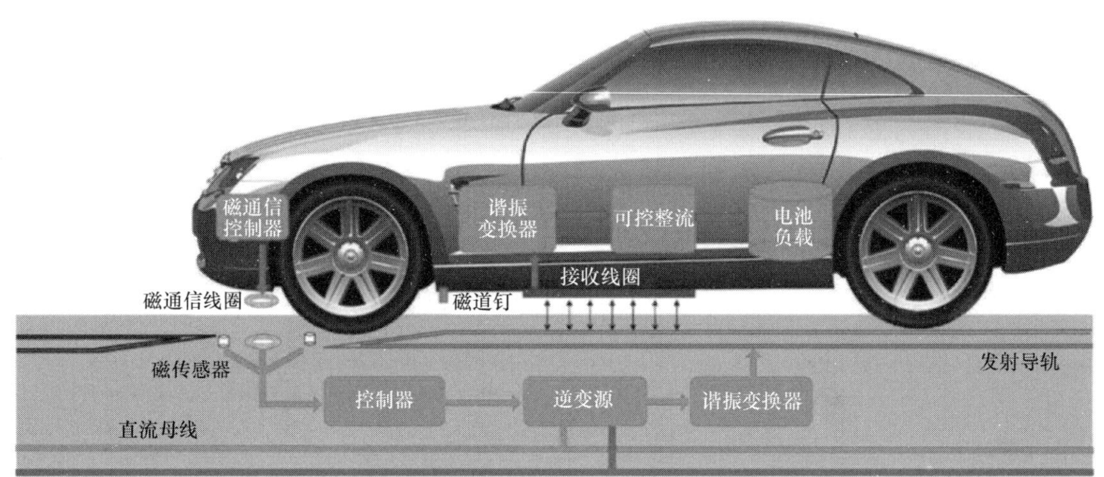

图 5-17　无线充电系统

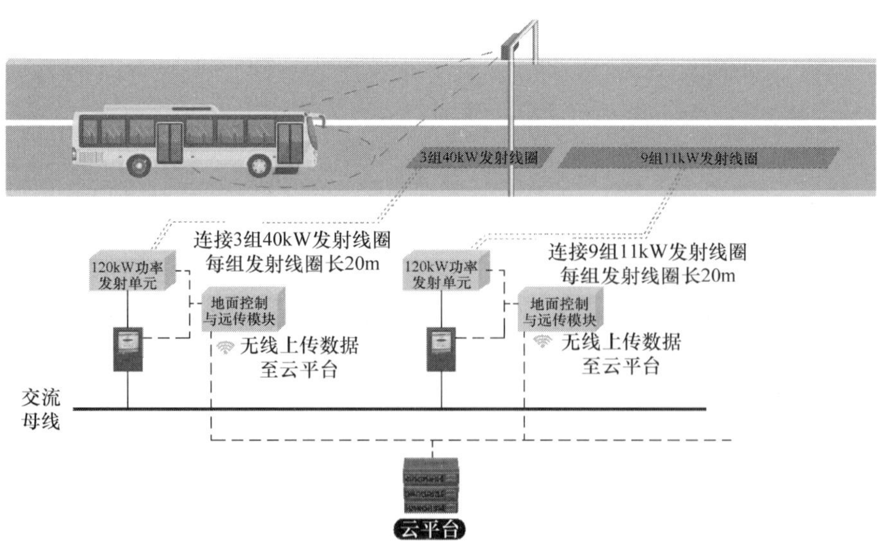

图 5-18　动态无线充电的某个总体方案

2. 地面设备

地面设备采用模块化、组合式设计，分为 40kW 和 11kW 两种类型。

（1）40kW 类型

40kW 类型地面设备如图 5-19 所示。120kW 功率发射单元（120kW AC/DC 功率模块）驱动 3 个 40kW 高频逆变 DC/AC 变换器模块，每个 40kW 高频逆变 DC/AC 变换器模块驱动一组 40kW 发射线圈单元。高频逆变 DC/AC 变换器模块接收位置检测模块的控制信号，进行启动或停止能量传输，实现 60m 长度的无线能量传输。

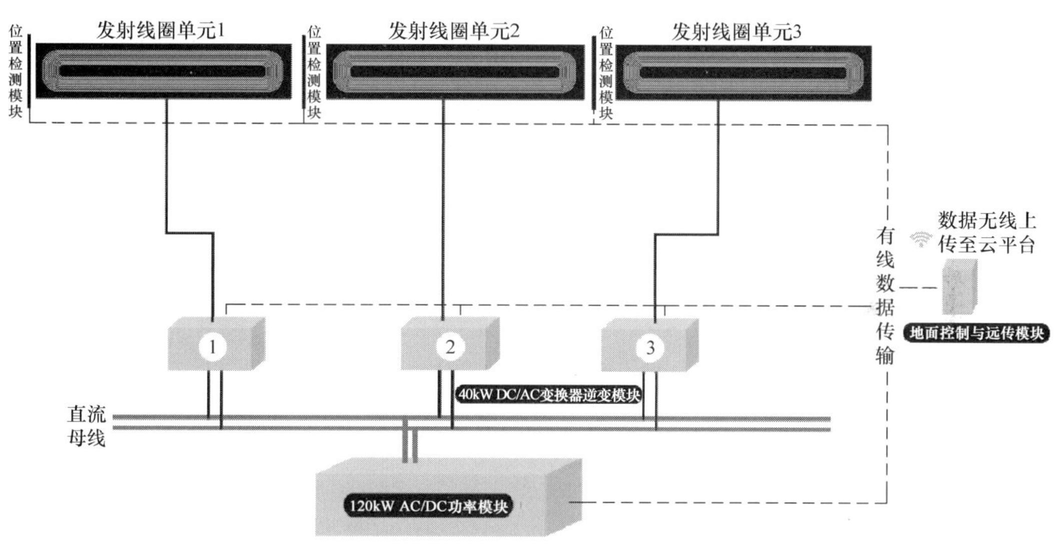

图 5-19　40kW 类型地面设备

（2）11kW 类型

11kW 类型的地面设备与 40kW 类型的地面设备类似，120kW 功率发射单元驱动 9 个 11kW 高频逆变 DC/AC 变换器模块，每个 11kW 高频逆变 DC/AC 变换器模块驱动一组 11kW 发射线圈单元。高频逆变 DC/AC 变换器模块接收位置检测模块的控制信号，进行启动或停止能量传输，实现 180m 长度的无线能量传输。

3. 车载设备

车载设备示意图如图 5-20 所示。

为保证通用性，车载线圈功率设计为 22kW，车载端接收线圈数量设置为两个，在 40kW 路段两个接收线圈均以额定功率工作，实现 40kW 无线能量传输。在 11kW 路段仅有一个接收线圈工作，实现 11kW 无线能量传输。

4. 监控管理

云平台系统采集了车辆的身份信息、车辆在每个无线充电区域时产生的交流侧电量和车辆车载端输出的直流电量，将电量数据汇总计算后，在车辆驶出无线充电区域出口时通过 ETC 自动结算。

监控管理如图 5-21 所示。系统工作流程如图 5-22 所示。

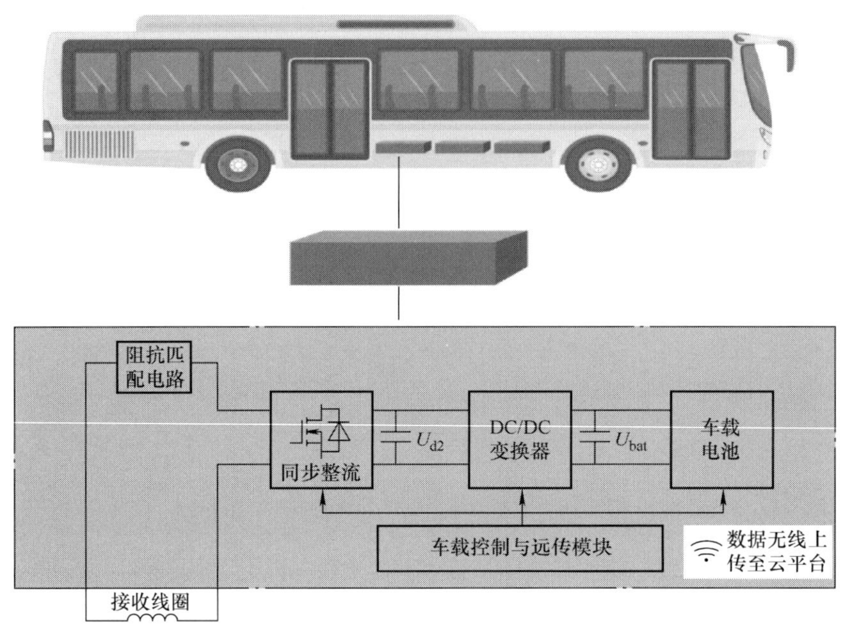

图 5-20　车载设备示意图

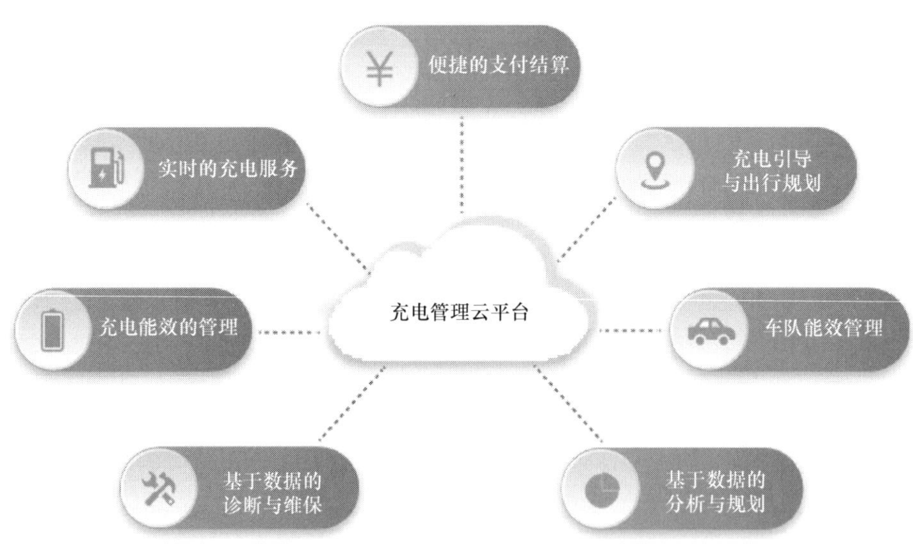

图 5-21　监控管理

1）车辆进入无线充电区域入口，系统通过 ETC 识别车辆身份。

2）位置传感器检测车辆行进位置；控制系统根据车辆位置控制相应的功率发射单元和高频逆变模块工作，驱动相应的线圈工作；车载线圈接收能量，实现能量的无线传输，同时控制系统也关闭车辆已离开线圈的驱动模块。发射线圈的高频逆变驱动模块的控制逻辑可现场编程设计，以实现系统最佳效果。

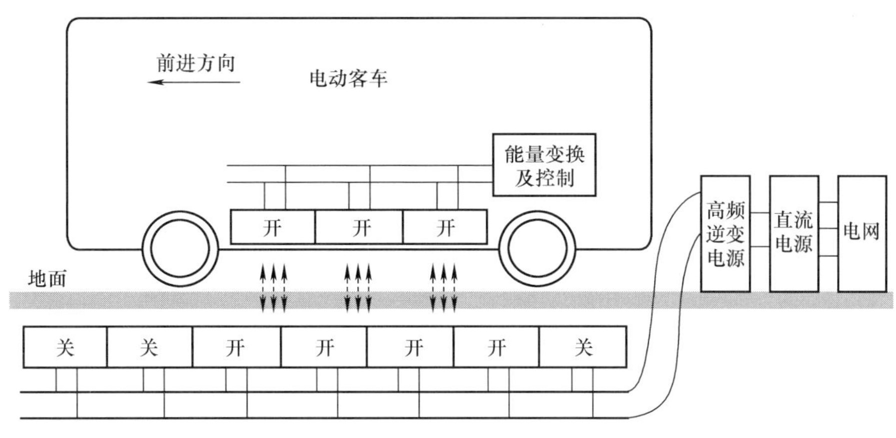

图 5-22 系统工作流程

5. 动态无线充电的应用情况

目前，动态无线充电在国内有两处公开的示范项目，分别是张北示范工程重大科技专项规划——电动汽车移动式无线充电实验路段和江苏同里新能源小镇智慧公路项目。

电动汽车移动式无线充电实验路段项目依据张北示范工程重大科技专项规划，攻克了移动式无线充电系统磁耦合机构、高频电能变换、发射和接收端协调控制、电磁安全防护、车辆改造、路段集成及性能评估等关键技术，研制出了多磁极窄供电导轨和双相四线圈宽接收端组成的耦合机构和与之适应的大功率高频电能变换装置，开发了多状态运行参数实时监控系统，建成了长 180m、融合静止和移动式无线充电的实验路段，包含直道、斜坡、泥泞、颠簸等多种路况场景，实现了自动充电运行。

江苏同里新能源小镇智慧公路项目位于江苏省苏州市。该智慧公路项目在国际上首次实现了路面光伏发电、动态无线充电以及无人驾驶三项技术的融合应用，不仅解决了新能源发电与就地消纳的能源结构问题，还提高了电动汽车能量补给的灵活性与便利性。该公路总长约 500m，宽 3.5m，路面中间的绿色区域是动态无线充电线圈埋设区，两侧黑色区域为光伏发电区。路面线圈与车底线圈通过磁耦合谐振式无线充电技术实现电能的传输，实现了电动汽车边走边充的动态无线充电，极大地提升了续驶能力，解决了电动汽车里程“焦虑”问题，创造了电能产生即使用的新模式。该动态无线充电技术可广泛运用到厂区、景区、园区、高速公路、城市电动公交专用通道、无人驾驶等领域，具有广阔的市场前景。

5.3 充电互操作性

互操作性是指不同功率等级、线圈补偿网络之间的兼容性。实现电动汽车无线充电系统间的互联互通，满足电动汽车无线充电系统互操作性是电动汽车无线充电技术在公共领域普及应用的关键。目前无线充电互操作性技术标准正在编制中，中国电力企业联合会依托能源行业电动汽车充电设施标准化技术委员会无线充电标准工作组组织开展了电动汽车无线充电产品及互操作性测试活动，测试目的是验证正在编制的电动汽车无线充电标准，为下一步推动电动汽车无线充电互操作性及测试标准编制及行业测试奠定基础，更好地服务我国电动汽车产业发展。

5.3.1 无线充电系统分类

电动汽车无线充电系统可按照磁极结构、谐振补偿拓扑结构、输入功率等级等做不同的划分。

按照发射端与接收端磁极结构，无线充电可分为一对一、多对多、一对多三种形式，见表 5-1。

表 5-1 无线充电磁极结构分类

	一对一	多对多	一对多
二次绕组	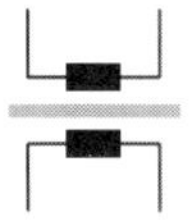	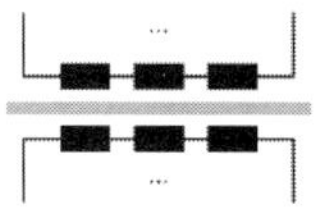	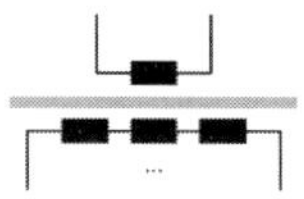
机械气隙			
一次绕组			

按照一次侧和二次侧谐振补偿拓扑结构不同，无线充电可分成串串、并并、串并、并串等不同形式，见表 5-2。

表 5-2 无线充电的谐振拓扑结构分类

谐振拓扑	串联	并联	并联	串联	复合补偿
二次侧补偿	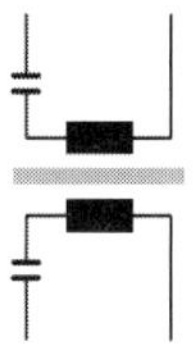	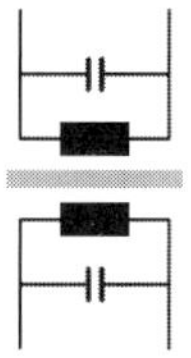	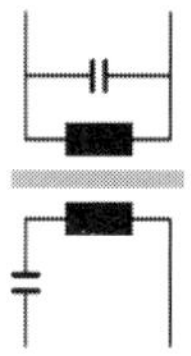	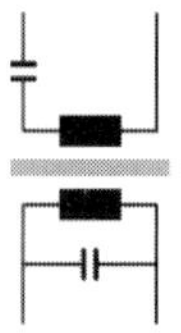	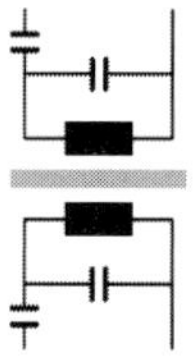
机械气隙					
一次侧补偿					
	串联	并联	串联	并联	复合补偿

电动汽车无线充电的功率等级分类见表 5-3。

表 5-3 无线充电输入功率等级分类

等级	WPT1	WPT2	WPT3	WPT4	WPT5	WPT6	WPT7
功率 /kW	≤ 3.7	3.7~7.7	7.7~11	11~22	22~33	33~60	≥ 60

5.3.2 无线充电工作距离

地埋安装工作距离如图 5-23 所示，地埋安装各部分名称见表 5-4。地上安装工作距离如图 5-24 所示。地上安装各部分名称见表 5-5。

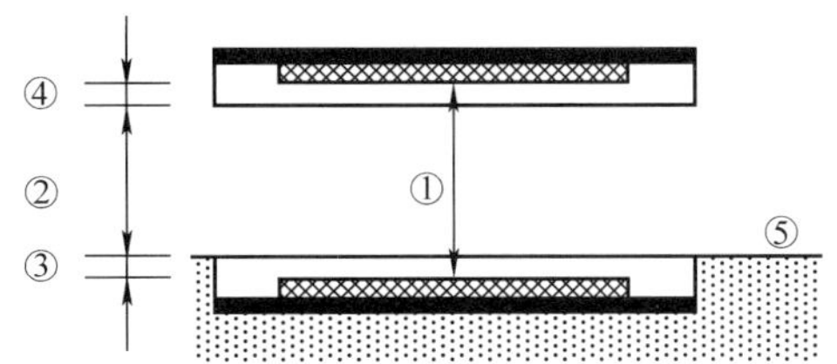

图 5-23　地埋安装工作距离

表 5-4　地埋安装各部分名称

序号	名称
①	工作气隙
②	机械气隙
③	一次侧设备封装和保护高度（含盖板）
④	二次侧设备封装和保护高度
⑤	路面

注：一次侧设备和二次侧设备之间的距离大于或等于二次侧设备到地面的间隙。

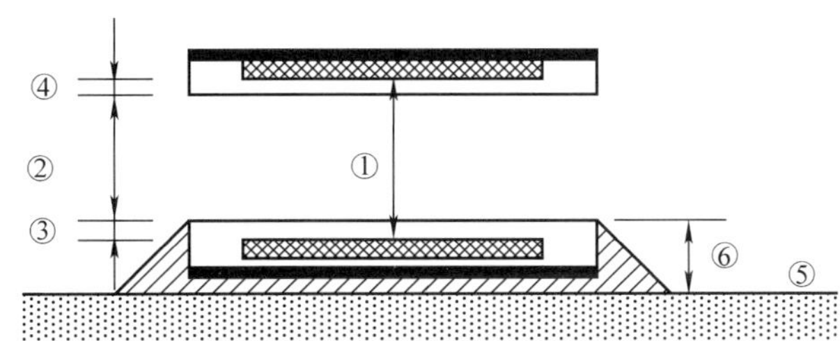

图 5-24　地上安装工作距离

表 5-5　地上安装各部分名称

序号	名称
①	工作气隙
②	机械气隙
③	一次绕组上表面到原边保护盖板上表面的高度
④	二次绕组下表面到二次侧设备下表面的高度
⑤	路面
⑥	安装高度

无论是地埋安装还是地上安装，无线充电时的工作气隙都是由车型决定的，见表 5-6。

表 5-6　工作气隙

类型	工作气隙 /mm
S	100±30
M	150±30
L	210±40

5.3.3 功率等级不同的互操作性要求

功率等级的互操作性见表 5-7。

表 5-7 功率等级的互操作性

	地面设备							
车载设备	WPT	1	2	3	4	5	6	7
	1	支持	A	A	A	A	A	A
	2	B	支持	A	A	A	A	A
	3	A	A	支持	A	A	A	A
	4	A	A	A	支持	A	A	A
	5	A	A	A	A	支持	A	A
	6	A	A	A	A	A	支持	A
	7	A	A	A	A	A	A	支持

注：A 表示待定，待后续版本修订或在其他标准中制定。
B 表示建议设备商支持。

5.3.4 离地距离等级不同的互操作性要求

离地距离等级不同的互操作性要求见表 5-8。

表 5-8 离地距离等级不同的互操作性要求

		车载设备		
		S	M	L
地面设备	S	支持	不支持	不支持
	M	支持	支持	不支持
	L	支持	支持	支持

无线充电的互操作性是一个很复杂的问题，除了上述的机械性影响之外，还与一次绕组和二次绕组模式和尺寸、谐振拓扑的形式等有关，相关研究也在进行当中。

5.4 无线充电标准现状

无线充电标准化工作国外（国际）组织起步较早，国际电工委员会（IEC）在 2015 年 8 月发布了国际上首部电动汽车无线充电标准 IEC 61980—1《电动汽车无线充电系统 第 1 部分 通用要求》，国际自动机工程师学会（SAE）在 2016 年 5 月发布了 SAE J2954《适用于轻型插入式 / 电动汽车的无线充电和对准方法》。至此，两个国际权威标准化组织开启了全球电动汽车无线充电标准化工作的序幕。

我国作为世界上最大的汽车消费市场，国家对于电动汽车无线充电技术的发展和标准化建设高度重视，先后成立了由中国电力企业联合会牵头的能源行业电动汽车充电设施标准化技术委员会电动汽车无线充电标准工作组（NEA/TC3/WG2）和由中国汽车技术研究中心牵头的全国汽车标准化技术委员会电动车辆分委会无线充电标准研究工作组。两个工作组集中了全国电动汽车厂家和无线充电方案厂家力量，展开标准制定。两个工作组在国家标准化管理委员会（SAC，简称国家标准委）的领导下，参考了已发布国际标准的相关内容，结合我国市场特点和技术状况实际，从 2015 年 7 月开始先后立项制定四项国家标准。其中由中国电力企业联合会牵头三项，分别是《电动汽车无线充电电磁暴露限值与测试方法》《电动汽车车载充电机和无线充电设备之间的通信协议》《电动汽车无线充电系统　特殊要求》；中国汽车技术研究中心有限公司牵头一项，即《电动汽车无线充电系统　通用要求》。截至 2019 年 10 月，此四项国家标准草案都已经提交国家标准委报批，待国家标准委审核后会择机发布。届时，我国电动汽车无线充电标准和 SAE TIR J2954、IEC 61980 等标准将构成全球电动汽车无线充电标准的基石，将会大大促进本领域产业和企业的快速发展。

我国第一批电动汽车无线充电国家标准从立项到提交经历了四年多时间，但在我国一些电动汽车产业发达地区，已率先制定完成了一些地方标准，包括深圳、上海和成都等地区。其中深圳发布的 SZDB/Z 150—2015《电动汽车无线充电系统》是我国最先发布也是非常全面的一部（套）地方标准，对于我国电动汽车无线充电标准化起到了很大的引导作用。同时，电动汽车无线充电厂商也基于自身产品和市场情况，纷纷制定多项企业标准，如中兴新能源汽车有限责任公司、中惠创智无线供电技术有限公司等。这些企业也都积极参与国家标准制定的相关工作，对于我国国家标准的制定发挥了很大作用。

2018 年 1 月 1 日起，新修订的《中华人民共和国标准化法》正式实施，新标准化法给予了团体标准法律地位，鼓励社会团体组织制定团体标准，构建了政府标准与市场标准协调配套的新型标准体系。至此，我国团体标准进入了新的发展阶段，电动汽车无线充电作为新兴行业也释放出了巨大的活力，目前在制的无线充电团体标准包括中国工程建设协会标准《电动汽车无线充电设施技术规程》、中国电力企业联合会标准《纯电动场（厂）内机动车辆无线充电系统技术条件》以及中国通信企业协会标准《乘用电动汽车无线充电系统》。其中，《电动汽车无线充电设施技术规程》主要针对电动汽车无线充电系统在室内安装和实施做出规范要求，也是最早完稿的一份电动汽车无线充电领域团体标准；《纯电动场（厂）内机动车辆无线充电系统技术条件》主要针对纯电动场（厂）内车（高尔夫球车、搬运用电动车等）做出无线充电技术要求；《乘用电动汽车无线充电系统》主要面向乘用电动汽车，也是面前主流的乘用电动汽车消费市场。

目前，在制的三项电动汽车无线充电团体标准中，《乘用电动汽车无线充电系统》由中国通信企业协会指导的中国电动汽车充电技术与产业联盟无线充电技术专业委员会（简称无线充电专委会）牵头起草，无线充电专委会是第一个由国内主流电动汽车无线充电技术方案厂家联合发起成立的组织，旨在推进我国乃至世界电动汽车充电无线化进程。该组织也是国内第一个制定了清晰的无线充电标准化体系和路线图的组织，《乘用电动汽车无线充电系统》团体标准便是其制定的第一个标准，同时随着技术和市场的发展，无线充电专委会也在不断调整团标标准规划，以适应和促进产业的发展。

如今，我国电动汽车无线充电标准化工作在国家的领导和众多厂家的努力下，进展顺利，符合预期，既对产品市场起到了规范作用，又对技术发展起到了引领作用，充分发挥了标准对产业发展的促进作用。

5.5 展望

无线充电技术经过近百年的发展取得了长足的进步，特别是美国麻省理工学院灯泡实验为标志性事件以来的最近 10 余年，从手机数码可穿戴产品到机器人、AGV、家电产品再到电动汽车无线充电系统、新能源公交车无线充电系统，产品功率从几瓦到几十千瓦，产品形态从静态点对点式到动态全距离式再到三维立体全空间式，无线充电技术可谓突飞猛进，其应用场景也在不断增加，不断满足着人们的生活需求，不断为人们的衣食住行带来便捷和惊喜。

当前全球新能源汽车产业发展如火如荼，无线充电技术在新能源（以纯电动为主）汽车上的应用为新能源汽车在使用上带来无可比拟的优势，真正实现了动力能源获取的无线化、无感化和智能化。随着新能源汽车产业的发展不断呈现智能化的趋势，国内大功率无线充电技术方案厂家也在不断涌现，其中中兴新能源汽车有限公司、中惠创智无线供电技术有限公司等起步较早，也都取得不少成果。与此同时，国内一些国内原有的有线充电厂商也在布局无线充电技术，其中多数还处在研发阶段，暂未公开其研发成果。我国市场的庞大规模也对国际其他厂家有着巨大的吸引力，如美国的高通、WiTricity 等。2019 年上半年，两公司还就无线充电技术达成深度合作，此举还被外界认为是为了更好地拓展中国市场。国内外长期从事无线充电技术研究的高校科研院所也有很多，包括山东大学、东南大学、哈尔滨工业大学、重庆大学、美国麻省理工学院、新西兰奥克兰达大学等，都为无线充电技术的发展和进步做出了巨大努力，也取得了很多优秀的成果。

随着新能源汽车市场规模的不断扩大和无线充电技术能力的持续进步，可以试想未来人们的用车场景，无须人工充电，无须接触插枪充电，停车即在充电；行驶中电量不足可以到充电道路上边行驶边充电（动态无线充电），让车随时可以充电以保持充足的电量。无线充电技术、无人（自动）驾驶技术、人工智能技术三者完美结合，可以使人类社会完全进入后现代智能交通时代，出行的极致便捷让人们再也不用为了出行而苦恼，没有拥堵、等待，一切按人们的规划和想法进行，真正实现智慧交通、无感出行。

人类总是为自己未来的生活而不断奋斗，一个伟大目标的实现也总需要一个过程，这个过程也许是一帆风顺，更可能的是充满了艰辛和曲折。无线充电技术，作为具有改变人类生产生活方式潜力的先进技术，被中国科学技术协会列为十项引领未来的科学技术之一，是世界公认的未来电能传输的发展趋势。在 2019 年 7 月举办的世界新能源汽车大会上，电动汽车无线充电技术被评为“2019 年全球新能源汽车前沿和创新技术”之一，受到学术界和产业界的重视和推崇。现阶段虽然取得了一些应用成果，但电动汽车无线充电距离完全产业化还有很长的路要走：

第一步，要实现无线充电技术与电动汽车的结合，实现可用，这一步目前已经实现。

第二步，要实现不同新能源整车产品和无线充电产品的互操作和标准统一，这一步目前正在紧张进行（工程技术的突破和标准的统一使得电动汽车无线充电具备大范围推广的基础）。

第三步，先进技术整合，无线充电技术、无人（自动）驾驶技术、人工智能技术、5G 物联网技术等先进技术整合，将打造未来智慧交通运行模式。

第四步，广泛的产品推广和基础设施建设，包括无线充电汽车的生产制造推广、无线充电配套产品的生产建设，道路基础设施建设、充电场站建设、管理调度平台建设等，为先进技术打造良好的用武之地。

第五步，不断优化升级，打造全智能化智慧交通系统，无线充电技术在新能源汽车领域的应用，将是未来智慧化交通系统不可或缺的一环。

第一、二步完成以后，产业基础已经具备，后续工作也将顺利开展，第三步～第五步将不会是孤立进行的，而是相互影响、相互促进，而且会越来越快。无线充电技术的广泛应用，未来可期，需要大家的共同努力。

参考文献

[1] 张波，黄润鸿，疏许健. 无线电能传输原理 [M]. 北京：科学出版社，2019.

[2] 戴欣，孙跃，唐春森，等. 无线电能传输技术 [M]. 北京：科学出版社，2017.

[3] 廖承林，李均锋，陶成轩，等. 无线电能传输系统控制方法综述 [J]. 电气工程学报，2015，10（6）：2-7.

[4] 邓亚峰. 无线电能传输技术及在电动汽车中的应用 [M]. 北京：化学工业出版社，2018.

[5] 窦光宇. 令人瞩目的微波飞机 [J]. 海陆空天惯性世界，2001（3）：31.

[6] 李雪刚. 标准助力新旧动能转换：浅谈电动汽车无线充电的标准化之路 [J]. 中国标准化，2018：48-53.

第5章

第6章　电动汽车充电设施电池更换系统

6.1　电动汽车换电技术

6.1.1　电池更换定义

电池更换是指通过更换动力电池为电动汽车提供电能的方式。在这种模式中，电动汽车的车载电池利用专门换电设备将放电终止的电池换下，更换上充满电的电池，完成电动汽车的能量补给。

由于动力电池重量较大，更换电池的专业化要求较高，需配备专业人员并借助专业机械来快速完成电池的更换、充电和维护，电池更换方式具有以下特点：

1）动力电池与电动汽车分离，使得汽车成本大幅下降，甚至有可能低于传统燃油汽车，而且还会随着技术的成熟进一步下降。

2）电动汽车用户可租用充满电的动力电池以更换电量已经耗尽的电池，有利于提高车辆使用效率，也提高了用户使用的方便性和快捷性，并且可有效解决目前动力电池充电时间过长的问题。

3）对更换下来的动力电池可以利用低谷时段进行充电，降低了充电成本，提高了车辆运行经济性。

4）能够及时发现动力电池系统中单体电池的问题，对于电池的维护工作将具有积极意义。

6.1.2 电池更换系统的组成

如图 6-1 所示，电动汽车换电站一般分为配电室、监控室、电池更换区、电池充电区、电池维护区等部分，其中实现电动汽车动力电池更换的机械设备和电气设备统称为电池更换系统。电池更换系统一般由电池箱更换设备、电池箱转运设备、电池箱存储设备、电池箱检测与维护设备和车辆引导系统组成。

1）电池箱更换设备：用于卸装、搬运和装载电池箱的专用设备。

2）电池箱转运设备：用于将电池箱搬运至规定位置的专用设备。

3）电池箱存储设备：用于集中存储电池箱的设备，一般采用框架结构。

4）电池箱检测与维护设备：用于对电池系统进行检测和维护的专用设备，具有电池电压、电池温度、电池容量、绝缘、电池内阻的检测功能，以及电池均衡功能。

5）车辆引导系统：用于实现引导和定位换电车辆的系统。

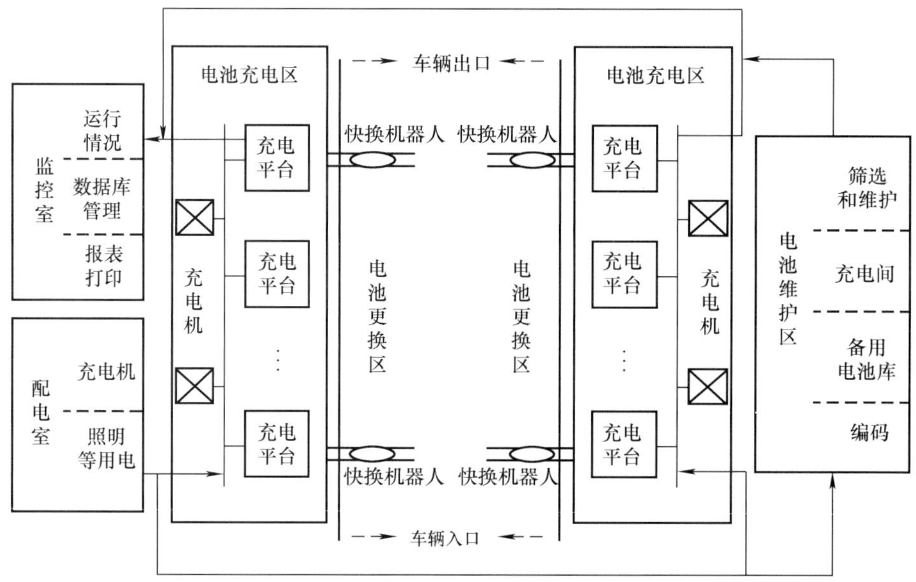

图 6-1 电动汽车换电站结构图 [8]

6.1.3 电池更换方式

1. 更换位置

在不同类型的电动汽车上动力电池的安装位置不同。根据电池更换位置的不同，最常用的电池更换方式常分为底部换电、端部换电和侧向换电三种 [1]。

（1）底部换电

当动力电池箱安装在车体底部时，一般采用底部换电方式。该方式又被称为“底盘更换方式”（图 6-2）。动力电池与乘员舱隔离，整体车辆重量分布均匀，可更好地满足车辆运行的技术性能指标以及车辆行驶的安全性和舒适性要求。但是电池箱的标准化难度较高，同时整车技术难度较大。

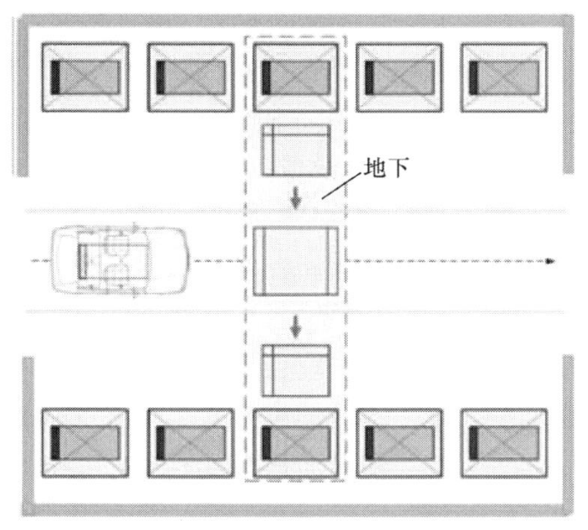

电池箱更换设备 电池箱转运设备 电池箱存储设备

图 6-2 底部换电方式（彩图见书后插页）

（2）端部换电

当动力电池箱安装在车体前后舱时，一般采用端部换电方式（图 6-3）。动力电池通常占用了汽车的行李舱，牺牲了整车行李舱的储藏功能，同时电池箱与乘员舱没有隔离，并且电池箱具有一定的重量，整车重心后移，使车辆运行技术性能有所下降。但是相比底部换电方式，端部换电方式更容易实现，整车不需要进行太大的改造。

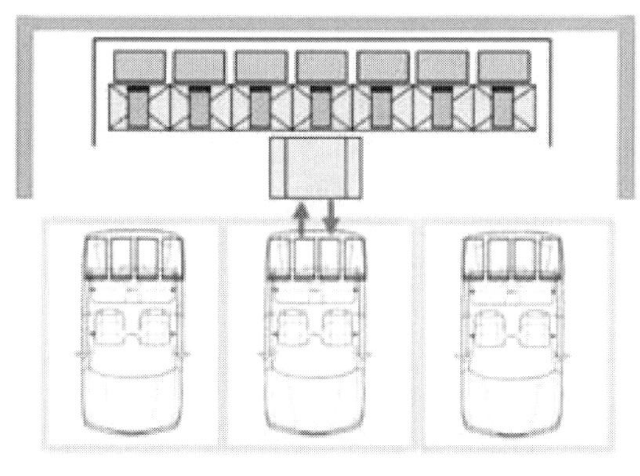
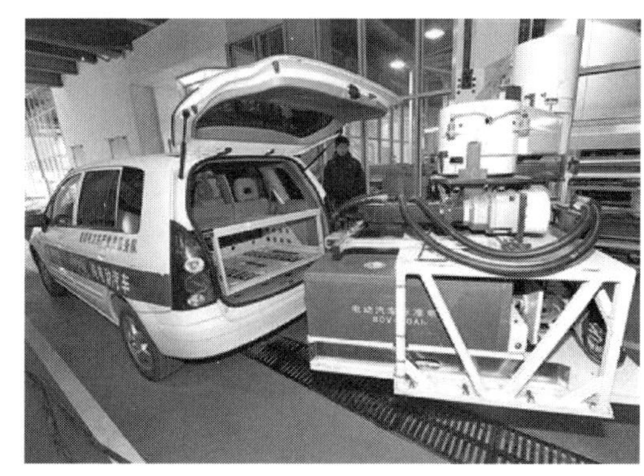

电池箱更换设备 电池箱转运设备 电池箱存储设备

图 6-3 端部换电方式（彩图见书后插页）

（3）侧向换电

当动力电池箱安装在车体两侧时，一般采用侧向换电方式（图 6-4）。为了实现快速更换电池，通常在电动汽车两侧同时进行电池更换，又称为“两侧更换方式”。

对于商业化运营的不同类型的电动汽车，一般采用不同的电池更换方式。电动乘用车通常采用底部换电和端部换电两种方式；配备电池数量较多的车辆（如电动公交车、电动环卫车等）通常采用两侧换电方式。

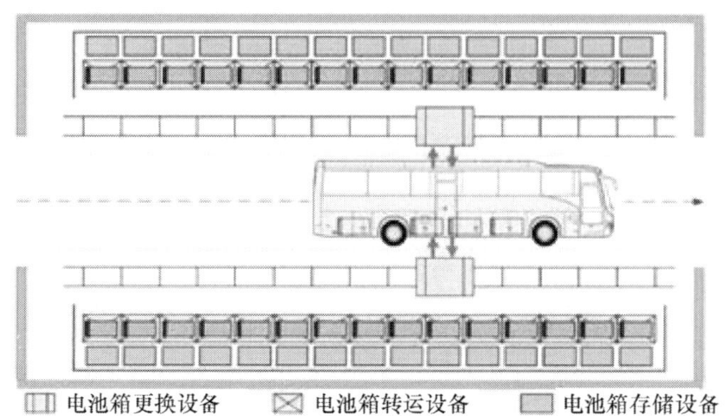

图 6-4　侧向换电方式（彩图见书后插页）

2. 自动化程度

根据电池更换过程自动化程度的不同，电池更换方式可以分为手动更换、半自动更换和全自动更换三种方式。

（1）手动更换

手动更换方式（图 6-5）在电池更换过程中，借助升降小车等简单换电设备，完全依靠专业技术人员的人工操作。该方式原理简单、更换速度慢、安全性差。

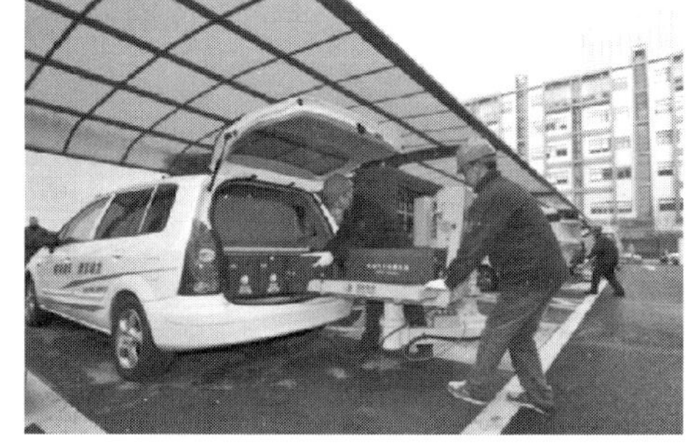

图 6-5　手动更换方式

（2）半自动更换

半自动更换方式（图 6-6）通常由人工控制电池箱更换设备（一般为助力机械臂）从电动汽车上取放电池，电池箱转运设备（一般为堆垛机）从充电架或电池箱存储设备上取放电池，通过中转平台实现电池衔接。该方式的优点是设备结构简单、对位准确、运行可靠；缺点是充电架或者电池存储设备无法密封，设备占地面积大，自动化程度低，人工干预过多。

（3）全自动更换

全自动更换方式（图 6-7）在整个电池更换过程无须人工干预，由全自动的电池换电机器人完成电动汽车与充电架 / 电池箱存储设备之间新旧电池的更换。该方式自动化程度高、更换速度快，可实现电动汽车电池更换的商业化、规模化推广应用。

图 6-6　半自动更换方式

图 6-7　全自动更换方式

3. 更换过程

根据电动汽车动力电池更换过程的不同，电池更换方式可以分为一步式、二步式两种。

（1）一步式更换

一步式更换方式（图 6-8）指动力电池在充电架 / 电池箱存储设备与电动汽车之间不经过中转系统，直接实现电池更换，电池箱更换设备一端与电池充电架对接，另一端与电动汽车对接，不经过中转系统进行过渡。

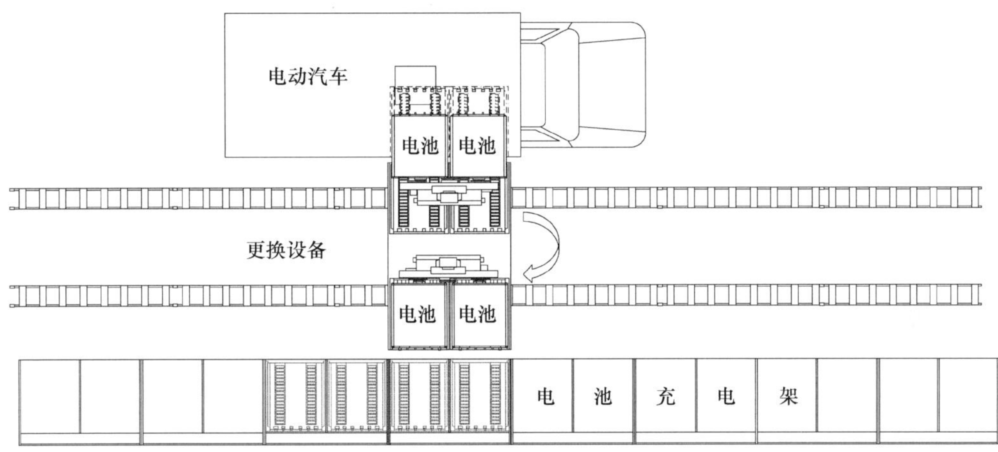

图 6-8 一步式更换方式

（2）二步式更换

二步式更换方式（图 6-9）指动力电池在充电架 / 电池箱存储设备与电动汽车之间经过中转系统（作为过渡）进行更换。该方式通常利用电池箱更换设备实现动力电池在中转系统和电动汽车间的交换，利用电池箱转运设备实现动力电池在充电架 / 电池箱存储设备和中转系统间的交换，分两步完成快速更换电池的操作。

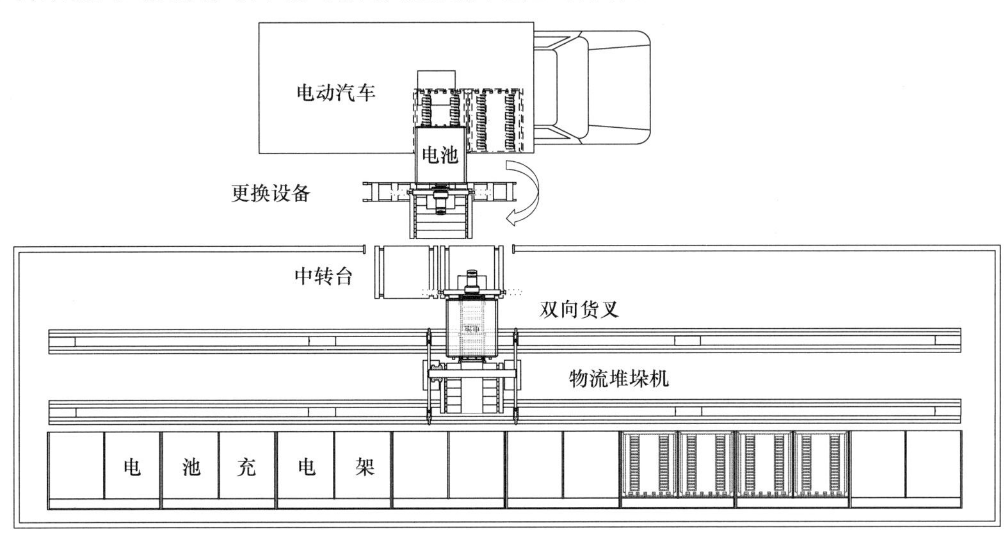

图 6-9 二步式更换方式

第6章

6.1.4 电池更换的基本流程

目前电池更换模式主要应用于车载电池配置容量较大的公交车、环卫车、物流车和需要快速补充电能的出租车和社会运营车辆。

为了更加有效地利用电动汽车，通常电池电量不足的电动汽车进站后直接更换充满电的电池，要求更换电池的过程快捷，并且必须保证安全。因此，对于较大型的集中式电动公交车更换站，电池更换的基本流程如图 6-10 所示。

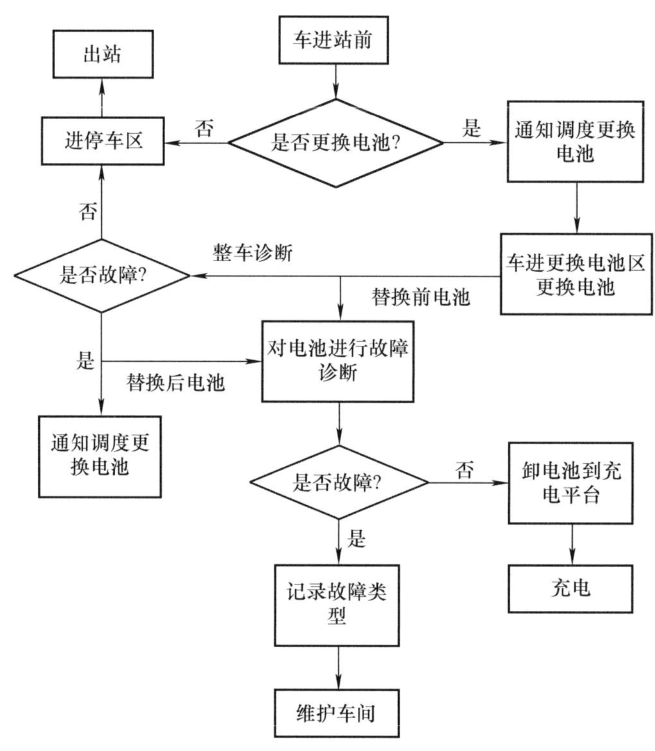

图 6-10 电池更换的基本流程

（1）更换请求

为了使电池更换更加快捷，需要更换电池的车辆进站之前应向换电站提出电池更换请求，以便站台调度安排停车位置，通知电池存储间准备更换电池并运至更换电池区，准备电池箱更换设备。

（2）车辆进入更换区

已经提出电池更换请求的车辆进站后，根据调度指令通过车辆引导系统开到更换电池区准确位置，准备更换电池。

（3）故障诊断

更换电池前，通过车载监控装置故障记录检查车辆电池在运营过程中是否故障。如果有故障记录，则记录故障信息（包括故障位置和类型），然后清除故障记录。

（4）更换电池

首先断开整车的高低压供电系统，然后才能卸载电池。卸载电池时，将故障电池和无故障电池分开摆放；卸载完毕后，将已经准备好的电池装车。

（5）故障诊断

接通整车的高低压供电系统，再进行一次故障诊断，确保更换完电池之后整车运行正常，之后将车驶出更换电池区，转到步骤（7）；如果仍然存在故障，转到步骤（6）。

（6）故障排除

通过车载监控的故障诊断结果查找电池故障原因：如果是连接线未接通等可立即排除的故障，则立即排除，然后转到步骤（5）；如果是电池箱内部故障，则通知电池存储间所需电池箱的类型和编号、车辆位置以及记录的故障信息（包括故障位置和类型），然后清除故障记录，收到备用电池后，返回步骤（4）。

（7）更换后处理

若电池箱有故障，则将故障电池箱和故障信息一并送电池维护区；若电池箱无故障，则送充电区充电。

另外，由于大城市土地资源稀缺，电动乘用车换电系统一般采用基于集中模块化设计方式。其换电流程也较电动公交车大型换电系统简单，主要包括车辆识别就位、电池拆卸安装、收费结算。

6.2 电池更换系统关键参数

电池更换系统关键参数的配置以使用车辆的运行特性为基础，必须首先满足服务车辆的充电需求。电池更换系统关键参数主要包括备用电池数量、更换设备数量以及充电设备数量等。

6.2.1 设计步骤[15]

为减少电动汽车在站内的等待时间，换电站采取快速电池更换方式实现电能补给。换电站利用空余时间对电池进行充电，车辆进入换电工位后，自动电池更换设备将车载电池与电池架上已充满电的电池进行交换。

电池更换系统的基本设计步骤如下：

1）了解换电站服务车辆数量与运营周转要求等情况。

2）明确电动车辆的电池参数及配置，主要包括电池容量、电池电压、电池箱数量、电池箱监控单元类型、电池箱尺寸等。

3）根据车载电池箱的尺寸、数量等选择电池充电架。

4）根据车载电池的相关参数和充电方式，确定充电设备的技术参数和型号。

5）根据电动车辆数量、每辆车换电时间和换电站运营要求等，确定备用电池、充电架和充电设备的数量。

6.2.2 备用电池组设计依据

备用电池组数量是设计电池更换系统最为关键的参数，需要配备的备用电池组的最大值主要由电池充电时间和电池更换时间决定：

$$N_{bmax}=\left|\frac{T_c}{T_g}\right| \tag{6-1}$$

式中 N_{bmax}——备用电池组最大值，N_{bmax} 为整数时取整数，否则结果向上取整；

T_g——电池更换时间；

T_c——电池充电时间。

实际上，考虑到建设运营的经济性，具体配置备用电池组数量可以根据车辆运行特性与运营方式进行灵活选取。由于电动出租车、电动私家车等运行特性随机性较大，也可以采用“配置模块化换电点 + 多点布局”的设计模式进行电池更换系统建设，每个换电点具有标准化统一的换电能力。

6.2.3 关键参数优化设计[8]

电动公交车配置车辆较多，运行特性规律性较强，电池更换系统关键参数的设计准确性直接对整个电池更换系统的建设成本、占地面积具有重大的影响，因此本节主要介绍电动公交车电池更换系统关键参数的优化设计方法。

具体计算模型的相关参数如图 6-11 所示。电池更换系统的配置参数由车辆运行周期 T_y、电池更换时间 T_g 和电池充电时间 T_c 决定。公交车车辆运行周期又和运行时段相关，一般分为早平峰时段、早高峰时段、上下午平峰时段、晚高峰时段和晚平峰时段。为满足一天的运行需求，应该选取高峰时段（一般为早高峰时段，持续时间为 T_h）满足车辆运行完一次后即进站换电的需求。

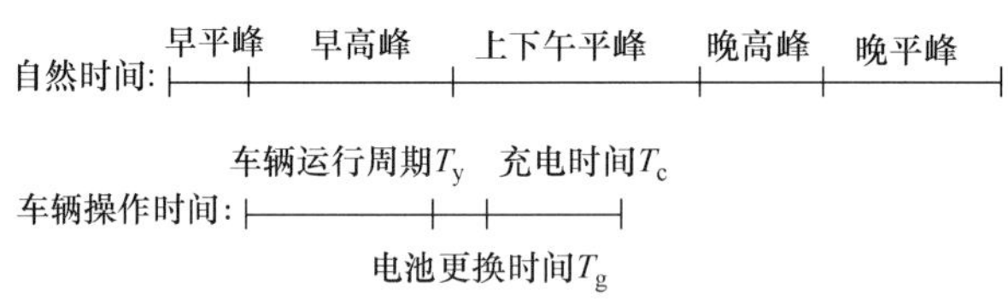

图 6-11 基本计算模型的相关参数

1. 车辆数

（1）车辆运行周期 T_y > 高峰持续时间 T_h

当车辆运行周期大于高峰持续时间时，车辆数 N_c 为

$$N_c=\frac{T_h+T_g}{T_{hr}}+\frac{T_y-T_h}{T_{cr}} \tag{6-2}$$

式中 T_{cr}——平峰发车间隔；

T_{hr}——高峰发车间隔。

（2）车辆运行周期 $T_y \leqslant$ 高峰持续时间 T_h

当车辆运行周期小于或等于高峰持续时间时，车辆数 N_c 为

$$N_c = \frac{T_h + T_g}{T_{hr}} \quad (6\text{-}3)$$

2. 备用电池组

备用电池组的配置数量是电池更换系统的关键参数，直接决定着电池更换站的配电容量以及经济运营。

（1）充电时间 $T_c >$ 高峰持续时间 T_h

当充电时间大于高峰持续时间时，备用电池组配置数量 N_b 为

$$N_b = \frac{T_h}{T_{hr}} + \frac{T_c - T_h + T_g}{T_{cr}} \quad (6\text{-}4)$$

（2）充电时间 $T_c \leqslant$ 高峰持续时间 T_h

当充电时间小于或等于高峰持续时间时，备用电池组配置数量 N_b 为

$$N_b = \frac{T_c + T_g}{T_{hr}} \quad (6\text{-}5)$$

3. 更换设备

更换设备的配置数量必须满足高峰时段发车间隔的需要，其主要由电池更换时间和高峰时段发车间隔决定，所需更换设备数量 N_k 为

$$N_k = \left| \frac{T_g}{T_{hr}} \right| \quad (6\text{-}6)$$

其中 N_k 为整数时取整数，否则结果向上取整。

4. 充电设备

（1）充电时间 $T_c >$ 高峰持续时间 T_h

当充电时间大于高峰持续时间时，充电功率 P 为

$$P = P_{ave} \left(\frac{T_h}{T_{hr}} + \frac{T_c - T_h + T_g}{T_{cr}} \right) \quad (6\text{-}7)$$

式中　P_{ave}——电池组平均充电功率。

（2）充电时间 $T_c \leqslant$ 高峰持续时间 T_h

当充电时间小于或等于高峰持续时间时，充电功率 P 为

$$P = P_{ave} \frac{T_c + T_g}{T_{hr}} \quad (6\text{-}8)$$

由上述公式可知，充电功率由备用电池组数决定，根据充电功率即可确定所需充电设备数量。

5. 设计实例

某电动公交换电站设计基础数据如下：

1）高峰时段：11:30~13:30 和 20:30~22:30，高峰持续时间 T_h 为 2h。

2）高峰时段共发车 70 辆，高峰发车间隔为

$$T_{hr}=\frac{4\times 60}{70}\ \text{min}\approx 3\text{min}$$

3）平峰时段共发车 50 辆，平峰发车间隔为

$$T_{cr}=\frac{7\times 60}{50}\ \text{min}\approx 8\text{min}$$

4）电池更换时间 T_g 为 10min。

5）车辆运行周期 T_y 为 3h。

6）充电时间 T_c 为 2h。

7）电池组平均充电功率 P_{ave} 为 50kW。

通过优化设计算法可以得到电动公交车电池更换系统关键参数如下：

1）车辆数：

$$N_c=\frac{T_h+T_g}{T_{hr}}+\frac{T_y-T_h}{T_{cr}}=\frac{2\times 60+10}{3}+\frac{3\times 60-2\times 60}{8}\approx 51\text{（辆）}$$

2）备用电池组：

$$N_b=\frac{T_c+T_g}{T_{hr}}=\frac{2\times 60+10}{3}\approx 44\text{（组）}$$

3）更换设备：

$$N_k=\left|\frac{T_g}{T_{hr}}\right|=\left|\frac{10}{3}\right|\approx 4\text{（套）}$$

4）充电设备：

$$P=P_{ave}\frac{T_c+T_g}{T_{hr}}=50\times\frac{2\times 60+10}{3}\ \text{kW}\approx 2.17\text{MW}$$

6.2.4 主要影响因素

影响电池更换系统配电容量、备用电池组数、更换设备数量等关键参数的主要因素有车辆运行周期、充电时间、电池更换时间、车辆运营特性、高峰持续时间等。其中，车辆运行周期和充电时间受实际运行工况影响较大，需要在设计阶段进行准确估算；而车辆运营特性、高峰持续时间和电池更换时间应该根据成本、效益、服务能力综合考虑进行设计优化。

1. 充电时间

电池充电时间一般采用电池 100% DOD（Depth of Discharge）放电来计算，然而车辆回站更换电池的放电深度一般为 40%~60% DOD。电池回站 SOC 估算不准确会造成充电时间的设计值与实际值存在较大差异，从而造成车辆数、备用电池组数量以及系统配电容量配置过大等问题。

电池回站 SOC 主要和车辆运行时电池组的能量消耗有关。因为公交车、环卫车等车辆运行具有线路固定、运行里程固定、运行时刻固定等特点，所以在一个运行周期内的能

量消耗基本是稳定的，可以通过实际运行数据统计分析或者通过车辆运行里程、单位公里耗电量、电池充电曲线进行估算获得。而电动出租车、电动私家车则可以通过运营监控平台累积数据，以统计方法分析运行规律和用车特性来获得。

2. 充换电管理策略

目前实际运行的很多换电站均采用车辆回站即换电、换电后随即充电的充换电管理策略，并未完全考虑车辆运行特点、电池充电成本以及换电站负荷特性，造成换电站充电成本高、负荷波动大等问题。实际上，在换电站内进行以降低充电电费和改善负荷特性为目标的充电控制策略是可行的，因为电动车辆都存在换电高峰和换电平峰的运行规律。而备用电池组的充电时间和功率可在一定范围内进行调节，可以在一定程度上改善换电站的负荷特性和充电经济性。

3. 冗余设计

锂离子电池在正常的使用过程中，容量、欧姆内阻、极化内阻等参数会发生较大的变化，直接影响电池的充电时间。充电时间的改变会引起换电站中备用电池组、配电容量等参数的变化。因此在换电站设计阶段就应能正确评估电池容量衰退以及环境温度等对锂离子电池充电时间的影响，对换电站的核心参数进行冗余设计，满足电池淘汰前换电站和电动车辆的正常运行。

6.3 电池更换系统

由于换电车辆类型的不同，目前电池更换系统存在明显的个性化和差异性特征。本节主要介绍一些已经应用的电池更换系统的典型设计方案。

为提高电池更换效率，电池更换系统一般通过引入采用机器人技术的高度自动化智能电池更换设备来实现电池更换的自动化、智能化，主要包括快换手旋转换电、圆周轨道换电、旋转机器人换电以及全自动底盘换电等多种模式[2]。

6.3.1 快换手旋转电池更换系统

快换手旋转电池更换系统（图 6-12）主要由快换手旋转换电机器人、行走机构、车体定位机构、电池抓手、电池箱转运设备、电池箱存储设备等组成。在换电过程中，电动汽车与快换手旋转换电机器人以及充电架保持相对平行，快换手旋转换电机器人可进行整体旋转，可以实现多块电池的同时更换。

图 6-12 快换手旋转电池更换系统[11]

6.3.2 圆周轨道电池更换系统

圆周轨道换电是指待更换电池的车体与充电架位于圆周轨道的两侧，电池更换设备沿圆周依次从车体和充电架上取放电池。如图 6-13 所示，每个换电单元在电动汽车左右各有一条环线，每个环线配置两台自动换电机器人，分别负责取送电池、电池装卸并行操作，换电效率较高。自动换电机器人一般采用平移式自动换电设备（图 6-14），换电过程无须进行旋转，设备重量相对较轻，充电架可密封，充电环境温度可控，对车体停靠位置要求低，无更换过程中的机械干预问题。

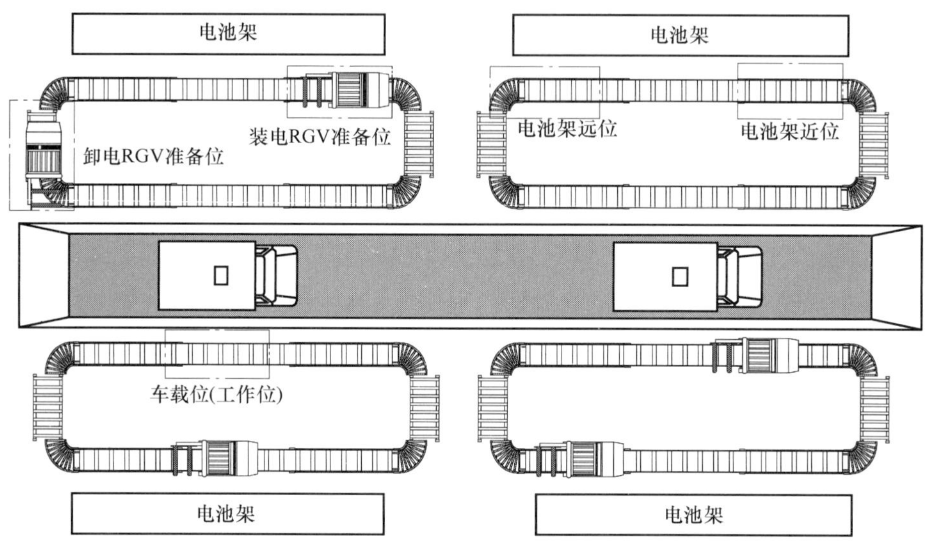

图 6-13　圆周轨道电池更换系统示意图

图 6-14　平移式自动换电设备

6.3.3　旋转机器人电池更换系统

旋转机器人电池更换系统（图 6-15）可实现整体更换设备的 180° 转动，完成电动汽车与充电架间新旧电池的更换。更换电池过程需要多次定位，更换动力电池时间较长。

180° 旋转换电，增加了电池更换系统的工作空间，充电架不能封闭，对于电池使用寿命有一定的影响。

图 6-15 旋转机器人电池更换系统

6.3.4 全自动底盘电池更换系统

如图 6-16 所示，全自动底盘电池更换系统由换电平台、车身校正装置、换电机器人、电池存储系统 / 充电架和双层堆垛机组成 [6]。其中，换电平台用于停靠汽车，为机器人换电操作提供合适的空间；车身校正装置用于将汽车轮胎内侧撑紧，以校正车身姿态；换电机器人用于底盘亏电电池的卸载和满电电池的安装；电池存储系统 / 充电架用于存放汽车电池并为亏电电池充电；双层堆垛机用于在电池架与换电机器人之间传送亏电电池和满电电池。

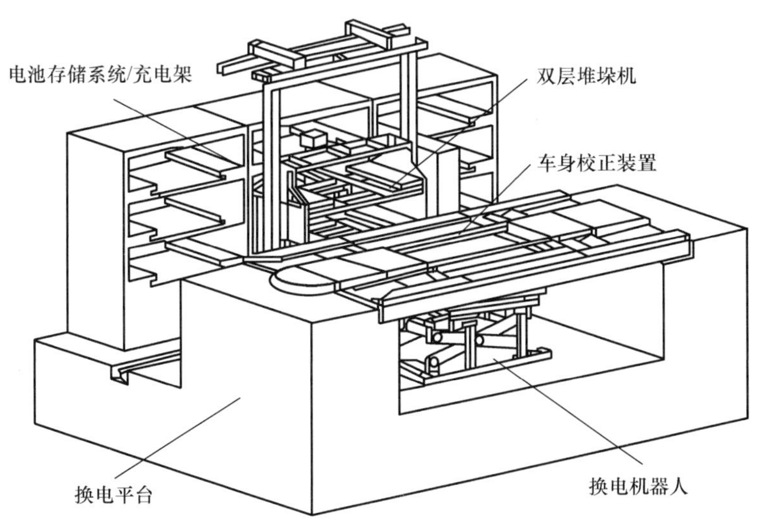

图 6-16 全自动底盘电池更换系统

6.4 关键设备及部件

6.4.1 电池箱更换设备

1. 性能要求

在电动汽车电池更换系统中，电池更换设备主要用于实现电池箱在电动汽车与充电架之间的快速更换。

GB/T 29772—2013《电动汽车电池更换站通用技术要求》标准对电池箱更换设备提出了总体要求：在装载、搬运和卸载电池箱过程中，电池箱更换设备必须保证操作人员、车辆和设备的安全，具备最大功率限制和防倾倒等功能；自动或半自动电池箱更换设备必须具备手动操作及紧急停机功能。另外，标准中着重对电池更换时间提出了明确要求：乘用车不大于 5min，商用车电池不大于 10min。

NB/T 33006—2013《电动汽车电池箱更换设备通用技术要求》标准对电池箱更换设备的型式，基本参数，技术要求，试验、检验规则，标识、包装、运输等内容进行了详细规定，为电池箱更换设备的设计、制造检验和验收等提供了依据。

（1）定位精度

在电池更换模式中，由于电动汽车停靠位姿的误差以及不同电池箱在车身上的位姿变形误差等因素，电池箱更换设备对电动汽车电池箱位姿的自动精确定位是最为急待解决的难题 [14]。

根据 NB/T 33006—2013 标准要求，电池箱更换设备对车辆停靠位置及停靠姿态、电池箱安装位置具有一定的适应能力。更换设备各机构全自动运行时定位精度见表 6-1。

表 6-1 更换设备各机构全自动运行时定位精度

动作分类	精度要求
纵向定位	≤ 2mm
横向定位	≤ 2mm
提升定位	≤ 2mm
旋转定位	≤ 0.2°
推拉定位	≤ 2mm

电池箱更换设备通常借助车辆导引系统辅助进行车辆初步定位，将电动汽车停靠在预定的电池箱更换设备操作行程范围内；之后采用基于红外、激光、视觉等多传感器融合的多重定位技术，减小定位误差，实现精准定位，有效地提高电池箱更换设备对电动汽车电池箱的适应能力。

为了实现电池箱自动精确定位，首先要解决目标的位姿测量问题。目前常用的位姿测量方法有磁场定位法和视觉定位法两种 [9]。与磁场定位法相比，视觉定位法由于操作的简便性已经逐渐应用于电池箱更换设备，即换电机器人中。

视觉定位法是机器人目前应用最多的一项定位技术。和人类的眼睛类似，机器人通

过视觉传感器便可感知环境周围的信息，测算机器人与目标物体之间的距离、角度等物理量，并且可以随时记录自身的位置和行驶的距离。换电机器人通过视觉定位系统，提取电池箱的定位特征点，通过标定、图像处理、定位、计算等步骤对电动汽车内电池箱进行重构，获取电池箱的空间坐标和偏转方位角，从而实现对任意停放的电动汽车内电池的精确定位功能。现在应用最为广泛的视觉定位法有单目视觉方法与双目视觉方法。这两种方法都能够比较方便地对目标物体空间相对位置和姿态进行测量。

1）单目视觉方法。单目视觉方法使用一台摄像机对目标物体进行拍摄，通过某些特征信息在空间中和在图像上位置的关系，对目标物体的空间位置、姿态等感兴趣的参数进行测量。由于只使用了一台视觉传感器，该系统构成简单、使用方便，只需要对摄像机的内部参数进行简单的标定即可进行视觉测量，并且解决了双目和多目视觉系统中标定过程复杂、计算量过大等不足。但是这种方法由于只使用了单幅二维图像来确定被测目标物体的空间三维信息，被测目标物体在深度方向上的有用信息不能有效地反映在二维图像中，所以并不能完全反映出被测对象的三维空间结构信息。

2）双目视觉方法。双目视觉方法通常采用两台摄像机对目标进行同时拍摄，或者采用一个摄像机于不同的角度进行拍摄得到多幅图像，通过获取图像间存在的视差，来恢复目标的三维信息。此方法的测量范围受到视场范围的限制，可以进行测量的有效距离比较短，而且系统构成相对复杂，对立体标定的精度依赖较高。

在复杂的现场情况下，利用单一的观测设备很难取得满意的效果，通过融合多种传感器的多维数据信息可以有效提高机器人的定位精度。例如，采用单目视觉摄像机结合激光测距仪的多传感器融合的测量方法[13]，可以实现从单张图片中恢复出被测目标物体的三维信息，并且对各种环境有很强的适应力，目前已经在移动机器人导航与绘图、三维建模、人脸识别等诸多领域得到应用。

（2）运动性能

根据 NB/T 33006—2013 标准要求，电池箱更换设备更换过程中各个动作必须连续、可靠、平稳，动作衔接流畅，运行过程中不得产生异常响声；正常运行中的更换设备各机构在制动和变速时，不得有猛烈振动和剧烈冲击；在紧急状况下，更换设备各机构应有良好的制动性能。

另外，对设备运行平稳性也提出具体的性能要求：更换设备各机构全自动运行时，各个方向的运行速度与其给定值之间的偏差小于 2%。

（3）安全性能

根据 NB/T 33006—2013 标准要求，电池箱更换设备应具有必要的安全保护措施和掉电时的手动解锁功能，具体安全防护措施如下：

1）更换设备突然断电时，各个动作应有强制停止措施。

2）更换设备应具备防止电池箱自行脱离的功能。

3）更换设备突然断电并强制停止后，不得有对设备、电池箱及人员造成伤害的现象发生。

4）除手动设备外，更换设备应具备声光警示装置。

5）除手动设备外，更换设备的任何一个动作都应有电气及机械方式的行程极限保护。

6）更换设备各动作之间能够安全互锁。

7）电气系统应有可靠接地。

除此之外，NB/T 33006—2013 标准中还规定了电池箱更换设备的机械结构、机械传动、电气系统、控制系统等方面的性能要求与测试方法。

2. 结构组成

电池箱更换设备一般由更换机械装置和控制系统组成，其机械装置由动力装置、定位夹紧机构、电池夹具等组成。但是电池箱更换设备的设计与电池模块尺寸以及应用车辆密切相关，还尚未形成通用性的换电装备。下面主要介绍几种已经成功应用的电池箱更换设备。

（1）机械臂式电池箱更换设备 [5]

机械臂式电池箱更换设备（图 6-17）主要由电动助力机械臂、立柱、主臂杆、前臂杆、电池夹具组成。电动助力机械臂的手臂有空间 3 个移动和绕立柱轴向的转动自由度，机械臂与电池夹具（图 6-18）之间相连接的摆动吊，可以在另外 2 个自由度方向做有限度的摆动。两个互相定位对接装置均有 6 个自由度，可以有效地解决因各种姿态误差导致的定位困难甚至卡死等现象。电动助力机械臂可以由操作人员灵活控制，反应灵敏，能有效避免换电时产生的冲击。

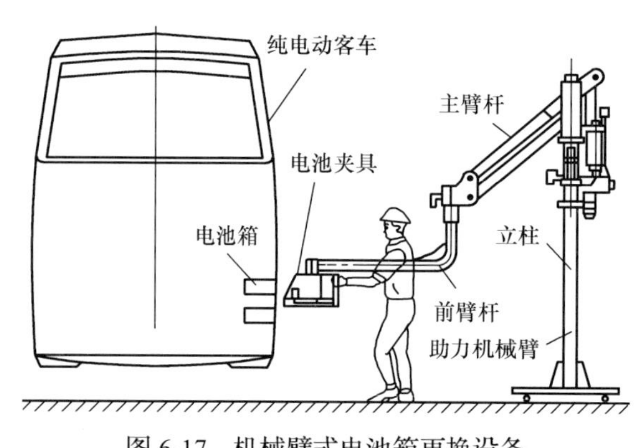

图 6-17　机械臂式电池箱更换设备

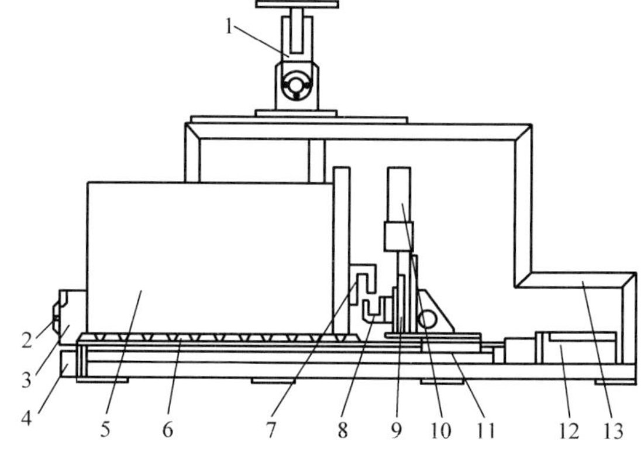

图 6-18　电池夹具结构

1—摆动吊　2—防撞垫　3—搭钩　4—传感器罩
5—电池箱　6—滚道　7—钩子　8—推拉钩　9—线性模组
10、12—伺服电动机　11—线性滑台　13—输送框

采用模糊定位方式，利用图 6-18 中的搭钩 3 与电池箱架上的定位钩先模糊定位，对准后沿斜面下放，左右慢慢卡紧，同时前后卡紧机构卡紧，防止电池夹具脱离。另外设计两个伺服电动机 10 和 12，实现了取放电池过程的自动化。当电池夹具与电池存储架或电动汽车电池箱对接时，利用接近传感器来判断是否对接上。如果达到了对接标准，那么传感器将发送信号给伺服电动机，控制的线性模组使推拉钩向上运动扣上电池内箱上的拉钩，完毕后伺服电动机控制拉钩沿线性滑台将亏电电池拉进电池夹具中；之后将电池夹具移向电池存储架，并完成放电池的动作。

（2）旋转式电池箱更换设备

旋转式电池箱更换设备主要利用设备旋转 180° 实现满电电池与亏电电池的更换，如

图 6-19 所示，一般采用框架结构，主要由定位机构、旋转机构、侧移机构以及推拉机构组成 [18]。在电池更换过程中，行走机构驱动机器人行走至适当位置，侧移机构向电池舱方向移动，与车辆进行对接；推拉机构将需要充电的电池从车辆中取出，并旋转180°，将机器人另一侧已经装入的满电电池安装在车辆上，之后再将亏电电池放回充电架中。该设备可以一步完成多组电池的更换操作，但是更换设备对旋转空间的需求较大。

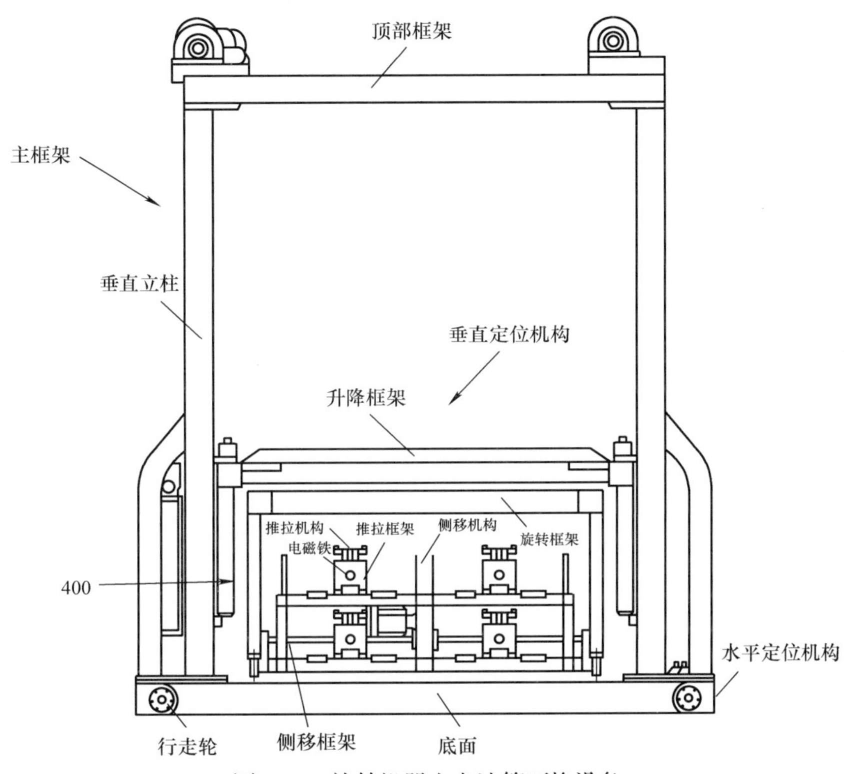

图 6-19 旋转机器人电池箱更换设备

（3）抽取式电池箱更换设备

抽取式电池箱更换设备基于工业用堆垛机，直接从电池存储架中抽取满电电池，通过推拉动作装入电动汽车中。在更换过程中，设备无须旋转，减少了系统的占地空间，并且在整个电池更换系统中无须另外配置堆垛机进行电池转运。但是整个更换过程需要两步操作，更换时间较长。

如图 6-20 所示，抽取式电池箱更换设备由下横梁、立柱、上横梁、载货台、货叉、起升机构、操作台和电气装置等部件组成 [19]，其中，载货台主要由导轮架、垂直框架、水平框架等组成，其上装有货叉伸缩机构、松绳或断绳保护装置、起升导向轮装置、升降认址装置、货物位置异常检测装置。载货台由起升机构带动，依靠起升导向轮装置沿着立柱起升导轨升降，并由货叉伸缩机构进行存取货物作业。

（4）平面多关节机器人电池箱更换设备 [4]

如图 6-21 所示，平面多关节机器人电池箱更换设备是一种新型、自动定位、多自由度的换电设备。该设备能够更加方便快捷地实现电池更换。

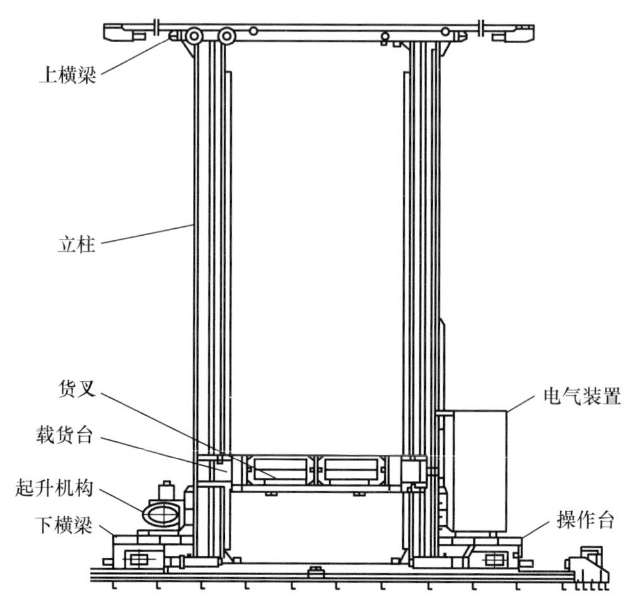

图 6-20　抽取式电池箱更换设备

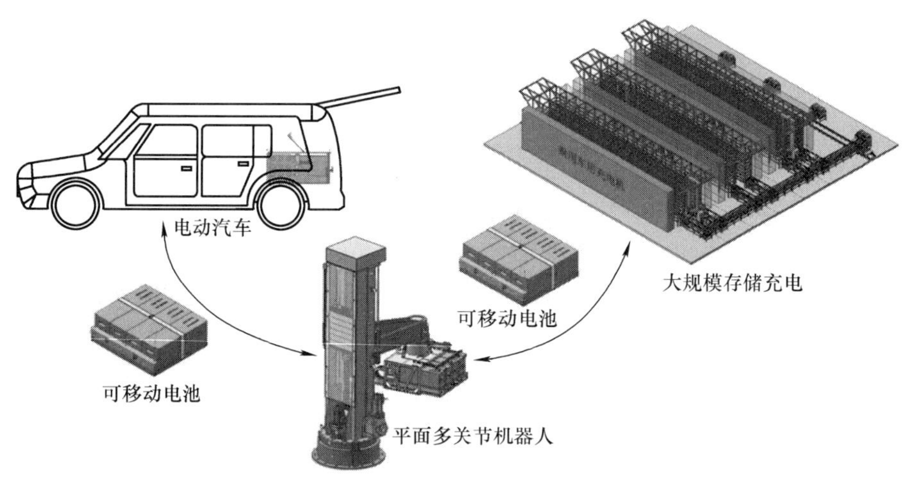

图 6-21　平面多关节机器人电池箱更换设备

平面多关节机器人（图 6-22）主要由提升单元、旋转一单元、旋转二单元、旋转三单元、倾斜调整单元、推拉结构单元、电气控制系统等组成。在换电过程中，平面多关节机器人通过升降以及旋转一单元、旋转二单元、旋转三单元的同步动作实现与电动汽车对接，通过测距和定位传感器实现车辆的精确定位以及车辆位置的变化跟踪，通过解锁、抽取和推送动作完成电池更换操作。该换电设备具有多轴联动以及前后和左右的倾斜调整功能，可以轻松地调整姿态，对接柔性；实现与输送系统自动对接，自动取放电池；与电动汽车对接实现人为确认，自动化程度较高，有效提高了换电效率。

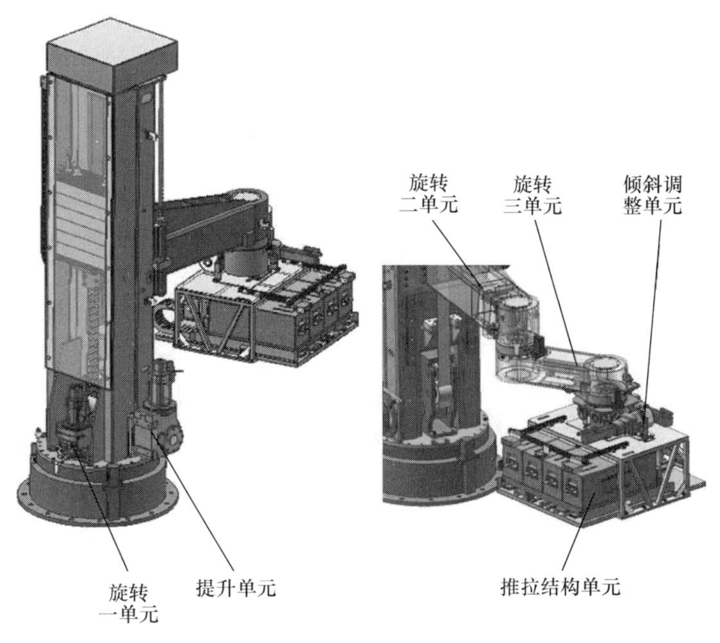

图 6-22 平面多关节机器人

（5）底盘升降式电池箱更换设备

对于电动乘用汽车，出于对汽车安全性能与动力学性能的考虑，其车载电池安装于汽车底盘接近中央的位置，因此电池只能从低于汽车底盘的位置自下而上装入电池舱。目前应用较为成熟的构型是剪叉式升降机构[6]，如图 6-23 所示。该机构上平台用于放置电池，四角各有一个伺服电动机用于电池的锁止与解锁。整个上平台和电池通过下面的剪叉式升降机构实现升降，其动力来源于机构下平台上的电动机。

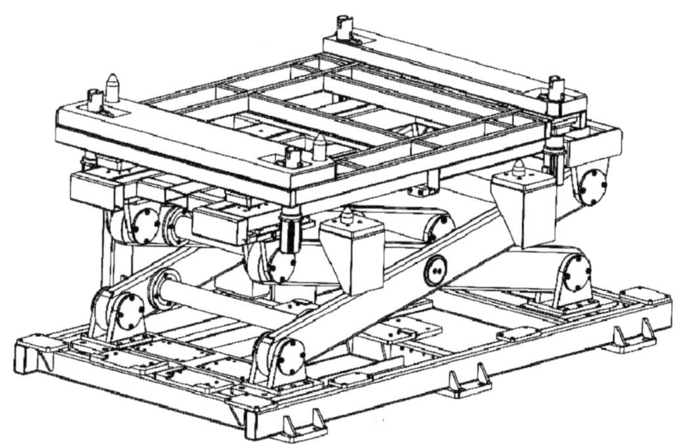

图 6-23 底盘式电池箱更换设备

剪叉式升降机构结构简单，运行比较稳定可靠，而且有一定的承载能力。但也具有明显的缺陷，即该机构只有一个自由度，只能实现上平台托举汽车电池竖直单方向的运动，而不能调整电池的姿态。图 6-24 和图 6-25 所示为改进后具有 X 轴、Z 轴、R 轴三个方向自由度的底盘式电池箱更换设备[17]，主要由直线行走机构、液压举升机构和角度纠偏机构组成。

1）直线行走机构位于底部，通过伺服电动机和减速机可以驱动快换机器人在滑轨上直线行走。

2）液压举升机构位于直线行走机构上部，通过液压伸缩机构实现更换电池的垂直升降。

3）角度纠偏机构位于液压举升机构上端，与上面安装的电池托盘配合可以实现电池外箱位置微调和可靠固定。

此电池箱更换设备将液压举升机构运用到快换机器人中，整个更换过程更加可靠稳定，同时有效缩减了设备的尺寸。

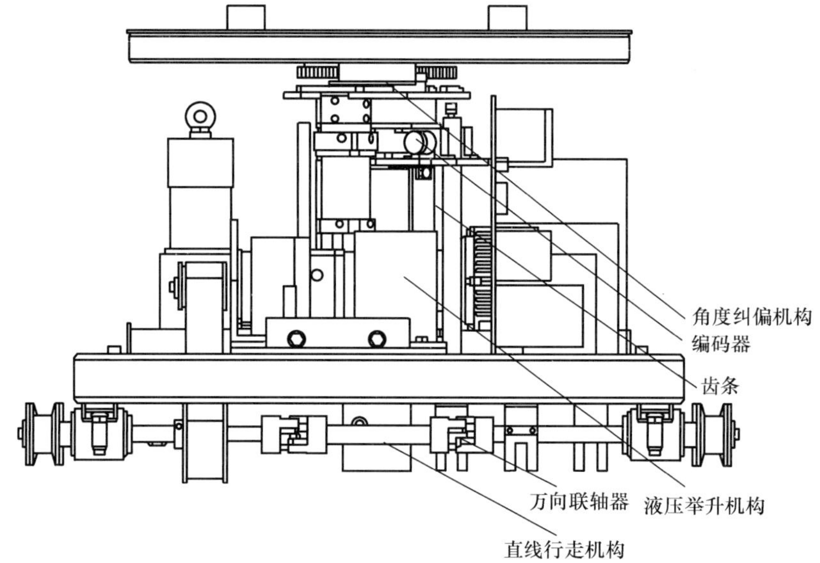

图 6-24　改进后的底盘式电池箱更换设备（1）

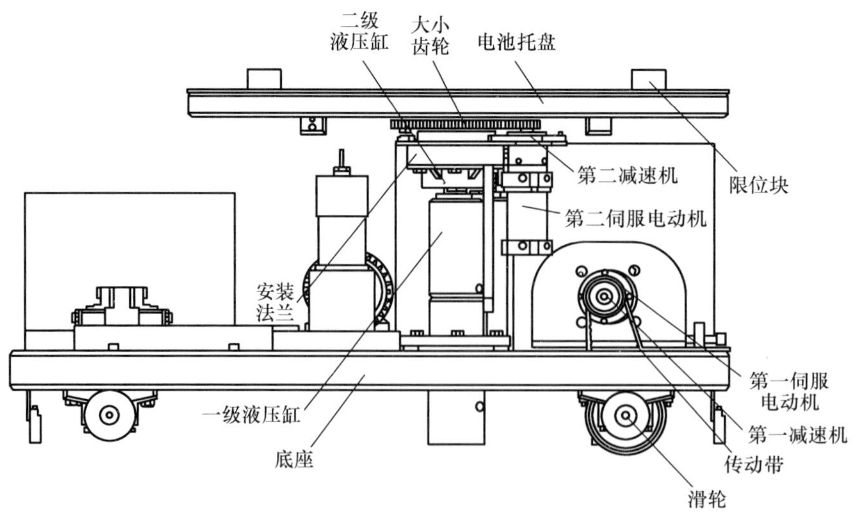

图 6-25　改进后的底盘式电池箱更换设备（2）

6.4.2 电池箱转运设备

电池箱转运设备是电池箱更换设备和电池箱存储设备之间的关键传输工具，负责搬运动力电池。GB/T 29772—2013《电动汽车电池更换站通用技术要求》标准中仅对其总体性能做出规定：电池箱转运设备应具有安全、快捷转移和运输电池箱的能力，并且在转运电池箱的过程中，应保证操作人员和设备的安全。但是对于电池箱转运设备的结构型式等具体要求均未涉及。目前电池箱转运设备一般采用转运平台结合机械自动化作业的堆垛机形式[10]。

堆垛机一般应用于对货物进行集中存储、搬运和管理的自动化立体仓库中，可以实现不直接进行人工处理的情况下自动地存储和取出货物，可有效提高物流效率、降低储运损耗。堆垛机是自动化立体仓库中的关键设备，承担着仓库中货物的出库、入库等工作。

堆垛机根据指令要求，利用载运台搬运、货叉抓取，从高层货架上存取货物。堆垛机由承载机构、运行机构、升降机构、载运台、货叉伸缩机构、电气控制柜等部分组成。承载机构由立柱、底座、下横梁等组成，整个布局要求紧凑性强、强度高。

堆垛机有多种多样的形式：按照结构的不同，可分为单立柱和双立柱堆垛机；按照巷道的运行形式，可分为直线巷道式和转巷道式堆垛机；按照高度不同，可以分为低层型、中层型和高层型堆垛机：按照自动化程度不同，堆垛机可分为手动、半自动和自动堆垛机。巷道式堆垛机具备先进、高效、可靠、安全的特点，在自动化立体仓库中得到了广泛应用。

6.4.3 电池箱存储设备

电池存储设备基本采用框架结构，又称为“电池箱架”。GB/T 29772—2013《电动汽车电池更换站通用技术要求》标准规定，电池箱存储架的机械强度应满足电池箱承载要求，并且应带有电池箱限位、锁止装置，宜具备对电池箱的导向功能。

GB/T 33341—2016《电动汽车快换电池箱架通用技术要求》标准规定了电动汽车快换电池箱架的环境条件、功能要求和技术要求，适用于电动汽车快换电池箱充电架及存储架的设计、制造和安装。

1. 功能要求

1）通用要求：存储、限位、导向、锁止、机械强度、防腐防锈、接地以及编号。

2）充电架：充电、自动对接、接口、烟雾报警，并且强弱电分离。

3）存储架：烟雾报警、绝缘、通信接口。

2. 技术要求

除了对电池箱架的结构、材料、工艺、组装和寿命要求提出基本要求外，重点规定了系统的绝缘电阻（≥10MΩ）以及工频耐压的具体要求，以保证系统的电气安全性能。

6.4.4 充电架

充电架是用以连接非车载充电机和电池箱，完成充电过程的电池箱承载设备，由机械、电气、通信等装置构成。在电池更换系统中，一般通过分箱充电机对电池架上的电池进行充电。因此充电架通常与电池存储架结合在一起，在某些电池存储仓位配置充电功能。

GB/T 29772—2013《电动汽车电池更换站通用技术要求》标准中规定了充电架的基本要求：

1）充电架应与电池箱相匹配，满足电池箱承载要求。

2）充电架应具备对电池箱的导向功能，并带有电池箱限位、锁止装置。

3）充电架应具有电池箱就位、充电和充满等状态显示功能，能够与相应装置配合实现对电池温度调节功能，以及必要的安全报警功能。

6.4.5 快速更换电池箱

快速更换电池箱（简称快换电池箱）是指安装于电动汽车底部、侧部或端部，由若干单体电池或电池模块、箱体、电子控制单元及相关电气、机械附件等构成，并能够实现快速更换的电池箱。

快换电池箱是电池更换系统中的主要结构，起着承载并保护动力电池组的作用[7]，主要包括装载电池模组的抽出式电池箱体及锁定电池箱体的托架[12]。快换电池箱通过推拉锁止机构固定于托架上，既要满足车辆运行过程中承受复杂受力的振动要求（即锁止安全性），又要满足换电机器人对电池箱全自动地频繁更换要求。因此，快换电池箱系统锁止机构的设计是快换电池箱系统的关键问题之一。

1. 性能要求

NB/T 33025—2016《电动汽车快速更换电池箱通用要求》标准中对快换电池箱的锁止机构和导向与定位装置提出了明确要求。

（1）锁止机构

1）电池箱固定应采用机械式锁止机构，并具有防止锁止失效功能。

2）锁止机构应能在三个相互垂直的轴上将电池箱固定在托架上，在车辆行驶造成的频繁振动下，不会出现产生危害的相对位移或产生明显的机械噪声。

3）锁止机构的解锁和锁止应通过受控方式操作，锁止机构的工作状态应能可靠检测。

4）锁止机构应能承受振动和冲击的影响。

5）在异常情况下应能通过手动方式解锁并拉出电池箱。

（2）导向与定位装置

1）导向装置应能够可靠修正推拉运动路径。

2）定位装置应能可靠定位电池箱的锁定位置。

3）导向和定位装置应能承受振动和冲击的影响。

2. 实现方法

采用电池更换设备装卸电池箱时，电池更换设备的动作应该是越简单越好，但前提是电池更换设备必须要与电池箱在动力舱内的锁紧机构紧密结合。在动力舱内电池箱锁紧方式主要有电磁锁式、弹簧储能式和纯机械式。其中，纯机械式动作可靠、双向动作，但是结构复杂、成本高，根据实现动作可分为推拉式、推拉与旋转组合式两种；电磁锁式结构简单、体积较小，但是可靠性差、失电时不能动作；弹簧储能式结构紧凑、成本低，但是

可靠性差、只能单向动作[3]。在实际应用过程中，往往采用多种方法相结合的方式实现快换电池箱的机械连接和电气连接的牢固锁止。

（1）设计实例 1[16]

某电动商用车的快速更换电池箱如图 6-26 所示。电池箱的外壁设置固定销锁止机构及螺栓锁止机构，上部与车体焊接，实现电池箱与车体的连接固定；电池箱内部设置有用于方便标准化电池模块安装的滚动导向机构及限制标准化电池模块在电池箱体内运动的压紧机构，实现标准化电池模块在电池箱内的固定。

在电池箱侧壁设置有固定销锁止机构和螺栓锁止机构（图 6-27）。固定销锁止机构由上片、下片、固定销、限位弹簧、定位弹簧和锁止螺栓组成，上片和下片分别与车辆底盘和电池箱焊接，实现电池箱与车体的连接固定，通过拉伸定位弹簧实现固定销与锁止螺栓的插销配合锁止，并通过限位弹簧防止车辆颠簸时电池箱的向上串动。螺栓锁止机构由上片、下片和锁止螺栓组成。上片和下片分别与车辆底盘和电池箱焊接，实现电池箱与车体的连接固定，通过锁止螺栓和螺母的配合实现锁止功能。

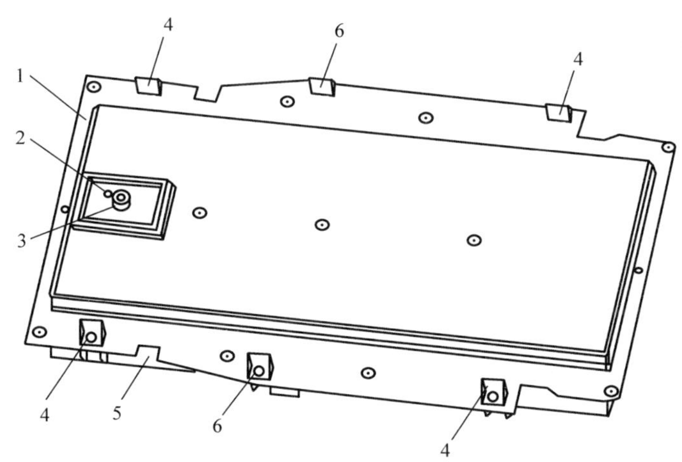

图 6-26 某电动商用车的快速更换电池箱

1—电池箱上盖 2—通信线插座 3—电源总线插座 4—螺栓锁止机构 5—电池箱下盖 6—固定销锁止机构

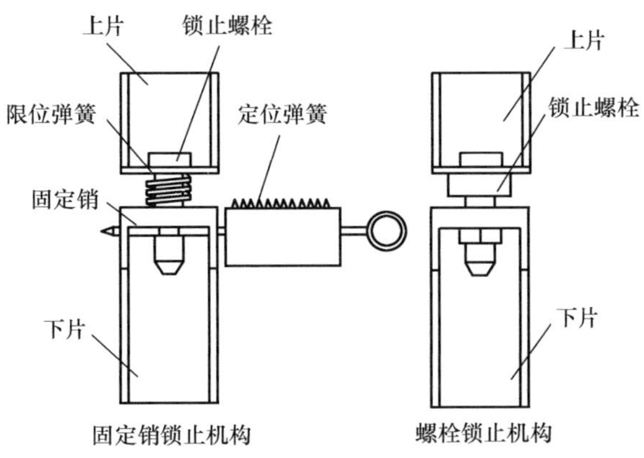

图 6-27 快速更换电池箱锁止机构

（2）设计实例 2

如图 6-28 所示，某电动乘用车的快速更换电池箱采用多点分布均载错齿锁止技术，电池包与快换支架的连接采用多点固定，大大降低了底盘局部承载能力的需求。利用轴线的非线性约束电池在竖直方向的位移，利用错齿结构约束电池在行驶方向的位移，利用侧向的限位块约束电池横向的位移。

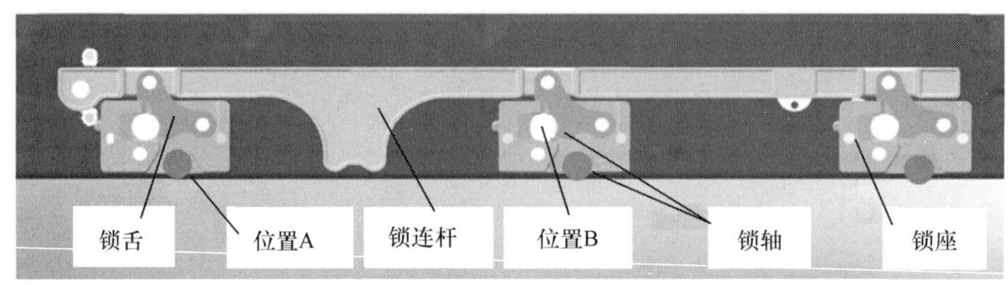

图 6-28　多点分布均载错齿锁止机构

在安装电池包时，电池包随换电机器人上升，在锁轴的导向作用下进入位置 A；锁轴继续上升顶起锁舌，到达锁座的上边缘时停止上升，电池包向前移动，进入锁舌内；在弹簧的作用下锁连杆复位，电池包后退，机械连接器牢固锁止。同时，电气连接器在电池包前移过程中，压缩高低压极柱浮动端的极柱端子，电气连接器牢固连接。

在拆卸电池包时，换电机器人进入换电位置后，电池包前移，锁连杆在换电机器人的作用下顺时针旋转，锁舌随之旋转后避开锁轴的行走轨迹，电池包开始后移到锁止止边位置停止，然后下降脱离机械锁止连接器。同时，在后移过程中，电气连接器断开连接。

6.5　电池更换系统应用实例

6.5.1　熊猫环岛公交车换电站

熊猫环岛公交车换电站最早是通过将车辆上数块电池取下然后旋转换电设备再将电池码放在电池充电货架上，如图 6-29 所示。该系统采用一步式两侧更换模式，仅包括一台电池箱更换设备组成，换装动作和换装节拍简单，系统结构清晰明了。针对 84 路电动公交车进行设计，结合电池在车上的位置，电池箱更换设备可以实现一次换装多块电池。

图 6-29　熊猫环岛公交车换电站

6.5.2 北土城公交车充换电站

如图 6-30 所示，北土城公交车充换电站的电池管理由 RGV 机器人实现，前台采用人工助力的换装机械手进行换装，一次更换一块，一辆电动公交车换装用时大约 10min。系统采用两步式更换模式，更换设备把电池从车上取下放到中转台，再从中转台取满充电池安装到车上。待充电池通过堆垛机放置到电池架上。

图 6-30 北土城公交车充换电站

6.5.3 高安屯换电站

如图 6-31 所示，高安屯换电站共设 5 条流水线，包括 8 个换电工位、1 个乘用车电池配送工位，可同时为 8 辆电动汽车提供换电服务，单日服务车辆能力 400 辆次（8t 电动环卫车 162 辆次、16t 电动环卫车 38 辆次、2t 电动环卫车 100 辆次、电动乘用车 100 辆次），同时每小时可配送 24 组电池，年累计服务能力 14.6 万车次，服务范围覆盖朝阳、通州、顺义等地区。换电站从北向南依次分布环卫一、二、三通道及乘用车换电通道，乘用车换电通道西侧设配送通道。

1. 16t 电动环卫车电池更换系统

如图 6-32 所示，16t 电动环卫车电池更换系统采用直线型换装系统架构，配备大型动力电池箱更换设备。直线型一步式更换系统仅由一台大型动力电池箱更换设备组成，具有最多一次更换四块电池的更换能力，可以有效缩短换装时间，单次整车换装时间为 8min。该系统采用视频模糊识别定位技术，定位效率高，适应性强，工况条件下的定位精度高。

2. 8t 电动环卫车电池更换系统

如图 6-33 所示，8t 电动环卫车电池更换系统采用环形一步式更换模式，在更换过程中，车侧卸装和电池上装分别由两台 RGV 机器人专门进行，提高了换装过程的效率，同时为电池的保温提供了一定的条件。一次更换两块，换装时间为 3min。

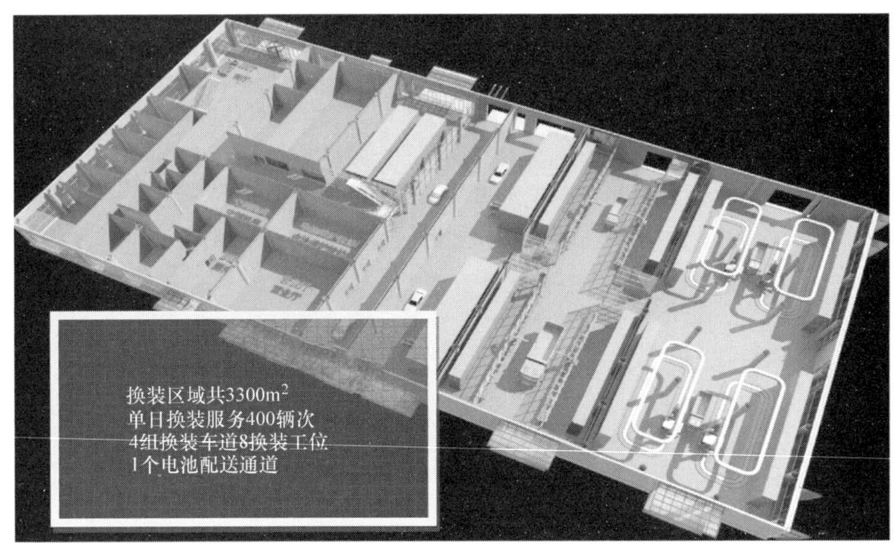

图 6-31 高安屯换电站

图 6-32 直线型电池更换系统

图 6-33 环形一步式电池更换系统

3. 2t 电动环卫车电池更换系统

如图 6-34 所示，2t 电动环卫车电池更换系统采用集约型两步式更换模式，和内嵌式中转机构，使得整个换装系统的占地面积相比同样规模的两步式换装系统明显减少，比相同规模的换装系统减少占地约 1/3。

图 6-34　集约型两步式电池更换系统

4. 电动乘用车电池更换系统

如图 6-35 所示，电动乘用车电池更换系统采用大型仓储管理系统配合全自由度机械手换装设备，具有乘用车电池的充电、搬运、配送等管理功能。先进的全自由度机械手臂可以为换装过程提供全自由度的自适应控制。

图 6-35　大型仓储管理型电池更换系统

6.5.4　北汽电动乘用车换电站

如图 6-36 和图 6-37 所示，北京新能源汽车股份有限公司采用“集装箱”式电动乘用车电池更换系统，每座换电站可满足超过 100 辆换电型纯电动汽车的运营需求。电动乘用车电池更换系统由换电系统、集成充电系统和辅助系统组成。换电系统由底盘换电系统和车辆定位系统组成，可实现车辆定位、电池包定位、电池包的安装和拆卸。集成充电系统由堆垛机、充电储存架、充电设备组成，在换电站可实现对拆卸下的低电量电池包进行充电。辅助系统可为换电站提供电能、空调、监控、安防、消防、计量计费等功能。目前换电站已逐渐在北京、厦门、兰州等各大城市建设使用，截至 2018 年 11 月，在北京市配套建成 100 座换电站，在厦门建成 7 座换电站。

图 6-36　北汽电动乘用车换电站示例（1）

图 6-37　北汽电动乘用车换电站示例（2）

6.6　展望

与电动汽车充电模式相比，换电模式具有能量补给时间短、充电电费成本低、电池寿命长等显著优点。但由于设施投资大、行业间协调难度大等问题，电动汽车换电模式初期仅局限于适用程度较高的公交车、出租车运营领域。随着电动乘用车换电技术的不断提高，换电站建设成本也在逐渐降低，换电模式也逐渐应用于电动乘用车分时租赁等领域，但是目前仍处于应用场景试点示范阶段。为了进一步推广电动汽车换电模式，必须不断完善相关扶持政策，加大换电设施的补贴力度；积极开展各个领域可复制、可推广的运营模式探索，加强换电式电动汽车、换电式电池、换电式充电站等核心技术的重点研发，实现换电网络的互联互通；突破电池箱定位、接触、解锁等实际应用关键问题，加快制定适用于快换模式的动力电池规格标准、充换电设施的详细技术要求以及安全标准，建立健全换电方面的行业规范标准。

参考文献

[1] CEN-CENELEC Management Centre. Electric Vehicle Battery Swap System – Part 1：General and Guidance：IEC 62840-1：2016[S].Brussels：CEN-CENELEC Management Centre 2016.

[2] 李同智 . 基于多机器人协同操作的电动汽车快速换电系统 [J]. 电力系统自动化，2013，37（20）：77-82.

[3] 袁攀，冯志刚，刘辉勇 . 电动车电池箱更换设备运动控制技术研究 [J]. 湖南工程学院学报（自然科学版），2013，23（4）：9-11.

[4] 毕树国，张楠，姜碧霄，等 . 电动汽车平面多关节机器人的设计与应用 [J]. 机械设计与制造，2013（3）：205-207.

[5] 徐胜龙，刘金桥，汪飙，等 . 新型纯电动客车电池快速更换设备的设计研究 [J]. 佳木斯大学学报（自然科学版），2012，30（3）：160-163.

[6] 王少兴 . 电动汽车换电机器人结构设计与分析 [D]. 哈尔滨：哈尔滨工业大学，2012.

[7] 侯雯娜 . 电动汽车快速更换电池箱结构及散热性能研究 [D]. 西安：长安大学，2018.

[8] 张维戈 . 纯电动公交车换电站优化设计和经济运行研究 [D]. 北京：北京交通大学，2013.

[9] 谢炀 . 基于单目视觉的电动公交车自动更换电池系统研究 [D]. 上海：上海交通大学，2013.

[10] 丛晓杰 . 电动汽车换电站立体仓库堆垛机控制系统设计与优化研究 [D]. 南京：南京理工大学，2013.

[11] 黄坤 . 电动汽车机器人自动换电装置 [J]. 机器人技术与应用，2014（5）：21-22.

[12] 丁习坤 . 快换电池箱及其锁止机构的设计与仿真分析 [J]. CAD/CAM 与制造业信息化，2013（7）：79-81.

[13] 赵明宇，路致远，王国梁 . 全自动电池箱更换设备定位技术研究 [J]. 制造业自动化，2011，33（9）：82-85.

[14] 李伯平 . 工业机器人视觉定位技术与应用探讨 [J] . 现代信息科技，2018，2（11）：161-165.

[15] 许庆强，寇英刚，马建伟，等 . 电动汽车充换电设施典型设计方案研究 [J]. 电力系统保护与控制，2015，43（13）：118-122.

[16] 王瑶，李博，陈艳艳，等 . 电动汽车动力电池快换更换结构设计 [C]. 郑州：第九届河南省汽车工程技术研讨会，2012.

[17] 山东电力集团公司电力科学研究院 . 一种电动乘用车底盘电池更换系统及方法：201210222338.5[P]. 2012-10-10.

[18] 国网电网公司，许继集团有限公司 . 电动商用车电池更换装置及换电系统：201010508008.0[P]. 2011-05-04.

[19] 北京国网普瑞特高压输电技术有限公司 . 一种电动汽车电池箱更换系统及方法：201210315626.2[P]. 2013-01-02.

第6章

第7章 电动汽车充电设施监控系统

7.1 充电设施监控系统的结构与功能

充电设施（即充电站）监控系统是保证充电设施安全、可靠、经济运行不可或缺的部分，是对计算机及嵌入式系统技术、软件技术、数据库技术、网络通信技术、自动控制技术等的综合应用。

充电设施分布位置、类型及规模等级是根据电动汽车的类型、数量、运行规律等实际需求进行设计、规划和建设的，相应监控系统的结构和功能需求也会有所不同。

7.1.1 中大规模充电设施监控系统

对于纯电动公交车、纯电动出租车、纯电动物流车以及集团用车等情况，一般会建设集中型的较大规模的充电场站，其监控系统结构如图 7-1 所示。场站内设置站级监控系统，与充电机、充电桩等充电设备实时通信，监视充电过程和实施必要的控制以保障充电安全，同时与配电监控系统、视频监视系统和环境监视系统等进行通信，为电动汽车充电提供安全可靠的环境条件。站级监控系统可以在本地存储一定量的数据，同时将数据上传至云数据中心，以实现数据的长期保存。云数据中心将数据推送到综合监控中心，可以对系统内的多个充电场站进行监视和管理。云数据中心一方面对多个场站的大量数据进行存储，另一方面还可以根据用户、各个场站和监控中心的需求对海量存储数据进行加工处理，从不同角度进行统计、分析以及必要的管理和调控。

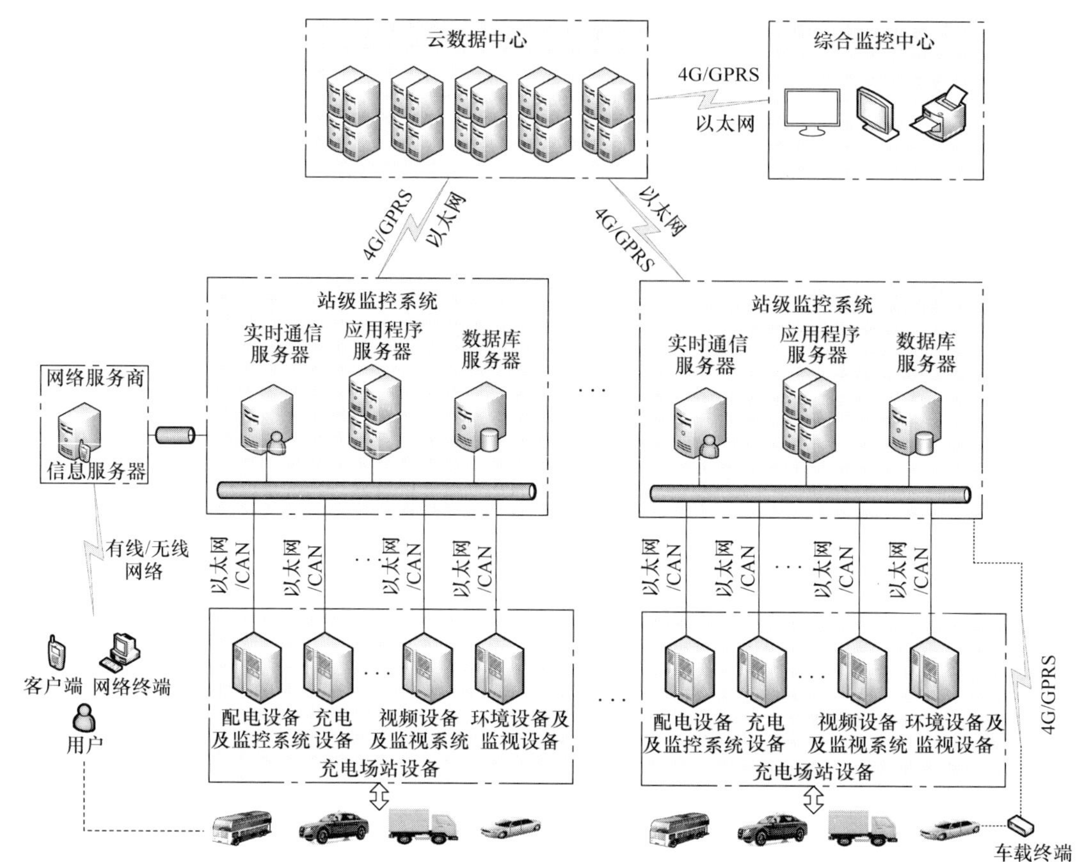

图 7-1　中大规模的充电设施监控系统结构

7.1.2　分散性、小规模充电设施监控系统

对于类似纯电动乘用车家庭充电桩、出租车扬招站等具有地域分布的分散性或者规模较小的充电设施，一般不适宜建设站级监控系统。这些由于场地条件、不便于施工等客观条件限制难以布置站级监控系统的地域，一般会采用比较经济的监控系统，其结构如图 7-2 所示。各个充电设施可以直接以 4G/GPRS 等无线通信的方式与云数据中心和综合监控中心进行联络，为电动汽车提供充电服务。

7.1.3　充电设施监控系统功能

充电设施监控系统的主要典型功能包括四个方面：

（1）实时监视设备运行状态

根据监控系统的通信链路结构和通信协议，获取数据并进行解析，显示各设备的当前运行状态和故障信息。监视对象根据实际系统的配置可以包括配电设备、充电设备、视频设备和环境监视设备等其中几种或全部。对于充电设备，运行状态包括在线状态、充电电压、充电电流、电池电压、电池温度和 SOC 等。显示方式可以采用数据、表格、曲线、柱状图等不同形式。

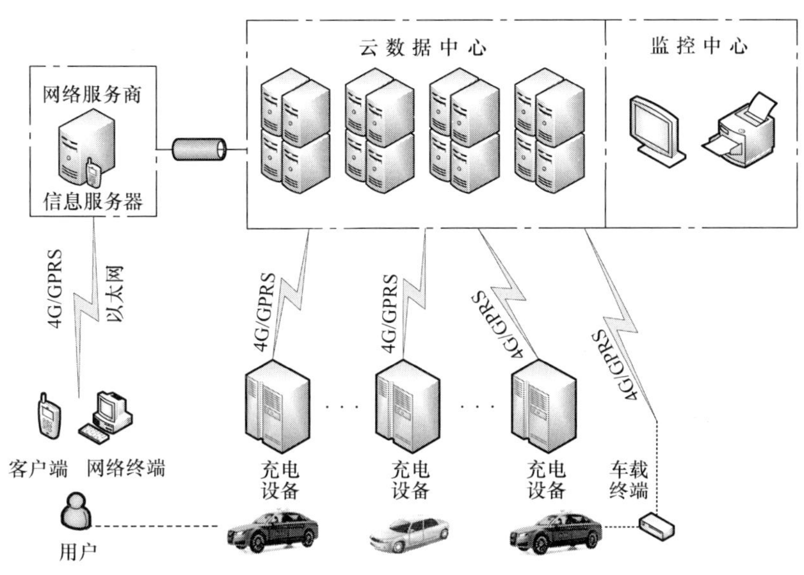

图 7-2 分散性、小规模充电设施监控系统的结构

（2）数据统计和分析

对于存储的历史运行数据，可以按照不同的目标参数进行不同尺度的分类统计和分析。目标参数可以包括用电量、充电站功率负荷情况、充电桩使用情况、服务车辆数量、车辆充电次数、设备故障情况等。筛选尺度包括时间尺度、空间尺度、运营单位等，时间尺度可以按照年、月、日、时、分等选择某一时间段，空间尺度可以按照所属区域进行划分。

对于设备故障的统计和分析，可以减少故障排查和修复时间，提高维护和维修的工作效率，为电动汽车用户提供更好的充电服务质量，同时为充电设施的改进和完善提供充分的支撑和依据。

数据统计和分析结果可以灵活地生成符合要求的电子报表，便于保存和交互。

（3）充电费用结算

在充电过程中实时记录充电时间和充电电量，充电完成后根据所用充电电量和场站充电服务费用规则，计算出充电费用，给用户结算。

对于场站与供电部门的电费结算，根据结算规则及选定的结算周期和场站，利用充电数据统计分析功能可以形成各时段的用电量统计，结合当地的电价政策生成充电费用结果进行电费结算。这样可以大大减小人工统计的工作量和出错概率，使得结算更简洁流畅。

（4）控制调节功能

监控系统根据充电站的车辆充电需求、负荷情况，实时调节充电设备的工作参数，避免出现整站的负荷过重或超负荷的情况。同时，可以结合电价政策，在满足充电用户需求的情况下，充分利用电价较低的时段为车辆充电，降低充电站的电费支出成本。

在有光伏发电系统和储能系统接入的充电站内，采用能量调度管理技术，充分利用光伏发电的优势和储能系统的特点，综合调控多种能源的合理利用，提高整站的车辆数量和电力容量服务能力，进一步降低充电运营成本。

7.1.4 充电设施监控系统硬件

充电设施监控系统包括硬件系统和软件系统两部分。硬件系统为软件系统提供运行平台，其性能会直接影响软件系统运行的流畅性、稳定性和安全性。由充电设施监控系统结构可以看出，被监控的充电设施的规模和特点不同，监控系统的硬件构成也有所区别。监控系统硬件包括计算设备、网络设备（交换机、防火墙、路由器）、协议转换模块、电源系统和视频设备等。主要采用的硬件设备如下。

（1）计算设备

计算设备是监控软件系统的主要运行环境，也是硬件系统的核心，其性能是整个硬件系统性能的决定性因素。对于小规模或要求不高的监控系统，可以采用工作站等实现；而对于中大规模的监控系统，一般采用具有更高质量保证的主流厂商服务器。

影响服务器性能表现的主要有四大子系统，即处理器、内存、磁盘系统和网络系统。不同的应用对四大子系统的要求有所不同，主要应用类型包括文件服务、数据库服务、邮件服务、Web 服务、终端服务等。

按照机箱结构划分，服务器可以分为塔式服务器、机架式服务器、机柜式服务器、刀片式服务器四类。

按照处理器指令集架构划分，服务器可以分为 CISC 架构服务器、RISC 架构服务器和 VLIW 架构服务器三类。

一般场站监控系统的服务器由两台组成，一台计算服务器，一台存储服务器。存储服务器一般需要保存 3 个月 ~1 年的通信数据和充电记录。

（2）交换机

交换机是一种用于电（光）信号转发的网络设备。它可以为接入交换机的任意两个网络结点提供独享的电信号通路。最常见的交换机是以太网交换机，其他常见的还有电话语音交换机、光纤交换机等。

场站监控用交换机一般选用千兆网关型以太网设备，网口数量根据场站内的充电桩数量和机柜内其他计算设备数量确定。

（3）防火墙

防火墙（Firewall）由软件和硬件设备组合而成，是在内部网和外部网之间、专用网与公共网之间的边界上构造的保护屏障。防火墙是一种保护计算机网络安全的技术性措施，通过在网络边界上建立相应的网络通信监控系统来隔离内部和外部网络，阻止对信息资源的非法访问，也可以使用防火墙阻止重要信息在企业的网络上被非法输出。防火墙的主要功能包括入侵检测、网络地址转换、网络操作的审计监控和强化网络安全服务。

防火墙根据需要可以在内网和外网分别布置。

防火墙在内网中的设定位置是比较固定的，一般将其设置在服务器的入口处，通过对

外部的访问者进行控制，达到保护内部网络的作用；而处于内部网络的用户，可以根据自己的需求明确权限规划，使用户可以访问规划内的路径。

应用于外网与内网之间的防火墙，主要发挥其防范作用，外网在防火墙授权的情况下，才可以进入内网。针对外网布设防火墙时，必须保障全面性，使外网的所有网络活动均可在防火墙的监视下。如果外网出现非法入侵，则防火墙可主动拒绝为外网提供服务。在防火墙的作用下，内网对于外网而言，处于完全封闭的状态，外网无法解析到内网的任何信息。

监控系统中主要采用企业级防火墙，可以实现网络分流、虚拟专用网络（VPN）接入、病毒防护等功能。

（4）路由器

路由器是连接因特网（Internet）中各局域网、广域网的设备，它会根据信道的情况自动选择和设定路由，以最佳路径，按前后顺序发送信号。它有两个作用：一是解析不同的协议，从而连通不同的网络；二是选择信息传送的最佳线路传送数据，提高通信速度，减轻网络系统通信负荷，节约网络系统资源，提高网络系统畅通率。

路由器具有四个要素：输入端口、输出端口、交换开关、路由处理器和其他端口。选择路由器时应注意安全性、控制软件、网络扩展能力、网管系统、带电插拔能力等方面。

监控系统采用路由器连接外网实现远程数据接入，优先选用有线连接的宽带路由器。如果不具备条件，则可以选择 4G/5G 无线路由器。无线路由器宜采用支持全网通的设备，这样可以方便切换运营商网络。

（5）协议转换模块

充电设备均配置通信接口，包括以太网、CAN 网络或 RS-485 网络。采用以太网通信的充电设备可以直接接入交换机。而采用 CAN 网络或 RS-485 网络通信的充电设备则需要通过协议转换模块转换成以太网接入交换机。协议转换模块宜采用工业级以太网设备，CAN 网络或 RS-485 网络端需要电气隔离。

（6）电源系统

电源系统主要为系统所有监控设备提供工作电源，宜具有防漏电、防雷击等功能，所有设备电源最好可以独立单独控制。由于监控系统的重要作用，为了避免电源突然断电带来的损失，可以根据监控设备功率情况及允许的持续时间，选择配备相应功率等级和维持时间的不间断电源（Uninterruptible Power Supply，UPS）。

（7）视频设备

由于场站空间的限制或综合监控中心视频监视场站的需求等因素，需要将视频设备也集成在监控系统内部。

视频监视设备主要是摄像头等视频终端的视频存储设备。摄像头选型时宜采用 POE（Power Over Ethernet）供电的网络摄像头，视频存储设备和摄像头都宜采用支持 H.265 压缩格式的设备，这样数据压缩比更高，存储时间更长。视频存储设备采用具有至少 4 盘位的硬盘存储设备，视频存储设备一般存储 1 个月以上的视频数据，硬盘大小可以按照“硬盘容量 = 摄像头数量 × 20GB × 天数”计算。视频存储设备的网口数量应多于摄像头数量，当摄像头过多时，宜加装 POE 交换机设备。

对于中大规模的充电设施监控系统，硬件设备数量较多，因此一般选用机架式服务器，并将它安装于符合标准的监控机柜，便于各硬件设备的安装和可靠连接。场站内一般设有独立的场站运行监控室，可提供较好的环境条件以保障硬件系统的可靠运行。场站内的充电设施（充电桩、充电模块、配电系统、安防系统等）一般通过有线方式与监控系统连接，实现监控系统与充电设施的数据传输。

对于配备 8 个直流充电桩的充电站，其监控系统硬件选型示例见表 7-1。

表 7-1　配备 8 个直流充电桩的充电站的监控系统硬件选型

分类	设备	数量	选型参考
计算设备	服务器	2	4 核心 3.1GHz 以上，8GB 内存，2×240GB 硬盘
网络设备	防火墙	1	主频 700MHz，2 个千兆网口，支持 VPN，支持 Web 管理
	交换机	1	24 口智能交换机，千兆网口，网关型，Web 管理
	路由器	1	4G 双卡全网通，4 端口，Web 管理
协议转换模块	CAN 协议转换模块	8	光耦隔离，500kbit/s 以上，交流供电，Web 管理

对于中大规模的充电设施监控系统，应根据需求选取硬件设备，并将其安装于监控系统机柜内部。在安装方式方面，应考虑各设备的连接关系和功率等级等方面进行安排和布置。机柜一般可采用标准机房服务器机柜，适合安装机架式服务器。

本示例采用的机柜如图 7-3 所示，其外形尺寸为 600cm（长）×800cm（宽）×2000cm（高）。

中大规模的充电设施监控系统除了配备以上监控硬件系统外，一般还会配置办公计算机用于系统管理和维护，配置设备状态监视电视用于清晰直观的状态显示、提醒和报警，便于现场运营人员掌握设备运行状态和及时处理事件。

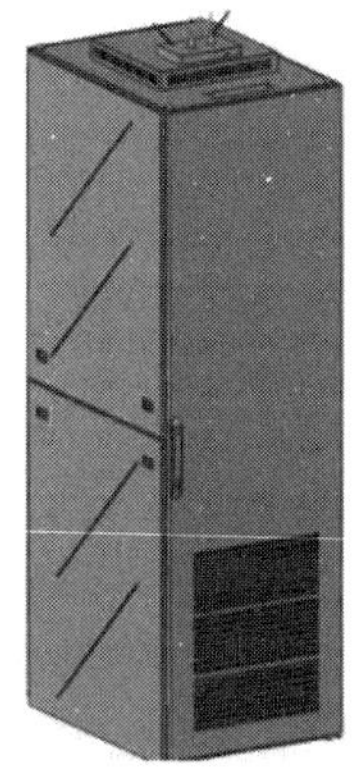

图 7-3　配备 8 个直流充电桩的充电站监控系统机柜

分散性、小规模充电设施监控系统，相对来讲硬件配置资源较少，现场安装应用空间受限。因此系统核心一般采用高度集成化、体积小、成本低的充电站智能网关，与场站内各设备通信以获取数据和完成必要的控制。信息接口主要采用以太网或者 CAN、RS-485 和 / 或 RS-232 接入，能够对设备状态、充电记录进行存储，具备接入 4G/5G 无线网络的能力，实现与云数据中心的远程传输。同时，充电设施现场一般不配备固定的服务管理人员，充电智能网关最好具有远程升级和远程维护的功能。

图 7-4　小规模充电设施监控应用的充电站智能网关实物

图 7-4 所示为一台充电站智能网关设备实物。这是专门为满足上述小规模充电设施监控应用需求而开发的产品。

小规模充电设施监控系统由充电站智能网关配备必要的电源系统和其他部件搭建而成，可以采用壁挂式或户外安装，安装位置灵活，操作简单方便，无须人工值守。

需要注意，与大规模充电设施监控系统相比，其实际使用环境存在明显的差异，包括环境温度、湿度变化范围较宽，防尘防水要求更严苛等方面，设计和使用时需慎重考虑。

图 7-5 所示为某小规模充电设施监控系统实物。其主要技术指标见表 7-2。

图 7-5 小规模充电设施监控系统实物

表 7-2 小规模充电监控系统主要技术指标

分类	功能描述	参数
接口规格	百兆网口	1 个
	RS-232 串口	2 个
通信模式	全网通 /4G	支持
工作环境	工作温度	−10~60℃
	相对湿度	5%~95%（无凝露）
	存储温度	−40~75℃
工作电源	输入电压	AC 220V/50Hz
性能指标	交流桩	20 个
	直流桩	1 个
	充电记录	每天最多 500 条，最大容量为 1 万条充电记录存储
	充电过程文件	一周本地存储

7.2 监控系统关键技术

充电设施监控系统是以计算机为基础，对充电场站设备工作过程进行控制与调度的自动化系统。它可以对现场的运行设备进行监视和控制，实现数据采集、参数测量、设备控制、参数调节以及各类信号报警等功能。目前，充电设施监控系统通过大量使用 Internet 及 GPRS 等网络技术、面向对象技术、神经网络技术、Java 技术等新技术，使得系统更加适应各个领域对于安全经济运行以及商业化运营的需要，不断扩大着充电设施监控系统与其他系统的集成应用。其中的关键技术包括软件架构、网页相关技术、实时数据库技术、网络通信技术、现场总线技术等。

7.2.1 软件架构

随着计算机软件的功能、结构和复杂性面临着越来越高的需求，计算机软件的规模和复杂性在不断增加。在软件设计过程中，软件局部和整体的系统结构显得越来越重要，开发人员需要一种超越传统算法和数据结构的高层抽象结构来描述整个系统，从而提出了软件体系结构（Software Architecture，又称软件架构）的概念。体系结构是对复杂事物的一种抽象。良好的体系结构是普遍适用的，可以高效地处理多种多样的个体需求。软件架构是软件系统中最本质的东西，是构建计算机软件实践的基础。

软件架构风格是描述某一特定应用领域中系统组织方式的惯用模式。它反映了领域中众多系统所共有的结构和语义特性，并指导如何将各个模块和子系统有效地组织成一个完整的系统。按这种方式理解，软件架构风格定义了用于描述系统的术语表和一组指导构件系统的规则。一个优秀的软件，首先要选择合适的软件架构风格，以可以更好地促进对设计的复用。软件架构风格的不变部分使不同的系统可以大粒度地共享同一个实现代码。只要系统使用常用的、规范的方法来组织，就可使其他设计者很容易地理解系统的体系结构。

经典的架构风格主要有数据流系统、数据抽象和面向对象系统、分层系统、数据中心系统四大类。新型架构风格主要有正交体系架构、客户机 / 服务器（Client/Server，C/S）架构、浏览器 / 服务器（Browser/Server，B/S）架构、异构结构风格以及公共对象请求代理体系结构等，本书主要介绍 C/S 架构和 B/S 架构。

1. C/S 架构

C/S 架构适用的应用程序为，应用程序的数据和处理分布在一定范围内的多个组件上，组件之间可以通过网络相连，也可以不通过网络相连。这种架构的特征包括：

1）服务器组件：向多个客户端提供服务，它永远处在激活状态，监听用户的请求。

2）客户组件：向服务器请求服务。

3）连接组件：通信机制，如果是网络应用则一般为基于 RPC（远程过程调用）的交互协议，如果在同一机器上则一般为 LPC（本地过程调用）的交互协议。

理想情况下，这种访问是透明的，即客户和服务器可以运行在同一台机器上，也可以运行在不同的机器上。

目前应用较多的是基于 C/S 架构构建的客户机 / 服务器网络，服务器是网络的核心，而客户机是网络的基础。客户机依靠服务器获得所需要的网络资源，而服务器为客户机提供网络必需的资源。通过 C/S 架构可以充分利用两端硬件环境的优势，将任务合理分配到客户端和服务器端来实现，从而降低了系统的通信开销。

目前大多数应用软件系统都采用了 C/S 形式的两层结构：第一层是在客户机系统上集成了用户界面与业务逻辑；第二层是通过网络集成了数据库服务器，系统任务分别由客户机和服务器来完成。在 C/S 两层结构中，客户端带有应用程序，通过应用程序向服务器发出请求；服务器根据请求对数据库进行操作，操作完成后会有一个向客户端返回应答结果的过程。C/S 架构的特点是将网络应用与用户程序和界面相分离，大部分的数据运算由服务器完成，因而提高了用户交互反应的速度。C/S 架构的缺点就是客户必须知道服务器的访问标志，否则很难知道有哪些可用的服务。

随着企业规模的日益扩大，软件的复杂程度不断提高，传统的 C/S 架构逐渐暴露出了以下缺点：

1）开发成本较高：C/S 架构对客户端软硬件配置要求较高，增加了整个系统的成本。

2）客户端程序设计复杂：采用 C/S 架构进行软件开发，大部分工作量放在客户端的程序设计上，客户端显得十分庞大。

3）软件移植困难：采用不同开发工具或平台开发的软件，一般互不兼容，不能或很难移植到其他平台上运行。

4）软件维护和升级困难：如果采用 C/S 架构的软件需要升级，那么开发人员必须到现场为客户机升级，每个客户机上的软件都需维护。只要软件有一个小小改动，每一个客户端都必须更新。

2. B/S 架构

B/S 架构是随着 Internet 技术的兴起，对 C/S 架构的一种变化或者改进的结构。B/S 架构通过将网页（Web）与数据库进行结合，形成基于数据库的 Web 计算模型，并将该模型应用到 Internet/Intranet 中，最终形成了包含表示层、功能层和数据层的三层客户 / 服务器的应用结构。三层结构对应用系统的三个功能层面进行了明确的分割，使其在逻辑上各自独立。

在这种结构下，用户工作界面是通过 WWW 浏览器来实现的，只有极少部分事务逻辑在前端（Browser）实现，大量主要事务逻辑在服务器端（Server）实现，这样就大大简化了客户端计算机的载荷，减轻了系统维护与升级的成本和工作量，降低了用户的总体使用和维护成本。基于 B/S 架构的应用系统开发是一次性到位的开发，能实现不同的人员从不同的地点以不同的接入方式访问和操作共同的数据库。它能有效地保护数据平台和管理访问权限，服务器数据库安全性也可以得到明显提高。

B/S 架构的最大特点是：用户可以通过 WWW 浏览器去访问 Internet 上的文本、数据、图像、动画、视频点播和声音信息。这些信息都是由很多 Web 服务器产生的，而每一个 Web 服务器又可以通过各种方式与数据库服务器连接，大量的数据实际存放在数据库服务器中。客户端除了 WWW 浏览器，一般不需要任何用户程序，只需从 Web 服务器上下载程序到本地客户端来执行。在下载过程中若遇到与数据库有关的指令，则由 Web 服务器交给数据库服务器来解释执行，并返回给 Web 服务器，Web 服务器再返回给用户。

B/S 架构的优点包括：

1）具有分布性特点，可以随时随地进行查询、浏览等业务处理。

2）业务扩展简单方便，通过增加网页即可增加服务器功能。

3）维护简单方便，只需要修改网页端程序，即可实现所有用户的同步更新。

4）开发简单，共享性强。

7.2.2 网页相关技术

Web 服务器是 B/S 架构的核心，是指对信息进行组织、存储并将其发布到 Internet 上去，从而使 Internet 中的其他计算机可以通过浏览器读取这些信息的计算机。在 Web 中，使用 HTTP（Hyper Text Transfer Protocol，超文本传输协议）协议来实现客户端（浏览器）和 Web 服务器之间的信息交换。

Java 语言是 Web 系统开发上常用的语言，它具有面向对象、与平台无关、稳固且安全等诸多优点，可为用户提供一个良好的程序设计环境。

J2EE（Java 2 Platform Enterprise Edition）是一个为大企业主机级的计算类型而设计的Java平台，创造了标准的可重用模块组件以及由于构建出能自动处理编程中多方面问题的等级结构，简化了应用程序的开发，也降低了对编程和对受训程序员的要求。J2EE平台采用多层次分布式的应用模式，按照功能将应用逻辑划分成不同的组件，通过将不同的组件安装在不同的服务器上，使得系统处理起来非常方便。

J2EE平台的体系结构主要包括：

1）客户端表示层：负责与用户直接交互。J2EE可以支持多种客户端，主要包括基于浏览器的小程序（Java Applet）和独立的客户应用程序（Java Application）。

2）服务器端表示层：为基于Web的应用程序提供服务。Java服务器端页面技术（Java Server Page）和Java伺服小程序技术（Java Servlet）可以访问封装有商务逻辑的组件，并响应Web客户端的请求。

3）服务器端商业逻辑层：将业务逻辑封装以完成企业计算。

4）企业信息系统层：包括企业已有系统、数据库系统和文件系统等。J2EE提供多种技术来访问这些系统。

7.2.3 实时数据库技术

在计算机发展的历史上，先后经历了层次型数据库、网络型数据库、关系型数据库和实时数据库等几代数据库技术的发展。但随着流程工业和航天工业的发展，大量的测量数据需要集成和存储，采用关系型数据库已经难以满足数据存取速度和存储容量的要求，而且由于其接口访问复杂，不适合科研和监控的需要。20世纪80年代中期，以工业监控为目的的实时数据库（Real Time DataBase，RTDB）诞生了。实时数据库是数据库技术与实时处理技术结合而成的技术，目前已广泛应用在数据变化频率比较高的工业控制系统中。

实际上，实时数据库目前并没有统一的工业标准，而是一个对实时性要求高的时标型信息的数据库管理系统，而非单独一个数据库软件。实时数据库的特征主要表现在数据和事务的定时限制上。

在RTDB中，数据随外部环境状态的变化而快速变化，其数值只在一定的时间内是有效的，超过时限则无效。因此系统除了维护数据库内部状态（数据值）的正确性和相容性外，还必须同时维护内部状态与外部环境实际状态的一致性，以及数据用来决策新数据时在时间上的相互一致性。

RTDB中的一个数据对象d由三个分量组成，分别为d的当前值（d_v）、采样时间（d_{tp}）和外部有效期（d_{evi}）（外部实际对象状态变化的时间间隔）。外部有效期即自d_{tp}算起d_v有效的时间长度。对于RTDB中的每一个d，有内部一致性、外部一致性和相互一致性特征。

（1）内部一致性

d_v满足预先定义的数据库内部状态的完整性和一致性限制。这就是传统意义下的数据正确性。

（2）外部一致性

设 t_c 为当前或检测时间，当且仅当 $t_c-d_{tp} \leqslant d_{evi}$ 时，表示 d 是外部一致的，即 d_v 和对应的外部现实对象的状态是一样的。

（3）相互一致性

用来决策或导出新数据的一组相关数据称为一个相互一致集，记为 R。其中的数据必须尽可能地在一个允许的公共时间期内被采取（或导出）。这个公共时间期就称为 x 的相互有效期，记为 R_{mvi}。对于 R 中的任意两个数据 d 和 d'，如果满足 $|d_{tp}-d'_{tp}| \leqslant R_{mvi}$，则说明 R 中的数据是相互一致的。

外部一致性和相互一致性都是关于时间的，故统称时间一致性。既是内部一致又是时间一致的数据才是正确的。

由于实时任务往往有内部结构和相互之间的联系，传统的“原子的、平淡的数据库操作序列”的事务概念及模型对实时事务不再适用。RTDB 事务表现出了许多不同的特征，其最具标识性的特征是定时性。定时可以是绝对、相对或周期时间。RTDB 的定时性一方面由数据的时间一致性引起，此时它往往取周期或定期性限制的形式，如“每 5s 取样一次”等；定时性的另一根源是对现实世界施加于系统的反应时间的要求，这时它典型地取施加于非周期事务的截止时间限制的形式，如“若温度达到 1000℃，则在 5s 内加冷却剂到反应堆”。

综上所述，实时数据库是一个复杂的系统，它是采用了实时数据库技术的计算机系统。它的含义已经不仅仅是一组对数据进行处理的软件，也不只是一个数据。一个实时数据库系统是一个实际可运行的，按照数据方式存储、维护和向应用程序提供数据或信息支持的系统。它是存储介质、处理对象和管理系统的集合体，由数据库、硬件和软件三部分组成。在设计实时数据库时应考虑监控软件要实现的目标及其自身对数据实时性的要求等因素。

7.2.4 网络通信技术

在充电设施监控系统中，通信网络的作用主要用于从站与监控中心或从站与其他从站间的通信。链路种类分为有线和无线两种，通信方式有监控中心触发的通信方式（包括轮询方式、广播方式以及控制命令下发方式等）和从站触发的通信方式（包括事件触发方式、突发传输方式以及从站对从站的通信等）。

随着通信技术的发展，目前充电设施监控系统的数据通信方式也日趋多样化，如 Internet、GPRS、4G、5G 等有线或无线通信方式，尤其是 5G 技术逐渐开始商业化应用，大大提高了无线通信的传输速度。

Internet 是基于 TCP/IP 网络体系结构和协议标准而组建的国际上规模最大的计算机网络系统。在 TCP/IP 模型中，传输层有两个并列的协议：TCP（Transmission Control Protocol，传输控制协议）和 UDP（User Datagram Protocol，用户数据包协议）。TCP 和 UDP 共存于一个网络中，其中 TCP 是面向连接的，提供高可靠性服务，而 UDP 是无连接的，提供高效率服务。

TCP 的可靠性是由其提供面向连接的流传输来实现的。首先，在进行实际数据传输前，必须在发送端与接收端建立一条连接，连接通过三次握手进行。如果三次握手后连接建立没有成功，则发送端不会向接收端发送数据。其次，面向连接传输的每一个报文都需接收端确认，未确认的报文被认为是出错报文。

UDP 建立在 IP 之上，同 IP 一样提供无连接的数据传输。相对于 IP（Internet Protocol），UDP 增加了协议端口的能力，源端口和目的端口字段包含了 16 位的协议端口，能够区分在同一台机器上同时运行的多个进程，以保证进程间的通信，从而提供了应用程序之间传送数据的基本机制。为此，每个 UDP 报文不仅传送用户数据，还包括发送方和接收方的协议端口号，这使得接收方的 UDP 软件能够把报文送到正确的接收进程，而接收进程也能回送应答报文给发送进程。发送数据时，实现 UDP 的软件构造一个数据报，然后将它交给 IP 软件。接收数据时，UDP 软件先要判断接收数据报的目的端口是否与当前使用的某一进程的端口相匹配：假如是，则将数据报放入相应接收队列；否则抛弃该数据报。如果端口匹配，但相应端口队列已满，那么 UDP 也要抛弃数据报。

GPRS（General Packet Radio Service，通用分组无线业务）是一种以 GSM（Global System for Mobile Communication，全球移动通信系统）为基础的数据传输技术，是 GSM 的延续。GPRS 突破了 GSM 网只能提供电路交换的思维方式，通过增加相应的功能实体和对现有的 GSM 基站系统进行部分改造来实现分组交换。这种改造的投入并不大，但用户数据传输速率却得到了很大的提高。

GPRS 采用分组交换技术，高效传输高速或低速数据和信令，优化了对网络资源和无线资源的利用。GPRS 支持三种移动终端（Mobile Station，MS）操作模式：

1）在 A 类（Class-A）模式下，一个 MS 可以同时运行 GPRS 和其他 GSM 业务。

2）在 B 类（Class-B）模式下，一个 MS 可同时检测 GPRS 和其他 GSM 业务，但同一时刻只能运行一个业务。

3）在 C 类（Class-C）模式下，一个 MS 只能运行 GPRS 业务。

GPRS 支持多种传输类型。GPRS 最多为每个用户分配 8 个时隙来传输数据，这 8 个时隙又分下行和上行，根据下行和上行时隙的不同组合，常用的传输类型如下：

1）Class-2：下行时隙数为 2，上行时隙数为 1。

2）Class-4：下行时隙数为 3，上行时隙数为 1。

3）Class-8：下行时隙数为 4，上行时隙数为 1。

4）Class-10：下行时隙数为 4，上行时隙数为 2。

GPRS 支持基于标准数据通信协议的应用，可以和 IP 网、X.25 网互联。GPRS 既能支持间断的爆发式数据传输，又能支持偶尔的大量数据传输。

7.2.5 现场总线技术

现场总线是应用在生产最底层的一种总线拓扑网络，是用作现场控制系统的、直接与所有受控（设备）结点串行相连的通信网络。它集成了通信技术、集成电路及智能传感器技术，是当今自动控制技术发展的热点，代表了工业控制领域今后的一种发展方向和一种有突破意义的新的控制思想。

现场总线从本质上来说是一种数字通信协议，是一种应用于生产现场、在智能控制设备之间实现双向串行通信、多结点的数字通信系统，是一种开放的、数字化的、多点通信的底层控制网络。

现场总线从提出至今，已形成了包括 PROFIBUS、LonWorks、HART 和 CAN 等多个总线标准。其中 CAN（Controller Area Network，控制器局域网）总线是一种有效支持分布式控制或实时控制的串行通信网络，其应用范围遍及从高速网络到低成本的多线路网络，包括汽车发动机、传感器、灯光聚束、车窗控制等多个领域。

CAN 具有十分优越的特点，包括：

1）成本低。

2）总线利用率极高。

3）数据传输距离远（长达 10km）。

4）数据传输速率高（高达 1Mbit/s）。

5）可根据报文的 ID 决定接收或屏蔽该报文。

6）错误处理和验错机制可靠。

7）发送的信息遭破坏后，可自动重发。

8）结点在错误严重的情况下具有自动退出总线的功能。

9）报文不包含源地址或目标地址，仅用标志符来指示功能信息、优先级信息。

CAN 有两种协议：CAN2.0A 和 CAN2.0B。CAN2.0A 是标准 CAN，标志符长度是 11 位；CAN2.0B 是扩展格式 CAN，标识符长度可达 29 位。

CAN 总线的结构按照 OSI（Open System Interconnection，开放系统互联）基准模型划分为物理层和数据链路层。但在实际应用中，还需要具备为不同的物理结点分配不同的报文标识符、定义帧报文的内容及含义等功能来直接支持应用进程，因此必须制定严谨的 CAN 总线应用层协议。

J1939 协议由国际自动机工程师学会（Society of Automotive Engineers，SAE）编制，当前主要应用在以 CAN 为基础的汽车等交通工具的嵌入式网络中。在 J1939 协议中，每个报文包含 1 个标识符，定义报文优先权、谁传送的报文、报文中包含什么数据等。

J1939 协议使用 29 位标识符并提供了一个完整的网络定义。J1939 标识符包括 PRIORTY（优先权位，3 位）、R（保留位，1 位）、DP（数据页位，1 位）、PDU FORMAXT（协议数据单元格式，PF，8 位）、PDU SPECIFIC（特定协议数据单元，PS，8 位）和 SOURCE ADDRESS（源地址，SA，8 位）。

J1939 协议中有三种基本的通信方式，分别是：

1）目的地特殊通信：采用 PDU1（PF 值 0~239，包括采用全局目的地址 255）。

2）广播通信：采用 PDU2（PF 值 240~255）。

3）专有通信：采用 PDU1 或 PDU2 格式。

当信息必须直接到达一个或另一个特殊目的地时，采用目的地特殊通信；广播通信用于信息由一个或多个信源到多个目的地；专有通信主要用于标准通信不必要或通信的私有信息很重要两种情况。

第7章

7.3 监控系统设计

场站监控系统通常采用分层式架构，如图 7-6 所示。

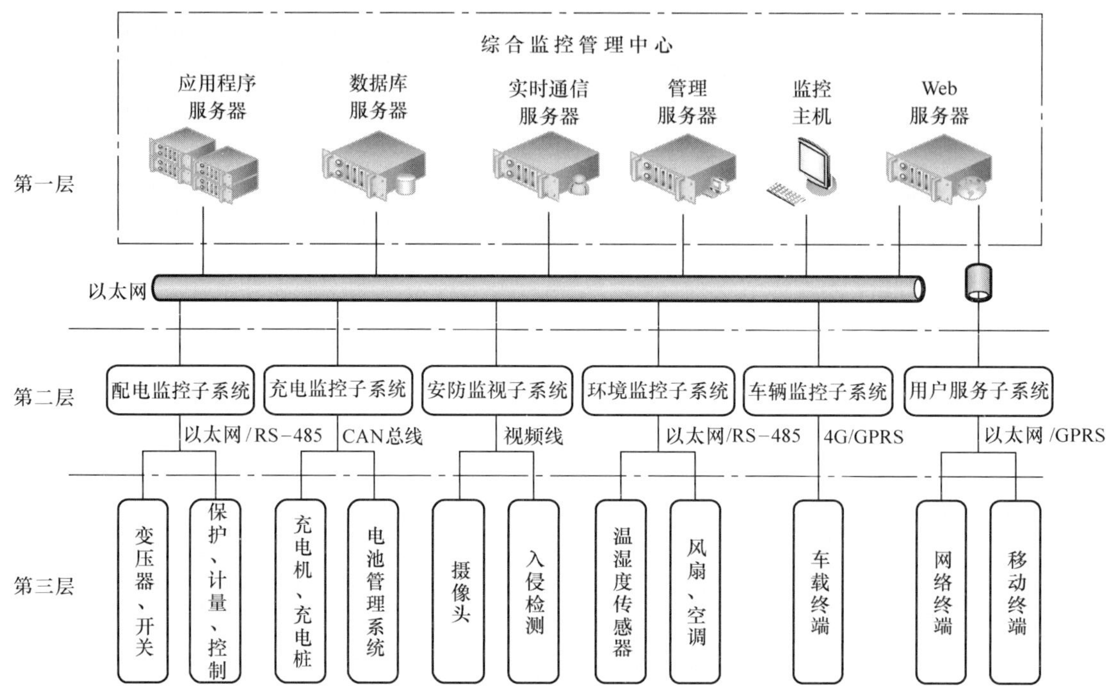

图 7-6　场站监控系统架构

网络结构分为三层：第三层为现场智能设备层，负责采集各设备的状态和运行参数，并通过以太网、CAN 或 RS-485 等现场总线与上层监控子系统通信，上传数据和执行操作；第二层为监控子系统层，包括配电监控、充电监控、安防监视、环境监控、车辆监控和用户服务等子系统，收集底层智能设备的运行数据，整理并上传综合监控管理中心，根据监控策略下达操作指令；第一层为充电站综合监控管理中心，包括应用程序服务器、数据库服务器、实时通信服务器、Web 服务器、监控主机等设备，与各监控子系统通过以太网方式通信，实现数据存储、汇总、统计、分析，根据既定的综合调控策略给监控子系统下达指令，实现整站的自动化和智能化管理。

各监控子系统根据功能的不同进行划分，可以主要包括：

1）配电监控子系统：通过以太网、串口、RS-485 总线等实现充电站供电系统信息的交换和管理，除实现一次开关设备、变压器等供电设备监测和控制，以及常规二次保护、测量、控制、信号等功能外，该系统与综合监控管理中心通信，保证在供电系统出现故障时，配电系统能采取适当的措施进行安全管理。

2）充电监控子系统：监控和管理充电场站节点，对其下级系统和设备进行信息采集和控制，同时将信息转发到综合监控管理中心和用户服务子系统。

3）安防监视子系统：为全站的重要电气设备、安装地点及周边环境提供全天候的监视。

4）环境监控子系统：为全站的重要电气设备提供适宜的温度、湿度等环境条件。

5）车辆监控子系统：利用车载信息采集模块完成车辆位置和电池管理系统信息的采集，通过以太网传输至综合监控管理中心。

6）用户服务子系统：作为系统管理者、电动汽车用户以及其他相关人员的访问接口，向外界提供综合管理与用户接入功能。

7.3.1 场站运行监控子系统

此处的场站运行监控子系统将配电监控和充电监控两个子系统集成在一起。

1. 场站运行监控子系统的结构

场站运行监控子系统的基本结构如图 7-7 所示，利用 CAN 通信总线和 TCP/IP 网络等通信总线将场站内的相关设备进行连接，所有信息汇总至场站监控中心。场站监控中心对采集到的信息进行处理后，根据监控调度中心的需求，将场站运行信息上传至监控调度中心。场站监控中心也接收来自监控调度中心的场站运行控制指令，并且根据本场站的设备运行情况，对场站运行控制指令做出响应，控制本场站内设备的运行。

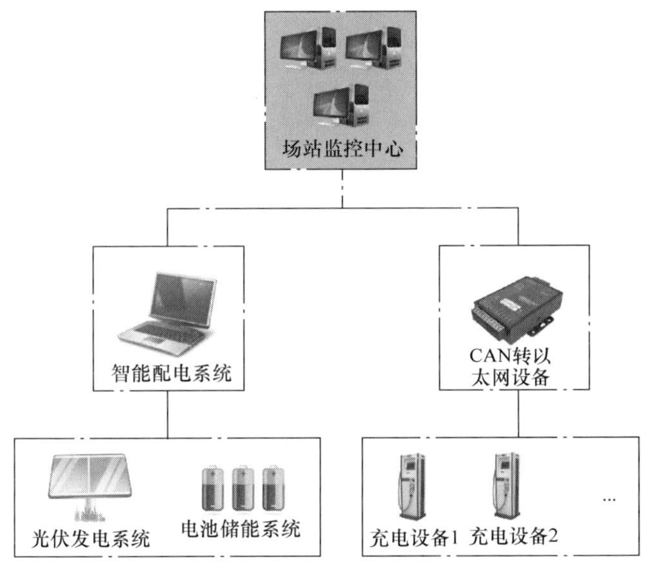

图 7-7　场站运行监控子系统的基本结构

场站监控中心的硬件系统采用主流配置的服务器和监控工作站构建，软件系统采用 C/S 架构实现。

2. 场站运行监控子系统的功能

场站运行监控子系统应满足如下主要功能：

（1）充电系统实时监控

充电设备包括充电机和充电桩。

对于中大规模充电场站，充电设备数量较多且分布相对分散，一般配备 CAN 通信接口。因此场站监控中心采用 CAN/TCP/IP 设备进行数据交互，根据相应的 CAN 通信协议，获取充电设备的运行状态和参数，根据实际需要可以下发必要的控制指令改变充电设备的运行方式。

充电过程的信息流图如图 7-8 所示。

充电桩与车辆 BMS 采用 CAN 总线根据规定的标准协议通信，实现车辆的安全充电，传输的主要数据包括动力电池组总电压、电流、SOC，电池单体最高电压、最低电压、温度以及故障信息等。

同时充电桩与充电机采用另外一路 CAN 总线连接，多路充电设备通过智能网关实现 CAN 与 TCP/IP 的协议转换，与监控系统构成通信链路。

传输的主要数据内容如下：

1）充电机输出电压、电流数据和运行状态。

2）充电机输入电压、电流、功率和电量等。

3）充电操作交互信息。

4）充电车辆相关信息。

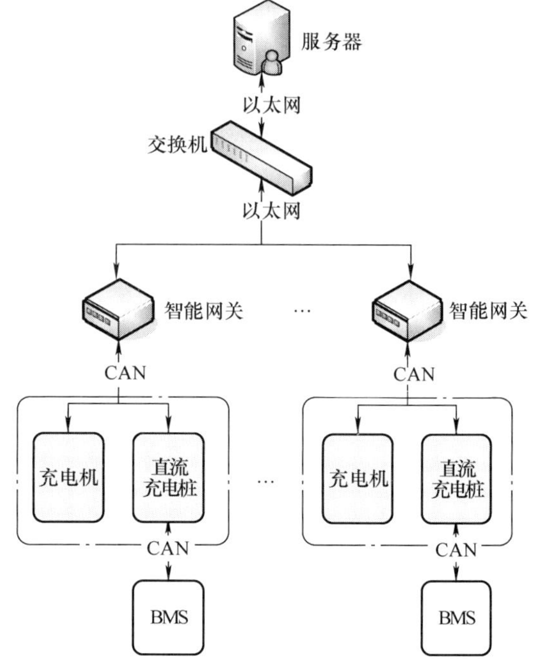

图 7-8　充电过程的信息流图

5）需要能量调控时，监控系统发出的充电功率调节信息。

CAN 总线的传输距离和通信速率成反比，TI 公司 CAN 应用报告提供的总线长度与通信速率之间的关系见表 7-3，否则会造成误码率高，影响数据的正常传输，甚至造成总线瘫痪。

表 7-3　总线长度与通信速率之间的关系

总线长度 /m	通信速率 /（Mbit/s）
40	1
100	0.5
200	0.25
500	0.10
1000	0.05

（2）配电系统实时监控

中大型充电站一般采用 10（20）kV 电压等级供电，配电设备包括变压器、高压开关、继电保护装置、计量装置等。

配电系统一般配备配电自动化终端（Distribution Terminal Unit，DTU），完成对开关设备的位置信号、电压、电流、有功功率、无功功率、功率因数、电能量等数据的采集与

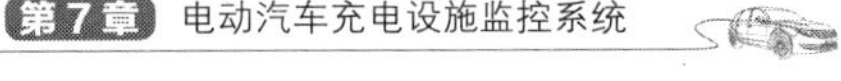

计算，对开关进行分合闸操作，实现对馈线开关的故障识别、隔离和对非故障区间的恢复供电。部分 DTU 还具备保护和备用电源自动投入的功能。

在充电站内，场站监控中心可以通过串口或以太网与 DTU 进行信息交互，完成遥测、遥信、遥控等功能。

（3）数据存储与故障溯源

系统数据包括充电设备数据、车辆数据、用户数据、单位数据、统计数据、日志数据和系统管理数据，系统需要处理的数据量十分庞大。其中，系统数据主要由静态数据和动态数据组成，而动态数据占据的空间在 95% 以上。因此，系统需要一定的本地存储空间，采用一定的数据库技术进行短时间范围的数据存储。

同时适时上传数据到上级监控系统及云端平台，实现云端数据的存储与处理。

如果出现故障，则可以调取故障发生前后的历史数据进行查看、分析，确定引起故障的原因，实现故障溯源。

（4）显示与故障报警

显示需具有完整的系统组成结构画面、状态报警图，可实时监控系统的运行状态。

1）状态查看：监视设备实时运行状态，查看遥测、遥信、电量等数据，并能查看相关测点对应的事件、历史数据、实时曲线等。

2）故障报警：当系统有告警事件发生时，应具有弹出事故报警窗口、显示当前告警事件的功能。

3）推画面功能：当系统有告警事件发生时，通过相关设置，监控界面应可切换显示故障点所关联的组态画面。

4）声音报警：当有报警事件发生时，应可启用声音或语音报警通知运行人员有报警事件发生。

5）闪烁报警：当有报警事件发生时，通过相关设置，故障点状态应会闪烁报警，方便运行人员快速定位报警点位置，采取相关解决措施。

（5）充电数据管理

1）曲线管理：应支持遥测量、电能量的历史数据以曲线方式进行查看，使运行人员更直观地看出各种数据的变化趋势，便于分析定位问题。

2）报表管理：应支持多种类型报表的制作、查询，包括日报、周报、旬报、月报、季报、年报、自定义时段月报和年报表等；应支持将报表输出至打印机，导出为 EXCEL、WORD、PDF 等格式的文档。

3）统计管理：应支持对遥测量、遥信数据进行归类统计。遥测应可进行某个时间段内的最大值、最小值、极值出现时间、平均值、合格率、越限次数、越限时间等类型的统计；遥信应可进行对开关量从合到分次数、从分到合次数、合位时间、分位时间等的统计。

4）事件管理：实现对事件的查看，应可根据告警事件、操作事件、系统事件等进行过滤分类查看。

（6）充电优化与安全预警

1）对整站运行数据进行分析，根据调整目标制定策略，手动或自动调节充电设备的充电功率，优化整站的负荷状况或者提高整站的服务容量。

2）制定控制策略，充分利用新能源（风能、太阳能）发电系统和储能系统，平抑整站的负荷波动，降低充电运营成本，提高整站的服务容量。

3）根据历史运行数据及故障特征分析，利用大数据相关技术构建充电系统中各设备的长周期模型，分析和提取故障特征，提前预判潜在故障，进一步提升充电的安全性。

3. 场站运行监控子系统的软件架构

基于上述场站运行监控子系统的结构和功能需求分析，将场站运行监控子系统的软件总体分为三部分：通信服务器（IOServer）、数据存储服务器（DBServer）和组态客户端（UIClient）。三部分软件均建立在 Windows 操作系统平台下。

通信服务器作为前置机，处理各个设备传输的通信报文。解析后将数据交给业务处理层（HisDataServer），业务处理层根据需要将数据存储到数据存储服务器，同时接收客户端的请求，将数据在客户端展示出来。

数据存储服务器采用实时数据库方案，并且对于连续曲线查询进行优化。

图 7-9 所示为场站运行监控子系统软件结构示例。

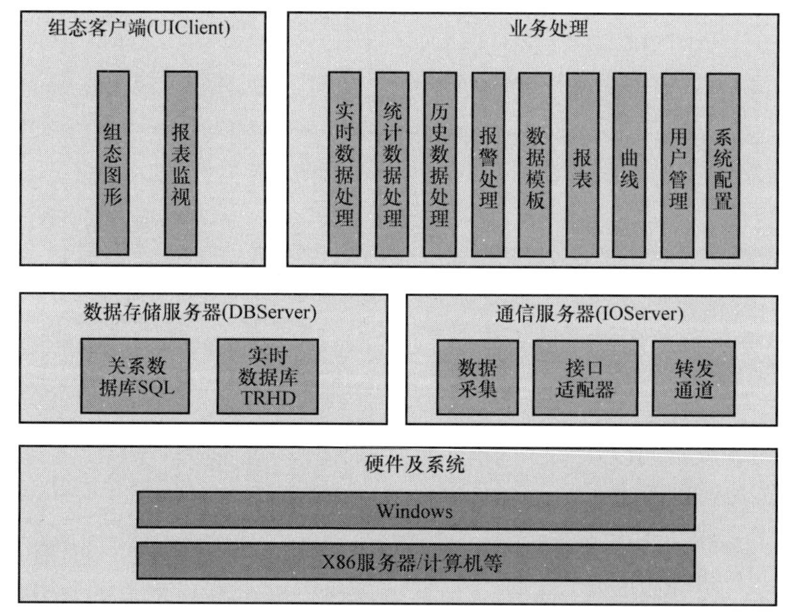

图 7-9　场站运行监控子系统软件结构示例

软件采用 C/S 架构，将业务处理与客户展现分离，提高了各个系统模块的健壮性。客户端采用组态的思想架构，元素丰富、界面友好、简单易用，可以根据需要，自定义界面和交互方式。

4. 场站运行监控子系统的工作机制

一个最简单的工作流程是这样的，各个设备通道以不同的传输方式（以太网、RS-232、RS-485 等）将信息传输到监控系统，监控系统针对各个通道的不同协议进行解包，将信息更新到数据点表中。监控系统再根据需求将数据存储于数据库中。客户端通过 RPC

的方式向服务器发送有进程参数的调用信息到服务进程，然后等待应答信息。在服务器端，进程保持睡眠状态直到请求信息到达为止。当一个请求信息到达后，服务器获得参数、计算结果，发送答复信息，然后等待下一个请求信息。最后，客户端调用进程接收答复信息，获得进程结果，然后调用执行继续进行。

场站运行监控子系统的数据流如图 7-10 所示。

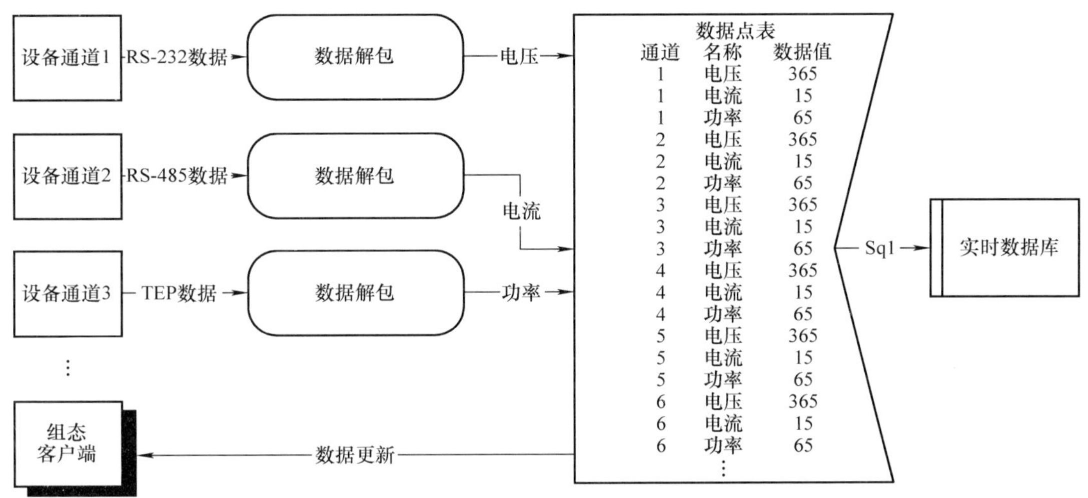

图 7-10 场站运行监控子系统的数据流

7.3.2 用户服务子系统

1. 基本组成

用户服务子系统结合各个子系统与 Web 互联网应用，以及移动通信等技术，可以实现各个子系统的远程访问以及电动汽车用户预约充电、充电收费管理、系统有序充电引导与管理、系统能量调度等高级功能。

用户服务子系统以 B/S 架构设计，用户通过对外网公开的 Web 方式访问综合管理和用户服务站点。其系统访问接口如图 7-11 所示。

2. 基本功能

用户服务子系统作为与电动汽车使用用户交互的主要方式，主要有以下功能：

（1）综合管理功能

1）用户管理：对使用用户和管理用户的不同管理方式和界面。

2）车辆信息管理：对车辆信息以及车辆使用者的管理。

3）充电设备管理：可以显示当前现有充电设备的工作状态，能够查找和体现当前哪些设备可以使用以及其功率等级。

4）通道转发：高级功能，可以转发其他功能模块的信息，方便远程调用使用。

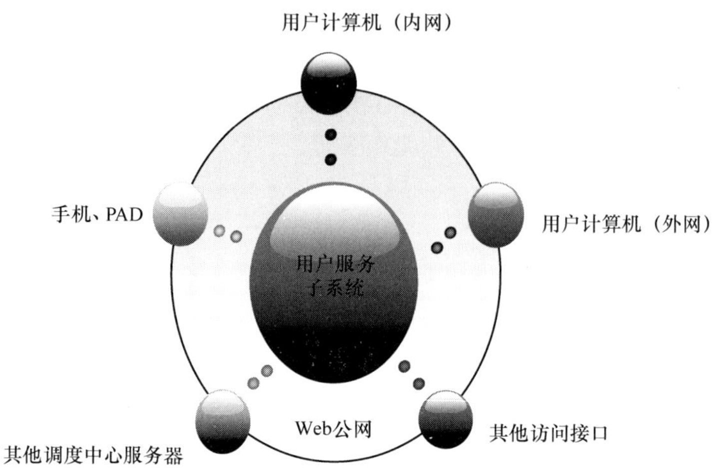

图 7-11　用户服务子系统访问接口

（2）用户交互

1）用户交互方式。

① 刷卡充电方式。充电桩初期开始使用即采用的方式，主要形式为智能 IC 卡，分为接触式卡和非接触式卡两种。充电用户在运营商处办理充电卡时需录入相关信息，系统会下发信息到各充电桩，一般需缴纳一定的押金。用户在充电桩上刷卡后，充电桩读卡器读取相关信息后与系统内信息直接比对来判断是否是合法用户，决定是否允许充电。合法用户根据显示屏相关信息选择充电参数、启动充电、结算、停止充电等。

② 扫码充电方式。运营商在充电桩或相关网页上设置二维码，充电用户通过智能手机扫描二维码，可以下载应用程序（APP）进行用户注册，即可以在手机端实现预约充电、充电控制、查看充电进度、移动支付结算、查看充电记录等功能。其便利性得到了大多数用户的认可，成为主要的充电方式。

刷卡充电结算流程如图 7-12 所示。

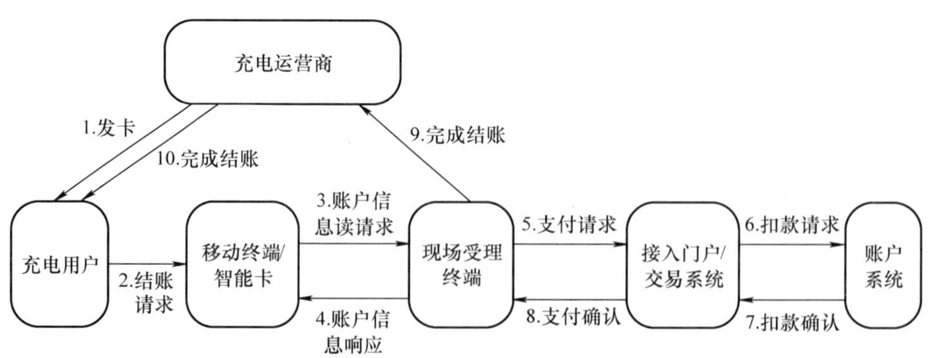

图 7-12　刷卡充电结算流程

2）预约充电：可以实现用户预约充电，用户可以选择方便的充电地点。

3）账单结算：可以提供账单结算功能，方便用户支付租赁费用和电量使用费用。

4）日志记录：用户的充电和操作都需要进行日志记录。

5）查询分析：用户可以查看历史的消费记录，并支持打印。

7.3.3 安防监视子系统

场站的安防监视子系统为全站的重要电气设备、安装地点及周边环境提供全天候的监视，视频采集终端采用高清摄像头，以模拟视频线连接到硬盘录像机，硬盘录像机把视频保存在场站本地。监控中心根据需要以 TCP/IP 方式访问硬盘录像机，获取场站硬盘录像机的实时视频信息并显示，其基本结构如图 7-13 所示。

安防监视子系统完成的主要功能如下：

1）监测各设备的即时视频信号。

2）存储各设备的视频信号。

3）查看历史视频。

4）可以调整摄像头的角度和焦距，捕捉人物。

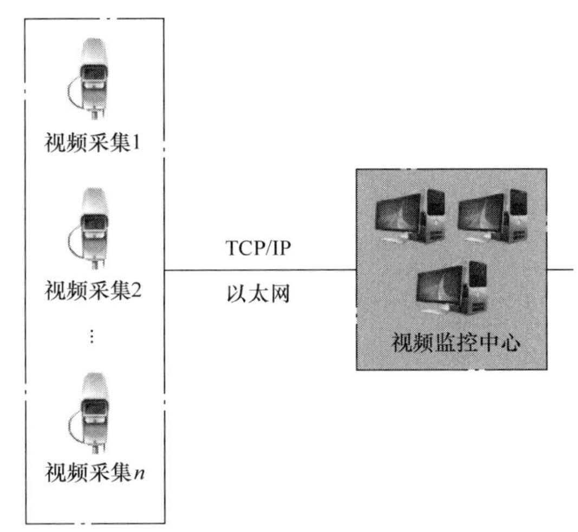

图 7-13 安防监视子系统的基本结构

7.3.4 车辆监控子系统

1. 基本组成

车辆监控子系统利用 BMS、GIS、GPS、GPRS、4G、5G 等技术，在电动汽车行驶时，对其进行实时电子地图的定位、跟踪，帮助用户了解电动汽车的分布和行驶状况，便于用户实时掌握车载电池及车辆相关运行状态，并对车辆信息进行综合分析、管理。

整套系统由车载监控终端和监控中心后台软件两大部分组成。其中，监控中心后台软件由 IOServer（通信服务器）、HisData（业务服务器）、TRHD（实时历史库）、GIS 工作站组成，负责与车载监控终端的数据通信、GIS 定位、人机界面、信息处理、数据存储、分析、管理等。其基本结构如图 7-14 所示。

车辆监控子系统采用 C/S 架构设计和分布式部署，既可分散安装在各职能服务器，又可集中安装在中心服务器之上，并可为多台 GIS 工作站同时提供相关数据服务，自动进行数据同步。

车辆监控子系统整合了 SCADA 系统的优势，可以灵活地配置各通道的不同规约，高效地处理、存储大量并发的实时数据。采用组件化、平台化和模块化的设计，采用典型的多层体系架构，保证系统具有较高适应性，便于升级和维护。

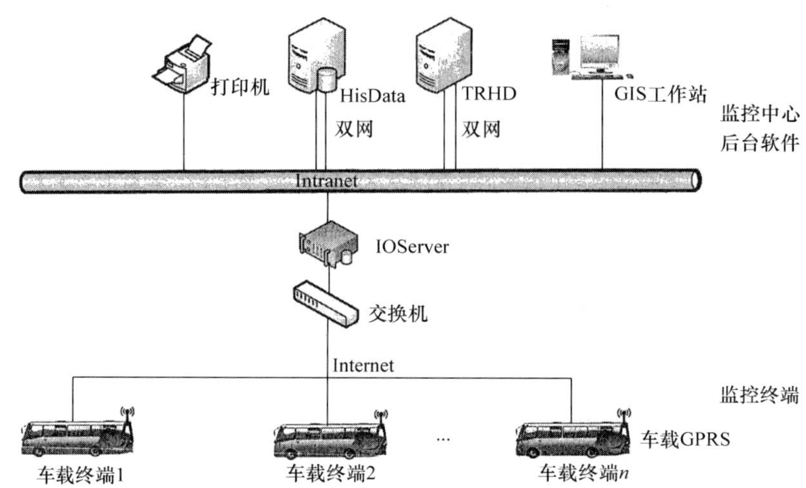

图 7-14 车辆监控子系统的基本结构

1）IOServer 主要负责与设备的通信，实时数据的初步加工，将数据发送至 HisData 和 IOMonitor 以及上级调度系统。

2）HisData 主要负责数据的加工存储，提供客户端的访问接口。设备产生的实时数据由 IOServer 发送至 HisData，由 HisData 将数据加工并存入数据库。HisData 提供读取实时数据，读取历史数据，遥控设备，修改通道、设备、测点属性等所有客户端功能接口。

3）TRHD 实时历史数据库是海量数据处理的核心。

4）GIS 工作站为用户提供了功能丰富的地理地图应用和数据查询分析功能。

车辆监控子系统软件架构如图 7-15 所示。

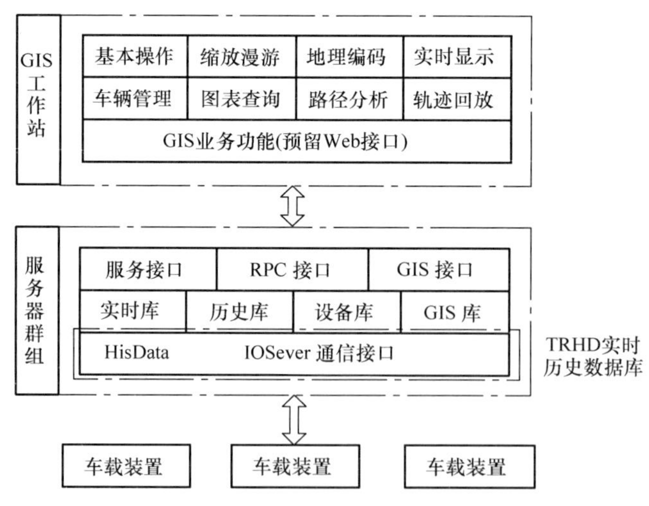

图 7-15 车辆监控子系统软件架构

2. 基本功能

车辆监控子系统主要完成如下功能：

（1）实时数据处理，监测车辆的位置信息和电池使用信息

显示电动汽车的实时位置、实时状态和电池组实时数据，如经度、纬度、对地方向角、对地速度、SOC、电池组最高电压及相应箱号和编号、电池组最低电压及相应箱号和编号、电池组最高温度及相应箱号和编号、电池组最低温度及相应箱号和编号、各箱 / 只单体电压、各采集点温度、故障信息（故障信息包括 SOC 过高、SOC 过低、总电压过高、总电压过低、放电电流过高、电池温度过低、电池温度过高、电池欠电压、电池过电压、温度不均衡、电压不均衡、电池不匹配和其他故障）。

（2）电子地图、车辆跟踪、车辆历史轨迹

可根据受监控的电动汽车目标、范围等的需要，分层显示厂区、道路、政府机关、充电站等信息，可根据目标地理信息的要求进行多层地理信息处理，具有可见性控制与图层显示优先性控制功能。

系统将地图上一些重要的目标，根据其特性分类，并分层次存储在地理数据库系统中，方便以后系统的扩充和为管理员提供决策信息。

系统能自动监视车辆的实时运行状态，使用者可通过该功能跟踪指定的车辆，实时显示车辆位置、速度、时间，并在电子地图上绘制车辆实时行驶轨迹。

系统后台全天候地自动记录各监控车辆在某时间段的运行轨迹数据。根据所保存的历史数据，可在电子地图上回放所选车辆的实际行车过程，也可在电子地图上快速再现所选车辆的行车路线轨迹及时间，为使用者提供必要的资料信息。

（3）事故报警

当系统判断定义的告警事件发生时，系统将弹出事故报警窗口，显示当前告警事件，如数据越限、所关注的遥信变位等。同时，语音报警将播报事件的简要信息，提醒用户注意当前所发生的事件。

（4）存储、统计、查看电池数据

系统以 TRHD 实时历史数据库为存储核心，可以处理海量通信数据的本地化。用户可以通过实时数据监控、历史数据查询、报表输出等多种方式统计和查看电池数据。

（5）曲线管理、报表管理

系统支持海量数据的曲线绘制功能，数据读取速度极快，绘制效率高。使用者可以根据需要，在该功能中选择不同的查询对象、查询时间、查询条件，绘制数据的图形曲线，使用户更直观地看出各种数据的变化趋势，便于分析、定位问题。

系统支持多种类型报表的制作、查询，包括日报、周报、旬报、月报、季报、年报、自定义时段月报和年报表等；支持将报表输出至打印机，导出为 EXCEL、WORD、PDF 等格式的文档。

（6）系统管理、用户管理、权限管理

用户可以对系统运行参数进行必要的设置，包括车载终端设备的增加、删除与设备信息的修改功能，网络通信参数的设置及相关运行系统参数的设置。系统提供用户的增加、删除、修改等用户管理功能，能提供统一的途径来管理用户人员的资料，并根据不同职责分配不同的操作权限，以保证系统运行的安全性、可靠性。

7.4 展望

充电站监控系统在为电动汽车提供充电服务的同时，可以获取大量的电池相关数据，尤其是随着电动汽车规模化应用的不断扩大，数据量非常庞大。动力电池系统是电动汽车的核心部件之一，对电动汽车的驾驶性能和使用寿命起着决定性的作用。大数据技术的出现，使得对这些数据进行有效处理成为可能。对某一辆车的电池的充电过程历史数据进行处理和分析，结合相关电池模型，可以实现对电池组性能的评估和预警，提供合理的维护和保养，提高整车的电气性能，延长电池系统的使用寿命。

目前常规配置充电站具有较大的功率波动特性，国内外研究人员正在研究新能源发电系统和储能系统的接入，以改善充电站的功率特性。根据新能源发电系统和储能系统的特点，结合常规充电站的充电负荷特点，利用有效的能量调度策略，构建独立的能量调度系统与监控系统交互，或者作为功能模块嵌入充电监控系统，通过监控系统下发指令实现对充电设备的调整和控制，减小充电站电网侧的功率大幅波动，同时根据当地电价政策调整电网侧的功率分布特点，降低充电站运营的电价成本，提高整站的服务能力。

参考文献

[1] 姜久春，牛利勇，陈洛忠 . 电动汽车充电技术及系统 [M]. 北京：北京交通大学出版社，2017.
[2] 许晓慧，徐石明 . 电动汽车及充换电技术 [M]. 北京：中国电力出版社，2012.
[3] 姜久春，刘志强，李景新 . 电动汽车充电设施运行与维护技术 [M]. 北京：北京交通大学出版社，2016.
[4] 王震坡，孙逢春，刘鹏 . 电动汽车原理与应用技术 [M]. 2 版 . 北京：机械工业出版社，2016.
[5] 谢希仁 . 计算机网络 [M].7 版 . 北京：电子工业出版社，2017.
[6] 石淑华，池瑞楠 . 计算机网络安全技术 [M]. 4 版 . 北京：人民邮电出版社，2016.
[7] 王达 . 深入理解计算机网络 [M]. 北京：机械工业出版社，2013.
[8] COMER D E. 计算机网络与因特网：第六版 [M]. 范冰冰，张奇支，龚征，等译 . 北京：电子工业出版社，2015.
[9] 李正军，李潇然 . 现场总线及其应用技术 [M]. 2 版 . 北京：机械工业出版社，2017.
[10] 许洪华，杨春生 . 现场总线与工业以太网技术 [M]. 2 版 . 北京：电子工业出版社，2015.
[11] 王华忠 . 工业控制系统及应用：SCADA 系统篇 [M]. 北京：电子工业出版社，2017.

第8章 电动汽车充电设施计量系统

8.1 充电设施电能计量系统

充电设施是与使用者进行贸易结算的计量器具，电能和时间是进行计费和结算的主要依据。充电设施电能计量系统根据其输出信号的不同可以分为交流电能计量系统和直流电能计量系统。

电能计量系统主要由安装在交直流充电设施用户最终电能交易点上的电能计量装置或电能计量单元、分流器以及之间的连接装置、互感器及其二次回路构成。充电设施电能计量系统应该具备计量功能、存储功能、管理功能、通信功能、时钟同步和授时功能。

8.1.1 交流电能计量系统

1. 基本组成

交流电能计量系统通常由电流互感器或分流器、交流电能计量模块或静止式交流电能表、交流电能显示模块和各部分之间的连接装置组成。

（1）电流互感器或分流器

电流互感器或分流器的作用是将充电回路中的电流转换成小电流或小电压。其电流额定值应大于或等于交流充电桩的电流输出额定值，准确度等级按表 8-1 选取。

（2）交流电能计量模块或静止式交流电能表

交流电能计量模块或静止式交流电能表是指由电流和电压作用于固态（电子）器件而

产生与被测有功电能成正比输出的器件。电能计量模块的电压通常为 220V，电流端的测量等级根据所接电流传感器的不同可分为 1A、5A、75mV 等。静止式交流电能表选择直接接入式，电压额定值为 220V，电流额定值为 5（60）A，准确度等级按表 8-1 选取。

表 8-1　交流电能计量系统准确度等级

计量设备	准确度等级	
交流充电桩	1 级	2 级
电流互感器或分流器	0.2 级	0.5 级
交流电能计量模块或静止式交流电能表	1 级	2 级

（3）交流电能显示模块

交流电能显示模块需要清晰准确地显示充电设施单次充电的电能量，分辨力不低于 0.001kW · h。在同一次充电中，其显示的电能值应与交流电能计量模块或静止式交流电能表计量的电能值一致。

（4）各部分之间的连接装置

连接装置主要是指充电设施内用于连接充电回路的导线、插头和插座等。连接装置应符合相应的国家标准，连接处应接触良好以减小线路损耗。

2. 典型设计

目前电能表的绝大部分设计方案都是采用 MCU 加专用计量芯片、时钟芯片和液晶驱动芯片等外围器件，即计量、数据管理、时钟和 LCD 显示功能均由独立芯片完成。这种分立式设计方案存在集成度低、可靠性差、稳定性低、成本高的不足。电能表行业开始逐渐将技术日益成熟、模数信号混合的 SoC（片上系统）芯片引入电能表的设计中。

SoC 电能表主要由主控部分、电压 / 电流采样模块、液晶显示模块、数据存储模块、通信模块、电源模块等部分构成。系统以 SoC 芯片为控制核心，配合相应的功能模块完成电参数测量等功能。其工作原理如图 8-1 所示。

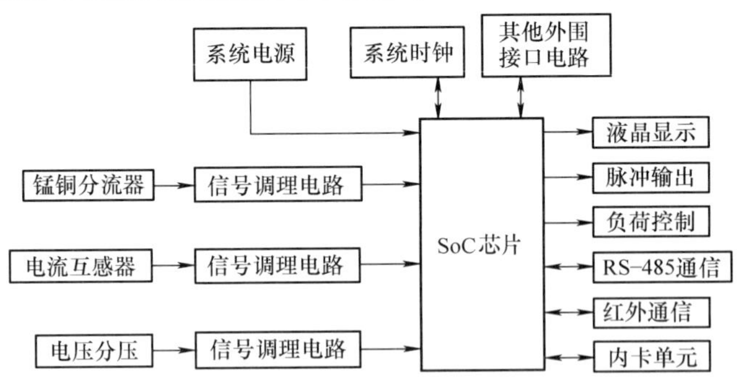

图 8-1　单相 SoC 电能表工作原理

SoC 电能表采用集成度高、功能强大的 SoC 芯片方案。单颗四合一 SoC 芯片集成分离方案中的 MCU 管理、计量芯片、RTC 时钟芯片、LCD 液晶驱动芯片等功能。其基本工作原理如下：

1）利用 SoC 芯片内部集成的 3 路 24 位高精度 Δ-Σ 型 A/D 转换器对相线电流、零线电流、电压分别进行采样，将其量化转换为数字信号，然后通过相应的数学计算完成电参量测量、电能累积计算等工作以及脉冲输出。

2）通过 SoC 内部集成的实时通信（RTC）模块和温度传感器实现带温度补偿的日历 / 时钟以及秒脉冲输出。

3）通过 SoC 内部集成的 LCD 驱动器驱动外部液晶显示器显示电能表的相关状态信息及用户所需要的电参量数据。

4）SoC 内部有 3 个 UART 接口，完全可以满足 RS-485、红外和 PLC 的通信接口要求，非常容易实现用户与电能表之间的数据交换。

5）由内卡记录、存储电能表配置参数、电量数据、负荷曲线与事件信息。

6）通过 SoC 内部丰富的 GPIO 口和中断资源完成按键查询、报警输出和负荷控制等工作。

与传统设计方案相比，SoC 方案省去了计量芯片、时钟芯片和 LCD 驱动芯片等关键元器件，简化了硬件设计，有效降低了整表的物料成本，具有更高的性价比和可靠性，并且能够根据不同的应用需求，提供定制化的电能计量功能，具有很强的可扩展性，有利于提高产品的市场竞争力。

8.1.2 直流电能计量系统

1. 基本组成

直流电能计量系统通常由电流传感器或分流器、直流电能计量模块或静止式直流电能表、电能显示模块和各部分之间的连接装置组成。

（1）电流传感器或分流器

电流传感器或分流器的作用是将充电回路中的电流转换成小电流或小电压。其电流额定值应大于或等于直流非车载充电机的电流输出额定值，准确度等级按表 8-2 选取。

表 8-2 直流电能计量系统准确度等级

计量设备	准确度等级	
直流非车载充电机	1 级	2 级
电流传感器或分流器	0.2 级	0.5 级
直流电能计量模块或静止式直流电能表	1 级	2 级

（2）直流电能计量模块或静止式直流电能表

直流电能计量模块或静止式直流电能表是指由电流和电压作用于固态（电子）器件而产生与被测电能成正比输出的器件。直流电能计量模块的电压测量范围通常为 50~1000V，电流端的测量范围由所接电流传感器的输出确定。直流非车载充电机的额定功率较低时，可以选择直接接入式的静止式直流电能表；直流非车载充电机的额定功率较高时，选择间接接入式的静止式直流电能表。电压端和电流端的测量范围由所接传感器的输出确定，准确度等级按表 8-2 选取。

（3）电能显示模块

电能显示模块需要清晰准确地显示充电设施单次充电的电能量，分辨力不低于 0.001kW · h。在同一次充电中，其显示的电能值应与直流电能计量模块或静止式直流电能表计量的电能值一致。

（4）各部分之间的连接装置

连接装置主要是指充电设施内用于连接充电回路的导线、插头和插座等。连接装置应符合相应的国家标准，连接处应接触良好以减小线路损耗。

2. 典型设计

直流电能表具备参数测量、电能计量、结算与冻结、分时、事件记录、显示与按键、通信、负荷曲线、数字输出等功能。

1）参数测量功能：可测量直流电压、电流和功率。

2）电能计量功能：具有正、反向及组合电能的计量功能，且组合电能可由正反向电能进行选择性组合，最小计量单位为 0.01kW・h。

3）结算与冻结功能：直流电能表在运行过程中预先设定的时间会产生电能数据记录，包括月结算与冻结数据。月结算数据记录最多可产生 12 条，且每月结算日可通信设定为 1~28 日的任何日、时；冻结数据包括瞬时冻结、定时冻结、日冻结、整点冻结以及时区表切换冻结、日时表切换冻结。

4）分时功能：直流电能表具备分时费控功能，支持尖、峰、平、谷四个费率。有两套时区表，全年可设置 14 个年时区；有 8 个日时段表，全天可以设置 14 个日时段，时段最小间隔为 15min，时段可以跨越零点设置，且支持节假日和公休日特殊费率时段设置。

5）事件记录功能：直流电能表在运行过程中会产生一些操作状态记录，包括清零事件、掉电事件、校时事件、开盖事件、编程事件、时段表、时区表和周休日编程事件、电能组合方式字编程事件、结算日编程事件。

6）显示与按键功能：直流电能表具备液晶显示与按键操作功能，可显示直流电压、电流和电能等数据，可按键切换屏幕显示并设置相应参数。

7）通信功能：直流电能表配置有一路 RS-485 通信接口和一路红外通信接口，可用于参数设定和各类数据抄读，并且通信协议符合 DL/T 645—2007《多功能电能表通信协议》和 MODBUS RTU 规约。

8）负荷曲线功能：直流电能表具备负荷曲线记录功能，可用于用电情况分析与能耗监测，负荷曲线记录内容包括电压、电流、功率和正反向总电能。

9）数字输出功能：直流电能表具备一路功率脉冲输出，如图 8-2 所示内部光耦隔离，脉冲输出宽度为（80±20）ms，最大允许通过电流为 DC 10mA，工作电压范围为 DC（5~80）V。

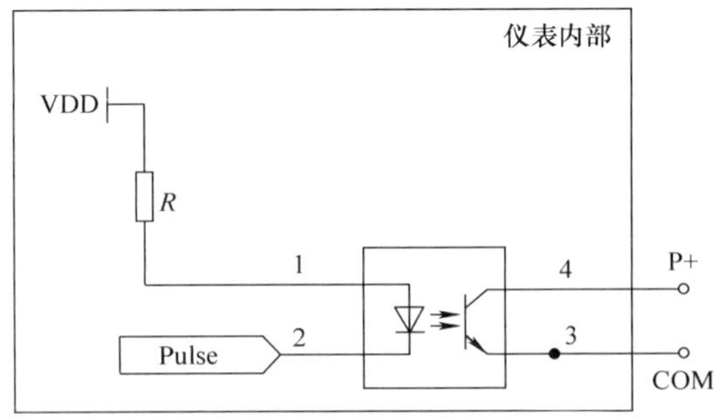

图 8-2 功率脉冲输出接口电路

直流电能表采用高精度的采样计量单元和高速 MCU 数据处理单元，实现高精度、宽范围的准确计量，它主要由计量、按键、通信、LCD 显示、存储以及控制管理等模块组成。其中，计量模块是直流电能表的核心部分，它决定了电能表计量的稳定性与准确性；而 MCU 管理模块影响着整个电能表的运行，它可实现系统中各个部件协调控制、人机交互、多费率控制等重要的功能。直流电能表工作时与交流电能表类似，都是经过电流、电压采样电路转换后，送至主控单元MCU进行计算处理；MCU根据需要从内卡与时钟芯片内存取数据，然后根据需求将处理过的数据分别送至显示、通信等数据输出单元，完成整个电能表的正常数据采集、运算、管理和输出工作。直流电能表的工作原理如图8-3所示。

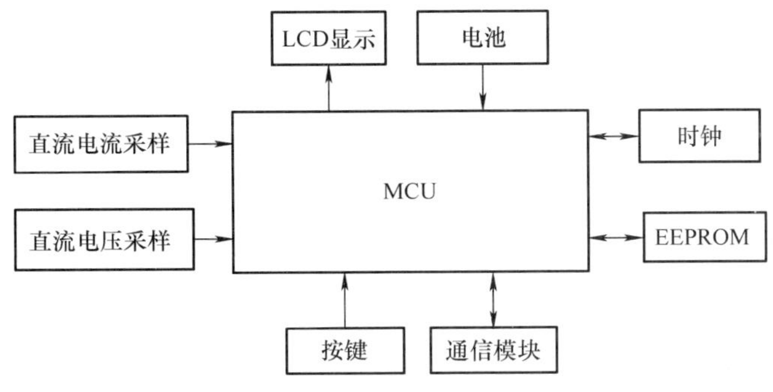

图8-3　直流电能表的工作原理

与交流电能表一样，电流与电压的测量采样是设计的关键技术。与静止式单相交流电能表不同的是，直流电能表的电流与电压是分开接入的，且通常直流电能表使用场合的电流高达几百到上千安。因此在设计电流采样电路时采用锰铜分流器接入，且可根据不同的客户需求外接不同的分流器，以实现不同量程的定制。电流采样电路如图8-4所示。电流采样电路实际上采集的也是电压信号，即图8-4中的Ⅱ+与Ⅱ-之间的电压差，其中R_{B7}为参考点。由于单片机的输入阻抗较大，R_{B2}与R_{B3}阻值较小，即在R_{B2}与R_{B3}损耗的电压值极小，相当于实际输入给单片机的电压就是Ⅱ+与Ⅱ-两端的电压差。

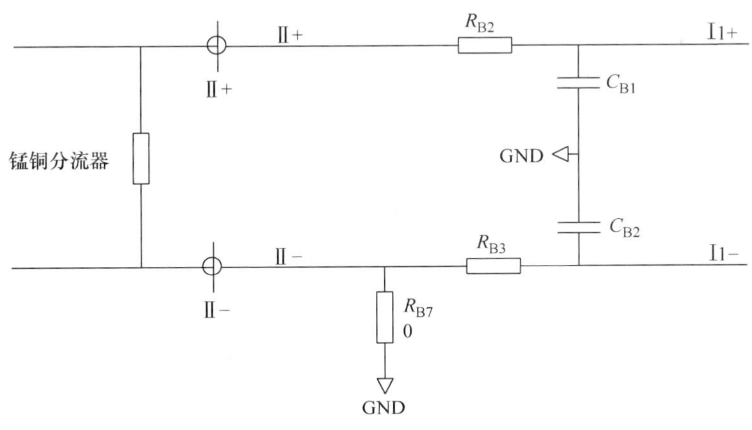

图8-4　电流采样电路

同理，电压采样电路如图8-5所示。整个电路为纯模拟信号隔离放大，采用基于电容效应的调制解调模拟隔离技术，使直流电压、电流信号达到4kV隔离。系统被测电压经过直流电压隔离前端分压采样电路分压、采样、共模滤波、差模滤波后得到差分毫伏电压信号；差分毫伏电压信号经直流电压隔离差分放大电路差分放大后，输出给直流电压隔离后端计量采样电路，然后经过共模降压、计量采样、共模滤波后输出给直流电压计量A/D采样通道。电压采样电路实际上是采集R_T的分压值，并且在分压电路设计上采用了多电阻串联的方式。这样设计的目的是为了减小线路电流，从而提高计量准确度与稳定性。同时在电压采样电路输入端加入了压敏电阻 R_{VA}，这种设计方式可以规避电能表在雷击浪涌试验时无法正常工作的问题，从而有效提高了电能表的可靠性。

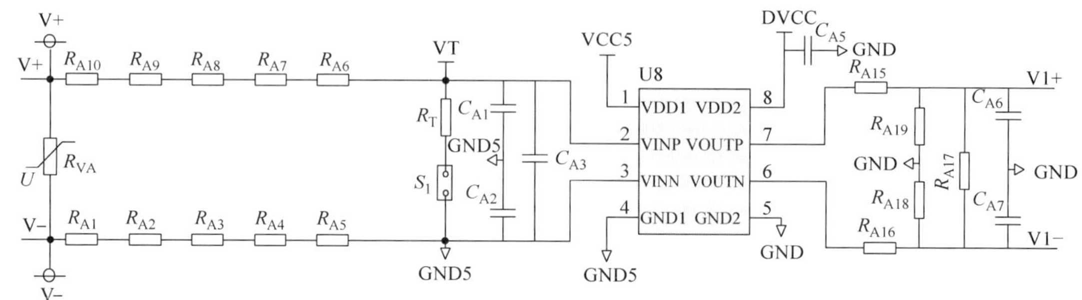

图 8-5　电压采样电路

8.1.3　充电设施与充电用户之间的贸易结算点

充电设施的电能计量方式，在很大程度上是由充电设施的贸易结算点决定的。贸易结算点是充电设施与使用者之间进行结算的参考界面，充电设施所计量的电能量就是通过这个参考界面的电能值。

电动汽车充电设施作为一个整体从电网吸收电能，为用户提供电能，并与用户进行电能的贸易结算。其与电网的贸易结算点根据用电协议约定设置，与用户的贸易结算点常见的有以下几种：

（1）交流充电桩的贸易结算点设置

如图 8-6 所示，交流充电桩的贸易结算点设置于充电接口端，交流充电桩自身耗电不应计入充电电能。

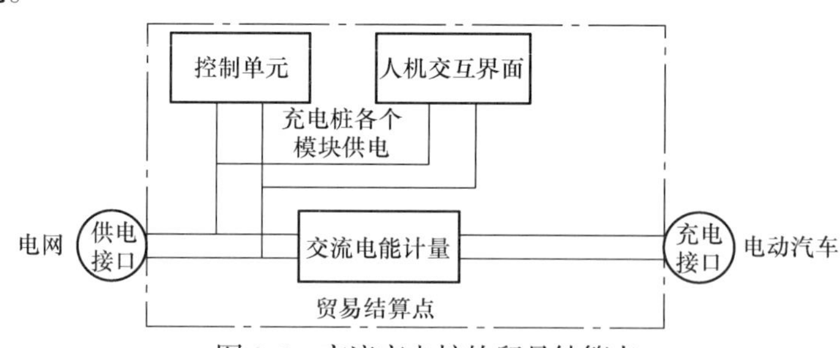

图 8-6　交流充电桩的贸易结算点

（2）直流非车载充电机的贸易结算点设置

直流非车载充电机的贸易结算点设置有两种方式：

1）图 8-7 所示为方式 A，直流非车载充电机的贸易结算点设置于交直流转换单元的交流输入端，充电电能包括交直流转换的电能损耗和汽车充入的电能。

2）图 8-8 所示为方式 B，直流非车载充电机的贸易结算点设置于直流输出端，只计量了汽车充入的电能。

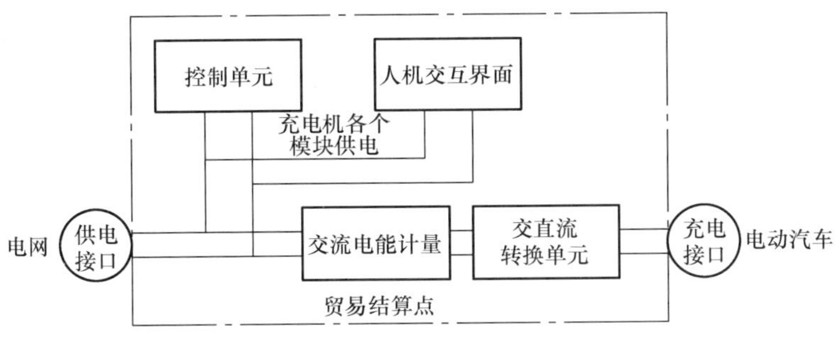

图 8-7 直流非车载充电机的贸易结算点方式 A

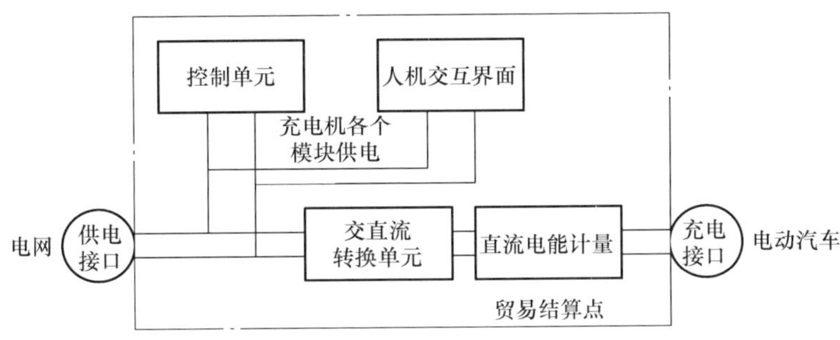

图 8-8 直流非车载充电机的贸易结算点方式 B

8.1.4 充电设施电能计量方式

根据贸易结算点的位置，电动汽车充电设施电能计量方式可以分为交流充电桩进行交流电能计量、直流充电机进行交流电能计量、直流充电机进行直流电能计量；按照电能计量方式，可分为交流电能计量和直流电能计量。

传统的交流电能计量应用广泛，技术比较成熟，交流充电桩计量系统更多地借鉴了传统的交流电能计量系统。早期的大部分交流充电桩采用交流电能表作为电能计量单元，随着交流充电桩的小型化，越来越多的交流充电桩采用电能计量芯片和电流互感器作为电能计量单元，如图 8-9 所示。从广义上说，交流充电桩就是专用于为电动汽车充电的交流电能表，其测量参数额定值为交流电压 220V（380V），交流电流 32A，最大允许误差[㊀] 为 ±1% 或 ±2%，工作频率为 45~65Hz。

图 8-9 交流充电桩内交流电能表和互感器

随着大功率直流非车载充电机的建设，直流电能计量得到了广泛应用。早期部分直流非车载充电机采用交流电能表进行计量，如图 8-10 所示，

㊀ 最大允许误差是指对给定的测量、测量仪器或测量系统，由规范或规程所允许的，相对于已知参考量值的测量误差的极限值。

交流电能表直接计量直流电源模块的输入端电能，交流电能量值包含充入汽车电池的电能和治理电源模块进行交直流转换消耗的电能两部分。这种方式不利于充电设施运营商的设备和技术更新，不利于贸易的公平合理。

近几年，直流非车载充电机主要采用直流电能表和分流器或霍尔传感器作为电能计量单元，如图 8-11 所示。根据充电机输出功率和相关国家标准选择合适的直流电能表和电流传感器，测量参数额定值为直流电压 750V，直流电流 250A，最大允许误差为 ±1% 或 ±2%。

图 8-10　直流非车载充电机内的交流电能表

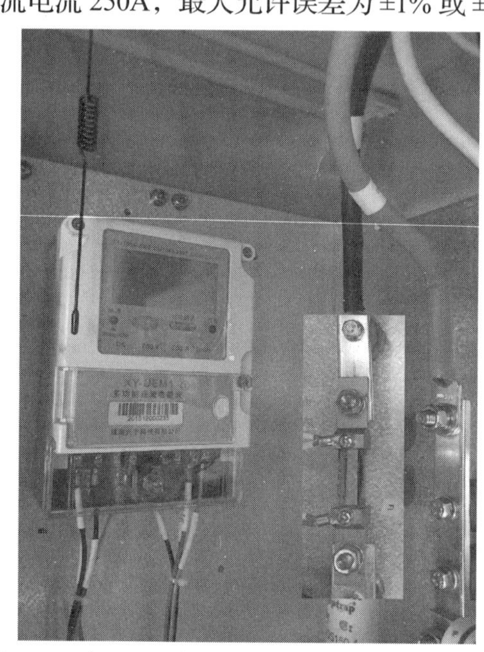

图 8-11　直流非车载充电机内直流电能表和分流器

充电设施的电能计量方式主要有交流电能计量和直流电能计量两种，需要对两个参数进行量值溯源。从测量范围和准确度等级来看，传统交流电能表的计量能够覆盖充电设施交流电能计量。在电动汽车大力推广之前，直流电能进行贸易结算的应用场景较少，直流电能的计量随着产业的发展越来越重要。

8.2　充电设施的量值溯源

电动汽车充电设施是为电动汽车提供电能的相关设施的总称，其计量系统的主要参数为电能和时间。电动汽车充电设施是工作计量器具，位于国家计量器具检定系统表的第三级，其量值溯源是通过标准装置将量值传递到电动汽车充电设施的过程。

8.2.1　溯源等级图⊖

电能是以功率和时间的乘积来计算的，电能的单位是导出单位。国家电能计量基准器

⊖ 一种代表等级顺序的框图，用以表明测量仪器的计量特性与给定量的测量标准之间的关系。

具是单相工频电能基准装置，不确定度为 $U_{rel}=1.5\times10^{-5}$（$k=3$）。电能计量标准器具是单相电能标准装置，准确度等级为 0.02 级和 0.05 级。电能溯源等级图如图 8-12 所示。

时间作为国际单位制中七个基本物理量之一，是目前所有物理量中准确度最高的物理量，时间的单位是基本单位。UT（NIM）作为原子时标国家计量基准，频率准确度为 5×10^{-16}。时间频率标准器具的频率准确度为 1×10^{-12}~1×10^{-9}。时间溯源等级图如图 8-13 所示。

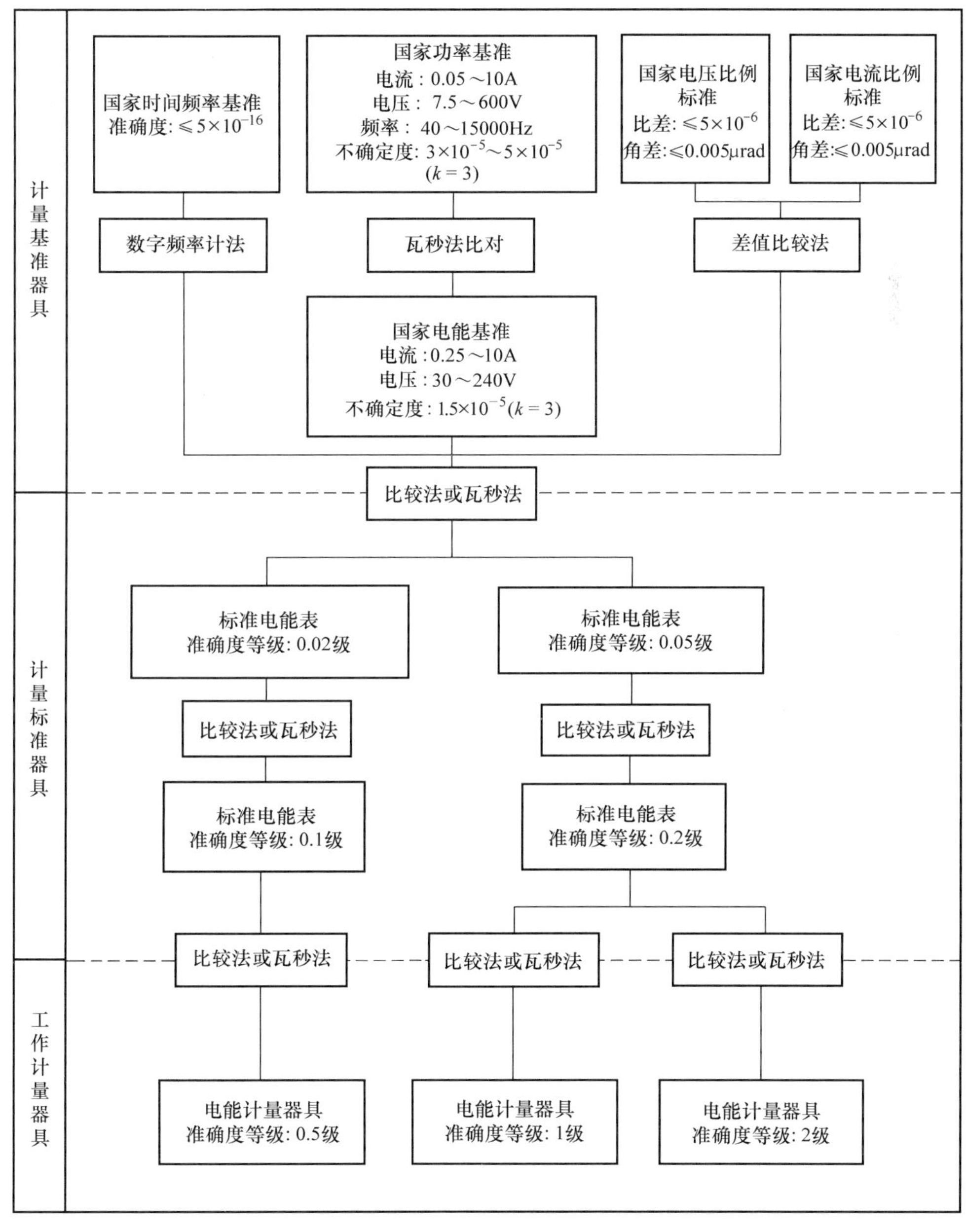

图 8-12　电能溯源等级图

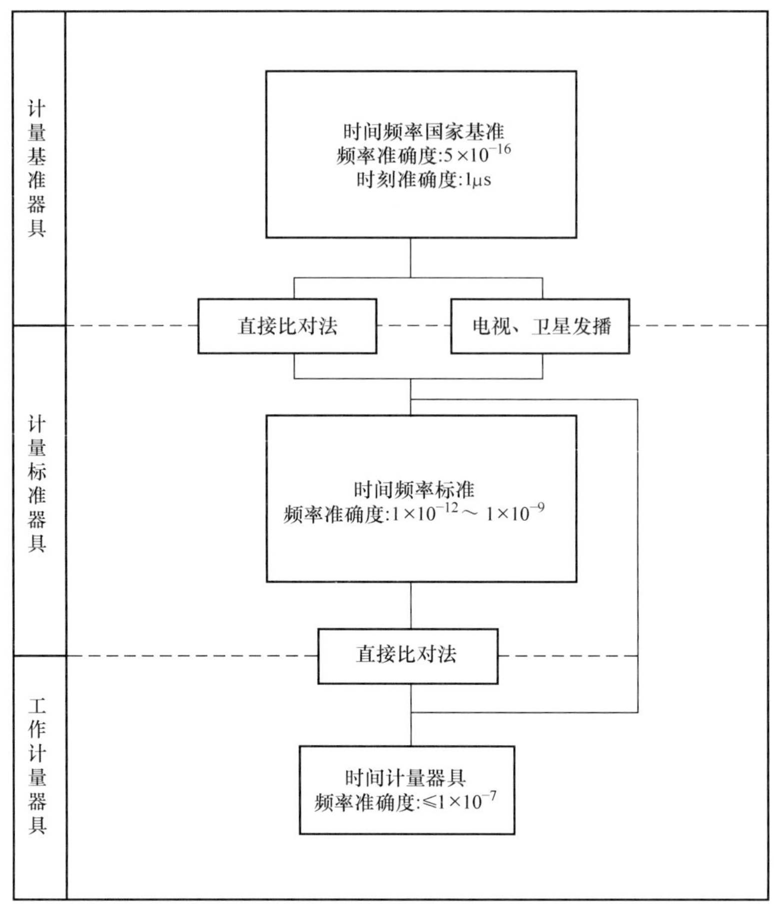

图 8-13　时间溯源等级图

8.2.2　交流充电桩检定方法

交流充电桩交流电能的检定主要依据 JJG 1148—2018《电动汽车交流充电桩》的检定规程。通常采用标准表法，在充电桩和负荷之间接入交流标准电能表，通过比较脉冲或比较累积的电能量来计算误差大小。

测量充电桩电能工作误差时通常按表 8-3 的规定选择负荷点，允许根据需要增加误差测量点；每一个负荷点至少记录两次误差测量数据，取其平均值。

表 8-3　充电桩工作误差检定时可选择的负荷点

负荷电流（功率因数为 1）	输出电压
I_{min}	$U_{min} \leqslant U \leqslant U_{max}$
$0.5I_{max}$	
I_{max}	

注：可以按照现场实际需要确定充电电压、电流值。

1. 脉冲比较法

试验条件应满足检定规程的有关要求，按图 8-14 进行接线。

设置好电能标准装置的量程，被检充电桩和电能标准装置在同一时间对交流负荷消耗的电能进行测量，用被检充电桩的输出脉冲控制电能标准装置的计数来确定充电桩的电能工作误差。根据式（8-1）计算其相对误差值：

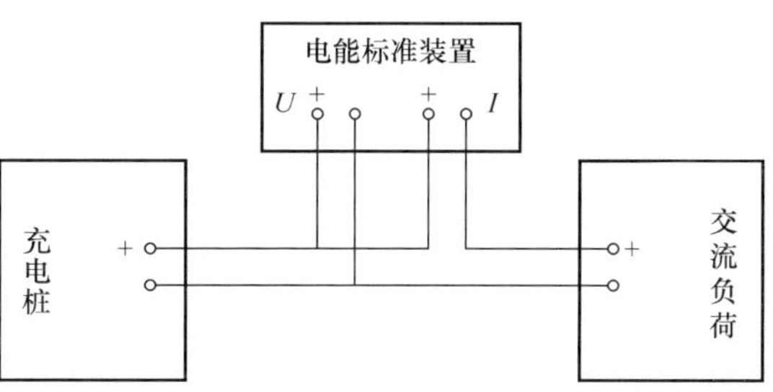

图 8-14 脉冲比较法接线图

$$\gamma_{\mathrm{E}}=\frac{m_0-m}{m}\times 100\% \tag{8-1}$$

式中 m_0——算定的脉冲数；

m——实测脉冲数；

γ_{E}——被校充电桩电能的相对误差。

$$m_0=\frac{C_0 N}{C_{\mathrm{L}}} \tag{8-2}$$

式中 N——被校充电桩脉冲数；

C_0——电能标准装置的（脉冲）仪表常数，imp/（kW · h）；

C_{L}——被校充电桩的（脉冲）仪表常数，imp/（kW · h）；

要适当地选择被校充电桩的低频（或高频）脉冲数 N 和标准表的倍率开关档，使算定（或预置）脉冲数和实测脉冲数满足表 8-4 的规定，同时每次测试时限不少于 5s。

表 8-4 算定（或预置）脉冲数、功率表或功率源显示位数和显示被校充电桩误差的小数位数

标准装置准确度等级	0.05 级	0.1 级	0.2 级
算定（或预置）脉冲数	10000	10000	10000
功率表或功率源显示位数	6	6	6
显示被校充电桩误差的小数位数（%）	0.01	0.01	0.01

2. 电能累积法

被检充电桩与电能标准装置的电流线路串联、电压线路并联后同步运行，运行的时间要足够长，被检充电桩显示器末位数字代表的电能值与所累积电能值之比（%）不大于被检充电桩等级指数的 1/10。

在相同的时间间隔内，用电能标准装置显示的电能与充电桩显示的电能增量相比较来确定充电量显示误差，按式（8-3）和式（8-4）计算，结果应满足检定规程的要求。

$$\Delta_{\mathrm{E}}=E_{\mathrm{x}}-E_{\mathrm{n}} \tag{8-3}$$

$$\gamma_{\mathrm{E}}=\frac{E_{\mathrm{x}}-E_{\mathrm{n}}}{E_{\mathrm{n}}}\times 100\% \tag{8-4}$$

式中 Δ_{E}——被检充电桩示值误差（kW · h）；

E_{x}——被检充电桩显示值（kW · h）；

第8章

E_n——电能标准装置显示值（kW·h）;

γ_E——被检充电桩电能的相对误差（%）。

8.2.3 直流非车载充电机检定方法

直流非车载充电机直流电能的检定主要依据 JJG 1149—2018《电动汽车非车载充电机》的检定规程。通常采用标准表法，在非车载充电机和负载之间接入直流标准电能表，通过比较脉冲或比较累积的电能量来计算误差大小。

测量充电机工作误差时通常按表 8-5 的规定选择负载点，允许根据需要增加误差测量点；每一个负载功率下，至少记录两次误差测量数据，取其平均值。

表 8-5 充电机工作误差检定时可选择的负载点

负载电流	输出电压
I_{min}	$U_{min} \leqslant U \leqslant U_{max}$
$0.5I_{max}$	
I_{max}	

注：可以按照现场实际需要确定充电电压、电流值。

在检定过程中，观察电能标准装置的误差显示。如果每隔 1min 误差变化量不超过充电机最大允许误差绝对值的 1/10，可以记录充电机电能工作误差。

直流非车载充电机的检定方法脉冲比较法和电能累积法参照交流充电桩的检定方法。

8.3 充电设施的电能标准装置

对已建成的充电设施进行检定通常采用标准表法。充电设施电能标准装置本质上是标准电能表。由于需要考虑负载情况，可能是阻性负载、电子负载或电动汽车，阻性负载和电子负载通常不具备交流的控制导引功能和直流的 BMS 模拟功能，所以充电设施电能标准装置除了能够准确计量电能量值外，还应具备与充电桩或充电机相匹配的符合相关国家标准的控制和通信功能。

新能源汽车、高端储能被列入国家战略性新兴产业指导目录，直流电能在相关行业得到了广泛应用，直流电能计量越来越得到重视。目前直流电能表和直流分流器等工作用计量器具的数量急速增长，直流电能标准装置作为电能量值传递[⊖] 的关键一环，将国家直流电能量值传递到工作计量器具。

目前我国国内生产直流电能标准装置的厂家屈指可数，直流电能标准装置通常采用直流电流比较仪或霍尔传感器作为测量大电流的传感器，具有响应时间短、频带宽等特点。

交流电能标准装置在交流电能表的检定过程中已经普遍应用，相关技术和产品已经比较成熟，在此不做详细介绍。下文对直流电能标准装置的结构原理、直流大电流测量等进行介绍。

⊖ 量值传递是指通过对测量仪器的校准或检定，将国家测量标准所实现的单位量值通过各等级的测量标准传递到工作测量仪器的活动，以保证测量所得的量值准确一致。

8.3.1 直流电能标准装置的结构原理

1. 硬件组成

电动汽车非车载充电机直流电能标准装置主要由电源模块、微处理器、FPGA（可编程门阵列）、*U*/*U* 变换、*I*/*U* 变换、充电控制引导电路、A/D 转换器、脉冲接口模块、各类通信接口模块、液晶显示屏模块等组成，如图 8-15 所示。

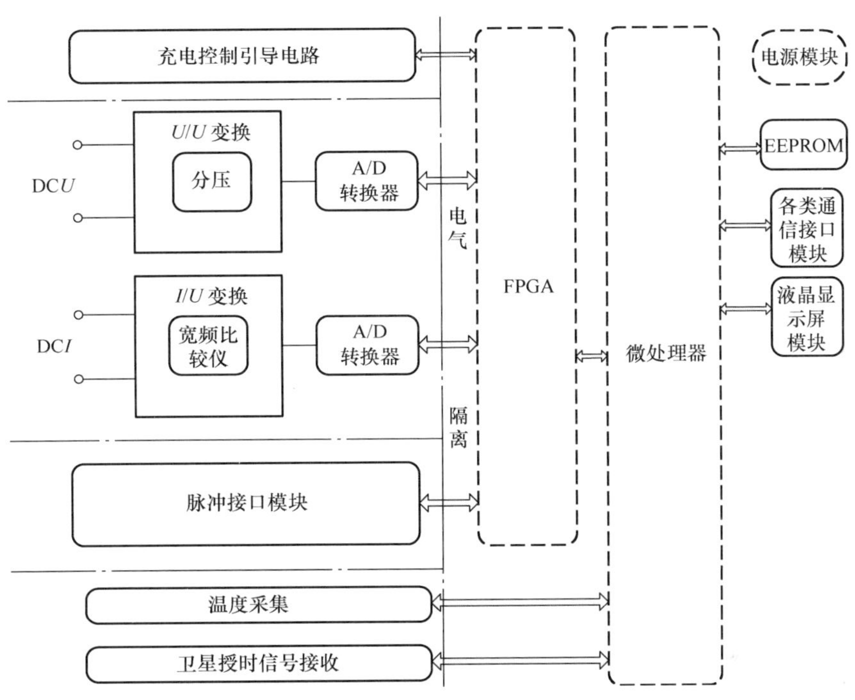

图 8-15　电动汽车非车载充电机直流电能标准装置的构成

将电动汽车充电机的充电枪接入标准装置，同时利用充电枪连接线连接标准装置和电动汽车或负载箱。当充电机具备脉冲接口时，也可使用电能脉冲线连接充电机与标准装置进行检定。

2. 软件结构

当电动汽车充电机直流电能标准装置开启时，首先进入自检初始化阶段，确保软件运行正常、硬件连接正确后便立即开始建立工作进程。工作人员可通过触摸屏使用状态按键、量程按键、功能按键对标准装置进行初步设定。设定完毕后，可通过显示进程页面来查看各项测试数据，其中包括充电准备就绪测试、充电阶段测试、正常充电结束测试、通信中断测试、开关 S 断开测试、车辆接口断开测试、输出电压超过车辆允许值测试、其他充电故障、输出电压控制误差测试、输出电流控制误差测试、输出电流控制时间测试、输出电流停止速率测试、控制导引电压超限测试等，如图 8-16 所示。

软件主要实现以下功能：

1）直流电压测量功能。直流电压通过直流信号运算电路，然后通过高精度直流 A/D 采样得到采样数据。通过对采样的数据进行线性运算得到测量数据。

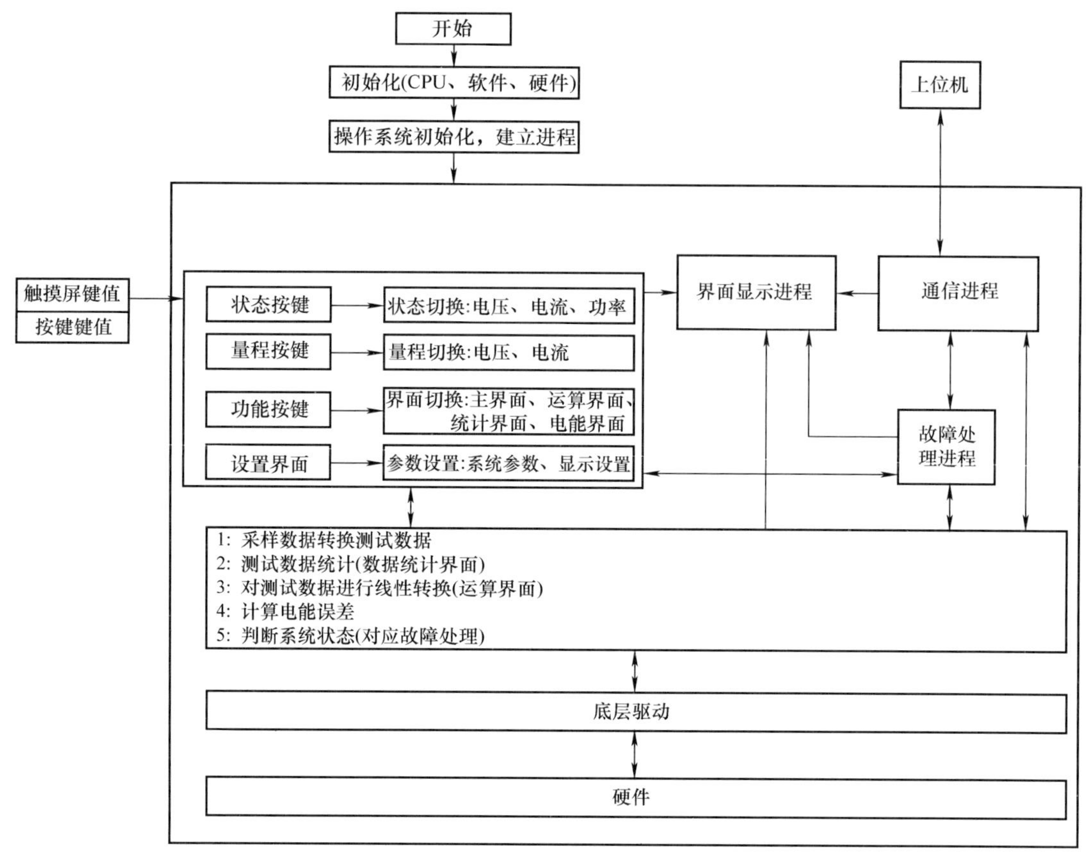

图 8-16　软件原理框图

2）直流电流测量功能。直流电流测量分为微电流、中电流和大电流三档。微电流采用高精度电阻作为电流传感器，中电流和大电流采用电流测量比较器来进行测量。经过传感器得到电流信号后，对数据处理的流程与电压数据处理流程类似。

3）电能检测。根据 JJG 1149—2018《电动汽车非车载充电机》检定规程的相关规定，将直流功率转换为标准电能表电能脉冲。开始电能测量后，从检测到被检表脉冲开始对标准表脉冲进行计数；检测到规定被检表脉冲个数后，读取温度传感器，判断是否需要进行温度修正，计算电能误差。

4）实用数据处理。实用数据处理模块包括测量数据统计和测量数据线性转换模块。该模块对测量数据进行相应的数学处理，得到测量学上一些常用的测试数据。

8.3.2　直流大电流测量

在检测过程中，通常认为超过 50A 的电流为大电流。直流大电流测量主要采用的传感器有直流分流器、霍尔传感器和直流电流比较仪。

1. 直流分流器

直流分流器是由金属材料制成，将电流转换成电压的电阻元件。由于大部分材料具有正的温度系数，分流器通过电流后会发热，分流器的电阻值会随着自身的发热而发生变化，这就导致在分流器达到热平衡状态之前其两端的电压输出与流过的电流呈非线性关系。这种非线性关系可以通过对金属材料进行处理得到改善，但是不能消除。分流器的材料和生产比较成熟，因此其成本较低。

2. 霍尔传感器

霍尔传感器是通过霍尔效应将磁场转换成霍尔电动势的半导体器件，能够同时测量直流和交流电流，并且具有较高的精度和带宽。霍尔传感器在使用中要注意原边线圈和副边线圈的耦合以提高测量灵敏度，其磁路在特定的环境下容易被磁化，因此使用霍尔传感器时需要定期进行校准和退磁处理。

3. 直流电流比较仪

直流电流比较仪是工作在铁心的零磁通状态，采用双铁心的磁调制技术来检测安匝平衡进而完成直流比例的测量的装置。当原边线圈通过直流电时，被交变对称电源激励的铁心中引入直流偏置磁场，则激励铁心中交变磁通的对称性被破坏，磁通波形的频谱中出现偶次谐波。偶次谐波的幅值和相位与直流电流的大小和方向有关。直流电流比较仪利用这种特性即可测量直流电流，具有高精度、高稳定性等特点。

作为直流电能标准装置，电流信号的测量可以选择霍尔传感器或直流电流比较仪，并根据相应的特点进行整体设计。

8.4 无线充电计量系统

为了满足电动汽车产业新的充电需求，充电设施也会不断地发展出新的充电方式，无线充电技术的发展和应用可以让电动汽车的充电更加方便和灵活。无线充电设施作为商业运营的充电设施，也涉及贸易结算和计量的问题。随着无线充电设施的普及，需要深入研究无线充电系统，制定新的结算规则并建立新的计量方式。

8.4.1 无线充电计量系统探讨

根据充电时受电物体运动与否，无线充电可分为静止式与移动式。静止式主要应用于固定位置供电或充电；移动式以非接触的方式为行驶中的电动汽车实时补充电能。无线充电将大大增加充电的便利性、灵活性和安全性，缩短停驶充电时间和次数，提升用户体验。静止式与移动式无线充电应用场景分别如图 8-17 和图 8-18 所示。

电动汽车静止式和移动式无线充电负荷波形特性如下：

1）静止式无线充电系统启动环节具有较大的冲击电流，其他状态下均平稳运行，信号波形无明显畸变；直流输出侧电流波动大，电流波形纹波大。

2）移动式无线充电系统充电环节电流具有明显的随机性和冲击特性，电流突变最大值达到几十安；同时谐波含量较丰富，其中 5 次谐波含量最高达到 78%，总谐波畸变率（THD）达到 95%，29 次谐波含量仍然明显；直流输出侧电流波动非常大，电流波形纹波大。

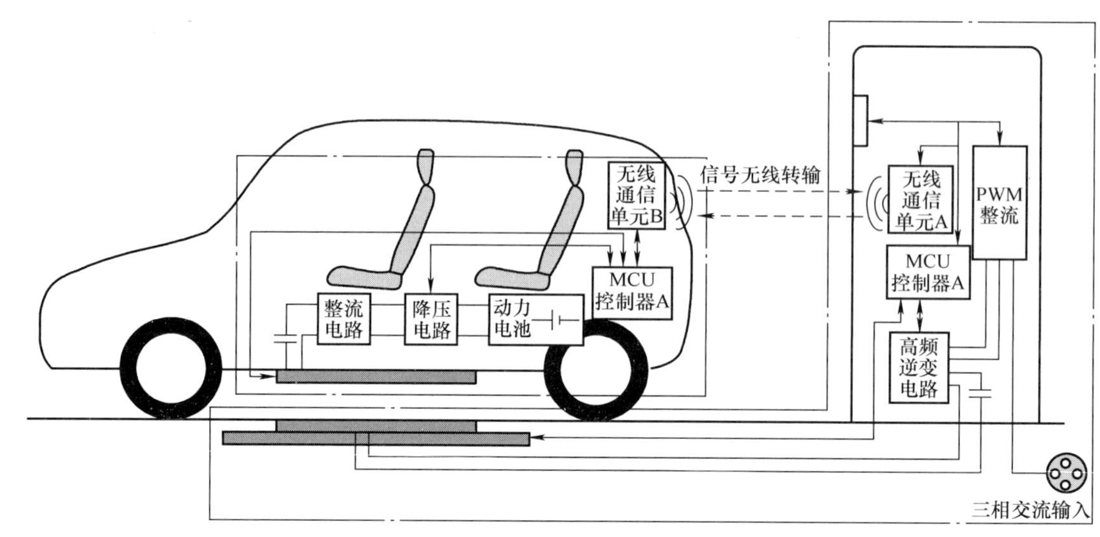

图 8-17 电动汽车静止式无线充电应用场景

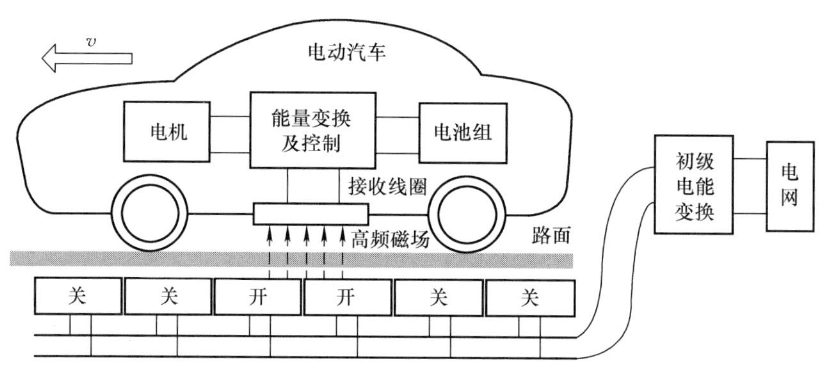

图 8-18 电动汽车移动式无线充电应用场景

电动汽车无线充电负荷，特别是移动式无线充电负荷，具有暂态冲击明显、谐波含量较丰富的特点。对电能计量而言，需要采用宽电流量程的电能表去适应负荷的幅值、峰值偏大的情况，以抵抗如电流冲击的影响；同时负荷含有的谐波分量，也会对电能表的计量准确性产生影响。

因此，交流侧电能表需要具有宽量程、大电流、高精度、谐波计量等功能，这样才能满足电动汽车无线充电负荷的电能计量需求；直流侧电能表需要具有宽量程、大电流、高精度等功能，这样才能准确计量含纹波的直流电，并具有较高的电气安全特性。

8.4.2 无线充电计量系统整体方案

如图 8-19 所示，电能计量点可选择在交流供电输入侧和车载直流充电输出侧。考虑到无线充电的特殊性，交流侧计量装置安装在发射机构侧整流滤波前端，用以计量无线充电的总输入电能，并作为无线充电路段运营方与电力公司进行结算的依据；直流侧计量装置安装在电动汽车侧整流装置和 DC/DC 变换器的后端，用以计量给电池充电和电机用电的总电能，并作为无线充电路段运营方与车辆用户进行结算的依据。通过对总输入电能和总输出电能的对比分析，可以计算出无线充电的总体效率。

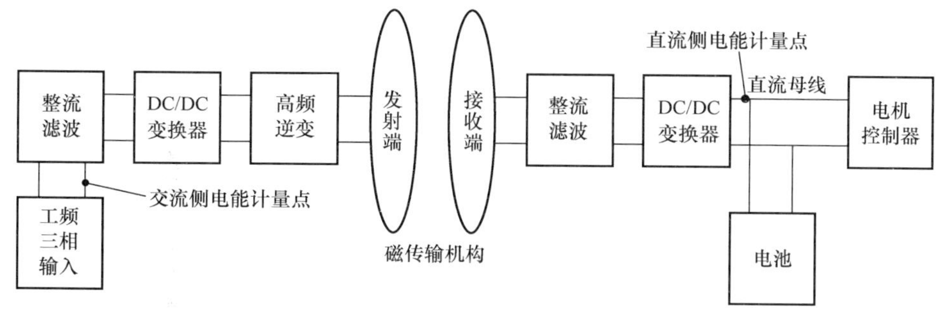

图 8-19 无线充电电能计量点示意图

当无线充电路段是由电力公司统一运营时，建议以直流侧计量数据作为与车辆用户结算的依据。交直流侧电量差（充电损耗）可通过电价进行调节，或由电力公司和用户按比例平摊。

1. 交流侧电能表技术方案

（1）整体方案

针对电动汽车无线充电负荷具有暂态冲击明显、谐波含量较丰富的特点，交流电能表以宽电流范围、高准确度计量为主要设计思想。该表采用的设计方案为 DSP+MCU，将 DSP 高速数字信号处理功能和高档 MCU 完善的管理功能结合。其基本工作原理如下：A/D 转换器和 DSP 高速数据处理器对各相电流、电压进行采样；通过相应的数学运算，由 DSP 部分完成电参量测量、电能计量、谐波分析、谐波电能计算等工作。计量数据通过高速通信接口与管理 MCU 进行数据交换；管理 MCU 主要完成显示、数据统计、存储、通信、电能表功能选择以及初始化数据设定等工作。其整表硬件原理框图如图 8- 20 所示。

（2）主要功能

交流电能表应可在宽电流范围内实现基波、谐波电能的准确计量，主要具有以下功能：

1）分时计量电能（6 费率，四象限）。

2）输入 / 输出基波、谐波有功电能计量。

3）高精度测量电压、电流、功率及频率。

4）最大需量计算。

5）12 个月历史结算数据记录。

6）大容量负荷曲线记录功能。

7）谐波分析（可计算出谐波电压 / 电流含量、含有率及总畸变率）。

8）事件记录功能。

9）全汉字点阵式液晶显示，菜单式操作界面，可图形显示。

（3）主要技术参数

主要技术参数见表 8-6。

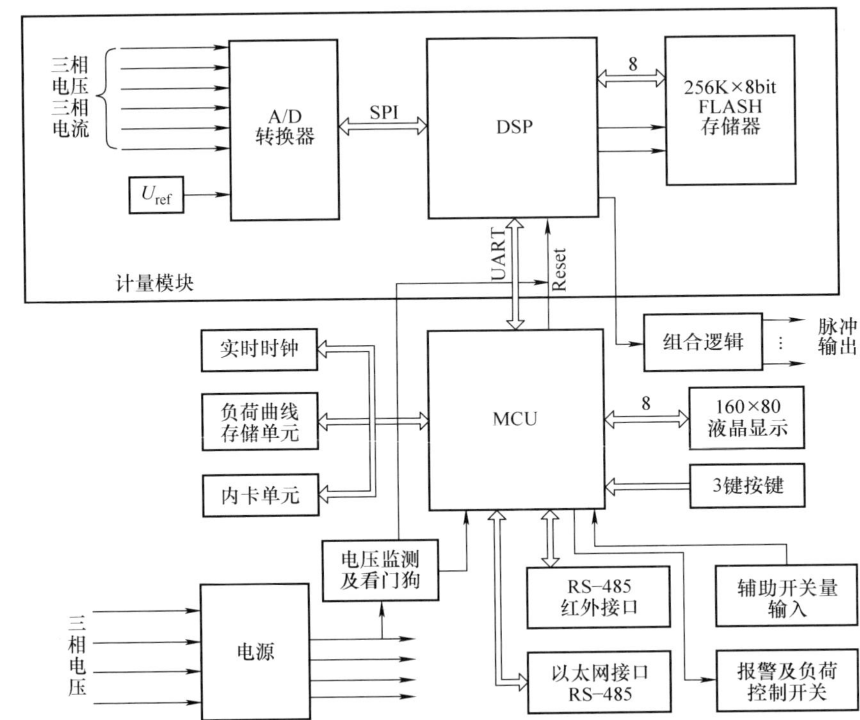

图 8-20　交流侧电流表硬件原理框图

表 8-6　无线充电交流电能表主要技术参数

项　　目	技术参数
电压规格	3×220V/380V（三相四线）
电流规格	1.5（6）A
频率范围	50（1±5%）Hz
电压测量范围及误差	（1±30%）U_n，误差≤ 0.3%（RMS）
电流测量范围及误差	0.01I_b~I_{max}，误差≤ 0.2%（RMS）
准确度等级	有功：0.5S 级，无功：2 级
谐波分析	2~63 次谐波电压、电流、相位，准确度符合 GB/T 14549—1993 谐波标准 A 级要求
时钟误差	0.5s/d
工作温度	−20~55℃
极限工作温度	−30~65℃
相对湿度	≤ 95%（无凝露）
启动电流	0.1%I_n
功耗	＜ 2W，10V · A（每一电压线路）
MTBF	≥ 6×10^4h
通信方式	RS-485（1200/2400/4800/9600/19200bit/s）调制型红外（1200bit/s）
尺寸结构（高 × 宽 × 厚）	291mm×175mm×85.5mm

2. 交流侧电能表关键技术

（1）宽量程设计

宽量程设计是传感及前置电路的核心，用以应对无线充电运行中存在的电流冲击情况。该方案引入了包括零磁通电流传感技术、无级平滑放大技术、高精度 A/D 转换电路等一系列先进技术，以保证前置调理电路的快速响应能力和宽范围准确度，减小量程切换过程引入的计量误差。

1）零磁通电流传感技术。为了保证宽范围内的计量准确度，电流的准确传感是基础。现有的电流传感大多采用基于电磁感应定律的铁心式电流传感器，在一般的计量应用中，该电流传感器可以获得很好的线性度、抗干扰性以及稳定度，并且由于成本低廉，获得了大多数电能表生产厂商的青睐。但作为宽动态范围计量应用而言，普通电流传感器很难胜任，需要使用先进的传感器技术代替普通电流传感器。

电流传感器的误差在很大程度上来自励磁电流 I_0。由于励磁磁动势的存在，一、二次电流之间不再遵循严格的比例关系，二者之间的相位差也不是严格的 180°。为了弥补电流传感器在传感原理上的这种不足，这里采用了一种全新的电流传感技术——零磁通电流传感技术。所谓“零磁通”，是指通过外部补偿的方法，将铁心中的磁通降到极低（近似为零）的状态，从而使电流传感器达到非常高的精度。

实现零磁通的方式主要有两种：一种是有源方式，利用外部电路来提供反电动势，但需要复杂的电路才能获得精确的同相位电动势；另一种是无源方式，利用一个叠加在主互感器上的辅助互感器提供反电动势来补偿阻抗产生的电压降，从而不需要主互感器的磁通提供电动势就可实现零磁通。相比较而言，无源方式无需外部复杂电路，实现起来更为便捷。无源零磁通式电流传感器的工作原理如图 8-21 所示。

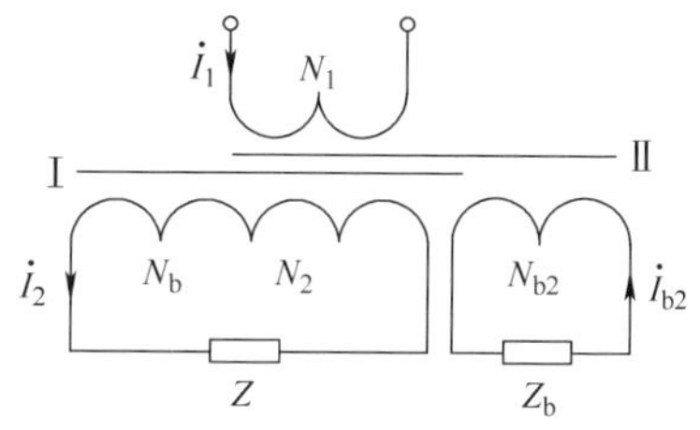

图 8-21 零磁通电流传感器的工作原理

零磁通电流互感器的二次电流和一次电流的比值等于额定电流比，相位相差 180°。二次电流能精确地反映一次电流的大小和相位，从而得到高精度电流互感器。

2）无级平滑放大技术。针对宽动态范围信号处理，通常有两种设计方案：一是基于成本考虑，采用普通 16-bit ADC+ 量程切换的方案；二是为直接使用高精度、宽范围 24bit ADC 的无量程切换方案。

无论是对采样点值进行判断，还是依据波形有效值进行判断，量程切换不可避免地需要引入反馈控制环节，具有时间迟滞效应。对于具有频繁变换特性的冲击负荷，极有可能因为反馈迟滞造成量程切换的误控制，从而引起计量误差。

如果摒弃量程切换机制，直接采用高精度、宽范围 24-bit ADC，那么采样精度与动态范围均大幅提高，适用于高准确度计量场合。在此前提下选择合适的放大增益，可实现全量程的平滑放大。平滑放大技术的使用，使得计量模块可以准确捕捉负荷波形的快速变化，特别是持续时间较短的瞬态冲击，具有量程切换模式无法比拟的优势——减少量程切换引起的计量误差。

（2）谐波计量算法

谐波分析最为经典的算法为傅里叶分析法（FFT 方法），此方法要求波形的周期采样点数 N 满足 $N=2^n$，才能保证较高的分析精度。因此硬件实现同步整周期采样是保证谐波分析及谐波能量计量准确度的前提。但实际使用中的电能表采样模块采用的是固定采样率（12.8kHz）模式，负荷实际频率的波动会导致非同步采样的结果。当实际频率偏离理想的工频 50Hz 时，需要用软件插值来达到同步或者准同步的效果。

插值算法最常用的是线性插值法。假设理想的周期采样点数为 N，实际的周期采样点数为 M，实际的采样点值为 S，插值后的采样点值为 S'，线性插值的流程如下：

1）求取 M，设定 N。

2）求取每个点需要平移的量：$\Delta=\dfrac{M-N}{N}$。

3）判断（$n-1$）Δ 的大小，整数部分为 p，小数部分为 q。

4）求取平移后（插值后）的点值：$S'_n=S_{n+p}+(S_{n+p+1}-S_{n+p})q$。

通过循环执行上述步骤，直至 $n+p+1 \geqslant M$，可以得到全新的插值序列 S'。该序列的长度为 N。

以电能表设计为例，当采样率为 12.8kHz，每周期采样点数为 256 时，在工频 50Hz 下最大可实现 85 次以下谐波分量准确计量功能。

3. 直流侧电能表技术方案

（1）整体方案

直流电能表安装于整流滤波和 DC/DC 变换器后端，用以计量电池充电和电机用电的总电能。对外采用 RS-485 通信接口。因为直流电能表属于车载设备的一部分，无法通过有线方式与主站建立联系，所以需要外扩一个 RS-485 转 GPRS 的通信模块，以实现直流表与主站之间的 GPRS 通信。

针对被测回路直流电压电流波动大、纹波含量高的特点，直流电能表设计以高动态范围、高准确度计量、高电气安全性为主要设计思想。该表采用高性能直流电能表设计方案：低偏置 ADC+MCU。其基本工作原理如下：通过电压采样电路、隧道磁电阻（TMR）闭环电流传感器和电流采样电路获取的电压、电流模拟信号，经低偏置 ADC 转换为数字信号传递给 MCU，MCU 完成电参量计算、电能计量、测量状态判断等工作；同时 MCU 还负责系统管理，完成显示、数据统计、存储、通信、电能表功能选择以及初始化数据设定等工作。TMR 闭环电流传感器采用非接触测量，与被测回路物理隔离；电压采样电路获取直流母线电压信号后，利用隔离电路将后级电路与被测回路隔离。直流电能表内部完全与被测回路隔离，具有很高的电气安全性。直流电能表方案图如图 8-22 所示。

（2）主要功能

直流电能表（配套分流器）可用于车载无线充电系统的直流电能计量，同时还可测量电压、电流、功率等电参量，支持超限报警，可进行远程控制。主要具有以下功能：

1）宽电流范围内的高准确度计量。

2）分时计量电能（多费率）。

3）高精度测量电压、电流、功率。

4）监视电参量，超限报警。

5）输出控制开关信号。

6）具有正向、反向有功电能量计量功能。

7）具有分时计量功能，有功电能量可对尖、峰、平、谷等各时段电能量及总电能量分别进行累计。

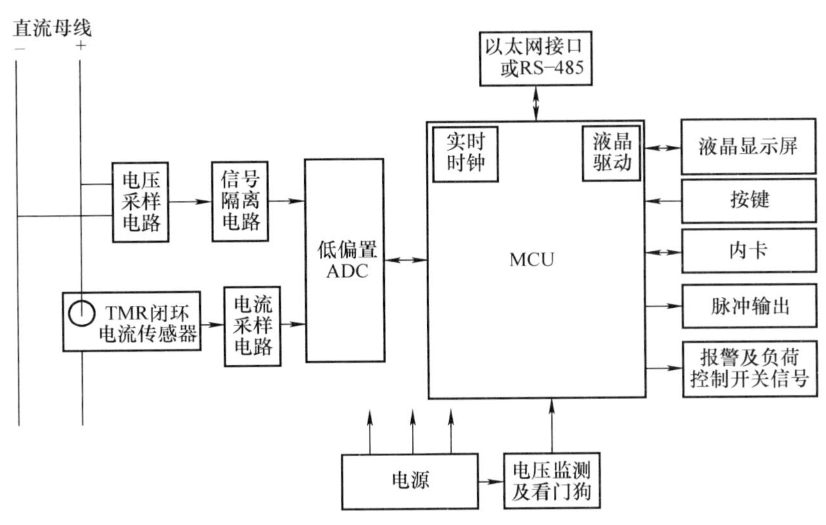

图 8-22　直流电能表方案图

（3）主要技术参数

无线充电交流电能表主要技术参数见表 8-7。

表 8-7　无线充电交流电能表主要技术参数

项　目	技术参数
参比电压 U_n	700V
参比电流 I_n	300A/75mV
电压测量范围及误差	（0.1~1.15）U_n，误差≤ 0.2%（RMS）
电流测量范围及误差	（0.004~1.2）I_n，误差≤ 0.2%（RMS）
功率测量误差	≤ 0.5%（RMS）
电能表常数	100imp/（kW · h）
准确度等级	1 级
通信接口	RS-485（1200/2400/4800/9600/19200bit/s）调制型红外（1200bit/s）
时钟误差	0.5s/d
工作温度	−25~60℃
极限工作温度	−35~70℃
相对湿度	≤ 95%（无凝露）
供电方式	采用辅助电源供电，供电电压为 DC24V；（5~36V 自适应）
功耗	≤ 1W，2V · A

4. 直流侧电能表关键技术

（1）基于隧道磁电阻（TMR）的闭环电流传感器

TMR 相对于霍尔元件具有更好的温度稳定性、更高的灵敏度、更低的功耗以及更好的线性度。基于 TMR 的闭环电流传感器具有良好的温度系数，采用闭环结构，测量量程宽，最大电流可达 600A。该传感器偏置小，小电流精度高，动态范围可达 2000 ∶ 1，可满足电动汽车无线充电系统电流测量的要求。该传感器采用非接触测量，与被测回路物理隔离，具有更高的电气安全性能和安装便利性。

（2）电压信号隔离技术

电压采样电路获取直流母线电压信号后，利用隔离电路将后级电路与被测回路隔离，隔离电压高于 1kV。直流电能表内部完全与被测回路隔离，具有很高的电气安全性。

（3）基于相位匹配技术的前端采样电路和软件相位补偿技术

通过调整抗混叠滤波电路参数，使电压、电流两个采样回路产生的附加相移尽可能相同，减小直流纹波对计量的影响。由于电路参数的影响，采集到的电压电流信号仍存在一定相位差。交流电能表软件可对此相位差进行补偿，提高对含纹波直流电的计量准确度。

（4）高精度、低偏置的 Δ-∑ 型 A/D 转换器

该 A/D 转换器对电压、电流信号进行实时采样以及 A/D 转换，低偏置的特性将提高采样动态范围，改善小信号转换精度。

（5）自主直流计量算法

实时获取电压、电流信号，计算电压、电流及功率，算法更注重功率值更新频率，以及时响应纹波信号，实时累加电量，准确计量含纹波的直流电能。

8.5 展望

对于有线充电计量系统来说，以电能表为核心的计量系统有以下几个方面的发展需求：

1）计得更准。边缘计算能力更加强大，计量更为精准。随着计算机和集成电路技术的不断发展，新型传感器技术的不断进步，以及泛在电力物联网大力发展的市场需求，要求电能表能适应各种更加复杂的工况条件，计量更为精准。

2）走得更稳，即批次电能表质量特性的一致性和全寿命周期质量特性的一致性需要大大加强，需要大力研究电能表的稳健设计（免调试设计）。目前电能表的设计制造流程是：设计、测试、小批制造、大批制造、筛选、软件修正、出厂。其本质是面向设计目标值进行功能设计和参数设计后，采用多环节筛选的办法选出产品，这里无法在设计上保证产品的免调试，更无法保证产品在出厂后长期运行的质量稳定性。因此电能表的稳健设计或者免调试设计是迫切需求。

3）寿命更长。目前我国电能表规定的可靠寿命是 10 年，这难以满足实际需求，需要在可靠性设计、可靠性评价和可靠性管理上加强研究。

4）功能更强，这也是国际发展趋势，目前，研究机构及各大公司已经在开展双芯模组化电能表的研究，法制计量模块和功能模块的主控芯片是独立的，届时可以对电能表进行功能升级，而法制计量部分不可修改。相关的标准正在制定，样机也即将面世。

对于无线充电系统来说，电能计量模式往往要伴随商业运营模式的发展而发展。在目前尚未成熟的商业模式下，技术发展方向并不明晰。无线充电系统电能表首先要遵从上述有线充电计量系统电能表的四个发展需求，同时又有自身的特点：

1）需要研究所有有可能的产权分界点，并在最近的位置设置计量点，如发射端高频逆变的输出和接收端整流逆变的输入，这就需要研究高频电能计量技术。

2）针对无线移动充电一个发射端和多个接收端或者一个接收端多个发射端的工况，相应的身份识别技术、计量技术仍然需要深入研究。

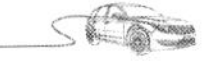

参考文献

[1] 全国电磁计量技术委员会 . 电动汽车交流充电桩检定规程：JJG 1148—2018[S]. 北京：中国质检出版社，2018.

[2] 全国电磁计量技术委员会 . 电动汽车非车载充电机检定规程：JJG 1149—2018[S]. 北京：中国质检出版社，2018.

[3] 袁瑞铭，王学伟，易忠林，等 . 面向智能电网的电能计量理论与技术 [M]. 北京：中国电力出版社，2018.

第 9 章 燃料电池汽车加氢站

9.1 氢气的特性

氢是宇宙中最常见的元素，不同温度 - 压力下的氢气密度表见表 9-1。

表 9-1 不同压力 - 温度下的氢气密度表 [1]　　（单位：kg/m^3）

T/K	不同压力下的氢气密度															
	1.0 MPa	2.0 MPa	5 MPa	10 MPa	15 MPa	20 MPa	25 MPa	30 MPa	35 MPa	40 MPa	45 MPa	50 MPa	55 MPa	60 MPa	65 MPa	70 MPa
232	1.038	2.062	5.048	9.755	14.14	18.21	21.99	25.51	28.78	31.84	34.69	37.36	39.87	42.24	44.48	46.59
242	0.995	1.977	4.843	9.366	13.59	17.52	21.19	24.60	27.80	30.78	33.58	36.20	38.68	41.01	43.22	45.31
252	0.956	1.899	4.654	9.008	13.08	16.88	20.44	23.76	26.88	29.79	32.53	35.11	37.55	39.85	42.03	44.10
262	0.919	1.827	4.480	8.677	12.61	16.29	19.75	23.98	26.02	28.87	31.56	34.09	36.49	38.75	40.90	42.95
272	0.886	1.760	4.318	8.371	12.18	15.75	19.10	22.25	25.22	28.01	30.64	33.13	35.48	37.72	39.84	41.86
282	0.854	1.698	4.168	8.085	11.77	15.24	18.50	21.57	24.46	27.19	29.78	32.22	34.54	36.74	38.83	40.83
292	0.825	1.641	4.028	7.820	11.39	14.76	17.93	20.93	23.76	26.43	28.96	31.36	33.64	35.81	37.88	39.85
302	0.798	1.587	3.897	7.571	11.04	14.31	17.40	20.32	23.09	25.71	28.19	30.55	32.79	34.93	36.97	38.91
312	0.773	1.536	3.775	7.338	10.71	13.89	16.90	19.76	22.46	25.03	27.46	29.78	31.99	34.09	36.10	38.02
322	0.749	1.489	3.660	7.120	10.39	13.50	16.43	19.22	21.87	24.38	26.77	29.05	31.22	33.29	35.28	37.17
332	0.726	1.444	3.552	6.914	10.10	13.12	15.99	18.72	21.30	23.77	26.12	28.35	30.49	32.53	34.49	36.36
342	0.705	1.403	3.450	6.720	9.824	12.77	15.57	18.24	20.77	23.19	25.49	27.69	29.80	31.81	33.74	35.59
352	0.685	1.363	3.354	6.537	9.562	12.44	15.17	17.78	20.27	23.64	24.90	27.06	29.13	31.12	33.02	34.84
362	0.666	1.326	3.263	6.364	9.314	12.12	14.80	17.35	19.78	22.11	24.33	26.46	28.50	30.45	32.33	34.13
370	0.652	1.297	3.194	6.232	9.125	11.88	14.51	17.02	19.42	21.71	23.90	26.00	28.01	29.94	31.08	33.59

与安全有关的氢的特性总结见表 9-2。

表 9-2 氢和其他常用燃料在 298.15K 和 0.101MPa 时与安全相关的特性 [2]

特性	不同燃料的特性值			
	氢	甲烷	丙烷	汽油
可燃下限（%）	4.0	5.3	1.7	1.3
爆炸下限（%）	18.3	6.3	3.1	1.1
爆炸上限（%）	59	13.5	9.2	3.3
可燃上限（%）	75	17	10.9	6.0
自燃温度 /K	858	810	723	488
最小点火能量 /mJ	0.017	0.274	0.240	0.240

表 9-2 给出的数据并不是特别明确的、绝对的物理特性，也不是依赖于测量的特性，它无法按照一定的标准程序进行确定（参考 ISO/TR 15916：2004（E））。因此，这些数据仅用于进行比较。它们不应直接被用于氢气加注站或者组件的设计，也不应被用于安全要求的定义。

在大多数情况下，相比其他燃料，氢的特性都是比较极端的，要么非常低，要么非常高。下文在密度、空气中的浮力、空气中的扩散系数、化学计量比下的点火能量、可燃范围、化学计量比下的层流燃烧速度、燃烧热和化学计量比下的爆轰敏感度等方面进行了比较。这些数字是在正常的压力和温度条件下给出的 [2]。

氢与其他常见燃料的密度如图 9-1 所示。气态氢与其他常见燃料在空气中的浮力如图 9-2 所示。

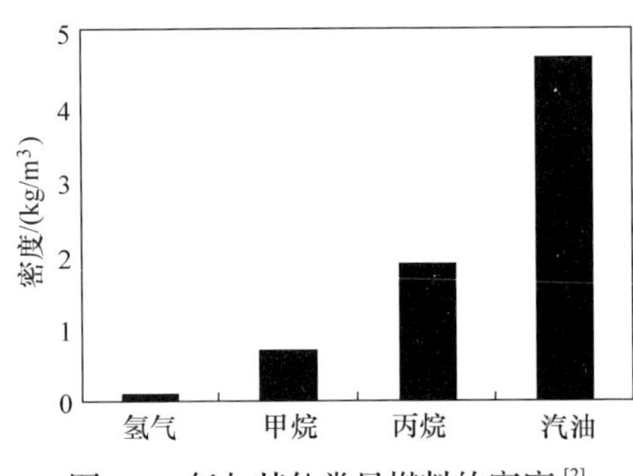

图 9-1 氢与其他常见燃料的密度 [2]

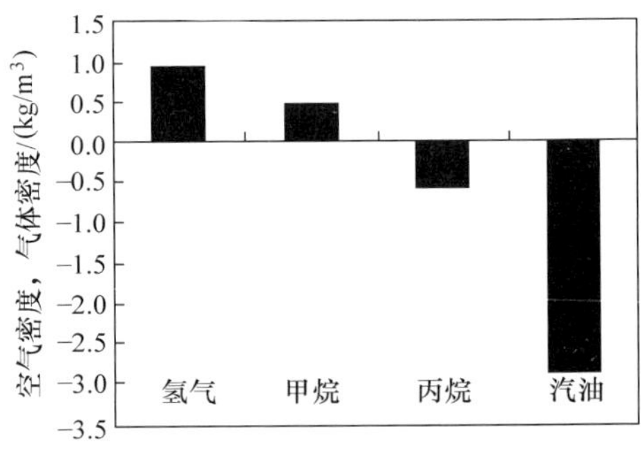

图 9-2 气态氢与其他常见燃料在空气中的浮力 [2]

氢与其他常见燃料的在空气中扩散系数如图 9-3 所示。氢与其他常见燃料在化学计量比下的点火能量如图 9-4 所示。

氢与其他常见燃料的可燃范围如图 9-5 所示。氢与其他常见燃料在化学计量比下的层流燃烧速度如图 9-6 所示。

氢与其他常见燃料的燃烧热如图 9-7 所示。氢与其他常见燃料在化学计量比下的爆轰感度如图 9-8 所示。

这些极端特征中的一部分特征是因为在所有的物质中，氢具有最低的原子重量，而和其他气体相比，氢具有最小的分子尺寸。这些极端特征对安全性的影响可能是相互抵消的。例如，很小的分子的尺寸会增加泄漏的可能性，但是也导致它具有非常大的浮力和扩散系数。因此，氢在内泄漏可能会导致氢的积聚，但是，如果氢是在室外泄漏，那么它会上升并迅速稀释，而不会产生积聚。由此产生的易燃区域是非常小的范围并且会迅速分散，这将会降低火灾或爆炸的风险。

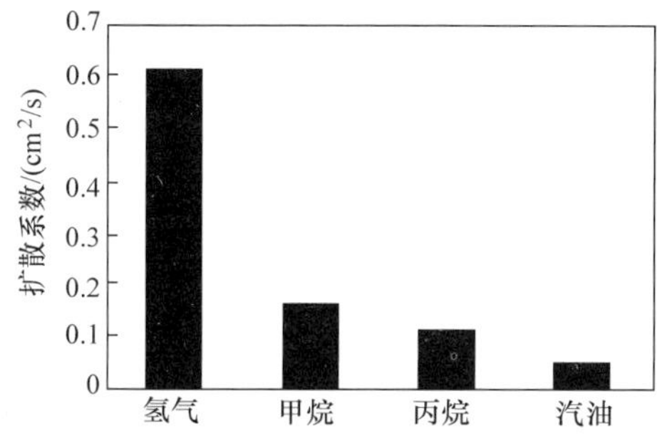

图 9-3 氢与其他常见燃料在空气中的扩散系数 [2]

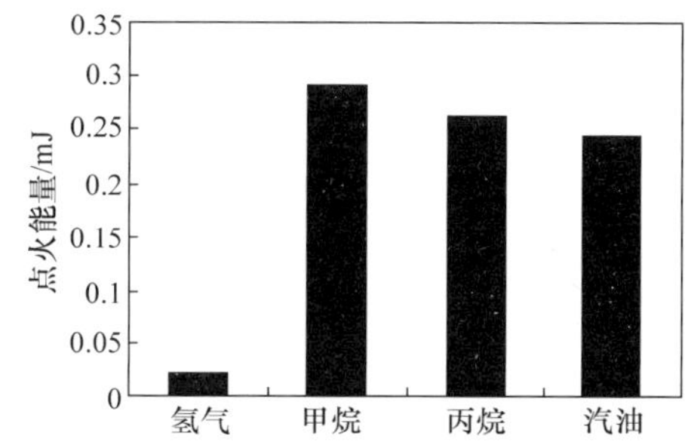

图 9-4 氢与其他常见燃料在化学计量比下的点火能量 [2]

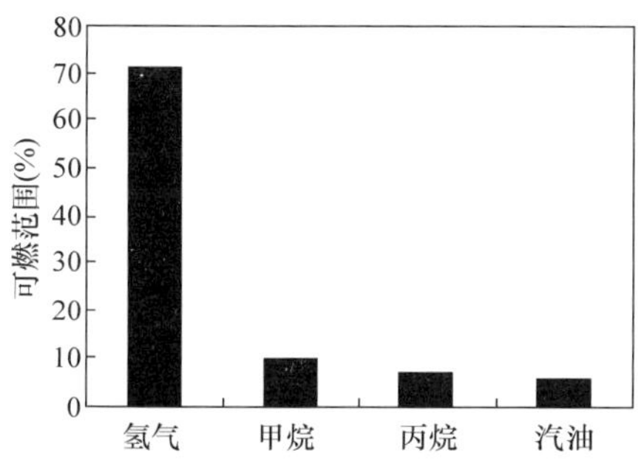

图 9-5 氢与其他常见燃料的可燃范围 [2]

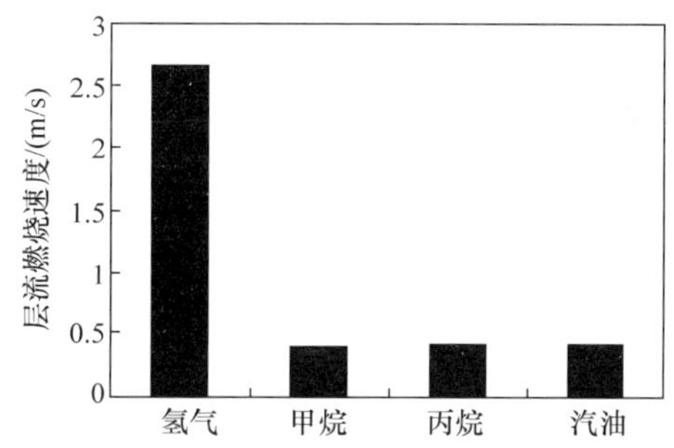

图 9-6 氢与其他常见燃料在化学计量比下的层流燃烧速度 [2]

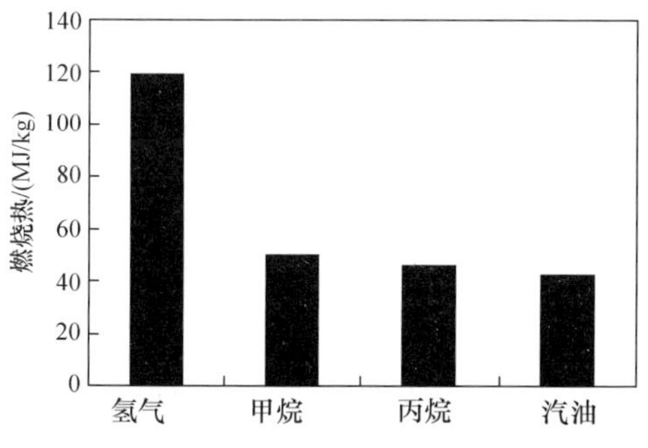

图 9-7 氢与其他常见燃料的燃烧热 [2]

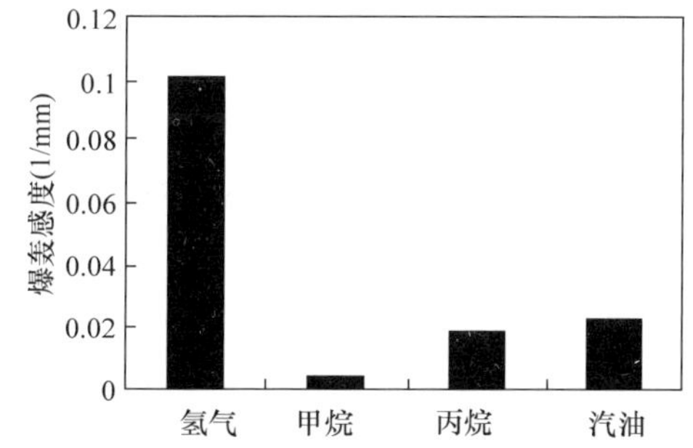

图 9-8 氢与其他常见燃料在化学计量比下的爆轰感度 [2]

氢的主要危险是在发生火灾和爆炸的时候。氢在空气中极其易燃，而且具有非常宽的可燃极限（在空气中的体积分数为 4%~75%），实际的可燃极限会随着压力、温度、点火能量和水蒸气含量的变化而不同。对于可燃混合物，汽油所需的浓度是 3 倍，但是氢消散的速度比汽油蒸气要快大约 10 倍。甲烷和丙烷与氢的比较是大约相同的。氢具有很低的点火能量，例如，在空气中，氢的体积分数为 30% 时，点火能量低至 0.017mJ，相反，其他烃类燃料的点火能量为 0.25mJ。然而，在它们较低的可燃极限下（在空气中的体积分数为 4%~5%），甲烷和氢有非常相近的点火能量，大约都是 10mJ（图 9-9）[2]。

液态氢在正常沸点下的热膨胀系数是水在室温条件下的 23 倍。低温储存气瓶应当具有足够的空置空间以容纳液体在加热时的膨胀。空置空间不足会导致气瓶的过度加压，或者液体被夹带到输送和排气管路中。

从液态氢相变为气态氢会产生相当大的体积增加，而且当气态氢被加热从正常沸点变为标准温度和压力会产生另一次渐进的体积增加，整个过渡的体积比为 1∶845。如果气态氢被完全限制在一个固定的体积内，那么这种转变可能会导致压力从 0.101MPa 的初始压力变为 172MPa 的最终压力。

在恒压下的液体中，氢的比热容是 9.688kJ/（kg・K），比水的 2 倍还多。

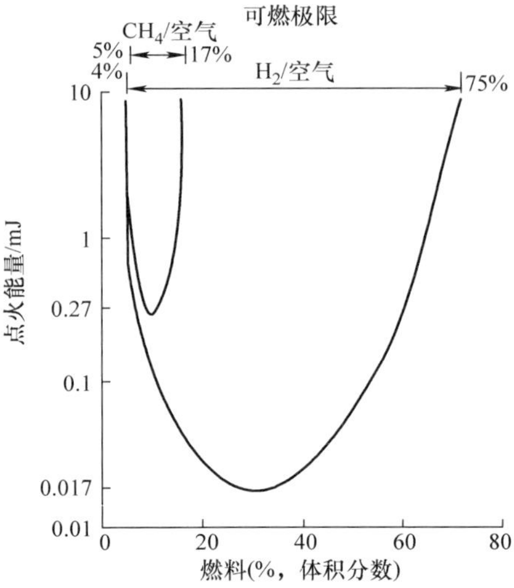

图 9-9　氢和甲烷的点火和可燃性 [2]

综上所述，氢的危险性如下：

（1）氢气的易燃性

在空气中，氢气的燃烧范围很宽，当氢体积分数为 4%~75% 时都能燃烧，而其他可燃气体的爆炸极限则窄得多。

（2）氢气的泄漏性

因为氢是自然界最轻的元素，所以氢气将会比其他的气体或液体更容易泄漏。有数据表明，相对天然气而言，在扩散情况下，氢气的泄漏率为天然气泄漏率的 3.8 倍；在层流情况下，氢气的泄漏率为天然气的 1.26 倍；湍流情况下，氢气的泄漏率为天然气的 2.83 倍。

（3）氢气的扩散性

氢气具有很大的浮力以及扩散性，如果发生泄漏，那么氢气将会迅速扩散。在普通操作环境下，氢气的扩散系数约为 $0.61cm^2/s$，比同样条件下天然气和汽油气的扩散系数都要大。因此在发生泄漏时，泄漏的氢气将向各个方向迅速扩散并降低浓度 [3]。

（4）氢脆和氢腐蚀

氢脆是指氢原子进入金属后使晶格应变增大，从而降低韧性及延性，引起脆化的现象。氢脆是暴露在氢气中的金属所面临的一个严重问题。这种现象可能会导致金属的机械性能明显恶化。氢在常温常压下并不会对钢产生明显的腐蚀，但当温度超过 300℃和压力高于 30MPa 时，会产生氢脆这种腐蚀缺陷，尤其是在高温条件下。因此，在进行氢安全设计时，氢高压端必须选择合适的材料来避免因氢脆产生的安全风险。

氢腐蚀（Hydrogen Attack）是指钢暴露在高温、高压的氢气环境中，氢原子在设备表面或渗入钢内部与不稳定的碳化物发生反应生成甲烷，使钢脱碳，使钢的机械强度受到永久性破坏。在钢内部生成的甲烷无法外溢而集聚在钢内部形成巨大的局部压力，从而发展为严重的鼓包开裂。如果使用那些在大气环境下会出现腐蚀的材料制成压力气瓶，如那些用于缓冲储存的气瓶，那么应当采取一些防腐蚀措施进行保护，避免出现那些会严重影响气瓶使用寿命和疲劳特性的腐蚀。强烈建议在防腐程序中实施良好的定期预防性维护。

在任何情况下都要指定氢安全的紧急状态处理办法。

9.2 氢气的制备方法及技术指标

9.2.1 氢气的制备方法

随着石油炼制工业以及三大合成材料为中心的石油化学工业飞速发展，氢气的消耗量也在迅速增加。在石油、化工、精细化工、医药中间体等行业中，氢气是重要的合成原料气；在冶金、电子、玻璃、机械制造中氢气是不可缺少的保护气；同时，氢气也可用作航空航天燃料；在国外，氢气被越来越广泛地作为清洁能源使用。因此，扩大氢生产资源、开发新的制氢工艺以及改进现有制氢工艺，受到人们的普遍关注。

多种制氢方式如图 9-10 所示。

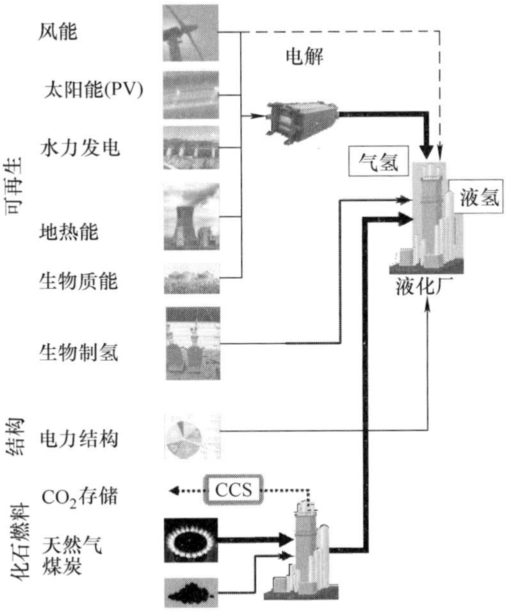

图 9-10　多种制氢方式 [4]

国内为制取氢气（不包括在工业废气中回收氢气）的主要方法有以下四种：

1）天然气（含石脑油、重油、炼厂气和焦炉气等）蒸汽转化制氢。

2）煤（含焦炭和石油焦等）转化制氢。

3）甲醇或氨裂解制氢。

4）水电解制氢。

水电解制取氢气的方法是最传统的氢气生产方式。这种方式能耗很高，现在工业上除原有装置外，已少有再建新装置，水电解制氢设备如图 9-11 所示。甲醇或氨裂解制氢是前几年比较流行的氢气生产方式，流程比较简单，操作简便，易于控制，在甲醇供应充足的地区，若氢气需求规模比较小（如 200Nm^3/h⊖ 以下的氢气供应量），则具有较强的竞争力。天然气蒸汽转化制氢也是一个比较传统的技术，以前常用于大规模的氢气供应场合，例如 5000Nm^3/h 以上的氢气供应量。根据我国氢气用户分散而且规模较小的特点，开发了低投资和低消耗的天然气蒸汽转化制氢技术，非常适合中小规模的氢气需求场合。在天然气丰富的地区，天然气蒸汽转化制氢是最好的选择。我国是煤炭生产大国，煤炭价格较低，原料丰富，因此煤制氢的成本在几种工艺中属于最低的一种。但由于煤制氢工艺流程较长，操作环境略差，所以通常适合于中大规模的制氢装置（大于 1000Nm^3/h）。对于天然气资源匮乏的地区，若装置规模较大，选择煤炭气化制氢技术是非常适宜的。

几种氢气生产方法的氢气成本和适合的规模见表 9-3。

⊖ Nm^3/h 为标准立方米每小时，N 代表名义工况：1 个标准大气压，温度为 0℃，相对湿度为 0。

图 9-11 水电解制氢设备（图片来源：Proton Onsite）

表 9-3 几种氢气生产方法的氢气成本和适合的规模

序号	工艺路线	氢气成本	通常的适合规模 /（Nm^3/h）	备注
1	天然气蒸汽转化	0.8~1.5 元 /Nm^3	$200\sim20\times10^4$	含炼厂气
2	石脑油蒸汽转化	0.7~1.6 元 /Nm^3	$500\sim20\times10^4$	含液化气
3	甲醇裂解	1.8~2.5 元 /Nm^3	50~500	
4	液氨裂解	2.0~2.5 元 /Nm^3	10~200	
5	水电解	3.0~4.0 元 /Nm^3	10~200	
6	煤炭气化	0.6~1.2 元 /Nm^3	$1000\sim20\times10^4$	含焦炭

9.2.2 燃料电池汽车用氢气的技术指标

GB/T 37244—2018《质子交换膜燃料电池汽车用燃料 氢气》规定了燃料氢气的技术指标应符合表 9-4 的规定。

表 9-4 燃料氢气的技术指标 [5]

项目名称	指标
氢气纯度（摩尔分数）	99.97%
非氢气体总量	300μmol/mol
单类杂质的最大浓度	
水（H_2O）	5μmol/mol
总烃（按甲烷计）①	2μmol/mol
氧（O_2）	5μmol/mol
氦（He）	300μmol/mol
总氮（N_2）和氩（Ar）	100μmol/mol
二氧化碳（CO_2）	2μmol/mol
一氧化碳（CO）	0.2μmol/mol
总硫（按 H_2S 计）	0.004μmol/mol
甲醛（HCHO）	0.01μmol/mol
甲酸（HCOOH）	0.2μmol/mol
氨（NH_3）	0.1μmol/mol
总卤化合物（按卤离子计）	0.05μmol/mol
最大颗粒物浓度	1mg/kg

①当甲烷浓度超过 2μmol/mol 时，甲烷、氮气和氩气的总浓度不准许超过 100μmol/mol。

SAE J2719 也规定了氢燃料的气体成分要求，见表 9-5。

表 9-5 氢燃料质量规格[6]

组分	化学式	极限	要考虑和正在开发的实验室测试方法	最小分析检测限
氢燃料指数	H_2	> 99.97%		
允许的非氢、非氦、非颗粒成分如下		100		
每个组成部分的可接受极限				
水①	H_2O	5	ASTM D7653-10，ASTM D7649-10	0.12
总碳氢化合物②（C1 基础）		2	ASTM D7675-11	0.1
氧	O_2	5	ASTM D7649-10	1
氦		300	ASTM D1945-03	100
氮、氩	N_2，Ar	100	ASTM D7649-10	5
二氧化碳	CO_2	2	ASTM D7649-10，ASTM D7653-10	0.1
一氧化碳	CO	0.2	ASTM D7653-10	0.01
全硫③		0.004	ASTM D7652-11	0.00002
甲醛	HCHO	0.01	ASTM D7653-10	0.01
甲酸	HCOOH	0.2	ASTM D7550-09，ASTM D7653-10	0.02
氨	NH_3	0.1	ASTM D7653-10	0.02
总卤化物④		0.05	（Work Item 23815）	0.01
颗粒浓度		1 mg/kg	ASTM D7650-10，ASTM D7651-10	0.005mg/kg

注：1. 除非另有说明，单位为 μ mol/mol。
2. 在操作条件下进行额外测试并改进标准化分析程序后，所有限值均可进行修订。
3. 除了氢是下限，其他极限是上限。
4. 气体采样使用 ASTM D7606-11 中的程序。
① 由于水临界值的原因，不应该找到以下成分，但是如果有关于水含量的问题，应该对它们进行测试：
钠（Na+）@ < 0.05μmole/mole 氢或 < 0.05μg/L；
钾（K+）@ < 0.05μmole/mole 氢或 < 0.08μg/L；
或氢氧化钾（KOH）@ < 0.05μmole /mole 氢或 < 0.12μg/L。
② 包括，例如，乙烯、丙烯、乙炔、苯、苯酚（石蜡、烯烃、芳香族化合物、醇、醛）。仅由于甲烷的存在，THC 可能超过 2μm/mol，在这种情况下，甲烷、氮和氩的总和不会超过百万分之一。
③ 包括，例如，包括硫化氢（H_2S）、羰基硫化物（COS）、二硫化碳（CS_2）和硫醇。
④ 包括，例如，溴化氢（HBr）、氯化氢（HCl）、氯（Cl_2）和有机卤化物（R-X）。

9.3 加氢站站址选择

1）站址选择应符合总体规划、消防安全和环境保护的要求，并应选择在交通便利的地方。

2）站区应具有一定的占地面积，站场周围一定范围内没有大规模的民房、重要的公共建筑。

3）站区应具备良好的工程地质条件，良好的供水（包括市政消防水和生活用水）、供电条件。

4）避开重要建筑物和人流密集区。

9.4 加氢站等级划分

加氢站可与天然气加气站或加油站联合建站。独立建设的加氢站，根据储氢量，其等级划分见表 9-6。

表 9-6 加氢站的等级划分[7]

等级	储氢罐容量 /kg	
	总容量 G	单罐容量
一级	$4000 < G \leqslant 8000$	$\leqslant 2000$
二级	$1000 < G \leqslant 4000$	$\leqslant 1000$
三级	$G \leqslant 1000$	$\leqslant 500$

注：在城市建成区内的储氢罐总容量不得超过 1000kg。

加氢加气合建站的等级划分见表 9-7。

表 9-7 加氢加气合建站的等级划分[7]

等级	储氢罐容量 /kg		管道供气的加气站储气设施总容积 /m³	加气子站储气设施总容积 /m³
	总容量 G	单罐容量		
一级	$1000 < G \leqslant 4000$	$\leqslant 1000$	$\leqslant 12$	$\leqslant 18$
二级	$G \leqslant 1000$	$\leqslant 500$		

注：管道供气的加气站储气设施总容积是各个储气设施的结构容积或水容积之和。

加氢加油合建站的等级划分见表 9-8。

表 9-8 加氢加油合建站的等级划分[7]

加油站等级 / 加氢站等级	一级（$120m^3 < V \leqslant 180m^3$）	二级（$60m^3 < V \leqslant 120m^3$）	三级（$30m^3 < V \leqslant 60m^3$）	三级（$V \leqslant 30m^3$）
一级	×	×	×	×
二级	×	一级	一级	一级
三级	×	一级	二级	三级

注：1. V 为油罐总容积（m³）。

2. 柴油罐容积可折半计入油罐总容积。

3. 当油罐总容积大于 60m³ 时，油罐单罐容积不得大于 50m³；当油罐总容积小于或等于 60m³ 时，油罐单罐容积不得大于 30m³。

4. 当储氢罐总容量大于 4000kg 时，单罐容量不得大于 2000kg；当储氢罐总容量大于 1000kg 时，单罐容量不得大于 1000kg。

5. “×”表示不得合建。

9.5 加氢基本工艺

氢气长管拖车的氢气通过卸气柱进入增压系统的压缩机。在压缩机内，氢气经过压缩、汇集后再通过换热冷却排出。从压缩机出来的气体汇集后去往顺序控制盘，经顺序控制盘分配后分两路至高、中压储氢瓶组系统，如图 9-12 所示。加气顺序控制如图 9-13 所示。图 9-14 和图 9-15 所示为气态氢和液态氢加氢站工艺流程。

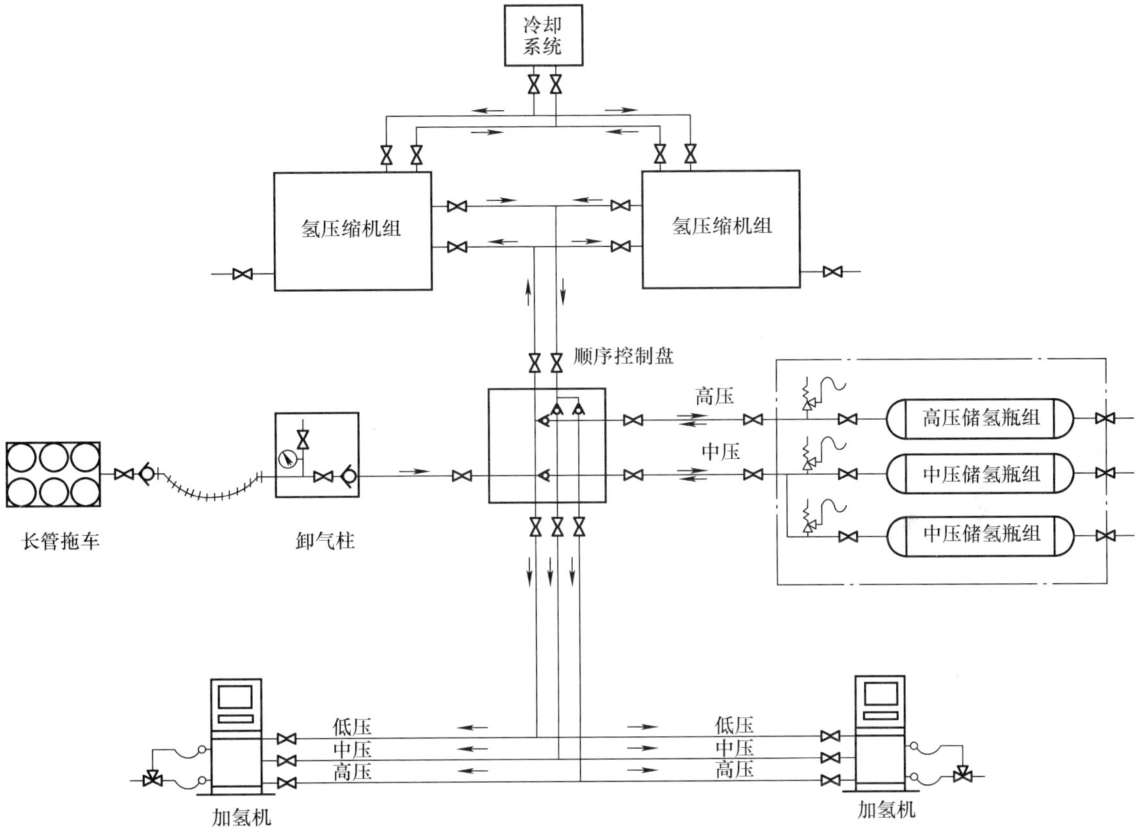

冷却系统
氢压缩机组
氢压缩机组
顺序控制盘
高压
中压
高压储氢瓶组
中压储氢瓶组
中压储氢瓶组
长管拖车
卸气柱
低压
中压
高压
低压
中压
高压
加氢机
加氢机

图 9-12　加氢站工艺流程图

图 9-13　加气顺序控制（图片来源：Linde 公司）

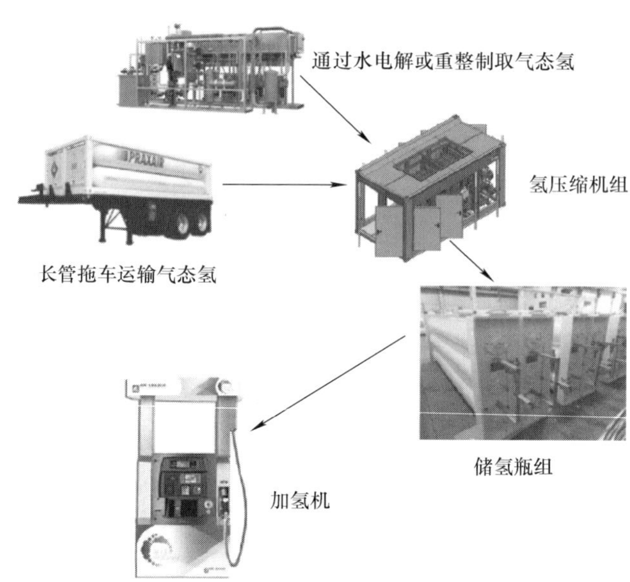

图 9-14 气态氢加氢站工艺流程[8]（图片来源：太平洋西北国家实验室）

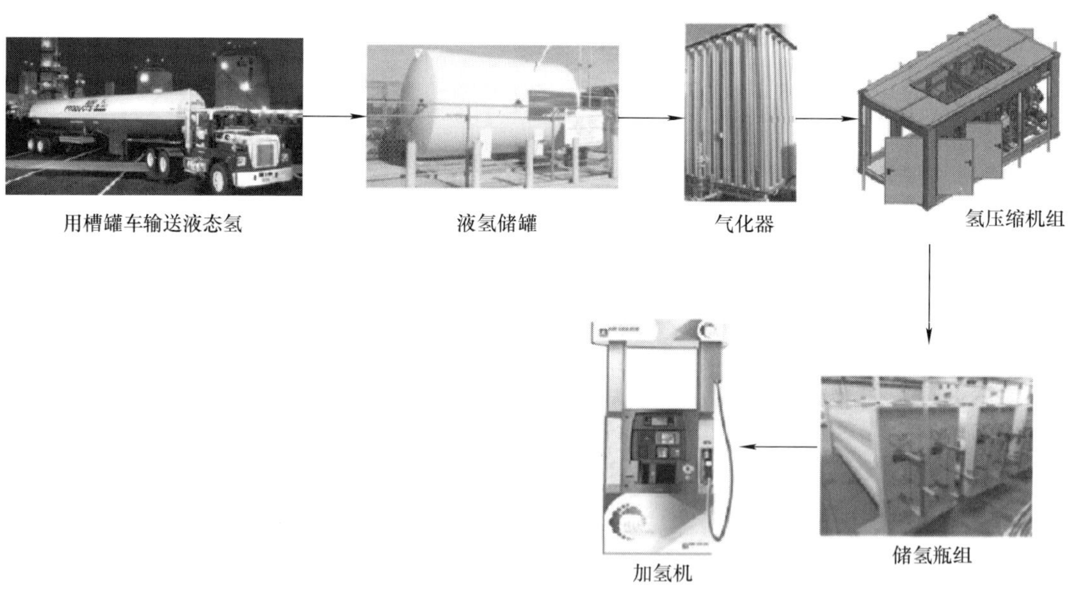

图 9-15 液态氢加氢站工艺流程[8]

在加氢过程中，当高压、中压储氢瓶组系统中任意一个储氢瓶压力低于设定值时，压缩机启动。管束中的氢气经压缩机增压后，充入各个储氢瓶组。充入储氢瓶组的顺序为高压储氢瓶组、中压储氢瓶组。此外，为便于在紧急情况下使加氢站停机，在压缩机前总管道上设置紧急切断阀，且压缩机设置必要的联锁控制系统。

9.6 氢气的储运系统

按照输送时氢气所处状态的不同，氢气的运输方式可分为气态氢气（GH_2）输送（图 9-16）、液态氢气（LH_2）输送（图 9-17）和固态氢气（SH_2）输送。前两者将氢气加压或液化后再利用交通工具运输，是目前加氢站正在使用的方式。固态氢气输送通过金属氢化物进行输送，迄今尚未有固态氢气输送方式。但随着固氢技术的突破，这种方便的输配方式预期可得到使用。

图 9-16 气态氢气运输[8]

图 9-17 液态氢气运输[8]

9.6.1 高压氢气运输

氢气通常经加压至一定压力后，利用集装格（图 9-18）、长管拖车（图 9-19）等工具输送。集装格由多个水容积较小的高压氢气钢瓶组成，充装压力通常为 15MPa。集装格运输灵活，对于需求量较小的用户，这是非常理想的运输方式。

图 9-18 集装格（图片来源：Linde 公司）

图 9-19 长管拖车[8]

长管拖车由车头和拖车组成。长管拖车到达加氢站后，车头和拖车可分离，因此管束也可用作辅助储氢容器。目前常用的管束一般由 9 个直径约为 0.5m、长约 10m 的钢瓶组成，其设计工作压力为 20MPa，约可充装氢气 3500Nm^3。管束内氢气利用率与压缩机的吸入压力有关，为 75%~85%。长管拖车运输技术成熟，规范完善，因此国外较多加氢站都采用长管拖车运输氢气。

氢气也可通过管道输送至加氢站。美国、加拿大及欧洲多个工业地区都有氢气管道，直径为 0.25~0.3m，压力范围为 1~3MPa，流量为 310~8900kg/h。目前的氢气管道总长度已经超过 16000km。管道的投资成本很高，与管道的直径和长度有关，比天然气管道的成本高 50%~80%，其中大部分成本用于寻找合适的路线。目前氢气管道主要用于输送化工厂的氢气。

9.6.2 液氢运输

液氢的体积密度是 70.8kg/m^3，是气氢 15MPa 运输压力下的 6.5 倍。因此将氢气深冷至 21K 液化后，再利用槽罐车或者管道运输可大大提高运输效率。槽罐车的容量约为 65m^3，每次可净运输约 4000kg 氢气。

国外加氢站采用槽罐车液氢运输的方式要略多于气态氢气的运输方式。液氢管道都采用真空夹套绝热，由内外两个等截面同心套管组成，两个套管之间抽成高度的真空。除了槽罐车和管道，液氢还可以利用铁路和轮船进行长距离或跨洲际输送。深冷铁路槽车长距离运输液氢是一种既能满足较大输氢量又是比较快速、经济的运氢方法。这种铁路槽车常用水平放置的圆筒形杜瓦槽罐，其储存液氢的容量可达到 100m^3，特殊大容量的铁路槽车甚至可以运输 120~200m^3 的液氢。目前仅有非常少量的氢气采用铁路运输。

9.7 氢气卸气系统

氢气长管拖车进入站区卸车位，固定车辆并连接卸车软管，通过卸气柱将氢气从管束内卸载，并输送至氢气增压系统和加氢机。当长管拖车内氢气压力低于设定值时，脱离卸车软管，移走车辆限位卡，长管拖车驶离加氢站。卸气柱工艺流程如图 9-20 所示。

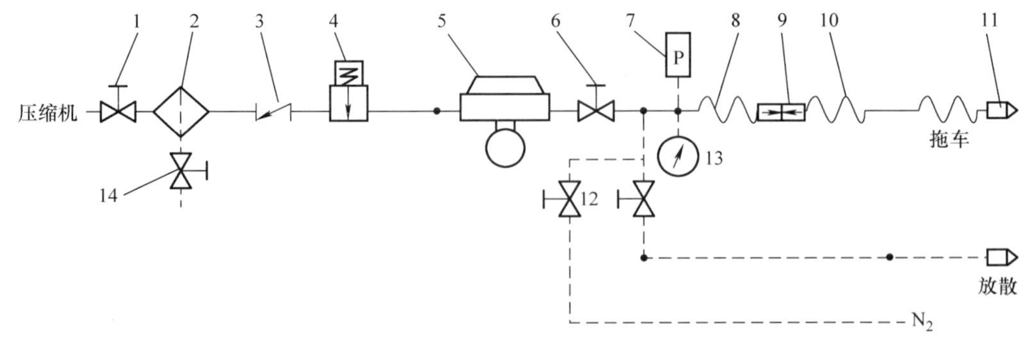

图 9-20 卸气柱工艺流程

1、6—球阀 2—过滤器 3—单向阀 4—控制阀 5—质量流量计 7—压力传感器
8、10—软管 9—拉断阀 11—枪头 12、14—针阀 13—压力表

9.8 氢气增压系统

燃料电池汽车对氢气的纯度要求很高，润滑油会造成污染，对氢气的增压均采用无油润滑压缩机，多级压缩时的冷却系统可采用风冷或冷却液冷却，风冷简单但存在气缸寿命短、电能消耗大的缺点，因此尽可能选择冷却液冷却。驱动采用电动机。

9.8.1 压缩机选择

目前氢气压缩机按类型可分为隔膜式压缩机、离子式压缩机、气（液）驱动式压缩机。

（1）隔膜式压缩机

隔膜式压缩机（图 9-21）是靠隔膜在气缸中做往复运动来压缩和输送气体的往复压缩机。隔膜沿周边由两个限制板夹紧并组成气缸，隔膜由机械式液压驱动在气缸内做往复运动，从而实现对气体的压缩和输送。优点是它的气腔不需要任何润滑，从而保证了氢气的纯度。

（2）离子式压缩机

离子式压缩机（图 9-22）压缩过程中使用离子液体对压缩机进行冷却，将压缩热传递到位于每一个压缩机下游的换热器的冷却水系统中。通过压缩机外部和内部冷却，几乎可实现等温压缩。但该类型压缩机是新研发产品，应用成熟度不如隔膜式压缩机，且成本较高，功耗偏大。隔膜式压缩机应用成熟度较高，且在国内已投产的加氢站运行良好。其功能如图 9-23 所示。

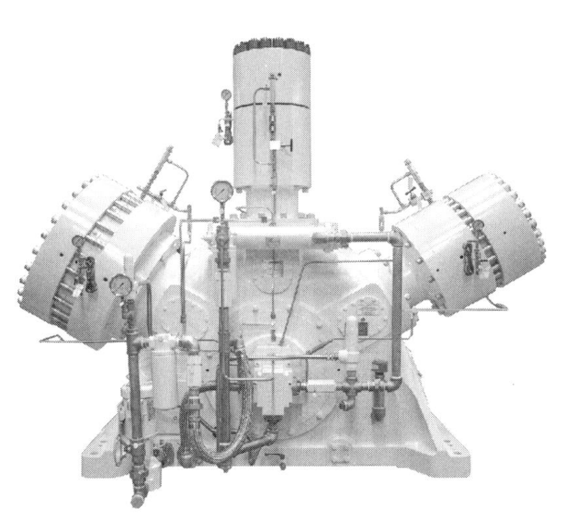

图 9-21 隔膜式压缩机（图片来源：PDC 公司）

图 9-22 离子式压缩机（图片来源：Linde 公司）

（3）气（液）驱动式压缩机

气（液）驱动式压缩机（图 9-24）靠压缩空气、氮气或液体来驱动给氢气增压的设备，其原理是大活塞推动小活塞做往复运动实现增压。随着出口端压力的上升，大活塞和小活塞两端的力趋于平衡，故压缩机运动频率下降、流量变小。当出口端的压力是压缩机的增压比时，两端力值平衡，增压泵停止工作，流量为零。一旦一端气压下降，压缩机就会自动工作，补齐压力，具有自动保压、补压功能。

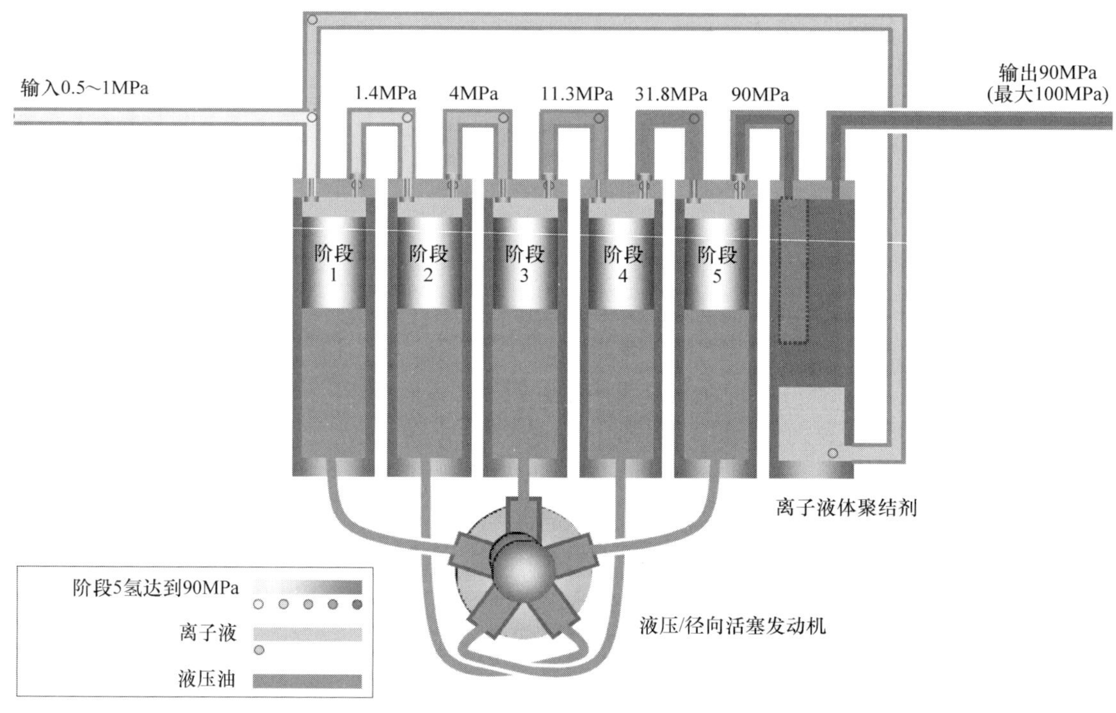

图 9-23　离子式压缩机 90MPa-IC90 功能（图片来源：Linde 公司）

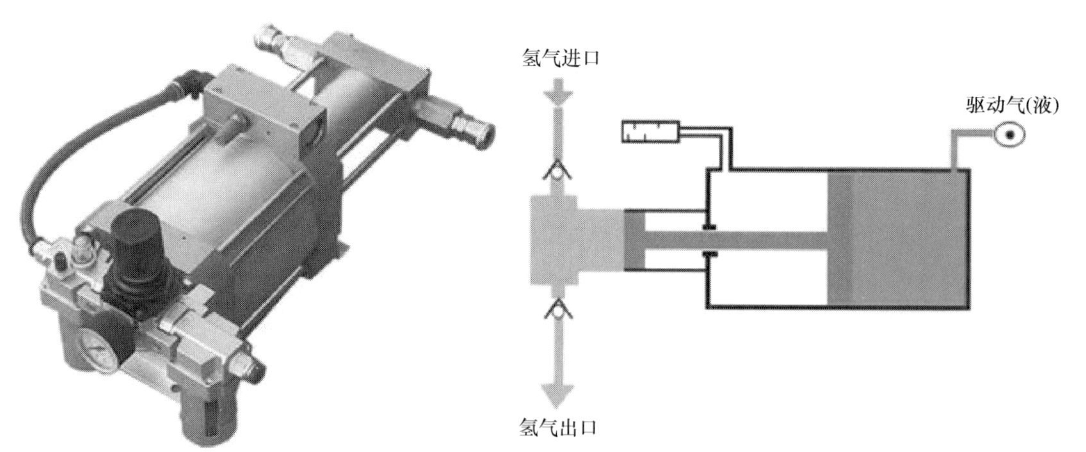

图 9-24　气（液）驱动式压缩机

9.8.2 氢压缩机组

常用的氢压缩机组为隔膜式压缩机。该型压缩机靠金属膜片在气缸中做往复运动来压缩和输送气体。金属膜片的厚度一般为0.3~0.5mm，将氢气与液压回路隔离开来，防止两者接触，保证氢气的纯度。氢气压缩机在整个加氢站中有着举足轻重的作用，是整个加氢站中最为关键的设备之一。氢压缩机组如图 9-25 和图 9-26 所示。氢压缩机组流程如图 9-27 所示。

图 9-25　氢压缩机组（图片来源：PDC 公司）

氢压缩机设置的安全保护装置如下[7, 9]：

1）压缩机进、出口与第一个切断阀之间，应安全阀。

2）压缩机进、出口应设高压、低压报警和超限停机装置。

3）润滑油系统应设油压过高、过低或油温过高的报警装置。

4）压缩机的冷却水系统应设温度和压力或流量的报警和停机装置。

5）压缩机进、出口管路应设置置换吹扫口。

6）采用隔膜式压缩机时，应设膜片破裂报警和停机装置。

7）当采用撬装式氢气压缩机时，在非敞开的箱柜内设置自然排气、氢气浓度报警、事故排风及其联锁装置等安全设施。

图 9-26　氢压缩机组（图片来源：北京伯肯节能科技股份有限公司）

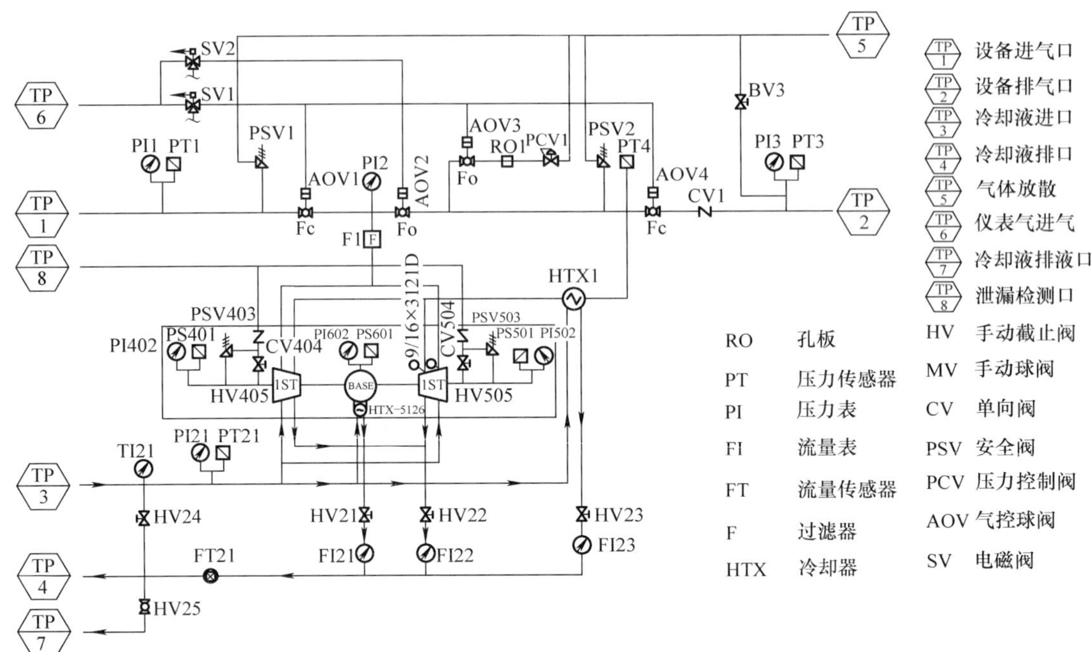

图 9-27　氢压缩机组流程（资料来源：北京伯肯节能科技股份有限公司）

9.9　站内储氢系统

加氢站内压缩氢气的储存一般采用两种方式：一种是用具有较大容积的气瓶，该类气瓶的单个水容积为 600~1500L；另一种是采用小容积的气瓶，单个气瓶的水容积为 45~80L。比较上述两种储氢系统的特点可以看出，采用大型储氢瓶组的一次性投资要高于小型储氢瓶组，但由于大瓶组系统相对于小瓶组系统而言阀门、管件和安全附件的数量要少得多，因此可靠性和安全性高，且维护费用远低于小瓶组系统。储氢瓶组如图 9-28 所示。

加氢站内的储氢瓶组，压力按 2~3 级分级设置，各级容量应按各级储气压力、充氢压力和充装氢气量等因素确定。选用同一规格型号的固定式储氢罐或长管氢气储气瓶组。当选用小容积氢气储气瓶时，每组氢气储气瓶组的总容积（水容积）不大于 $4m^3$，且瓶数不多于 60 个。

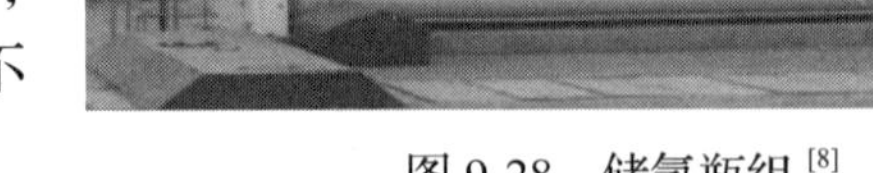

图 9-28　储氢瓶组 [8]

固定式储氢瓶组配置的安全设施如下：

1）安全泄压装置。

2）罐顶部设置氢气放空管，放空管设置 2 只切断阀和取样口。

3）设置压力测量仪表、压力传感器。

4）缠绕式储氢罐设置氢气泄漏报警装置。

5）设置氮气吹扫置换接口。

9.10 氢加注系统

氢加注系统主要包括高压氢气管道和加氢机。

9.10.1 氢气加注方法

1. 分级加注

分级加注是指通过2~3组并联的分级储氢瓶组（压力分成高、中两组或高、中、低三组），并将压缩机、储氢瓶组、加氢机按设定程序进行自动控制，按分级压力平衡顺序对车载储氢气瓶进行加注，直至达到要求的压力。采用分级加注既可以加快加注速度，还可提高储氢瓶组的利用率，因此一般采用2~3级压力等级的分级储氢瓶组。

2. 增压加注

增压加注是指通过一组（个）储氢瓶组向车载储氢气瓶充装气体至一定压力，其不足压力和容量由压缩机补充加注，一般只用于加气间隙时间较长的加注。当储氢瓶组压力降低时，由压缩机补气至规定压力。

9.10.2 氢气加注设备

氢气加注设备主要为加氢机（图9-29）。加氢机上安装有质量流量计、压力传感器、温度传感器、过压保护装置、软管拉断保护装置、优先顺序加氢控制系统等。根据加注对象的不同，加氢机设置了不同规格的加氢枪，可分别为燃料电池轿车和燃料电池公交车进行加注。加氢机取气的优先顺序：先从低压储氢瓶组取气，当低压储氢瓶组内的压力与车载储氢气瓶内压力差达到设定值时，停止取气；切换至中压储氢瓶组，开始从中压储氢瓶组取气，当中压储氢瓶组内压力与车载储氢气瓶内压力差达到设定值时，停止取气；切换至高压储氢瓶组，开始从高压储氢瓶组取气，直至达到车辆所需加注压力，停止取气。加氢机工艺流程如图9-30所示。

图9-29 加氢机[8]

加氢机的主要要求如下[7]：

1）加氢机额定工作压力应为35MPa或70MPa。

2）加氢机充装氢气流量不应大于5kg/min。

3）加氢机应设置安全泄压装置。

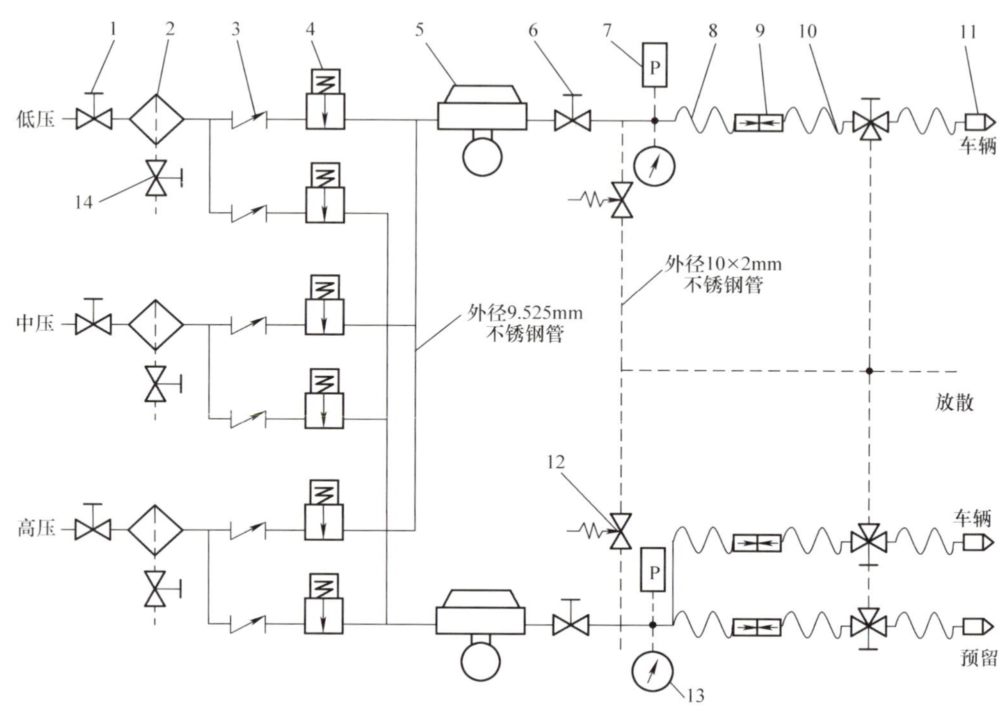

图 9-30　加氢机工艺流程

1、6—球阀　2—过滤器　3—单向阀　4—控制阀　5—质量流量计　7—压力传感器
8、10—软管　9—拉断阀　11—枪头　12—安全阀　13—压力表　14—针阀

4）加氢机计量宜采用质量流量计计量，最小分度值为 10g。

5）加氢机应设置与加氢系统配套的自动控制装置。

6）加氢机进气管道上应设置自动切断阀。

同时，加氢机需满足 SAE J2601 的相关规定。

氢燃料电池汽车加氢口的设计需要与加氢站的加氢枪相匹配，加氢枪与车辆加氢口连接，完成对车辆的加注过程，如图 9-31 和图 9-32 所示。

图 9-31　加氢枪连接车辆进行加注（1）[8]

图 9-32　加氢枪连接车辆进行加注（2）[8]

9.10.3 氢气加注控制

加氢站 35MPa 加注时无须进行加注控制，故本节介绍 70MPa 加注控制。

SAE J2601 为轻型氢道路车辆建立了气体氢燃料加注协议。标准假设，在加氢机和车辆连接成功并完成初始检查后，加氢站将向车辆进行加气。加氢站负责控制加注过程在以下描述的操作范围内。影响加气过程的因素包括但不限于[10]：

1）环境温度。

2）压力和气体温度。

3）压缩储氢系统的尺寸、储氢瓶类型、起始温度和压力。

4）汽车压力、温度信号。

图 9-33 所示为典型车辆在加注过程中的压缩储氢系统温度和站压力曲线。该轮廓包括启动时间，即从加氢枪连接到车辆开始，包括连接压力脉冲。在启动期间，加氢站测量初始的压缩储氢系统压力和容量类别，也可以检查泄漏。当燃料开始流入车辆时，主加注过程开始。在此期间，压力升高，温度升高。加注协议的设计应使压缩储氢系统（气瓶）在加注过程中不超过任何一点的最大操作温度。最后一个阶段是关机，这发生在氢气停止流动和结束时，加氢枪可以断开。

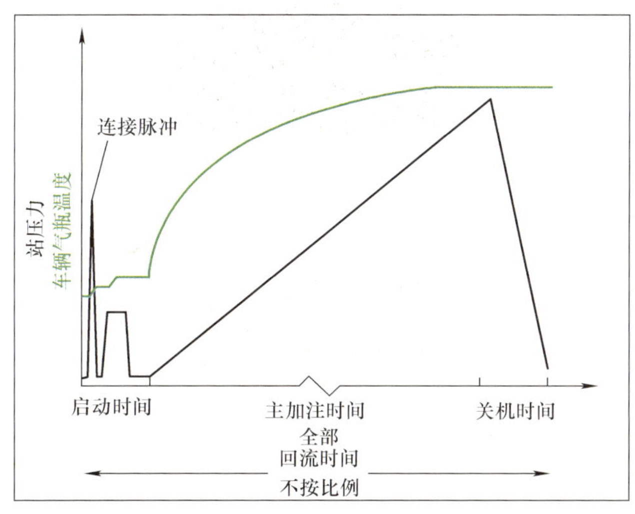

图 9-33 典型车辆在加注过程中的压缩储氢系统温度和站压力曲线[10]

Ⅲ型瓶和Ⅳ型瓶是目前存储压缩气态氢车载车辆的首选技术。由于氢的密度小，需要很高的储存压力才能提高续驶里程。此外，加氢站能够在类似于消费者习惯的燃油汽车加注时间内（当前目标小于 4min），为这些车辆提供最大存储容量。

为提高加氢速率，加氢站需要进行高压快速加氢，氢瓶压力快速升高，从而导致车载储氢瓶中的温度快速升高，如图 9-34 和图 9-35 所示。这会降低储氢瓶寿命，甚至极大地加大了在加氢过程中发生爆炸危险的可能性。

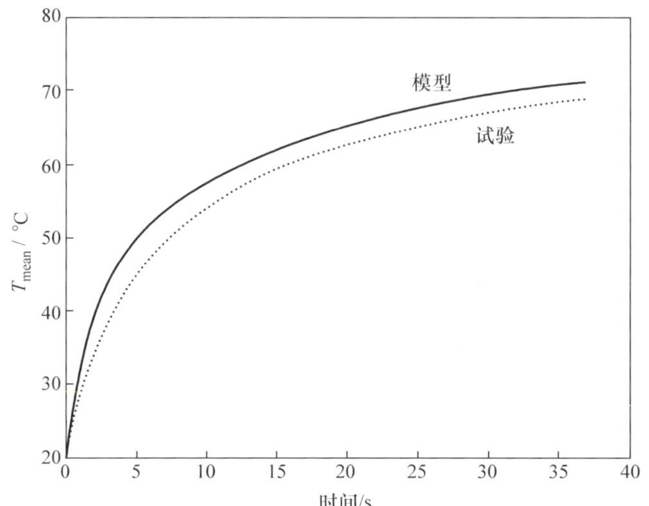

图 9-34　模型计算与试验中体积平均温度与时间对比 [11]

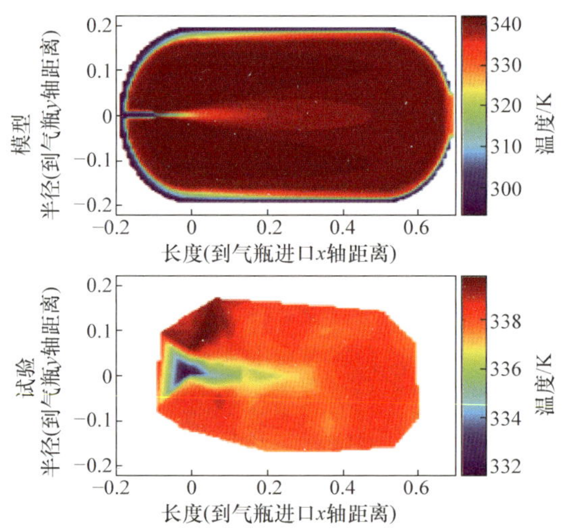

图 9-35　氢瓶加注氢时模型计算与试验温度分布对比 [11]

目前的高压存储系统受到现有规范和标准（SAE、CSA、ISO）的限制，最高温度为85℃。该温度上限限制了加氢速率（影响总填充持续时间）、峰值填充压力（影响存储质量和车辆范围）以及材料选择（影响系统设计）。处理这些问题的一种解决方案是冷灌装，其目的是在将填充气体充入车载存储容器之前将其冷却至环境温度以下。

通过将氢气冷却站的气体温度冷却至 -40℃（根据 SAE J2601），将大大减少燃料电池汽车燃料加注所需时间。在加注时，要实时进行车辆和加氢站之间的通信（主要遵循 SAE J2799 IrDA 通信协议），确定储氢瓶阀温度和压力传感器数据的目的是确定瓶内压缩氢气的状态。

根据 SAE J2601，最佳的加注过程是在最短的时间内，加注 70MPa 氢气，而不超过 85℃的温度限制、1.25 倍的最大工作压力和 100% 的密度等级，如图 9-36 所示。SAE J2601 明确了从加氢站预先冷却输入的氢气的必要性，以确保在 3min 内可以充满 70MPa 系统，这是传统汽车的填充时间。SAE J2601 将 A 型加氢站理想预冷温度确定为 −40℃，B 型加氢站理想预冷温度确定为 −20℃ [12]。

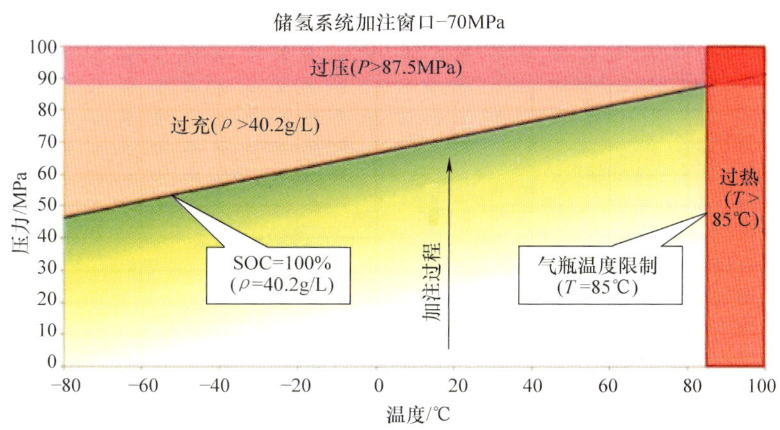

图 9-36 70MPa 氢储存系统加注边界条件 [13]

在 SAE J2601 中定义的加注协议根据预冷却温度类型和容积级别提供了基于环境温度的平均压力斜率表。如图 9-37 所示，SAE J2601 就气体存储压力为 87.5MPa 时定义了三个缓冲区：在将加氢枪连接到车辆后，加氢站确定车辆储气瓶的初始压力和容量（阶段 1，介质流量是由加氢站控制的，因此保证在整个加注过程中都能保持 SAE J2601 加注协议指定的平均压力斜率表）；基于维持指定的梯度速率目标，当流量降低到系统计算极限后，第一个缓冲区被禁用，第二个和第三个存储缓冲区被依次启用；当达到在平均压力斜率表中基于气瓶初始压力而提供的目标压力时，加注过程结束。

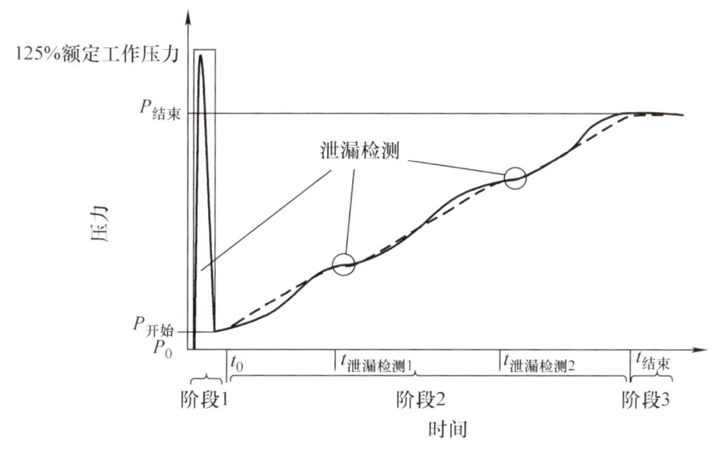

图 9-37 供氢系统加注压力走廊 [12]

9.11 其他辅助系统

9.11.1 氮气系统

氮气系统（图 9-38）主要为加氢站提供仪表风、吹扫气源及置换气源。氮气气源采用多个 15MPa 下 40L 标准氮气钢瓶组成的氮气集装格，经钢瓶减压阀减压至 0.6MPa 后接入氮气总管。氮气系统包括氮气集装格、调压阀等，主要用于氮气吹扫、置换及仪表风。主要指标如下：

1）设计压力：1.6MPa。

2）工作压力：0.5~0.7MPa。

3）设计温度：常温。

4）工作温度：常温。

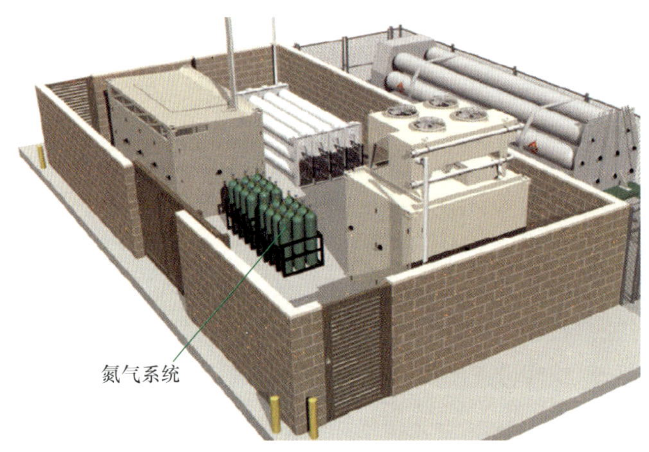

图 9-38　氮气系统[8]

9.11.2 放散系统

放散系统是指用于汇集加氢站的设备、管路系统放空氢气的排气专用装置。站内各设备均需设置安全放散阀，集中至放散管放散。放空管应引至集中排放装置，并应高出屋面或操作平台 2m 以上，且应高出所在地面 5m 以上；放空管应采取防止雨水侵入和杂物堵塞的措施。放空装置如图 9-39 所示。

为防止在氢气放空时，遇雷电袭击引发着火燃烧，甚至蔓延至氢气系统引起着火爆炸事故等，需要在氢气放空管口设置阻火器。阻火器安装在放空管口邻近处，且阻火器应采用安全可靠、确能阻火的商业产品。据调查表明，国内外氢气系统（包括制氢、氢压缩、氢纯化、氢储存、氢气灌装、氢气使用等）放空管管口的着火燃烧时有发生。着火燃烧主要产生的两种情况如下：一是在氢气放空或由于阀门关闭不严密引起氢气泄漏时，正遇上雷电袭击，在氢气放空管管口引发着火燃烧，只要关闭氢气来源，火焰即刻熄灭；二是由于放空管采用普通碳钢管，在室外大气中被雨水、湿空气腐蚀生成铁锈或积存大气环境中其他杂质，当氢气放空时可能在管口处产生静电，引发着火燃烧。由于大多数氢气设施均采用了性能优良的阻火器，基本未见引起严重的着火爆炸事故。因此，阻火器后的放空短管管材应采用不锈钢材质。

图 9-39　放空装置 [8]

9.12　加氢站站控系统

9.12.1　加氢站系统监控

作为加氢站的神经中枢，系统监控控制着整个加氢站的所有工艺流程有条不紊地进行，系统监控功能是否完善对于保证加氢站的正常运行有着至关重要的作用。因此，系统监控必须对加氢站具有全方位的实时监控能力。图 9-40 所示为加氢站系统监控结构。

系统监控采用分布、分级的控制方式，分散控制、集中管理，整个加氢站的系统监控由两级计算机组成。前置机（下位机）负责实时数据的采集；管理机（上位机）用于完成数据信号接收、处理、显示、记录、控制和数据上传。在控制室集中显示加氢站内所有检测仪表、阀门状态、可燃气体检测等信号的监测，以及对阀门实现自动控制。系统监控可监视、控制整个加氢站运行的全过程，计算所需的技术参数，自动绘制参数的实时和历史趋势曲线。对站区采集的数据包括卸气、增压、储氢、可燃气体检测、火焰探测、视频监控及加气等系统的所有数据。

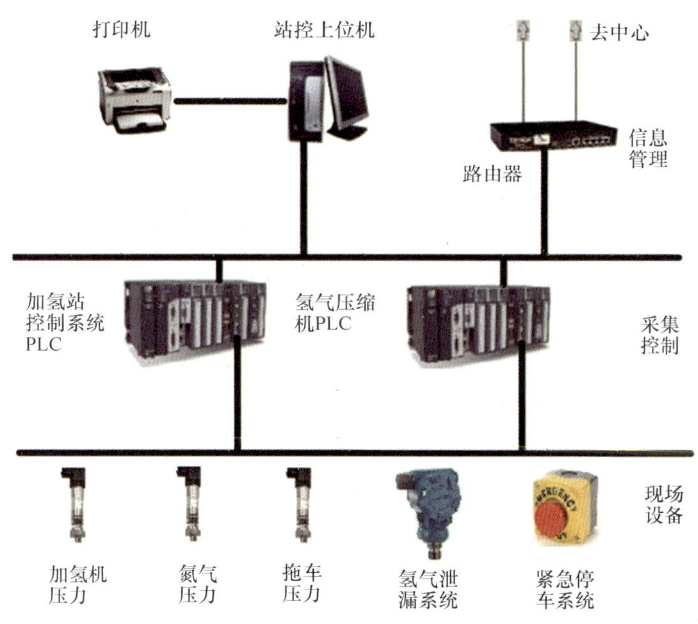

图 9-40　加氢站系统监控结构

加氢站系统监控实现了加氢站运行的自动控制，同时现场操作人员通过计算机显示可实时、在线了解站区内工艺运行情况，保障了系统安全、可靠运行，同时又完成了加氢量的采集。

9.12.2　安防监控

加氢站配置工业电视监控系统，用于站区重要部位的图像监视，所有监视点能自动或手动调整监视范围。监测点分布在储气瓶组区、卸车区、主要出入口等处。

9.13　加氢站安全设计

加氢站的消防任务是防火防爆，扑灭站内零星火灾，控制站区初期火灾，保护着火部位及其临近区域，以避免灾害，保护人民群众的生命财产的安全，并最大限度地减少损失。加氢站要设置消防给水系统，同时配备灭火器材。

加氢站设计紧急切断系统，在事故状态下迅速切断站内各工艺设备的电力电源并关闭氢气管道阀门[14]，如图 9-41 所示。紧急切断阀的设置位置要便于发生事故时及时切断氢气源及储氢装置到加氢机供应。

图 9-41　紧急切断系统[8]

加氢站应设置可燃气体报警和火焰报警系统。可燃气体探测器应安装在最有可能积聚氢气的地点；火焰报警探测器应安装在储气罐或氢气储气瓶组附近。当发生报警事件时，可燃气体报警系统和火焰报警系统应能及时发出声光报警、启动事故排风风机或触发加氢站紧急切断系统。

9.13.1 安全距离

加氢站的氢气工艺设施与站外建筑物、构筑物的防火距离见表 9-9。

表 9-9 加氢站的氢气工艺设施与站外建筑物、构筑物的防火距离[7]　（单位：m）

项目名称		储氢罐			氢压缩机、加氢机	放空管口
		一级	二级	三级		
重要公共建筑		50	50	50	50	50
明火或散发火花地点		40	35	30	20	30
民用建筑物保护类别	一类保护物	35	30	25	20	25
	二类保护物	30	25	20	14	25
	三类保护物	30	25	20	12	25
生产厂房、库房耐火等级	一、二级	25	20	15	12	25
	三级	30	25	20	14	
	四级	35	30	25	16	
甲类物品仓库，甲、乙、丙类液体储罐，可燃材料堆场		35	30	25	18	25
室外变配电站		35	30	25	18	30
铁路		25	25	25	22	40
城市道路	快速路、主干路	15	15	15	6	15
	次干路、支路	10	10	10	5	10
架空通信线	国家一、二级	不应跨越，且不得小于杆高的 1 倍				
	一般					
架空电力线路	> 380V	不应跨越，且不得小于杆高的 1.5 倍				
	≤ 380V					

注：1. 加氢站的撬装工艺设施与站外建筑物、构筑物的防火距离，应按本表相应设施的防火间距确定。
2. 加氢站的工艺设施与郊区公路的防火距离应按城市道路确定；高速公路、Ⅰ级和Ⅱ级公路应按城市快速路、主干路确定；Ⅲ级和Ⅳ级公路应按城市次干路、支路确定。
3. 长管拖车固定车位与站外建筑物、构筑物的防火距离，应按本表储氢罐的防火距离确定。
4. 铁路以中心线计，城市道路以相邻路侧计。

站内设施之间的防火距离见表 9-10。

表 9-10　站内设施之间的防火距离[7]

（单位：m）

设施名称		汽、柴油罐		储氢罐			制氢间	压缩天然气储气瓶组（储气井）	可燃气体放空管管口	密闭卸油点	可燃气体压缩机间	可燃气体调压阀组间	天然气脱硫和脱水装置	加油机	加氢机、加气机	站房	消防泵房和消防水池取水口	其他建筑物、构筑物	燃气（油）热火炉间、燃气厨房	变配电间	道路	站区围墙
		埋地油罐	通气管管口	一级站	二级站	三级站																
汽、柴油罐	埋地油罐	—	—	6.0	4.0	3.0	5.0	6.0	6.0	—	6.0	6.0	5.0	—	4.0	4.0	10.0	5.0	8.0	5.0	—	—
	通气管管口	—	—	8.0	6.0	6.0	6.0	8.0	6.0	3.0	6.0	6.0	5.0	—	8.0	4.0	10.0	7.0	8.0	5.0	—	—
储氢罐	一级站	—	—	—	—	—	15.0	5.0	—	12.0	9.0	5.0	5.0	10.0	10.0	10.0	30.0	12.0	14.0	12.0	5.0	5.0
	二级站	—	—	—	—	—	10.0	5.0	—	10.0	9.0	5.0	5.0	8.0	8.0	8.0	20.0	12.0	12.0	10.0	4.0	5.0
	三级站	—	—	—	—	—	8.0	5.0	—	8.0	9.0	5.0	5.0	6.0	6.0	8.0	20.0	12.0	12.0	9.0	3.0	5.0
制氢间		—	—	—	—	—	—	12.0	—	—	9.0	9.0	9.0	4.0	4.0	15.0	15.0	15.0	14.0	12.0	5.0	3.0
压缩天然气储气瓶组（储气井）		—	—	—	—	—	—	1.5（1.0）	—	—	3.0	3.0	5.0	6.0	6.0	5.0	6.0	10.0	14.0	6.0	4.0	3.0
可燃气体放空管管口		—	—	—	—	—	—	—	—	6.0	—	—	—	6.0	6.0	5.0	6.0	10.0	14.0	6.0	4.0	3.0
密闭卸油点		—	—	—	—	—	—	—	—	—	6.0	6.0	5.0	—	4.0	5.0	10.0	7.0	8.0	6.0	—	—
可燃气体压缩机间		—	—	—	—	—	—	—	—	—	—	4.0	—	—	4.0	5.0	8.0	10.0	12.0	6.0	2.0	2.0
可燃气体调压阀组间		—	—	—	—	—	—	—	—	—	—	—	—	—	6.0	5.0	8.0	10.0	12.0	6.0	2.0	2.0
天然气脱硫和脱水装置		—	—	—	—	—	—	—	—	—	—	—	—	5.0	5.0	5.0	15.0	10.0	12.0	6.0	2.0	3.0
加油机		—	—	—	—	—	—	—	—	—	—	—	—	—	4.0	5.0	6.0	8.0	8.0	6.0	—	—
加氢机、加气机		—	—	—	—	—	—	—	—	—	—	—	—	—	—	5.0	6.0	8.0	12.0	6.0	—	—
站房		—	—	—	—	—	—	—	—	—	—	—	—	—	—	—	—	6.0	—	—	—	—
消防泵房和消防水池取水口		—	—	—	—	—	—	—	—	—	—	—	—	—	—	—	—	6.0	—	—	—	—
其他建筑物、构筑物		—	—	—	—	—	—	—	—	—	—	—	—	—	—	—	—	—	5.0	—	—	—
燃气（油）热火炉间、燃气厨房		—	—	—	—	—	—	—	—	—	—	—	—	—	—	—	—	—	—	5.0	—	—
变配电间		—	—	—	—	—	—	—	—	—	—	—	—	—	—	—	—	—	—	—	—	—
道路		—	—	—	—	—	—	—	—	—	—	—	—	—	—	—	—	—	—	—	—	—
站区围墙		—	—	—	—	—	—	—	—	—	—	—	—	—	—	—	—	—	—	—	—	—

注：1. 地上油罐与储氢罐等具有可燃气体的建筑物、构筑物之间的防火间距，均按表中埋地油罐的防火间距增加 5m，其间距应从地上油罐的防火堤基础线计。

2. 括号内数值为储气井与储气井之间的距离。

3. 加氢机、加油机、加气机与非实体围墙的防火间距不应小于 5m。

4. 撬装工艺设备与站内其他设施的防火间距，应按本表制氢间或相应设备的防火间距确定。

5. 站房、变配电间的起算点应为门窗。其他建筑物、构筑物指根据需要独立设置的汽车洗车房、润滑油储存及加注间、小商品便利店、厕所等。

9.13.2 防雷与接地

根据生产性质、发生雷电的可能性和后果，场站内的工艺装置和建筑物均需考虑防雷设计，在被保护物上部设置避雷网和避雷针以防止雷击。

输送氢气的管道在其进出各单元处、爆炸危险场所边界处、分支处等设计静电接地，全站设计统一静电接地网，各装置（单元）的静电接地设施与接地网相连。

加氢站的防雷分类不应低于第二类防雷建筑。其防雷设施应有防直击雷、防雷电感应和防雷电波侵入。防直击雷的防雷接闪器应使被保护的加氢站建筑物、构筑物、通风风帽、氢气放空管等突出屋面的物体均处于其保护范围内。

加氢站内的设备、管道、构架、电缆金属外皮、钢屋架、铁窗和突出屋面的放空管、风管等，应接到防雷电感应接地装置上[7]。

加氢站内的电气设备接地、防雷接地、防静电接地及信息系统接地，可以共用接地装置，其接地电阻应采用各种接地要求的最小值，并不得大于10Ω。

9.13.3 防静电

有爆炸危险环境内可能产生静电危险的物体，应采取防静电措施。在氢气压缩机间、氢气压力调节阀组间、加氢机等的进出管道处，不同爆炸危险环境边界、可燃气体管道分岔处及长距离无分支管道每隔50m处均应设防静电接地，其接地电阻不得大于10Ω。

加氢站的氢气长管拖车的卸气场所，应设置卸气时用的防静电接地装置；氢气管道上的法兰、阀门、胶管两端等连接处，均应采用金属线跨接；加氢机和加氢机邻近处应设置防静电接地装置。

9.14 加氢站运营管理

加氢站运行中的安全管理，除应符合现行国家标准的有关规定外，还要结合具体条件制定操作安全规程、氢气事故处理规程和应急救援预案等。主要要求如下[7, 15]：

1）从事氢气系统的操作和维修人员均需接受相应的培训，并取得上岗资格证书。

2）氢气系统的操作和维修人员进入工作场所，不得穿戴化纤工作服、工作帽和带钉鞋，严禁带入火种。

3）氢气设备、管道、容器及其保温层内，在投入运行前、检修动火作业前或长期停用前后，均需采用氮气进行吹扫置换，并应取样分析含氢量不超过0.4%或含氧量不超过0.5%后再进行作业。

4）氢气设备、管道和容器的检修，要切断相应的电源、气源，并用盲板隔断与尚在运行中的设备、管道和容器的联系，并经氮气吹扫置换合格后再进行检修。

5）氢气系统运行操作人员、检修人员，不得随意敲击氢气设备、管道和容器；检修人员应使用铜质工具，且不得随意触动运行中的设备、管道和容器。

6）氢气设备、管道和容器检修后，均应进行气密性试验、泄漏量试验，并应符合相

关规定。

7）运行中的氢气系统应每年进行 1 次检查、监测，取得许可证书，并保存相关记录。

8）加氢站有爆炸危险区域（房间）内的电气设施应定期进行检查、监测，并不宜超过 1 年。

9）输送或使用氢气的普通钢瓶或长管钢瓶，严禁将氢气用完，应保留 0.2MPa 以上的余压。严禁对气瓶进行敲击、碰撞；气瓶不得靠近热源，并防止曝晒。

10）氢气或氢气设备、容器和管道中的冷凝水不得随意排放，氢气必须经带有阻火器的放空管排放；冷凝水必须经疏水装置排放至冷凝水排放装置排放。

11）氢气系统运行中，应至少每天人工分析 1 次室内或移动氢气设备内易积聚氢气处的氢气浓度；超过规定浓度时，应及时查明原因和开启相应的事故通风机。

12）加氢站有爆炸危险区域（房间）应设有明显的标志，并应指出其危险性。

13）加氢站发生氢气着火时，应采取下列安全措施：

① 在确保安全的前提下，应切断氢气气源；不能切断时，只要有氢气泄漏，不应急于扑灭氢气火焰。

② 宜对周围设备喷水冷却。

③ 应及时报警，并撤离危险区内人员。

9.15 展望

加氢站是氢燃料电池产业化、商业化的重要基础设施。为了支持燃料电池汽车的发展，各国正在积极建设氢能源燃料电池汽车配套设施。据规划（图 9-42）显示，到 2020 年我国将建成 100 座加氢站，到 2030 年将建成 1000 座加氢站。

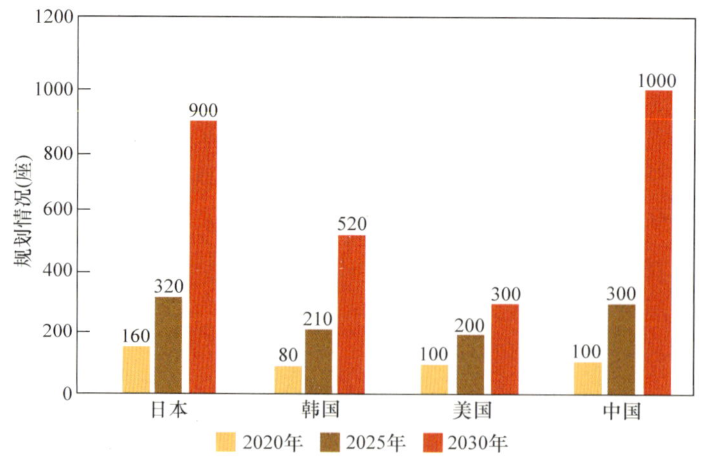

图 9-42　2020~2030 年日本、韩国、美国、中国加氢站建设规划情况

加氢站是氢燃料电池汽车能够更好推广、应用的保证，也是氢气储运中重要的环节。随着氢能的广泛应用，未来氢气储运产业将有广阔的发展前景，而其中较为重要的一部分是加氢站建设。

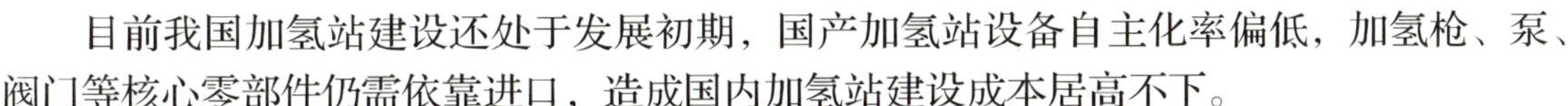

目前我国加氢站建设还处于发展初期，国产加氢站设备自主化率偏低，加氢枪、泵、阀门等核心零部件仍需依靠进口，造成国内加氢站建设成本居高不下。

未来，在政策补贴幅度加大、行业技术提升等因素的影响下，加氢站市场规模将持续扩大。

参考文献

[1] YOUNGLOVE B A，OLIEN N A. Tables of Industrial Gas Container Contents and Density for Oxygen，Argon，Nitrogen，Helium，and Hydrogen [M].Washingdon：U.S.GOVERNMENT PRINTING OFFICE，1985.

[2] Air Liquide – DTA（ALDTA），et al. WP2 HyApproval–Handbook for Hydrogen Refuelling Station Approval：Version2.1[S]. Paris：Air Liquide，2008.

[3] 吴兵 . 燃料电池汽车氢安全的研究与设计 [J]. 上海汽车，2013（12）：5-8.

[4] 施耐德 . 标准法规及政策在燃料电池电动汽车及氢能商业化发展中的作用 [R]. 长城汽车股份有限公司，2017.

[5] 全国氢能标准化技术委员会 . 质子交换膜燃料电池汽车用燃料 氢气：GB/T 37244—2018 [S]. 北京：中国标准出版社，2018.

[6] SAE International. Hydrogen Fuel Quality for Fuel Cell Vehicles：SAE J2719 [S]. New York：SAE International，2011.

[7] 中华人民共和国信息产业部 . 加氢站技术规范：GB 50516—2010[S]. 北京：中国计划出版社，2010.

[8] BARILON，LOOSEN S. Hydrogen Fuel Cells and Fuel Cell Electric Vehicles：Emerging Application and Safety Management [C]. Tacoma：Green Transportation Summit & Expo，2018.

[9] 中华人民共和国信息产业部 . 氢气站设计规范：GB 50177—2005 [S]. 北京：中国计划出版社，2005.

[10] SAE International Standard for Fueling Protocols for Light Duty Gaseous Hydrogen Surface Vehicles：SAE J2601[S] New York：SAE International，2016.

[11] DICKEN C，et al. Refuelling of compressed gas cylinders：Gas Temperature Distribution [R]. Vancouver：NRC Institute for Fuel Cell Innovation，2007.

[12] MICHAEL J. VEENSTRA，HOBEIN B. On-Board Physical Based 70 MPa Hydrogen Storage Systems[C]. New York：SAE International，2011.

[13] SAE International. SURFACE VEHICLE RECOMMENDED PRACTICE Recommended Practice for General Fuel Cell Vehicle Safety：SAE J2578[S]. New York：SAE International，2014.

[14] 全国氢能标准化技术委员会 . 加氢站安全技术规范：GB/T 34584—2017 [S]. 北京：中国标准出版社，2017.

[15] 全国氢能标准化技术委员会 . 氢气储存输送系统：第 1 部分通用要求：GB/T 34542.1—2017 [S]. 北京：中国标准出版社，2017.

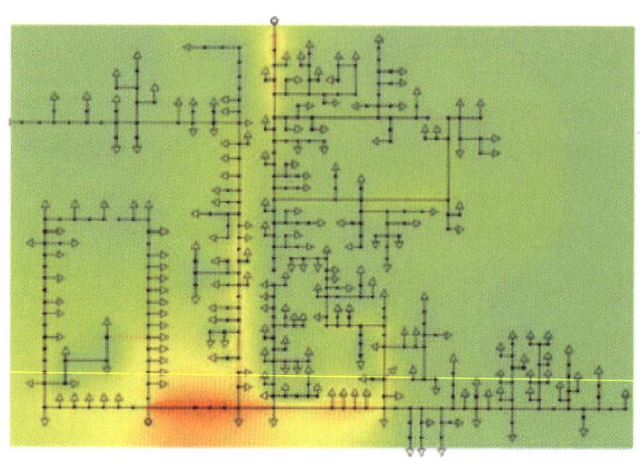

a)

b)

图 1-9　电动汽车接入前后的配电网负荷情况对比图

a）电动汽车接入前　b）52% 渗透率的电动汽车接入后

图 2-3　交通小区划分示意图

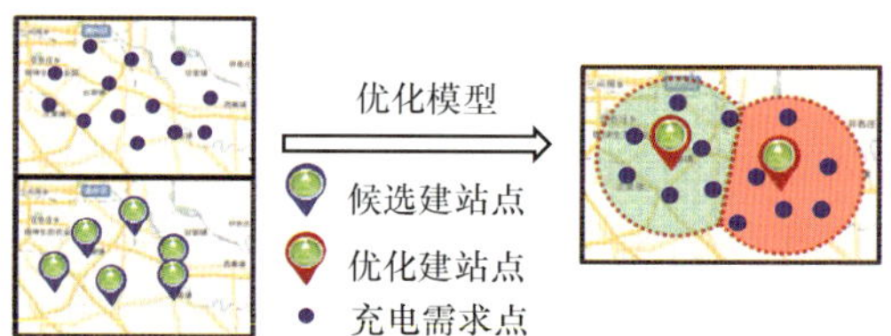

图 2-4　充电站址选择和充电服务范围划分示意图

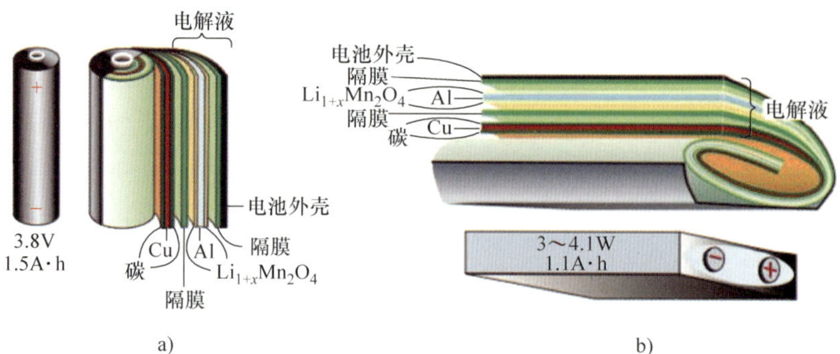

图 4-1　不同形状的锂离子电池结构示意图

a）圆柱形　b）方形

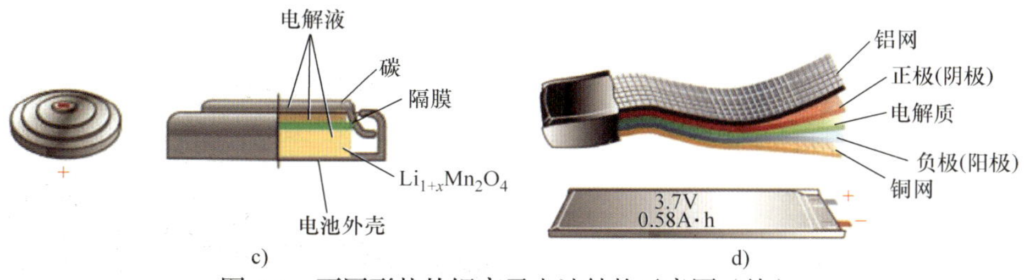

图 4-1 不同形状的锂离子电池结构示意图（续）

c）扣式 d）薄板形

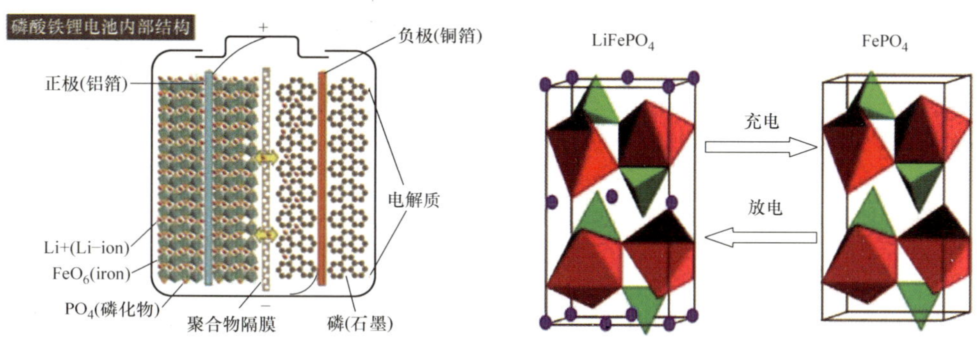

图 4-2 锂离子电池充放电工作原理图

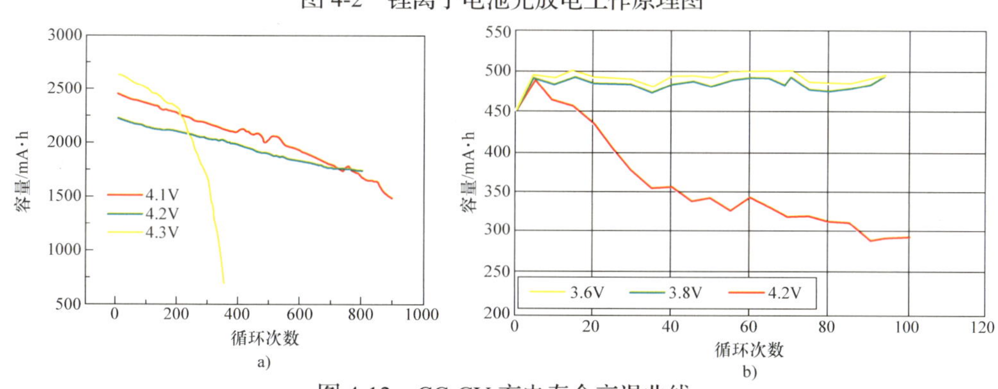

图 4-12 CC-CV 充电寿命衰退曲线

a）锰酸锂电池衰退曲线 b）磷酸铁锂电池衰退曲线

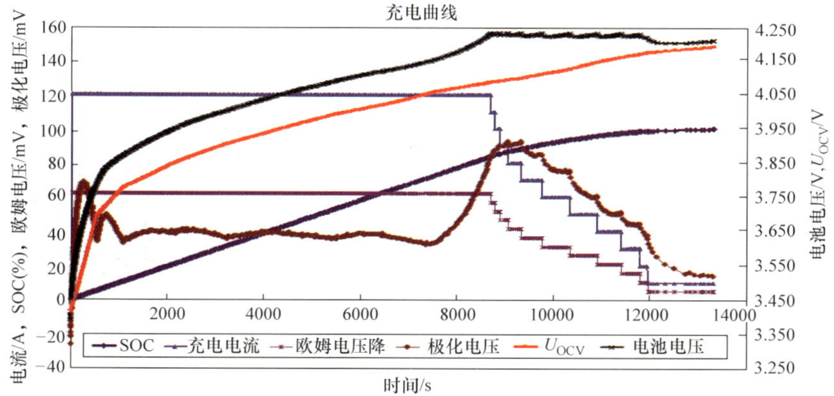

图 4-16 恒流恒压充电模式下电池的实际充电曲线

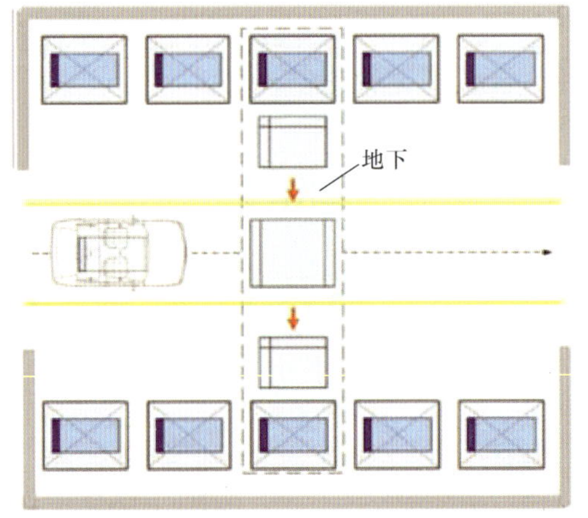

电池箱更换设备 电池箱转运设备 电池箱存储设备

图 6-2　底部换电方式

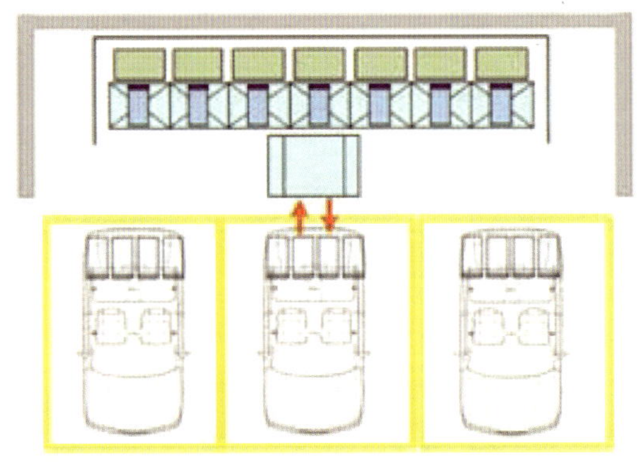

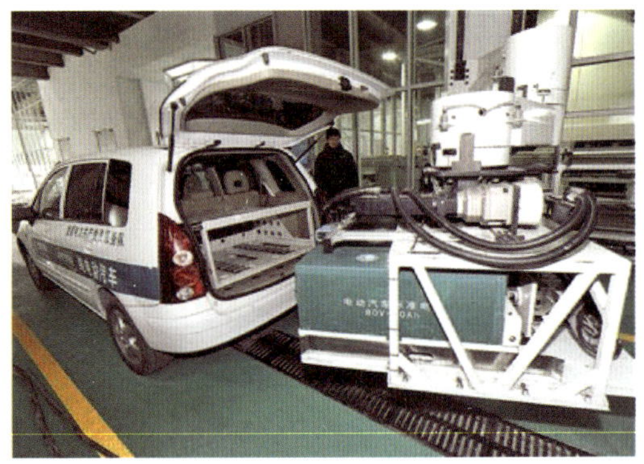

电池箱更换设备 电池箱转运设备 电池箱存储设备

图 6-3　端部换电方式

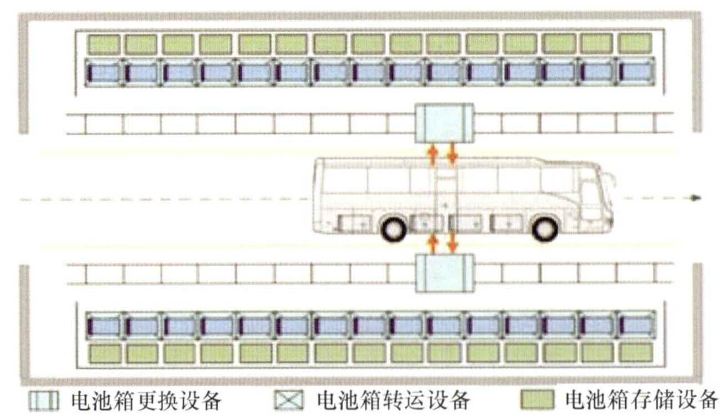

电池箱更换设备 电池箱转运设备 电池箱存储设备

图 6-4　侧向换电方式